# 빈곤이론 빈곤정책

김 영 모 편저

고 헌

# 머 리 말

빈곤은 사회과학 및 사회정책에 있어서 가장 중요한 연구과제이다. 과거 빈곤은 나라도 구하지 못한다는 말이 있었지만 이것은 잘못된 말이다. 그리하여 빈곤을 해결하기 위하여 많은 연구와 정책이 개발되고 있지만 빈곤은 더욱 심화되고 있다.

빈곤은 자본주의 사회에 있어서 생산수단의 사적 소유권과 상속 그리고 자유시장에 의한 소득과 자원의 불공평한 분배로 말미암아 심화되었다. 이러한 빈곤문제를 해결하기 위하여 서구에서는 복지국가가 나타나게 되었고, 소련, 동구, 중국, 북한 등에서는 프로레타리아 혁명에 의하여 사회주의 국가가 나타나기도 하였다. 그러나 최근 소련과 동구권의 사회주의 국가가 국민대중의 빈곤화를 막지 못하여 붕괴 되었고, 서구 복지국가에서는 국가의 재정위기에 직면하여 최소 정부 또는 민영화 정책을 강력히 추진하였으며 미국에서는 노동연계 복지정책을 강화하고 있다.

이와 같이 빈곤문제를 해결하기 위한 정부 및 민간의 노력은 어느 시대, 어느 나라에서도 꾸준히 전개되고 있다. 우리가 이상시 하고 있는 서구 복지국가의 경우에도 빈곤 및 사회보장정책 등에 지출되고 있는 공공비용이 국민총생산의 3할 이상이 되는데 이것은 국민의 기본적 욕구, 즉 소득, 보건, 교육, 주택 등 민생문제를 해결하여 국민의 폭력화를 예방하기 위한 것이다. 그러나, 국민총생산의 나머지 7할은 자본주의의 발전, 즉 빈부격차와 같은 사회불평등을 촉진하는데 투자하고 있다. 따라서 아무리 복지국가일지라도 빈곤은 약화되지 않고 더욱 강화된다. 하물며 우리나라와 같이 국민복지에 투자되는 공공비용이 국민총생산의 약 10% 미만인 경우 국민복지 뿐만 아니라 빈곤문제를 더욱 악화시키는 결과를 빚게 된다. 그리하여 우리는 정부가 적극적으로 빈곤과 복지문제를 해결하도록 목소리를 높이는 것이다.

일반적으로 경제학자들은 빈곤의 개념을 소득개념으로 파악하는데 이에 대하여 사회학자들은 소득 보다도 불평등, 박탈, 또는 권력의 개념으로 파악하여야 된다고 주장한다. 그런데 우리나라의 경우 아직도 선진국가와는 달리 최저생계비에 기초한 빈곤정책(기초생활보장사업)을 수행하고, 심지어 기초생활수급권자도 절대적 빈곤층의 약 50%에 불과한 실정이다.

이러한 생활보호사업은 반세기가 넘게 일본과 우리나라에서만 실시되는 자산조사에 의한 차별적 구빈정책으로, 이제는 우리나라 빈곤정책도 예방적인 보편적 사회보장정책에 통합시키도록 해야할 것이다.

편자는 그간 빈곤문제에 대한 연구 결과를 이미 「한국빈곤연구」(한국복지정책연구소, 1990)라는 단행본으로 발간한 적이 있다. 그런데 그간 빈곤에 대한 국내외 주요 문헌에 대한 문의가 많아서 이것을 소개할 필요성을 느끼게 되었다. 그리하여 특히 외국학자들의 빈곤에 관한 논문들을 소개하기로 하였다.

여기에 소개되는 빈곤이론 및 빈곤정책에 관한 논문은 주로 영미학자들의 견해이지만 이것은 빈곤연구의 고전적인 것이며, 또한 우리나라의 경우를 소개하기 위하여 김진이 교수의 논문 3편을 추가하였다. 그리고 이 책의 제 2, 5, 6, 15장은 이해를 돕기 위하여 편자가 각 절의 적절한 제목을 붙였다.

이번에 이 책을 발간하는데 고 심재호 교수(목원대)의 도움이 많았다. 그는 이 책에 수록된 논문을 번역·교정하는 최종 작업을 주도하였다. 건강이 좋지 못한데도 불구하고 무리한 작업을 하느라고 고생이 대단히 많았다. 거듭 감사를 드린다. 또한 이 책을 제작하는데 수고한 이지은 양(고헌복지재단)에게도 깊은 감사를 드린다.

이 책이 빈곤과 빈곤정책에 관심을 가진 분들에게 조금이라도 도움이 된다면 그 이상의 보람이 없겠다.

2010년 10월 12일

김 영 모

# 목 차

머리 말 / 목차

## 제 I부 빈곤이론

제 1장 빈곤의 개념과 원인 / 김영모 ············ 1

1. 빈곤의 개념 / 2
2. 빈곤의 원인 / 6

제 2장 빈곤의 개념 / Susan MacGregor ············ 11

1. 서 론 / 11
2. Booth의 빈곤선 / 12
3. 빈곤의 생계개념과 보충급여 / 15
4. Townsend의 상대적 빈곤 / 23
5. Miliband의 정치적 요소 / 30
6. 결 론 / 31

제 3장 라운트리의 빈곤 정의 / B. Seebohm Rowntree ············ 35

1. 빈곤의 정의 / 35
2. 빈곤의 원인 / 40

제 4장 박탈 / Peter Townsend ············ 43

1. 조작적 측정 / 50
2. 1985~1986년 중첩된 박탈의 측정 / 57
3. 결 론 / 59

제 5장 빈곤 문화 / Oscar Lewis ············ 69

1. 고립된 문화권의 형성 / 69
2. 빈곤문화의 연구방법 / 71
3. 빈곤문화의 특성 / 72
4. 빈곤문화와 비빈곤문화 / 76

제 6장 빈곤의 기능 / Herbert Gans ············ 81

1. Merton의 주장 / 81
2. Merton의 기능과 역기능 / 82
3. 빈민의 15가지 기능 / 85
4. 빈민의 역기능 / 92
5. 결 론 / 96

제 7장 마르크스의 빈곤론 / 지은구 ············ 101

1. 서 론 / 101
2. 빈곤론의 이론적 기초/ 102
3. 마르크스의 빈곤이론 / 106
4. 절대적 빈곤과 상대적 빈곤 / 108
5. 마르크스 빈곤론에 관한 논쟁 /113
6. 노동자계급의 빈곤화 법칙 / 118
7. 빈곤화 법칙의 현상인 상대적 빈곤과 절대적 빈곤 / 121
8. 결 론 / 125

## 제 Ⅱ부 빈곤의 측정

제 8장 빈곤의 정의와 측정Ⅰ / Martin Rein ............................ 129

1. 빈곤의 생계 개념 / 132
2. 적절한 영양에 기초한 빈곤정의 / 135
3. 엥겔계수의 크기 / 137
4. 영양 욕구의 다양성 / 140
5. 실제 행위와 전문가적 판단 사이의 불일치 / 142
6. 경제적 마켙 바스켓 / 144
7. 요 약 / 145

제 9장 빈곤의 정의와 측정Ⅱ / David Piachaud ...................... 149

1. 서 론 / 149
2. 세가지 접근방법 / 150
3. 가계기준 / 155
4. 간과된 문제들 / 159
5. 결 론 / 166

제 10장 빈곤의 합의적 접근방법 / J. Viet-Wilson ..................... 169

1. 복지의 의의와 사회적 문화 / 170
2. 전문성의 문제 / 174
3. 소득대용법 / 177
4. 박탈지표 접근방법 / 182
5. 합의적 접근방법의 시행 / 191
6. 사회보장제도의 합의적 측면 / 195
7. 결 론 / 199

제 11장 오샨스키의 빈곤 측정 / M. Orshansky ....................... 203

1. 문제의 정의 / 203
2. 기준의 설정 / 204
3. 빈곤의 시발점 / 205
4. 지표의 비판 / 207
5. 소득변동과 소비 / 208
6. 대안적 빈곤 척도 / 210
7. 기존 지표 이용 / 210
8. 소득유지 프로그램들 / 212

제 12장 한국의 빈곤선의 연구동향과 과제 / 김진이 .............. 215

1. 서 론 / 215
2. 빈곤선의 이론적 배경 / 216
3. 빈곤선의 측정방법 / 220
4. 공식적 빈곤 / 231
5. 결 론 / 238

## 제 Ⅲ부 빈곤정책


제 13장 영국 빈곤정책의 발달요인 ; 1950~1980 / R. Berthud & J. Brown ……… 243

1. 1950~1980년의 사회경제적 상황 / 244
2. 정치적 상황 / 248
3. 빈곤이론과 정책에 대한 그 영향 / 250
4. 빈곤의 정의 / 256

제 14장 미국 빈곤정책의 실태와 효과 / I. V. Sawhill …………… 265

1. 서 론 / 265
2. 정의 및 측정 / 267
3. 빈곤의 수준 및 구성의 추세 /279
4. 인구통계학적 변화와 빈곤 / 284
5. 경제적 성취 / 286
6. 교육,훈련 및 기타 인간자본 투자 / 292
7. 소득이전과 빈곤 / 300
8. 하류계층은 증가하는가? / 312
9. 왜 빈곤은 계속되고 있는가? /315
10. 요약 및 결론 / 318

제 15장 미국의 빈곤정책과 비빈민 / R. H. Haveman …………… 333

1. 서 론 / 333
2. 영향을 미치는 경로 / 335
3. 반대의 사실 / 337
4. 비빈민의 이득과 손실 / 339
5. 결 론 / 343

제 16장 미국 노동연계 복지정책의 효과 / 김진이 ………………… 347

1. 서 론 / 347
2. 복지개혁정책의 배경 / 349
3. 노동연계 복지개혁의 발달 / 350
4. 클린턴정부의 복시개혁프로그램 / 352
5. 1996년 복지개혁법 발날의 영향요인/ 354
6. 복지개혁발달의 이념체계 / 355
7.노동연계 복지정책의 파급효과 / 358
8. 복지개혁 경험의 의미 / 361
9. 한국 자활사업에의 함의 / 363
10. 결 론 / 367

제 17장 한국의 빈곤정책 ; 국민기초생활보장제도를 중심으로 / 김진이 ………………… 373

1. 서 론 / 373
2. 빈곤정책의 이론적 배경 / 374
3. 기초생활보장의 적용대상 / 379
4. 기초생활수급자의 급여내용 / 388
5. 기초노령연금의 자격과 실적/ 399
6. 결 론 / 402

< 찾아보기 > ……………………………………………………………… 405

# 제 I 부 빈곤이론

제 I 부는 빈곤에 관한 제 이론들을 소개하였다. 1장은 빈곤의 개념과 원인을 사회과학의 이론적 관점에 따라 정리하였고, 2장은 지금까지 제시된 많은 학자들의 빈곤 개념을 검토한 것이며, 3장은 체계적인 조사방법에 의한 빈곤연구의 선구자인 B.S. 라운트리의 2가지 빈곤 정의를 요약해 놓았다. 4장과 5장은 빈곤연구의 대가인 타운젠드의 빈곤론을 소개하고 있는데 그는 박탈이라는 용어를 도입하여 빈곤연구의 새로운 장을 열었다. 6장과 7장은 빈곤에 대해서 약간 독특하게 접근하고 있는데 6장은 빈곤이 지닌 문화적 속성(세습성)을 설명하고 7장은 빈곤이 일반적으로 사회에 해를 끼친다는 측면 이외에 상당히 많은 긍정적 기능을 지니고 있음을 설명하고 있다. 그리고 앞의 빈곤을 어떻게 보는지를 이해하기 위해 마르크스의 견해를 소개하고 있다.

# 제 1장　빈곤의 개념과 원인

김 영 모*

빈곤문제는 모든 사회과학 및 정책과학에 있어서 가장 기본적인 과제이다. 이 빈곤문제는 옛날이나 지금이나 항상 존재하고 이것을 해결하기 위해 학자들은 많은 연구를 하였으며, 또한 각국의 정부도 많은 노력을 경주하였다.

현대사회에 있어서 빈곤문제가 심각한 것은 일반적으로 자본주의의 구조적인 결함에서 비롯되었다고 말할 수 있으나, 이것을 해결하기 위한 사회주의 혁명이 존재한 나라에서도 빈곤을 근본적으로 해결하기 못하였다는 것을 최근 소련 및 동구권의 몰락에서도 알 수 있다. 이러한 것을 보면 빈곤문제를 근본적으로 해결하기는 어려우나 그것을 약화시키거나 인간의 기본적 욕구를 해결하기 위한 최저수준을 보장하기 위한 노력은 가능하다는 것이다.

우리나라에서도 이러한 빈곤과 그것을 해결하기 위한 노력은 많이 있지만 이에 대한 올바른 이해와 처방이 빈곤하였다. 이러한 빈곤문제에 대한 올바른 이해를 여기에서는 빈곤의 개념과 원인에 대한 이론적 관점을 중심으로 고찰하려고 한다.

그러면, 빈곤문제를 어떻게 보아야 할 것이며, 또한 빈곤의 개념과 원인이 무엇인가를 이론적 관점에서 고찰해 보도록 한다.

---

* 중앙대학교 명예교수

## 1. 빈곤의 개념

빈곤이란 무엇인가에 대하여서는 학자들과 나라에 따라 상이하게 규정하고 있다. 우리나라에서는 빈곤의 개념이 호구지책을 해결하지 못하거나 의식주 같은 민생문제가 해결되지 못할 때 일컬어 왔으나 최근에는 상대적 빈곤 개념이 점차 주장되고 있다. 이러한 빈곤에 대하여 예부터 '가난은 나라도 구하지 못한다'는 개인주의적 숙명적 빈곤론이 강했으나 이것은 현대에 와서 거의 부정되고 있다. 즉 빈곤은 나라가 구할 수 있는 것이다.

종래의 빈곤 개념은 소득의 좁은 개념과 신체적 효율성의 유지라는 점에서 규정 되었다. 그러나 오늘날에는 상대적인 관점에서 규정하고 또한 자원과 생활양식에 기초하여 규정하는 경향이 있다.

종래 빈곤 개념의 대표적인 예는 19세기 말 영국 라운트리의 초기 빈곤 연구에서 찾아 볼 수 있다. 그는 전체 소득이 단순히 신체적 효율성을 유지하는데 필요한 최저수준을 획득하지 못한 가족을 빈곤이라고 하였다. 이것을 1차적 빈곤이라고 한다.[1] 이러한 빈곤개념에 의하면, 그 최저 수준은 생계비 또는 영양에 의하여 측정하려고 하고 이것을 절대적 빈곤이라 한다.

그러나, 빈곤의 개념을 상대적 관점이나 자원 및 생활양식에 의하여 규정한 것을 상대적 빈곤이라 한다. 다시 말하면 자기가 다른 사람에 비하여 주관적으로나 객관적으로 소득, 교육, 권력, 기회 등이 박탈되어 있을 때 상대적 빈곤 또는 박탈이라고 한다. 상대적 빈곤의 개념은 일반적으로 4가지의 관점에서 규정하는 경향이다.

첫째는 상대적 빈곤을 상대적 발탈의 개념으로 본다. 타운센드는 상대적 박탈은 사람들이 열망하는 속성, 예컨대 소득, 고용조건 및 권력을 다른 사람보다 덜 갖게 된 상황을 말하고, 또 이것을 자원의 불균등한 배분의 결과라고 하였다.[2] 그는 소득, 자본재, 특별직업급여, 공공 서비스 및 사적 서비

---

1) Peter Townsend, 'Poverty as realative', in *Poverty, Inequality and Class Structure*, ed. by Dorothy Wedderburn, Cambridge Univ. Press, 1974, p.16

스 등 5가지 자원배분의 불평등을 빈곤이라고 한다.

이것을 보면, 빈곤과 박탈의 개념이 약간 상이하다는 것을 알 수 있다. 즉 전자는 신체적 효율성을 유지하는데 필요한 최저수준 이하의 상태를 말하고 후자는 의·식·주 등 기본 욕구와 환경적, 교육적, 사회적 조건과 활동의 결여를 말한다.

둘째는 상대적 빈곤의 개념을 불평등으로 인식하는 경우가 많고[3] 또 자원의 불균등한 배분의 결과인 상대적 박탈의 일반적인 형태로 보는 경우도 있다.[4] 이러한 빈곤의 개념은 인간의 경제적 지위의 측면에서 일차적으로 규정한 것이다. 경제적 빈곤의 개념은 그것이 쉽게 양화될 수 있기 때문에 유용하게 사용될 수 있고, 따라서 빈민은 통계적 범주로 처리될 수 있다.

빈곤의 절대적 개념은 아사(餓死)와 같은 상태를 말하지만 상대적 빈곤은 이러한 것이 해결된 상태에서의 불평등을 의미하는 것이다. 일반적으로 경제학자들은 상대적 빈곤의 경우에는 중간 가족소득의 비율을 빈곤선으로 규정하고 있으나 절대적 빈곤은 최저생계비에 의해서 결정하고 있다. 영·미의 빈곤선 확정은 모두 화폐소득으로 평가하고 있지만 그것의 이론적 근거를 보면 영국은 생계비, 미국은 영양비를 중요시하는 경향이 있다. 따라서 최저생활을 유지하는데 필요한 영양비를 충족하지 못하는 것을 절대적 빈곤이라 한다. 이러한 절대적 빈곤이 오늘날 공적 부조의 주요한 대상이 되어 있다.

그러나, 사회학자들은 빈곤을 생계비 개념으로 따지는 것을 반대하고 생활수준이나, 계층변수에 의한 불평등의 개념으로 파악한다. 이것은 생활수준을 상층 또는 하층으로 구별하거나 소득, 직업, 학력, 주택 등의 계층변수로 상층, 중간층, 하층으로 구별하여 이 하층을 빈곤이라고 한다.

셋째는 빈곤의 개념을 문화적으로 규정하는 경우가 있다. 이것은 빈곤을

---

2) Peter Townsend, *ed, The Concept of Poverty*, Heinman London, 1974, p.2

3) S. M. Miller and P. Roby, 'Poverty; Changing Social Stratification', in *the Concept as Poverty, ed*, by Peter Townsend, Heinmann, London, 1970, p.124

4) *Ibid.*, p.2

경제적 조건 보다도 오히려 문화적 조건에 의하여 규정해야 한다는 것이다. 예컨대 하이에스는 얼마나 많은 사람들이 빈곤을 지니고 있느냐 보다 왜 그들이 특정한 경제적 수준에 있는가의 측면에서 규정되어야 한다는 것이다.[5] 그리하여 빈곤은 실업의 산물이고 개인의 재정능력을 넘어선 부채의 축적이라고 한다.

한편, 빈곤문화와 같은 것이 빈민을 분류하는데 이용될 수 있다는 것을 주장하는 사람도 있다. 그러한 빈민은 그들의 조건에 대하여 소외, 무력, 무희망의 감정을 지니고 있다는 것이다.[6]

넷째는 빈곤을 착취의 형태로 보는 경우이다. 이러한 견해는 마르크스의 빈곤론에서 볼 수 있다. 그는 자본주의 생산관계에 있어서 노동자는 자본가에 의하여 잉여노동이 착취되어 가난하게 되고, 또 기계의 자동화에 의하여 노동소외가 일어나서 노동자의 궁핍화 현상이 나타난다고 보았다.

이와 같이 빈곤문화론에서 말하는 빈민의 개념은 상호작용주의적 관점에서 나온 것이다. 빈곤을 상대적 개념으로 규정하는 경우는 갈등주의적 관점이 강하고 빈곤을 절대적 개념으로 보는 경우는 기능주의적 관점이 강하다.

우리나라 사회정책에 있어서 빈곤의 개념은 아직도 절대적 빈곤으로 보는 경향이 크다. 특히 일부 경제학자와 정책입안자들은 빈곤을 생계비 이하의 소득자를 빈민으로 규정하고 있다.

통계청의 도시가계조사를 재분석하여 우리나라 절대적 빈곤은 2006년 5.7%이고, 상대적 빈곤은 2008년 12.6%라고 한다.[7] 지난 10여년간 상대적 빈곤 인구가 약 12%가 증가되었다. 그런데 정부의 공식적 빈곤율은 2009년 전체 가구의 4.6%이고, 전체 인구의 3.2%라고 한다. 이것은 통계청 자료의 약 절반에 불과하다. 아마 대부분 가족 중에 부양능력이 있어서 배제된 것

---

5) L. F. Hayes, 'Non-Economic Aspects of Poverty', *Astralian Journal of Social Issues* 5, 1970, pp.41~54
6) T. Sullivan et al., *Social Problems*, John Willey, N. Y., p.379
7) 한국보건사회연구원,「빈곤통계연보」, 2007, p.27

같다.

한편, 미국의 경우「1991년 소득 및 빈곤현황」에 의하면, 미국의 빈곤율은 14.2%(3,570명)으로 1990년의 13.5%보다 증가되었다. 미국 정부가 규정하고 있는 빈곤선은 소득기준에 의하여 1991년의 경우 4인가족 기준으로 연소득 13,924달러 이하를 말하고 단독 가구는 6,932달러이다. 미국 빈민의 인종별 분포를 보면, 흑인이 가장 많이서 전체의 32.7%를 차시하고 그 다음은 스페인계가 28.7%, 아시아계가 13.8%, 백인이 11.3%이다. 그리고 최근 미국 인구조사국은 미국의 빈곤율이 경기침체의 결과 2008년의 13.2%에서 2009년에는 14.3%(4천 3백 60만명)로 증가하였다고 한다. 2008년 빈곤율은 4인 가족의 2만 2천 25달러 이하인 세대의 인구를 말한다.

우리나라의 빈민을 오랫 동안 도와준 공적 부조의 핵심은 생활보호법이 있고, 1998년 이후에는 국민기초생활보장법이다. 생활보호법에 규정된 빈곤, 즉 생활보호대상자의 범위는 구체적으로 노령, 질병, 기타 근로능력의 상실로 인하여 생활능력이 없는 자(제 1조)를 말하고 그 대상을 ① 65세 이상의 노쇠자, ②18세 미만의 아동, ③ 임산부, ④ 불구, 폐질, 상이, 기다 정신 또는 신체의 장애로 인하여 근로능력이 없는자, ⑤ 보호기관(시장, 군수)이 법적 보호가 필요히디고 인정한 자로서 부양의무자가 없거나 부양의무자가 있어도 부양능력이 없는자(제 3조)를 말한다. 이러한 생활보호대상자는 1992년 전국민의 5%(219만명)이고, 의료부조자까지 합치면 전국민의 9.4%이다. 그런데 생활보호대상자의 82.3%가 시장, 군수가 인정한 경우이다.

시장, 군수가 요보호대상자, 즉 빈민이라고 규정한 빈곤선은 해마다 다른데 1990년에 1인당 월소득이 4.8만원이고 재산액은 세대당 340만원 이하를 말하며, 1992년에 거택보호자의 1인당 월소득이 8만원, 자활보호자의 경우 10만원, 그리고 재산액으로는 자가소유의 경우 1,000만원, 전세의 경우 800만원 이하가 해당된다.

그러나, 1998년 전문 개정된 국민기초생활보장법은 생활이 어려운 자에게 최저수준을 보장하고 자활사업을 통하여 탈빈곤을 시키겠다고 하였지만 사실상 기존의 생활보호법을 크게 넘어서지 못하였다. 국민기초생활보장법에 의한 수급자의 선정기준은 2003년 부터 자산조사(means test)에 의하여 ① 최저생계비 이하의 소득인정액과 ② 능력이 없는 부양의무자를 동시에 충족하여야 한다.

이러한 기준에 의한 수급권자는 2003년 전체 인구의 2.9%였고 2010년에는 3.2%이다. 이들 수급권자의 최저생계비는 2010년 2인 가족인 경우 83만 7천 763원이고 이들 중에 공적 이전소득(예, 기초노령연금과 자활참여소득 등)이 있어서 실제로 지급되는 생계급여액은 34.1% 감액되어 55만 467원이다.[8) ]이것으로 최저 생활보장이 어렵다.

이것을 보면, 우리나라의 공식적 빈곤 개념이 최저생계비 또는 불평등의 개념에서 파악하지 않고, 생활유지의 능력이 없는 자를 말한다. 사실 이것은 최저생계비에 의한 절대빈곤 개념이라 할 수 있다.

## 2. 빈곤의 원인

빈곤의 문제는 빈곤이 존재하는 사회형태에 따라 상이하게 규정된다. 빈곤문제를 사회형태에 따라 4가지의 방법에 의하여 나누어 볼 수 있는데, 첫째는 빈곤을 봉건사회에 있어서 귀속적 신분으로 보는 경우이고, 둘째는 빈곤을 봉건사회의 부패의 직접적 영향으로 생긴 부랑생활로 보는 경우이며, 셋째는 빈곤을 17세기 중반에서 20세기 초까지 물질적 생계비의 문제를 개인적 실패에서 찾으려고 하는 경우이며, 넷째는 20세기 빈곤을 물질적 생계비와 사회적 불평등과 같은 사회문제로 보려는 경우이다.

이와 같이 빈곤의 문제를 개인적 문제로 보려는 것에서 점차 사회적 문제로 보려는 경향으로 흐르고 있다. 이러한 경향은 빈곤의 원인이 사회적, 경제적 구조에서 발견될 수 있고, 따라서 빈곤을 일으키는 사회경제구조를 변화시키려는 정부의 개혁적 노력이 필요하다는 데서 나온 것이다.

빈곤의 원인이 어디에 있느냐에 대하여 해답을 제대로 얻기는 매우 어렵다. 최근까지도 빈곤의 원인이 개인적 결함이냐 아니면 사회적 책임이냐

8) 보건복지부,「2009년 국민기초생활보장수급자 현황」, 2010, p.7 참조

에 대하여 논란이 대단히 많았다. 빈곤의 원인을 개인적 책임으로 보는 경우는 대개 심리주의적 관점을 지닌 낙인이론으로 사회적 기능적 부적응을 중요시하는 기능이론에서 찾아 볼 수 있다. 반면에 빈곤의 원인을 사회적 책임으로 간주하는 경우는 사회제도의 결함 등 구조주의적 관점을 지닌 갈등이론에서 찾아 볼 수 있는 것이다.

빈곤의 원인을 개인의 동기부족, 낮은 열망수준, 무절제, 게으름, 의타심, 과다한 출산, 부적응 등이라고 하는 경우는 주로 낙인주의적 관점에서 나온 것이고, 가구주 또는 가구원의 사망, 질병, 불구, 노령, 저교육수준, 부적응 등에서 빈곤의 원인을 찾는 경우는 바로 기능주의적 관점이며, 재산, 권위, 권력, 지식, 자원, 기회 등의 비소유와 종속상태에서 빈곤의 원인이 있다고 보는 경우는 주로 갈등주의적 관점이라고 볼 수 있다.

이와 같이 낙인이론은 빈곤의 원인을 주로 동기의 결여에서 찾고 기능이론의 경우는 기능의 부적응에서 찾으며 갈등이론의 경우는 자원의 불평등에서 찾는 것이 그 특징이다. 그런데 빈곤은 실제로 이 3가지의 복합적 원인에 의하여 일어나고 또한 해석이 가능하다. 따라서 그것에 따른 빈곤대책이 강구되어야 하는 것이다. 그러므로 빈곤의 책임이 개인, 가족 및 사회에 모두 있는 것이다. 이러한 책임도 현대에 올수록 개인보다 가족, 가족보다 사회에 있음은 다시 말할 필요가 없다.

한편, 빈곤의 원인을 사회계층체계의 측면에서 보면 마르크스주의적 관점과 베버주의적 관점이 있다. 마르크스주의자는 자본주의 제도가 빈곤의 원인이라는 것이다. 자본주의 제도는 생산수단의 사적 소유권이 인정되고 시장기구에 의하여 소득과 자원이 배분되기 때문에 생산수단의 비소유권자, 즉 노동자계급은 자본가계급에 의하여 착취되고 또한 노동시장에 있어서도 동기 및 생산성이 낮은 노령 및 실업자는 임금노동자에 비하여 저임금을 받게 되어 가난하게 된다는 것이다. 또한 자본주의의 발달이 가져오는 기계화, 자동화에 의하여 실업 등 노동소외가 나타나서 노동자는 가난하게 된다는 것이다.

베버주의자는 개인의 계급적 상황이 시장상황에 의하여 좌우된다고 하였다. 다시 말하면 개인이 자기의 뜻에 따라 시장의 노동에 영향을 미칠 수 있는 권력의 양과 자기의 기술 및 훈련이 경쟁적 시장을 통제할 수 있는 보상에 의하여 결정된다는 것이다. 이러한 관점에서 본다면 노령, 만성질병자, 편부모가족은 시장에서 권력을 거의 가지지 못하기 때문에 보상을 거의 받지 못한다는 것이다. 이러한 노령, 질병, 장애 및 편부모 가족은 주로 노동자 계급이라는 것이다. 그리하여 많은 서구 학자들은 빈곤과 박탈의 원인을 질병, 노령 및 폐질과 같은 것에서 찾고 있다.

그런데 우리나라에 있어서 빈곤원인은 과연 어떠한 것이 중요할까? 이에 대하여는 많이 논의가 있겠으나 앞서 소개한 마르크스주의적 관점과 베버주의적 관점의 어느 하나에 의하여 단정하기는 매우 어렵다. 왜냐하면 우리나라의 빈곤원인은 시대에 따라 상이하고 또 현재도 그것이 예컨대 노동자의 궁핍화와 같은 마르크스 이론에서 주장하기는 어렵기 때문이다. 다시 말하면 노동자의 궁핍화론으로는 그 타당성이 약하다. 즉 빈민의 약 2할이 비노동자이고 또 무직, 날품팔이의 가족원 중에서 다른 수입원이 약 3할 이상이 있으며 또 도시에 이입되기 전, 비노동자 분야(농업, 판매직)가 약 5할 이상이 되기 때문이다.

이와 같이 우리나라에 있어서 빈민, 빈곤의 원인을 일차적으로 농민 분해와 향도이촌노동에서 찾고 이차적으로 노동자와 중산층의 계급분해에서 찾아야 될 것 같다. 이러한 것도 1970년대 이전에는 전자가 중심이 되겠으나 1980년대 이후에는 후자가 중심이 되고 있다.[9)]

이러한 것을 보면, 현대사회의 빈곤은 무엇 보다도 일차적으로 사회적 생산관계 또는 분배관계에서 찾아야 될 것 같고, 우리나라의 경우는 이것 이외에도 비사회적 또는 비경제적 관계, 특히 권력관계와 인플레이션과 같은 요인에서도 찾아야 할 것 같다.

그런데 정부는 매년 약 10%의 신규 기초생활수급자의 발생원인이 주로 질병(28.9%)과 보호시설 변경(23.2%) 및 노쇠 · 연소(21.7%) 때문이고, 나머지는

---

9) 김영모,「한국빈곤연구」, 한국복지정책연구소, 1990, 제 1장 4절 참조.

실직 · 사업 실패(6.0%) 등이라고 한다.[10] 이것을 보면 빈곤의 발생 원인이 주로 소득상실과 가족해체 보다도 질병, 노쇠 그리고 시설 전원 조치라고 볼 수 있다.[11] 이러한 빈곤의 주요 원인인 질병, 노령, 실직 등은 영국의 조사결과에서도 매우 유사하게 나타나고 있다.

우리나라 사람들의 빈곤에 대한 책임의식은 가난하고 시골 사람일수록 빈곤의 개인 책임을 강조한다. 1979년 조사자료에 의하면 소사대상의 53.0%기 개인의 책임을 주장하고 전체의 27.8%가 개인 및 정부의 책임을, 그리고 전체의 13.2%가 정부의 책임을 주장하고 있다. 개인의 책임을 주장하는 사람은 서울시의 경우에는 42.8%이지만 농촌의 경우는 72.1%이고 상층의 경우는 40% 정도이지만 하층의 경우는 60%가 넘으며 특히 빈민의 경우는 71.5%가 된다.[12]

1992년 전국 표본조사에 의하면, 가난의 책임이 전적으로 개인에게 있다는 응답자는 19.1%이고 사회 보다 개인의 책임을 더 크다는 경우가 34.7%이며 반면에 전적으로 사회에 있다는 경우가 3.3%이며 개인보다 사회의 책임이 더 크다는 경우는 19.9%이다. 그리고 사회와 개인이 똑같이 책임을 가지고 있다는 경우가 22.8%이다. 이것을 보면, 우리나라 사람들의 빈곤에 대한 개인적 책임의식이 매우 강함을 알 수 있다.

한편, 영세민이 된 원인이 무엇인가를 알기 위하여 조사하였더니 그 원인을 여러 가지로 지적하고 있다. 그 중에서 다수가 지적한 원인이 부모의 유산이 없어서(51.7%), 못배워서(49.5%), 실업(43.0%), 자신이 못나서(27.7%), 노령화(24.9%)이다.[13]

이것을 보면, 한국인의 빈곤의식과 그 원인이 일치를 보여 주지 않는 것이 많다. 다시 말하면 빈곤의식은 낙인이론이나 기능이론의 적용이 가능하

---

10) 보건복지부, 「'94 생활보호대상자 현황분석」, 1994, p.115

11) 정부가 지적한 빈곤원인은 생활보호수급권자의 선정기준에 의하여 좌우되기 때문에 그 신뢰성이 매우 약하다. 과거 빈곤의 원인에 관한 조사결과는 김영모, 「한국빈곤연구」, 한복연 출판부, 1990, 제 2장과 제 3장을 참고하기 바람.

12) 김영모, 「한국인의 복지의식」, 일조각, 1980, p.37

13) 김영모, 「한국빈곤연구」, 한국복지정책연구소, 1982, p.38~43

지만 그 원인은 갈등이론의 적용이 보다 타당성을 지니고 있는 것 같다.

<참고 문헌>

김영모 편,「현대사회문제론」, 고헌, 1981/2007

________,「사회복지학」, 고헌, 1991/2006

________,「사회정책」, 한국복지정책연구소 출판부, 1982/2008

________,「한국빈곤연구」, 한국복지정책연구소 출판부, 1990

________,「현대사회계층론」, 한국복지정책연구소 출판부, 1999

이두호 편,「빈곤론」, 나남, 1994

Brian Abel-Smith and P. Townsend, *The Poor and the Poorest*, Bell & Sons, 1965

J. L. Roach and J. K. Roach(eds.), *Poverty,* Penguin Books, 1972

Thomas J. Sullivan, et al., *Social Problems; Divergent Perspectives*, John Wiley, N. Y., 1980

Peter Townsend(ed.) *The Concept of Poverty*, Heineman, London

D. Wedderburn, *Poverty, lnequality and Class Structure*, Cambridge University Press, London, 1974

# 제 2장 빈곤의 개념

Susanne MacGregor*

## 1. 서 론

빈곤에 관한 학문적 논쟁은 주로 정의와 관련되어 왔다. 현대 사회과학자들은 어느 누구도 결코 '상아탑 속의 지식인'이 아니다. 그들 대부분은 어떤 방식으로든 현실의 정치세계에 참여하고 있다. 그러나 그러한 모든 노력의 효과는 극히 미미하거나 적어도 처음 의도했던 것과는 다르다.

> 빈곤에는 완전히 분리될 수 없는 여러 가지 의미들이 항상 내포되어 있으며 빈곤은 언제나 그것이 발생되는 사회의 관습에 따라 규정된다.(Eric Hobsbawm, 1968)

사회과학의 경험적 전통은 사회생활에 관한 상식적인 가정들을 검토함으로써, 사회행위를 설명하는 교리적 해석에 대한 대안을 제시하려고 노력하여 왔다. 그러나 이러한 접근방법은 중대한 비판을 받고 있다. 소위 '가치자유' 개념은 사회상황의 영향을 받을 뿐만 아니라 거기에는 사회적 및 도덕적 판단이 개입되어 있음이 밝혀졌다. 그래서 빈곤의 일반적인 정의들을 검토함에 있어서, 그 정의들이 서로 경쟁적인 이데올로기들을 반영하게 되는 정도를 인식하는 것이 중요하다.

영국 사회학에서 경험주의가 보여 온, 주된 관심사의 하나는 빈곤문제이

* 이 글은 Susanne MacGregor의 *The Politics of Poverty*에 실린 'Conception of Poverty'를 번역한 것이다.

다. 사회조사가들은 빈곤이 독특한 사회문제로서 정의될 수 있으며 빈곤의 원인 및 조건의 평가에 기초하여 그 해결책을 제시하는 것이 가능하다고 전제한다. 이 접근법은 개혁주의 전통을 따르고 있다.

다양한 빈곤 정의들을 검토함에 있어서, 누구의 정의가 많이 쓰이며 그것이 어디에, 어떤 방식으로 영향을 미치는가를 인식하는 것이 중요하다. 특히 빈곤을 객관적으로 정의하려는 노력이 어느 정도 성공했는가 그리고 이 노력이 사회정책에 조금이라도 영향을 미쳤는가를 인식하는 것이 핵심이다. 비록 우리가 주로 전후 영국에서의 발전과정에 관심을 두지만, 지난 세기 동안의 변화들을 살펴 보면서 그 배경을 개괄하는 것이 도움이 될 것이다. 그런데 간단하게 내릴 수 있는 결론은 생활기준과 생활양식의 뚜렷한 변화에도 불구하고 빈곤에 대한 견해들은 분명히 이 변화를 반영하지 않았다는 것이다. 즉 빈곤법과 빅토리아적 정신은 여전히 고수되고 있다.

## 2. Booth의 빈곤선

일반적으로 불평등한 사회에는 항상 빈민이 존재할 것이라고 말한다. 그러나 왜 상대적으로 부유한 사회에도 왜 빈곤이 지속되는가라는 것은 별개의 문제이다. Charles Booth가 1백년전에 조사연구의 주제로서 '빈민'보다는 '빈곤'을 선택한 것은 영국 사회사상의 매우 중요한 전환점을 나타낸다. 그는 '빈곤선'의 개념을 만들었으며 '빈곤선 위의 생활' 또는 '빈곤선에 근접한 생활'이라는 개념을 만들었다.

내가 '빈민'이라는 단어를 쓰는 것은 정상적인 가족에게 있어서 주당 18실링 또는 21실링 정도와 같은 정기적이지만 겨우 먹고 살 만한 소득을 갖는 사람들을 묘사하기 위한 것이다. 그리고 '극빈자'는 (계속되는) 불규칙한 노동, 질병, 또는 많은 아이들 때문에 이 기준 아래로 떨어진 사람들을 가르킨다. 나는 여기에서 도덕적 문제를 말하려는 것이 아니다. 원인이야 무엇이든간에 그가 가진 재산이 만족스러운 독립된 생활을 하기에는 아주 불충분하거나 간신히 그렇게 생활할 수 있을 정도인 사람들은 각각 '극빈자'와 '빈민'으로 간주된다. 그리고 항상 정확한 소득을 파악할 수는 없기 때문에 그 분류는 집의 모양에 기초하게 된다.(Booth 1887 : Simey and Simey 1960:184에서 인용)

Booth가 빈곤선을 정의하려고 시도한 것에 대해 3가지 비판이 가해졌다. 첫째, 빈곤선으로 정채진 수준-18실링-은 생활하기에 충분한 소득이다. 둘째, 정보의 신뢰성과 관련된 것으로, 노출되지 않는 소득이 많이 있었다. 셋째, 만약에 사람들이 빈곤하다면 그들이 지출을 낭비했기 때문이라는 것이다. 예를 들어 Levi교수는 The Tower Hamlets에서 빈곤은 실업이나 저임금 보다는 많은 비도덕적 관습에서 비롯된 악습, 사치와 낭비, 또는 노동 부적합 unfitness for work에 의해서 초래된다고 생각하였다.(Simey and Simey 1960:184) 1870년대와 1880년대 초빈에 빈민은 대개 죄인으로 인식되었으며, 발전에는 관심이 없거나 발전에서 소외된 사람으로 인식되었다. 그들은 '인간 쓰레기'였다. 예를 들어, 저명하고 영향력 있는 경제학자인 Marshall은 빈민을 '허약한 신체와 여린 성격을 지닌 사람들, 몸과 마유이 무기력한 사람들'로 보았다.(Stedman Jones 1971 : 11) Stedman Jones는 '문제는 구조적인 것이 아니라 도덕적이다. 퇴치되어야 할 악은 빈곤이 아니라 궁핍(pauperism)이다'라고 하였다.(같은책) 궁핍, 비행, 폭음, 낭비, 구걸, 저속한 언어, 추잡한 습관, 도박, 무지에 수반된다.

빈민과 궁핍(the pauer) 간의 구별은 오늘날에도 여전히 뚜렷하다. 우리는 저소득자와 보충급여에 의존하는 사람을 구분한다. '도와줄 가치가 있다'고 생각되는 일부 민빈들의 문제를 해결하기 위해  노인연금, 실업 및 질병보험과 같은 다양한 대책들이 채택되어 왔다. 그러나 '도와줄 가치가 있다'고 생각되는 일부 빈민들의 문제를 해결하기 위해 노인연금, 실업 및 질병보험과 같은 다양한 대책들이 채택되어 왔다. 그러나 '도와줄 가치가 없는' 사람들은 부랑자로 분리된 채 남아 있으며 그들의 '의존성'은 주로 그들의 '부적합함'(현대적 용어로는 '신체와 정신이 무기력함') 때문인 것으로 보인다.

오늘날 빈곤에 관한 논의는 암묵적으로 '빈민'과 '궁민'간의 구분에 근거하고 있다. 예를 들어 사람들은 '빈민'들 중에서 일부는 보충급여를 받기 위한 수준, 즉 궁민들 보다 소득이 적다는 사실을 비난한다. 혹은 저임금을 받는 사람들의 일부는 노동하여 얻는 소득이 노동하지 않는 것보다 더 적다고 주장한다. 혹은 일부 노인들은 자신들이 낙인자나 자선의 대상으로 낙인받기를 원치 않기 때문에 급여를 요구하지 않을 것이다. 이러한 양자의 구분은 보충급여를 받아 생활해야 하는 사람들 중의 일부가 자신의 게으름이나 도덕적 나약성 때문이라기 보다는 사회환경 때문에 어쩔수 없이 그렇게 된다고 주장하는 경우에 제기된다. 예를 들어 몇 명의 자녀를 둔 편부모들은 자신들의 결점이 없음에도 어쩔수 없이 보충급여에 의존하게 되는데, 그 대신에 권리로서 사회적 급여를 받게 해야 한다고 주장한다. 이러한 모든 논의에서(사회적 환경으로 인한) 빈민과(습관과 태도로 인한) 궁민들이 구분되어진다. 비록 '궁민'라는 용어가 사용되지는 않더라도 그 관념은 남아있다. 이러한 주장은 흔히 그 두가지 범주가 혼동되거나 아주 정확하게 구분되지 않는 과정 혹은 일부 사람들이 어떻게 해서 잘못 범주화 되는가 등에 관한 것이다. 그 구분의 정당성은 거의 의문시 되지 않는다.

Booth가 반박하려고 시도했던 빅토리아시대의 가장 공통된 두가지 견해는 빈곤이 나태와 게으름(인간의 자연적 경향이며 감상적인 박애주의자의 행위에 의해 조장된 것으로 생각된다) 혹은 지나친 과음과 같은 비행에서 초래된다고 보는 것이다. Booth는 빈곤이 수많은 이유들(게으름과 비행은 그 일부일 뿐이다)로 발생되는 사회적 조건이며, 음주는 빈곤의 원인이라기 보다는 그 결과라는 것을 입증하려고 노력하였다. 확실히 금세기 동안 빈곤에 미치는 사회적 조건의 영향을 보다 많이 인식하게 되었다. 그러나, 또한 사회급여가 확대되었기 때문에, 빈곤이 계속 존재하게 되는 것은 대개 나태와 비행 때문이라고 설명된다. 1976년 이후 영국에서는 '구걸행위'에 대해 많은 토론이 있었는데 이 토론들을 검토해 보면 빅토리아 정신의 부활을 쉽게 그리고 직접적으로 알 수 있다.

빈곤을 객관적이고 편견없이 토론하기란 쉽지 않다. Booth 자신도 특히 하층집단의 처리방안에 대한 제안에서 그 당시의 많은 편견을 보여 주었다.

(그는 최하층인 A계층은 삶을 위협받았으며, 바로 위의 B계층은 국가의 하인이 되어버린 노동집단이라고 주장하였다.)

여하튼 빈곤선이라는 관념은 영향력이 있었다. 왜냐하면 그것이 사회입법에 반영되었기 때문이다. 특히 베버리지 보고서는 급여율에 있어서 최저생존수준의 필요성을 강조했다는 점에서 중요하다. 그 후 영국에서 빈곤에 관한 논의는 '적절한' 소득을 이떻게 결성할 것인가 라는 문제를 중심으로 되었다. 이러한 논의에 대해 정당들도 가끔씩 관심을 보였지만 주로 학자, 사회사업가, 그리고 공무원들이 주도하였다.

## 3. 빈곤의 생계개념과 보충급여

일반 대중들은 대부분 빈곤을 지나치게 생계의 측면에서 생각하였다. Townsend의 조사에 의하면 사람들의 31%가 이런 식으로 빈곤을 설명하였고, 29%는 빈곤하게 사는 소수집단을 설명하면서 이점을 고려하는 것으로 나타났다.(Twonsend, 1979:240)

그러면, '생계'는 무엇을 의미하나? Townsend의 조사에서 이러한 방식으로 빈곤을 설명하는 사람들은 '노동할 수 없거나 아동을 적절히 부양할 수 없으며, 옷이 없거나 남루한 옷을 입으며, 생필품이 없는 것'이라고 말했다. (같은책, 238) Townsend는 '이러한 생각 속에서 최저 필요소득의 개념이 숨겨져 있으며 기본적으로 의식주를 위한 필요물이 강조된다'고 평가했다. 사람들은 슬럼에서의 생활을 다음과 같이 말한다. '생필품을 구입할 돈이 충분하지 못하며.... 음식과 옷이 부족하고 임대료가 밀려 있고 잠 잘 곳이 없다.... 나는 그것이 다만 생필품의 부족-음식과 옷이 없이 지내거나 하루 벌어 하루 먹고 사는것- 이라고 생각한다.'(같은 책)

빈곤선을 정의함에 있어서 현대사회의 최저 필수품을 어느 범위로 결정할 것인가? 사람들이 기본적인 의무를 충분히 수행하는가를 조사함에 있어서 고려되어야 할 자원들을 어떻게 결정할 것인가? 지금 우리가 사용된 정보와 그 신뢰도에 관한 기술적인 문제들을 걱정할 필요는 없다. 문제는 현재 영국에서 '생계'에 필요한 자원의 정의에 동의할 수 있느냐의 여부이다.

빈곤의 생계개념은 Seebohm Rowntree가 York시에서 행한 1899년, 1936년, 1950년의 조사연구 중 제일 먼저 실시된 연구를 기초로 공식화시킨 것에서 유래된다. 그의 정의에서 주요한 요소는 소득과 음식소비였다. 가족의 '전체 소득'이 단순히 신체적 효율성을 유지하기 위한 최저 필요물을 획득하기 어려운 경우에 그 가족은 빈곤하게 생활한다고 간주되었다.(Rowntree, 1901:86) 이러한 '상품 바스켓'관점에서는 영양상의 필요물은 그것에 해당되는 현금가치 만큼의 음식량으로 전환되며 여기에 임대료와 최소한의 의복 그리고 기타의 것이 합쳐진다. 이것은 한 사회에서 빈곤의 양을 판단하는 기본선을 제공한다. 그런데 Rowntree는 생존의 개념이 시간에 따라 변한다는 것을 인식하였다. 그래서 그는 1936년과 1950년에 실시된 연구에서는 문화적, 역사적 변화를 감안한 긴 목록의 '최저 필요물'을 제시하였다. 빈곤선 아래에 있는 가족들은 항상 영양이 부족하지만, 빈곤선 위의 가족들은 그들이 돈을 잘 관리한다면 그럭저럭 살아갈 수 있다. 이것인 Rowntree가 제시한 일차적 빈곤과 이차적 빈곤의 구분이다. 일차적 빈곤은 자원이 부족하여 최소한의 영양기준을 충족시킬 수 없는 것을 말하는데 이것은 부적절한 소득 때문에 발생된다. 이차적 빈곤은 자원 그 자체는 충분하지만 합리적으로 사용되지 않는 경우에 발생된다. 이러한 빈곤의 원인은 빈민의 비합리적 행위와 현명치 못한 지출형태에 있다.

Beveridge는 1942년에 자신의 보고서를 준비하면서 생존에 필요한 자원들을 아주 길고 자세하게 산출하였다. 사실 Rowntree는 베버리지위원회의 전문위원 an expert wintness이었다. 그는 적절한 식사에 필요한 영양과 기본의류 그리고 기타 지출에 대한 다른 전문가들의 견해를 근거로 산출하였다. 여기에서 그가 고려한 기본적 욕구는 의식주와 소액의 기타 비용이었다. 그럼에도 불구하고 전후의 입법에서 국민보험의 급여수준은 지극히 낮았던 Beveridge의 기준 보다 더 낮게 설정되었다. 급여율은 주로 빈민운동 the poverty lobby의 활동 때문에 전후에 계속 상승하여 그 수준이 일반적인 생활수준의 상승과 거의 균형을 유지하였다. 비록 평균에 비해 빈민의 지위는 여전히 낮았지만 빈곤을 정의하는데 쓰인 생활기준은 이 기간 동안 실질적으로 상승하였다.

일부에서는 이러한 사실에 근거하여 이제는 빈곤선이 무의미하다고 주장한다. 즉, 더 이상 생계의 측면에서 빈곤을 정의할 수 없으며, 그것은 단순히 국가급여에 의존하는 사람들에 대해 사회의 다른 성원들이 용인할 수 있는 소득수준을 나타낸다는 것이다. 그들은 Booth, Rowntree, Beveridge가 보충급여수준에 의해 측정될 수 없다고 주장한다. 왜냐하면 보충급여가 최저 필요물 보다 많은 것을 구매할 수 있기 때문이라고 한다. 그들은 실질적인 빈곤은 더 이상 중요한 문제가 아니라고 주장한다. 왜냐하면 보충급여가 최저 필요물 보다 많은 것을 구매할 수 있기 때문이라고 한다. 그들은 실질적인 빈곤은 더 이상 중요한 문제가 아니라고 주장한다. 궁핍한 사람들, 몰락한 사람들, 부랑자들은 인구의 극히 일부분에 불과하며 이들은 주로 알콜중독, 약물남용, 정신병 등의 개인적 문제들 때문에 빈곤한 것이다. 보충급여를 받아서 생활하는 사람들이나 저소득자들은 비록 다른 사회성원에 비해 가난하지만 빈곤하다고는 생각할 수 없다. 그들은 굶주리지도 않으며 궁핍하지도 않으며 가난하지도 않다. 그들은 돈을 잘 관리한다면, 비록 남들이 누리는 많은 즐거움을 갖지는 못하더라도 기본적인 욕구들은 충족시킬 수 있다. 이것은 빈곤의 문제가 아니라 불평등의 문제이다.

그러면, 다른 사람들은 어째서 현재에도 영국에 빈곤이 존재한다고 주장하는가? 우리는 빈곤선이라는 말을 할 수 있을까? 그리고 보충급여에 의해 설정된 기준이 유일한 것일까? 이러한 쟁점은 Rowntree와 Booth가 당시의 빅토리아 사회에서 남성노동자와 그 가족의 만족스럽고 독립적으로 살아가는데에 필요한 것을 평가한 것과 거의 동일한 방법으로 현대사회에서 남성과 여성 그리고 아동의 기본욕구를 나열함으로써 명료화될 수 있다. 오늘날 남성노동자가 자신이 처한 조건에서 빚지지 않고 생활하자면 소득 및 기타 자원은 어느 정도 필요한가?

보충 급여율은 다음과 같은 것을 평가하려는 목적을 갖고 있다.

위원회는 등급비율 scale-rates이 음식, 연료와 전기, 의복의 수선과 구입, 주거시설(침대와 가구는 주요 항목이 아님), 신문, 공연, TV 등 편의 시설들을 포함하여 예상할 수 있는 정상적인 모든 욕구를 포함한다고 보았다.(SBC, *Handbook*, 1977, 2:43) 1980년 11월의 보충급여율은 다음과 같다.

| | |
|---|---|
| 남편과 부인(단기) | 34.60파운드 |
| 남편과 부인(장기) | 43.45파운드 |
| 1인(단기)/1인(장기) | 21.30파운드/27.15파운드 |
| 18세 이상 비가구주(단기) | 17.05파운드 |
| 18세 이상 비가구주(장기) | 21.70파운드 |
| 16세~17세 비가구주(단기) | 13.10파운드 |
| 16세~17세 비가구주(장기) | 16.65파운드 |
| 11세~15세의 부양아동 | 10.90파운드 |
| 10세 미만의 부양아동 | 7.30파운드 |

1980년 보충급여를 통해 제공된 소득은 빅토리아시대의 노동자나 인도의 농부가 생존에 필요한 수준 보다는 상당히 높지만 미국의 도시 게토지역 주민의 욕구를 충족시키기에는 부족한 것이다. 그러나 행위란 사회적으로 조건 지워지며 개인이 사회생활을 하자면 반드시 준수해야 할 형식적·무형식적 행위규범이 존재한다. 공장에 취직하기 위해 면접을 하러 온 사람이 빅토리아시대의 노동자와 같은 복장을 하고 왔다면 그는 쉽게 고용되기 어렵다. 아마도 그는 방랑자로 보일 것이며, 그래서 신뢰를 얻지 못할 것이다. 그러나, 모든 새로운 욕구들이 단순히 생활양식의 변화나 생활의 질의 향상을 의미하지는 않는다. 영국에서는 사람들이 여전히 음식과 의복이 불충분하고 적절한 가구나 주거설비도 없이 생활하고 있음이 조사연구를 통해 계속 확인되고 있다.(이것은 교사와 사회사업가의 경험에서도 확인되고 있다.)현재 영국에서 빈곤하다는 것은 전기요금을 지불하기 위해 음식을 먹지 않거나 신발이 단 한 켤레 뿐이거나 외투가 없다는 것을 의미한다. 이것은 결코 몇 가지 사치품이 없이 살아 간다는 문제가 아니다. 이것은 영국사회의 기본 욕구에 관한 것이다.

Townsend의 고전적 연구(1979)는 빈곤의 영향을 주목하고 있다. 그 연구의 몇몇 인용문에는 피면접자의 서글픈 생활사가 기록되어 있다.

가족은 유리창을 새로 구입할 수 없기 때문에 방이 춥고, 아이들은 한 방에서 잠을 잔다.(305)(이것은 심한 간질병에 걸린 장애자 가족의 경우인데 이 가족은 모두 건강이 나쁘다) 그들은 연료를 절약하기 위해 일찍 잠을 잔다. Nelson부인은 중고 판매점에서 헌 옷을 산다. 이 부인은 아이들에게 아침식사로 죽을 끓여 주고 자신과 남편은 굶는다. 이들은 요리된 음식을 먹지 않고 지낸다.(308) 임대해서 살고 있는 이 집에서 TV를 제외한 나머지 가구는 얻은 것이다.(309) 이 가족은 최근에 여름휴가를 가졌을까? Nelson부인은 이에 대해 즉각 '그렇다. 우리는 몇주 동안 굉장히 절약하여서 병속에 돈을 저축하였다. 우리는 가끔 돈을 꺼내기도 했지만 다시 넣고 보관하였다. 시간이 지나고 드디어 가족 모두가 정말로 The Sound of Music이라는 영화를 보러 갔다. 영화의 여주인공이 산에서 자유롭게 춤을 추는 첫 장면은 감동적이었다. 아이들은 아이스크림을 먹었다. 영화를 본 후 우리는 High Street를 걸어서 갔는데 남편이 알고 있는 벽지가게에서 지금 벽난로 위에 걸려 있는 저 그림을 보았다. 우리는 가진 돈을 계산해 보았더니 집까지 걸어 간다면 저 그림을 살 수 있었다. 그래서 다음날 아침에 나는 걸어 가서 그것을 샀으며 그 이후 그 그림이 저기에 걸리게 되었다. 남편이 짜증 날 때에 저 그림을 볼 수가 있고 그것은 The Sound of Music을 생각나게 할 것이다'라고 대답했다. Nelson씨는 1976년에 43세의 나이로 사망했다.(310)

아내와 6명의 자녀를 둔 장기 실업자의 집을 다음과 같이 설명했다.

그 집은 면접원이 자신의 일생에서 본 것 중 가장 나쁜 집이었다. 작은 방이 4개였고, 작은 부엌이 딸려 있었다. 화장실은 옥외에 있었고, 욕실이나 요리실은 없었다. 찬물이 나오는 수도꼭지만 있을 뿐이고 세면대나 싱크대는 없었다. 그 집은 상상할 수 있는 모든 구조적 문제를 갖고 있었다. 내실은 석탄 난로가 있어도 추웠다. 낡은 벽돌건물에 지붕은 물로 샜고 마루는 거의 다 썩었다. 문짝은 제대로 맞지도 않고 석고벽은 다 부서졌다. 뒷문이 열릴 때마다 그 진동으로 다른 문들이 덜컹거렸다. 쥐와 벌레들이 우글거려서 몇 주전에는 쥐잡는 사람이 왔으나 아이들 때문에 약을 치지 못하였다. 윗층의 방은 차고 습했다. 벽지가 벗겨지고 천장이 무너지려 해서 종이를 덧붙였다. 침대는 습기를 막으려고 플라스틱 시트를 덮어 놓았다. 남편과 아내 그리고 어린 두딸이 한방에서 자고 나머지 방에서 아들 두명은 더블베드에, 큰딸 두 명은 다른 침대에서 잠을 잔다. 아래층의 카펫은 습기 때문에 둥글게 말아 놓았다. Mulligan부부는 강풍으로 집이 무너질까 걱정하였다. 전체적으로 참담한 환경이었다. 옆집은 비어 있는데 이 집 보다 더 낡았다. 거기에서 부랑자들이 잠을 자기도 한다. 그 지역은 연기가 자욱하여 항상 큰 불이 난 것처럼 보인다. 아이들이 실내에서 놀 곳이 없었고 근처에 안전한 곳은 전혀 없었다.

이러한 환경이 계속 존속되는 이유는 무엇인가? 그것은 부분적으로 보충급여율이 부적절하기 때문인데 특히 아동의 부양비용이 정확하게 산정되지 않은 데서 비롯된다. 다른 한편으로는 그들이 보충급여를 통해 얻는 소득은 단기적 욕구에만 맞도록 계획된 것이므로 장기간 살아가는 데에는 불충분하기 때문이다.(이것은 특히 장기적인 실업자와 그 가족에게 영향을 미친다) 또한 개인의 욕구와 환경이 다양하기 때문인데, 예를 들어 어떤 질병에는 특별한 식사가 필요하다. 어떤 사람들은 보충급여가 허용하는 것보다 많은 금액을 여행이나 난방에 지출한다. 심지어 보충급여가 적절한 경우에도 모든 사람이 자신의 권리만큼 모두 받는 것은 아니다. 왜냐하면 지방 사회보장국의 공무원이 실수를 하거나 과로로 인해 지급이 늦어질 수도 있기 때문이다. 그러나 다른 경우에 있어서, 사회변동에 따라 새로운 욕구가 발생될 뿐만 아니라 사람들이 자신의 생활과 소비지출에 대해 행사하는 통제량이 감소되고 있다. 적절한 대중 교통수단이 없는 외진 곳에 사는 가족들에게는 자동차가 필수적이다. 출근 거리와 비용도 증가하고 있다. 중앙난방이 설치된 고층 건물에 살고 있는 가족은 돈이 부족할 때 등유 난방과 같은 보다 값싼 난방시설로 교체할 기회를 갖지 못한다. 적절한 놀이터가 없는, 예를 들어 아이들이 잔디에서 축구나 자전거를 타지 못하도록 경고판이 세워진, 공공주택단지 내의 시영주택에서 어린 자녀와 함께 살고 있는 젊은 부인에게 있어서 TV는 기본적 욕구이다. 현대적 생계의 측면에서 본다면, 생활기준의 상승을 고려하지 않고 제공되는 보충급여 수준보다 생계비가 더 높아진 경우는 아주 흔하다. 이 경우에 사람들은 '생활한다'기 보다는 간신히 '생존한다'고 말한다.

이런 사례들을 통해서 빈곤이 과거의 것이라는 견해를 반박하기 위해서는, 생계의 측면에서 정의된 명확하고 용인될 만한 빈곤선-지금과 같은 상황에서 만족스럽게 생존할 수 있는 기본적 욕구들-을 규정하는 것이 도움이 될 것이다. 어떤 사람은 훌륭한 시민이나 이웃으로서 행동하는 데에 필요한 것을 상세하게 조사하지 않은 채 노동자, 가구주 및 학령기 아동의 욕구와 기본적인 사회역할에 대해 언급하기도 한다.

이러한 경향은 David Piachaud의 논문에서 최초로 볼 수 있는데 그는 '아동의 비용'(1979)이라는 소 논문에서 아동의 욕구를 11세 까지 연령별로 목록화하여 그 비용을 산출하였다. 이것은 보충급여에서 아동에게 할당된 양보다 약 50%가 더 많은 것으로 밝혀졌다.(그리고 노동자 부모가 받는 아동수당보다 평균적으로 2배 이상 많은 것이다.) Piachaud는 '현대적 최저수준'을 산출하면서 '아동에게 필요한 것을 결정하는 합리적, 과학적, 객관적 기준이 없음'을 인정하였다. 그의 평가는 영양학적 욕구에 관한 미국의 연구를 기초로 한 저렴한 식사, 주부와의 대화를 통해 파악한 의복에 대한 욕구, 주거시설과 난방 및 전기에 대한 적절한 배정, 그리고 기타 많은 관습적인 필요물들을 이용한 것이었다. 그 결과 현대적 최저수준은 매우 검소하게 정의되었다. 중요한 것은 이러한 극히 낮은 수준 조차도 보충급여 수준보다는 상당히 높다는 것이다.

그러므로 우리가 보충급여 수준을 빈곤선으로 사용하게 된다면 빈곤의 범위를 과소 평가하게 될 것이다. 그러나 지금까지 보았듯이 이 기준을 사용하더라도 우리사회에서 아직 '실질적인 빈곤'이 제거되지 않았음은 의미의 여지가 없다. 지금 꼭 필요한 것은 Piachaud의 작업을 더 발전시켜 새로운 빈곤선을 만드는 것인데 어떤 사람은 Dudley Jackson의 정의는 Rowntree의 생계 개념과 기본 가정이 동일하지만 보다 세련화 시킨 것이었다.(Jackson, 1972) 그는 '개인 혹은 가족은 중요한 욕구가 충족되지 않는다면 자신의 생활조건에 만족하지 않기 때문에 빈곤하다'고 말한다.(같은 책 : 13) Jackson은 빈곤을 정의하는 문제는 주로 '사회적 기능을 적절하게 수행'하는 데에 고려되어야 할 것을 규정하는 것이라고 지적한다. 그는 사회적 기능이 수행이란 욕구충족에 달려 있으며, 현대사회에서 적절히 기능하기 위해서는 개인의 영양적 욕구 뿐만 아니라 교육, 주택, 사회보장의 욕구까지 반드시 충족되어야 한다고 주장한다. 영양적 욕구가 개인에게 그 사회의 표준이 되는 생활기대감을 제공해 준다면 그것은 만족스럽게 충족될 것이라고 주장한다. '결핍에 대한 논의에서는 최저영양의 변화가 건강의 기준-대체로 생활기대감에 의해 측정될 수 있다-과 관련되어 있음을 깨닫지 못하여 많은 혼동을 일으켜 왔다.'(같은책 : 16) 영양적인 욕구를 만족스럽게 충족시키지 못하면 결핍에 이르게 된다. 그러나 현대사회에서 사회적 기능 수행은 필요한 신체적 건강기준을 갖출 능력 뿐만 아니라 취업을 하고 가족을 부양하고, 그리고 사회생활에 참여하는 능력에 달려 있다. 사회에서 이러한 욕구가 적절히 충족되지 못하면 박탈에 이르게 된다. 박탈과 결핍이 합쳐져서 빈곤을 이루는 것이다. 관습적인 생계 개념은 '문화적' 및 '사회적' 변수를 제대로 고려하지 않고 있는데 반하여, 여기에서는 빈곤을 정의하면서 적절한 교육과 주택과 사회보장의 욕구를 분명히 포함시키고 있다.

Jackson은 자신의 '적절한' 영양자원의 개념을 한 사회의 표준적인 생활기대감과 관련시키면서 '결핍'이라는 지속적인 문제를 강조하고 있다. 또한 영양적 욕구 이외의 다른 욕구들의 중요성을 인식하는 것, 즉 한 개인이 주택채권이나 취업 혹은 교육의 기회를 갖고 있는 지의 여부를 고려하는 것은 빈곤의 범위에 대한 객관적 지표를 제공할 수 있다. 이것이 의미하는 것은 빈곤이 한 사회의 제한된 부문만의 특수한 문제가 아니라 전체 사회의 조건과 절대적으로 관련되어 있다는 것이다. 빈곤에 대한 논의는 자원의 배분방식을 고려해야 한다. 또한 욕구와 그것을 충족시키는 방식이 어떻게 서로 관련되는지를 인식하는 것도 중요하다. 한 측면에서의 박탈은 다른 박탈을 초래하기 쉽다. 교육을 받은 사람들은 취업기회가 보다 많으며 보다 좋은 주택을 얻기 쉽지만, 건강이 나쁜 사람들은 취업 등의 측면에서 박탈을 겪기 쉽다.

여기에서 빈곤은 인간자본의 부족으로 인식된다. 현대사회는 개인들이 전체 자원을 놓고 자기 몫을 찾으려고 경쟁하는 시장이다. 개인의 경쟁력은 재정적인 것 뿐만 아니라 특히 기술이나 교육 등이 포함된 자산에 의해 결정된다. 기술변화나 도시화와 같은 사회적·경제적 변화에 따라 욕구의 개념도 변화하게 된다. 시간이 지나면서 '용인될 수 있는' 생활수준이 개념은 변화하게 되며, 생존을 위해 적절히 기능을 수행하자면 사회조건의 개선을 포함하지 않는 새로운 욕구도 반드시 충족시킬 필요가 있다. 이러한 예로써 노동자나 소비자로서 적절하게 기능하는 데에 필요한 읽기, 쓰기, 셈하기 능력 또는 노동하기 위해 이동하는 데에 드는 비용을 들 수 있다. 이것은 산업발전이 자연적으로 진보를 초래한다는 안일한 견해에 대한 중요한 비판이다. 즉, '경제성장은 결코 빈곤의 소멸을 보장할 수 없다. 경제가 성장하게 되면 복잡성과 정교함이 증가하게 되어 개인에 대한 요구도 증가하게 된다.'는 것이다.(Jackson, 1972:18) 보다 큰 의미는 경제성장으로 형성된 잉여가 반드시 빈곤을 제거하는 데에 쓰여지지 않는다는 것이다. 초과세입의 분배에 있어서 예상보다 선택기회가 적을 수도 있다. 생산 및 교환제도가 빈곤의 감소나 복지의 증대에는 거의 또는 전혀 영향이 없는 그러한 자원배분을 요구할 수도 있다. 경제의 복잡성이 증가하여 사람들에게 갖추기 어려운 몇가지 조건을 요구한다면 그러한 기술이 없는 사람들은 노동시장에서 소외될 것이며, 또한 다른 부문에서도 박탈을 겪게 된다.

그러나, 경제성장의 효과에 대한 이러한 관점은 많은 비판을 받았는데, Bravermann은 '노동과 독점자본'(1974)에서 숙련된 노동력의 수요 및 공급의 범위를 문제 삼았다. 그렇다 하더라도 보다 세련된 빈곤 정의에는 빈곤을 사회의 다른 부문, 특히 생산 및 분배제도와 분리시켜 고려할 수 없다는 인식이 내포되어 있음은 주목할 가치가 있다.

## 4. Townsend의 상대적 박탈

대부분의 '상대적' 빈곤개념에는 사회에서 적절하게 기능하는 데에 필요한 일련의 자원들이 추가된다. 특히 사회학자들은 관련된 자원으로서 신분과 권력을 포함시킬 필요성을 강조하고 있다. 이들은 자원의 분배, 특히 이용가능한 기회가 차별적이라는 데에 주목한다. 이들은 사람들이 동등한 조건에서 경쟁하지는 않는다고 주장한다. 이러한 대안적 접근에서 제시되는 개념들은 중첩된 박탈, 생활양식, 신분, 낙인, 통합, 권력, 의식, 동정, 절망 등이다. 이들이 제시한 정책과 해결방안들은 자원이나 기회의 분배가 어떻게 보다 평등해 질 수 있는가 그리고 이러한 과정이 어느 정도까지 진행될 것인가라는 문제들에 관한 것이다.

이러한 주장들은 빈곤 논쟁에 큰 영향을 미쳤다. 이것은 상당수의 현대 영국인들이 전후의 사회입법에도 불구하고 계속 빈곤을 느끼고 있으며 빈곤이 여전히 사회문제로 남아 있음을 입증하려는 의도를 지닌 급진적 비판의 일부로서 제기 되었다. 이러한 비판은 부적절한 급여, 특히 '용인될 말한 생활방식을 유지하기에 적절한 최저수준'을 낮게 설정한 것에 대해 제기되었다. 보충급여의 현금 액수는 개선될 필요가 있으며, 주택, 보건, 교육과 같은 다른 서비스의 급여 향상은 빈곤을 제거할 것이라고 한다.

이러한 입장을 지지하는 전후의 가장 중요한 대변자는 LSE의 사회행정학 교수로서 많은 강연과 저술로 주위를 감동시켰던 故 R.M. Titmuss였다. 그는 사회서비스는 사회의 '구급차'(Lolyd George의 표현)나 '안전망'(Churchill의 표현)이 아니라 그 서비스를 제공하는 사회의 거울이자 유기체적 일부라고 생각했다. 그것은 거대한 사회변화의 도구로 쓰일 수 있으며 당연히 쓰여야 한다. 여기에서 그 목적은 객관적이고 가치자유적인 빈곤개념을 제공하려는 것이 아니라 영국사회에 대한 도덕적 비판과 새로운 일반적 기준을 제공하는 것이다.

P. Townsend와 B., Abel-Smith는 Titmuss로 부터 배웠고 그 영향을 받았다. P. Townsend가 빈곤연구를 시작한 것은 전후의 풍요로운 영국 사회에 빈곤이 계속되고 있음을 입증하기 위해서였다. 그의 목적은 또한 빈곤의 사회학적 정의를 만들려는 것이었는데, 이것은 빈곤한 상태의 경험을 반영하는 것이어야 하고 시간적으로 비교를 할 수 있으며, 사회집단과 사회간의

비교가 가능해야 한다. 그의 견해는 시간이 지남에 따라 조금씩 바뀌었는데, 가장 최근의 정의는 다음과 같다.

> 빈곤은 객관적으로 정의될 수 있으며 상대적 박탈 개념의 측면에서만 일관되게 적용될 수 있다. 개인들, 가족들, 집단들은 적절한 식사를 하거나 활동을 참여하기 위한 자원이 부족하거나 또는 그들이 속한 사회에서 관습화된 혹은 적어도 널리 공인된 생활조건과 쾌적함을 누리기 위한 자원이 부족한 경우에 빈곤하다고 말할 수 있다. 그들은 평균적인 개인 또는 가족보다 자원이 매우 작아서 정상적인 생활유형, 관습, 활동으로 부터 효과적으로 배제당한다.(Townsend, 1979:31)

음식과 소득 이외에 자원이나 생활양식과 같은 요소들이 만드시 포함되어야 한다. Townsend의 정의가 인간자본 정의와 구별되는 것은 여러 측면에서 자원의 부족을 강조한 점과 특히 생활양식을 강조한 데에 있다. 이것은 소득 뿐만 아니라 자본, 현물급여, 부가급여(예를 들어 연금을 받은 권리), 직업보장, 노동조건, 그리고 여기에 덧붙여 '사회임금'으로 인식되는 요소들, 공공재와 서비스에 대한 접근 및 그 이용 등의 중요성을 강조한 Titmuss를 따르고 있다. 그러나 개념상으로는 공식적 혹은 관념적 설명 보다 바람직한 이러한 복합적인 정의는 측정이나 정책 및 실무의 기초로서 조직화 시키기가 훨씬 어렵다는 점에서 효용성(즉,「영국의 빈곤」을 완성하는데 많은 시간이 소요되었다.)에 관한 문제가 제기된다. Townsend의 개념(정확한 측정단위로서 보다는 비판도구로서 보다 중요하다.)이 갖는 의미는 빈곤의 범위가 공식적으로 혹은 일반적으로 생각하는 것보다 넓다는 것이다. 그러나 이 개념은 '보편적으로 관습적인 생활양식'을 구성하는 것이 무엇이냐라는 적지 않은 문제를 안고 있다. 빈곤선으로 설정된 그 지점은 자원이 평균 보다 매우 부족한 지점이 아닌가?

상대적 박탈로서의 빈곤과 관련되는 개념들은 시민권, 정의, 사회적 연대감 및 응집 등이다. Townsend가 강조한 주요 요소는 '참여'이다. 개인과 집단은 자원이 부족하면 사회참여 기회를 보다 많이 박탈 당한다. 그들은 소외자가 되며 완전히 통합되지 못하고 시민으로서의 권리를 효과적으로 박탈당한다. 빈민과 비빈민 사이에는 장벽이 만들어지는데 이러한 장벽은 양자의 구분을 강화 시킨다. 중요한 문제는 고립과 권력의 결여인데 이것들은 개인이나 집단이 전체 사회의 활동에 참여하는 것을 방해한다. 부분적으로 이러한 견해는 신체적 곤경의 경험 보다는 부족함이 없고 차별받지 않는 상태를 강조한다. 그러므로 이 견해는 신체적 곤경과 물질적 박탈이 계속 존재하는지의 여부를 무시하는 경향이 있으며, 더 중요한 문제는 생계 개념이 당당하게 그 논쟁의 핵심을 차지하고 있다는 것이다. 빈민의 고립은 단절을 초래하고 응집과 통합을 저해한다는 점에서 역시 사회문제이다.

빈곤(상대적 박탈)이 지속되는 것은 사회에 대한 개인의 가치를 부정한다는 점에서 도덕적 문제이다. 그것은 불공정하며 불공평하다. 이러한 개념화는 분명히 불리한 점이 있음에도 불구하고 빈민을 범주로서 뿐만 아니라 집단으로 파악하고 있다는 점에서 유용하다. 그러나 Townsend는 통합과 자원간의 연결성을 매우 강조하고 있다. 자원의 결여는 집단이나 개인으로 하여금 사회생활에 적극적으로 참여할 수 없게 만들며 이것은 결국 이용 가능한 자원을 더 감소시키게 된다. 이 두 요소는 서로를 강화시켜 준다. 어떤 의미에서 자원의 결여는 빈곤한 상태이며, 적극적인 참여가 불가능한 것은 빈곤이 경험되고 그것이 지속되며 더 심화되는 과정이다.

반대로 자원의 과잉은 부유한 상태이다. 참여기회(즉, 권력과 영향력)가 많다는 것은 부가 지속되고 더 확대되는 과정이다. Townsend는 이것이 객관적인 정의이며, 이것은 노동자생활에 대한 편견과 오류가 섞인 가정에 깊이 빠져 있는 아주 단순한 생계개념에 비해 편견의 영향을 적게 받는다고 주장한다. '박탈은 생활의 어떤 주요 부분 또는 모든 부분에서 발생될 수 있다. 즉, 주로 다른 분야에서의 지위를 결정할 소득을 얻게 되는 직장에서, 가정에서, 가족과 이웃내에서, 여행에서, 그리고 그 외의 광범위한 개인적 및 사회적 활동에서 발생될 수 있다. 서로 다른 많은 박탈을 경험하는 데에는 기본적으로 엄청난 차이가 있을 수 있다. 실제로 박탈과 자원의 수준 간에는 체계적인 관련성이 있다.'(Townsend, 1979:915- 강조는 필자가 한 것임)

전후에 빈곤에 관한 학문적 토론은 주로 정의에 관한 것이었다. 어쨌든 그러한 논쟁의 결론은 빈곤의 재정의를 강조하는 것이 빈민에게는 해롭다는 것이다. 의도는 좋았지만 전략이 불리한 결과를 낳았다. Peter Townsend가 제시했고, 빈민운동 poverty lobby에서 많은 사람들이 실질적인 빈곤은 더 이상 존재하지 않는다고 생각하게 되었다. 이제 빈곤은 스페인에서 휴가를 보낼 수 있느냐 아니면 베틀린에서 보내느냐, 고기를 먹을 수 있느냐 없느냐, 헌옷을 입느냐 아니냐라는 상대적 문제일 뿐이다. 이런 것들이 오늘날 낙인받고 박탈된 집단들을 구분하는 것은 아니다.

여기에서 Townsend의 공헌은 매우 중요하다. 그의 연구가 매우 광범위하고 다양하기 때문에 그의 접근방법에서 부분적으로 혼란과 불일치가 발견되는 것은 놀라운 일이 아니다. 실제로 그는 상대적 박탈로서의 빈곤 개념을 이론적으로 박탈시켰지만 한편으로는 생계 개념을 계속 쓰기도 했다. 초기에 그가 기여한 가치있는 공헌은 생계개념이 기본적인 욕구를 적절하게 반영하지 못했으며 청교도적인 사람 조차도 하기 어려운 성자 같은 행동을 빈민에게 요구하였음을 보여 주면서, Rowntree나 Beveridge가 사용했고, 사회정책에도 반영된 생계개념을 신랄하게 비판했던 것이다.(Townsend, 1954) 그는 계속해서 기존의 사회보장급여에 반영된 인간의 욕구에 대한 빈약하고 인색한 견해를 반박하였다. 그는 새로운 생계 개념은 인간의 사회적 역할을 인식해야 하며, 소위 비합리적인 지출형태는 무지와 방종을 반영하는 것이 아니라 사회적 기대감을 반영한다고 주장했다. 생계는 물리적 신체 뿐만 아니라 사회적 신체 social body의 유지를 포함한다. 우리는 오늘날 보편화 되어있는 신체적 결정기준을 버려야 하며 생활의 다른 영역, 특히 직장과 가정 그리고 지역사회에서의 박탈지표를 인식해야 한다.

Townsend는 빈곤을 상대적 박탈로서 인식할 것을 강조함으로써 빈곤이라는 말의 구체적이고 객관적인 내용을 제외시키는 결과를 초래했고, 고의는 아니었지만 우리 사회에 빈곤이 더 이상 존재하지 않는다는 견해에 공헌하였다. 그가 왜 이렇게 했을까? 거기에는 아마도 사회학적 전문주의 professionalism의 요소가 있었을 것이다. 그것은 불평등에 관한 논의를 은밀하게 도입하려는 아주 소박한 시도였다. 그러나, 그는 분명히 오늘날 영국에서 최고의 빈곤전문가이며 지속적이고 끊임 없는 그의 노력이 없었다면 빈민의 참상은 더 무시되었을 것이다. 그의 저서와 정치적 참여를 통해서 우리는 궁핍함과 빈곤이 여전히 존재함을 잊지 않게 되었다.

빈곤을 중복된 박탈로서 인식하는 정의에서는 박탈의 체계적 성격과 불이익의 중첩성을 강조한다. Coates와 Silburn(1973)은 빈곤, 불량주택, 부적절한 학교에 대한 전문가들의 관심을 분석한 연구들이 빈곤과 박탈에 관한 논의의 활성화에 가치있는 공헌을 했다고 평가했다. 그러나 현실세계의 사람들이 그러한 특정한 생활을 할 수는 없으며 Milner Holland 슬럼에 살고 있는 가족은 자녀들을 Plowden school에 보내기는 하지만 Abel-Smith와 Townsend의 빈곤 개념에 잘 부합된다는 것은 매우 분명한 것처럼 보인다.(Coates와 Silburn 1973:49~59). 그들은 빈곤화된 지역사회에 관한 연구에서 이와 같은 상이한 모든 박탈유형들이 어떻게 서로 뒤엉키게 되는가를 보여주려고 노력했으며, 한가지 결핍 뒤에 다른 결핍이 연속되는 상황을 참고견뎌야 하는 사람들을 서술하려고 노력했다.(같은책, 30) 그들은 상이한 박탈유형들이 어떻게 상호 관련되며 상호 존속시켜 주는가를 보여 주었다. 또한 박탈의 중첩과 집중화를 보여 주었고 박탈이 빈민과 일반인 사이의 차이를 강화시키고 굳혀 준다는 것을 보여 주었다. 그리고 중요한 것은 그들이 빈민과 노동계급간의 관련성에 관한 문제를 제기한 것이었다.

Townsend, Titmuss, Coates와 Silburn의 견해는 명백히 빈곤이 사회의 불평등에서 초래된다는 것이다. 이러한 이유에서 다른 사람들은 빈곤을 불평등의 문제와 분리시켜 고려할 수 없다고 주장했다.

빈곤에 대한 선입견은 현실을 모소하게 하기 쉽다. '빈민'을 일반인과 구별하기 위해 임의적으로 선을 긋게 되면 빈곤이 속해 있는 보다 큰 불평등구조에서 관심이 멀어 진다. 이것은 의도했던 것이 아니다. 반대로 많은 빈곤연구- 주로 보수적 사회과학자 보다는 진보적 학자들이 실시하였다.- 는 분명히 '상대적' 빈곤개념에서 출발하였다. '빈곤선'은 현대적인 기대기준에 근거하여 설정되었다. 그것은 절대적인 생활수준이 향상됨에 따라 시간이 지나면서 상향 조정되었다. 그리고 상이한 수준의 불평등 위계에 따라 만들어진 것들 중에서 임의적인 빈곤선일 뿐이라고 인식되었다.(Westergaard and Resler, 1976:123)

저자들은 이러한 절차와 관련하여 두가지 위험이 있다고 주장한다. 첫째는 잘못된 진단이다. 즉, 빈곤이 빈민의 특성에 기인한다고 보거나 외견상으로 서로 무관한 또는 계급과 무관하거나 일시적으로만 관련된 개인적 조건에서 기인한다고 보는 것이다. 특정한 여러 조건을 지향하는 기존의 대책들은 그 대책들이 재정지원만 포함하느냐 아니면 '예방 치료' 대책도 포함하느냐 따라 구분되고 있다. 그것들은 불평등의 일반적 구조에 큰 변화를 초래하기 위해 고안된 것은 아니다.(같은책, 124) 불평등 보다 빈곤에 주목한 결과로 인한 두 번째 문제는 왜곡된 사회상을 조장하는 것이다. 빈민은 임금소득자 집단에서 떨어져 나온 사람이다. 그리고 임금소득계층- 빈곤하든지 빈곤하지 않든지-과 안정적이지만 분화되어 있는 '중상' 계층간의 구분이 무시되고 있다.(같은책: 125) 이러한 이미지는 특히 노인연금 수혜자나 저임금자의 궁핍을 자본- 노동 관계 때문이라기 보다는 다른 임금 소득자의 행위 때문이라고 생각한다는 점에서 '잘못된 처방'을 범할 위험이 있다.

비록 이 비판이 타당하지만 '중상'계층과 모든 '노동계층'간의 갈등을 강조하게 되면, 상대적으로 안정되고 고임금을 받는 조직노동자와 저임금 노동자 사이에 존재하는 권력, 보상, 그리고 이익의 실질적인 차이를 근본적으로 고려하지 못하게 된다.

J. C. Kincaid(1973)는 일부 사람들이 부유한 것은 일부 사람들이 빈곤하기 때문이라고 주장하면서 이러한 관계를 분석했다.

자본주의적 관점에서 저임금부문은 전체 임금구조와 노동계급의 고용조건을 지지하고 안정시키는는 데 도움이 된다.(241)

복지서비스에 의존하는 집단들이 자신들의 이익을 위해 조직화 하거나 복지문제를 정치적으로 여론화 하기는 매우 어렵다.(242)

복지국가에 의존하는 집단들의 커다란 약점은 유일하게 사회구조를 실질적으로 변화시킬 힘을 지닌 조직적 노동운동과의 연결이 약하며 거기에서 고립되어 있다는 것이다.(244)

## 5. Miliband의 정치적 요소

Ralph Millband는 이와 비슷하게 빈곤을 정의하면서 정치적 차원을 강조했다. 그는 빈곤이 반드시 각각 분리하여 연구되어야 하지만 실제로는 상호 관련된 박탈망을 구성하는 다양한 차원들을 갖고 있다고 인식하는 Coates와 Silburn의 견해를 인용하면서, 이러한 박탈망에서의 한가지 요소, 즉 그가 가장 중요하다고 생각한 정치적 요소에 주목하였다. '피박탈자는 경제적 자원뿐만 아니라 그것과 관련된 정치적 자원도 결여하고 있다.'(Miliband, 1974, 183) 그는 공식적으로 '빈곤'하다고 인정된 사람들의 기본적 특성은 그들의 계급 소속감이라고 보았다.

기존의 경향은 빈민을 노인, 편부모가족의 성원, 만성환자와 장애자, 실업자와 그 가족, 저임금자라고 말한다. 그러나 노령, 편부모 가족, 장애, 실업 등이 반드시 빈곤의 동의어는 아니다. 이들이 노동계급의 성원인 경우에만 빈곤의 동의어로 된다. 기본적 사실은 빈민이 노동계급 즉, 가장 가난하고 가장 불이익을 받는 계급에 통합되어 있다는 것이다. 빈곤은 계급적인 것이며, 계급불평등의 일반적 상황과 밀접하게 관련되어 있다.(같은 책:184~185)

이러한 연구의 목적은 '자본주의'사회에서 빈곤의 불가피성을 강조하는 데에 있다. 빈곤은 자본주의사회의 산물이며 개량적 수단들은 그 효과가 제한적이다. 사회개량의 실패가 의지나 가치의 실패는 아니다. 실패는 불가피한 것이다. 불평등은 경제제도가 효율적으로 작동하도록 기능한다. 역설적이지만 시장경제를 지지하는 Hayek, Milton Friedman, 경제문제연구소 IEA의 연구원들, Keith Joseph경, Thatcher수상, Geoffrey Howe경 등의 '우파'들도 이러한 견해를 갖고 있다. 우파는 불평등이 좋은 것이라고 주장한다. 왜냐하면 상이한 보상은 모든 사람의 성공을 결정하는 기술 습득과 힘들고 위험한 일에 대한 동기를 유발하기 때문이다. 그러나 좌파는 불평등이 개인적 차이의 위계가 아니라 체계화된 계급관계의 일부라고 인식한다. 가치와 실천은 노동에 대한 자본의 지배 - 노동계급의 권력을 억압하고 억제하는 -를 유지하도록 도와 주는 것에 관한 것이다. 빈곤은 계급구조의 필연적 결과이다. 빈곤의 정의와 설명은 계급구조의 분석과 분리될 수 없다. 이러한 견해는 최근의 기념비적 연구에서 빈곤이 일반적으로 인식된 것 보다 매우 확산되어 있음을 입증한 Townsend에게서도 볼 수 있다. 그의 결론은 빈곤이 부에 의해서 만들어 진다는 것이다. 그는 빈곤이 복합적인 자원구조, 자원의 분배원칙, 생활양식에 대한 사회적 후원 sponsorship에서 유래되는 것이지 개인적 능력이나 소수의 불행 혹은 지역사회의 하위문화에서 비롯되는 것은 아니라고 주장한다. 만약에 빈곤을 없애거나 급격히 감소시키자면 생활양식의 개선 및 자원배분을 결정하는 제도와 원칙을 재구성할 필요가 있다. 온건한 재분배적 사회정책들은 효과가 매우 적으며 부적절하다.(Townsend 1979: 892~926)

그러나, Townsend가 답변하지 못했던 문제, 즉 그가 감동적으로 서술하나 최상층의 권력과 특권이 존재하고 있다면 어떻게 이러한 제도들과 행위기대감을 변경시킬 것인가라는 문제가 남아 있다.

## 6. 결 론

사람들은 '빈곤이란 무엇인가'라는 아주 단순한 문제의 해답을 추구하면서, 논쟁이 되는 많은 빈곤정의가 있음을 곧 깨닫게 된다. 각자가 선택한 것은 문제의 내용에 대한 이해, 즉 빈곤의 존재를 어떻게 설명할 것이며, 어떤 정책이 적절하다고 생각할지에 대해 영향을 미칠 것이다. 빈곤의 개념에는 생계의 측면에서만 보려는 제한적인 견해로부터 한 사회의 평균적인 생활수준과 생활의 질 그리고 자원의 생산 및 분배체계와 관련된다고 보는 광의의 견해들이 있다. 빈곤을 단순히 기본적 욕구가 충족되지 않은 것으로 보는 것은 간편한 해결책으로 보이기도 하지만, 거기에는 즉시 '무엇이 기본적 욕구이며 어느 정도의 욕구 충족이 충분하다고 생각될 수 있는가?'라는 문제들이 제기된다. 광의의 정의는 사회내의 불평등 및 그 원인들을 인정하고 '사회가 용인할 수 있는 불평등은 어느 정도인가'라는 물음을 던진다. 그러나 그것이 장기적으로는 적절할지라도 현재 단기적인 사회개혁의 도움을 받는 가난한 노인연금 수혜자, 저임노동자, 장기실업자, 분쟁중인 편부모 가족에게 큰 위로를 주지는 못한다.

중요한 두가지 정의는 생계 개념과 상대적 개념이다. 빈곤의 생계 및 최저수준 개념은 상대성을 갖고 있다. 왜냐하면 사회 내부에 그리고 각 사회들간에 용인되는 최저 생활기준에는 차이가 있기 때문이다. 빈곤선을 설정하는 행위가 정확하고 객관적인듯 하지만 실제로는 항상 주관적 편견이 개입된다. 모든 요소들을 현금으로만 산출하는 정의들은 현금으로 쉽게 환원되지 않는 요인들을 배제한다는 점과 Townsned와 Millband가 중요시한 기준들, 특히 참여와 권력과 같은 기준이 빠져 있다는 점에서 결점을 지니고 있다.

빈곤 원인에 대한 설명은 많은 빈곤 정의들 내에 포함되어 있다. Rowntree는 자신의 조사결과로 부터 생활주기 중에서 빈곤이 가장 발생되기 쉬운 3단계가 있다고 결론을 내렸다. 첫째, 아동기일 때, 둘째 부양해야 될 자녀를 두었을 때, 그리고 끝으로 너무 늙어 일할 수 없을 때이다. 가족의 욕구는 생활주기의 각 단계에 따라 변화하며 어떤 시기에는 충분한 소득이 다른 시기에는 불충분할 수 있다. 많은 사람들이 일생의 어떤 시기에 빈곤하게 될 위험을 안고 있다.

이와는 다른 견해는 빈곤은 소수의 불행한 사람들만이 겪는 신체적 혹은 정신적 질명이나 장애와 같이 예외적 환경과 관련된다고 본다. 비록 오랜 시간 동안 빈민들 중에서 그리고 전체 인구에서 발견되는 각 범주의 비율은 변하였지만 많은 사회조사에서 빈곤과 관련된 것으로 밝혀진 요인들은 19세기 이후로 크게 바뀌지 않았다. 이들 중 어떤 것을 소수의 문제로 간주하여 선별적이고 특수한 서비스로 해결해야 될 '예외적 환경'으로 볼 수 있는가라는 문제는 분명히 많은 빈곤 정의가 안고 있는 문제이다. 이것은 이러한 조건의 원인에 관한 문제를 제기한다. 즉 그것은 어느 정도 까지 불가피 하며, 누구의 책임이며, 어느 정도 까지 사회의 일반적 모습을 반영하는가라는 문제이다.

<참고 문헌>

Eric. J. Hobsbawm, 'Poverty', in D.L. Sills(ed), *New International Encyclopaedia of the Social Sciences*, Vol.12, Macmillan, London, 1968

P. Townsend, 'The Meaning of Poverty', *B. J. S.*, June, 1954

__________, *Poverty in the United Kingdom*, Penguin, Harmonsworth, 1979

B. S. Rowntree, *Poverty : A Study of Town Life*, Macmillan, London, 1901

D. Jackson, *Poverty*, Macmillan, London, 1972

K. Coast & R. Silburn, *Poverty :The Forgotten Englishmen*, Penguin Books, Harmondsworth, 1970

J. Westergard & H. Resler, *Class in a Capitalist Society*, Heinmann, 1975

J. C. Kincaid, *Poverty and Equality in Britain*, Penguin Books, Harmondsworth, 1973

# 제 3장 라운트리의 빈곤 정의

B. Seebhom Rowntree*

## 1. 빈곤의 정의

### 1) 일차적 빈곤의 개념

빈곤하게 생활하는 가족은 2종류로 구분된다. 첫째는 전체소득 earnings이 단순히 신체적 효율성을 유지하기 위한 최저 필수물들을 얻기에 불충분한 가족이 있는데 이것은 '일차적' 빈곤이라 한다. 둘째는 가족의 전제소득이 단순히 신체적 효율성을 유지하는 데는 충분하지만 실용적이든 낭비적이든 다른 부문에는 조금이라도 지출할 수 없는 경우인데 이것은 '이차적 빈곤'이라 한다.

우리는 York시에서 일차적 빈곤상태에서 생활하는 사람들의 수를 파악하기에 앞서 먼저 상이한 크기의 가족들이 단순히 신체적 건강의 유지를 위해 필요한 최저한의 의식주를 갖추기 위해서는 얼마의 소득이 요구되는지를 조사해야 한다. 여기에서 인간의 정신적·도덕적·사회적 발달에 필요한 비용이나 질병클럽 혹은 보험을 위한 비용 등은 고려되지 않는다. 현 단계에서 필자의 의도는 순전히 신체적 건강을 유지하기 위해 필요한 최저한 비용을 산출하려는 것이다. 이것은 식품과 주택 임대료 그리고 가재도구(조명, 연료, 옷 등)의 세가지 항목으로 나누어 검토한다.

---

* 이 글은 B. S. Rowntree, *Poverty : A Study of Town Life*, MacMillan, 1901의 '제 4장 빈곤선'과 '제 5장 York시의 빈곤의 직접적인 원인'을 발췌, 번역한 것이다.

### (1) 식품

식품의 문제점은 (a) 신체에서 식품의 기능, (b) 필요한 양, (c) 종류, (d) 비용의 네가지로 구분해서 살펴 보자.

(a) 신체에서 식품 및 그 영양소들의 기능 ; 단백질은 조직(근육, 힘줄, 지방질)을 만들며 연료로 쓰인다. 지방질은 지방조직을 만들며 연료로 쓰인다. 탄수화물은 지방질로 바뀌며 연료로 쓰인다. 이러한 것들이 에너지와 근육의 힘을 생기게 한다.

(b) 필요한 양 ; 많은 생리학자들은 인간이 다양한 근육활동을 하는데 필요한 식품의 양을 산출하였는데, 필자는 Atwater교수의 기준을 채택하였다. 왜냐하면 그의 연구는 가장 많은 실험과 정확한 관찰을 토대로 하였기 때문이다. 그는 죄수들을 대상으로 실험을 한 후에 사람의 근육활동을 4가지로 나누고 그에 따라 필요한 식품의 양을 제시하였다. 이러한 그의 연구에 따르면 사람에게 필요한 음식의 양은 노동 강도에 따라 다르다. 그런데 필자의 연구처럼 직업이 서로 다른 수천명을 대상으로 하는 조사에서 사실 각 개인의 노동강도를 산정하는 것은 분명히 불가능하다. 그러므로 Atwater교수의 기준 중에서 어느 것이 연구대상에게 가장 적합한지를 결정할 필요가 있다. 필자는 많은 식품전문가들과 상의한 후에, Atwataer의 4가지 기준 중에서 보통의 근육활동을 하는 사람에 대한 기준을 채택하였다. 이 기준에 따르면 한 사람당 하루에 3,500칼로리와 단백질 125g이 필요하다.(여자는 이 약의 8/10) 여기에서 명심할 것은 빈곤선에 근접한 수준의 임금노동자들은 주로 중노동을 많이 하는 노동자들이라는 점이다. 그들의 아내도 세탁과 청소 등 힘든 일을 많이 한다. 자녀들은 어려서부터 일을 하고 학교에 다니는 동안에는 집에서 마루청소나 심부름을 해야만 한다. 이러한 점을 고려한다면 필자가 선택한 기준에 대해 반대의견이 있을지라도 결코 그 기준이 너무 높다고 말할 수는 없다.

(c) 식품의 종류 ; 신체적 효율성을 유지하는 데에 필요한 영양소들을 함유한 표준식사를 선정하는 것은 노역소에 수용된, 일할 능력있는 빈민들에

게 제공되는 식사를 근거로 하였다. 그런데 이러한 노역소의 식사에 대해서는 1897년에 지방자치위원회의 의장이 임명한 결과로서 노역소의 식사에 대해 논쟁이 제기됐고 그에 따라 노역소의 식사를 규정하는 새로운 법이 제정되었다. 필자가 채택한 식사기준은 바로 이 법의 규정에 따른 것이지만, 그 중에서 가장 저렴한 것을 선택했으며 따라서 식사내용에 고기가 제외되었다. 그래서 필자는 남성, 여성, 8~16세 아동, 3~8세 아동에 대해 일주일 동안 요일별로 아침, 점심, 저녁의 식단을 제시하였는데 주로 빵, 치즈, 마아가린, 채소, 우유, 감자, 푸딩, 베이컨 등을 일정한 양 만큼 배정하였다. 이러한 필자의 기준은 지방자치위원회가 요구한 것보다 낮은 수준이다.(자세한 식사내용은 이 책의 pp.99~102를 보라)

(d) 식품의 비용 ; 저자는 York시의 노동자계층이 다양한 식료품에 대해 시불하는 실제의 현금 액수에 대해 조사한 바 있는데 이것의 평균을 내어서 표준식사비용을 산정하는 데에 사용하였다. 필자의 목적은 가장 저렴한 비용으로 적절한 영양을 흡수할 표준식사를 선정하는 것이다. 그래서 필자가 산출한 필요한 최저 식품비는 성인은 매주당 3s, 아동은 2s, 3d,이었다. 이 비용은 전적으로 식품재료비만 계산된 것이며 요리하는 데에 드는 비용은 전혀 포함되지 않았다. 그런데 이 금액은 앞서노 지석했늣이 지방자치위원회가 노역소의 일할 능력있는 빈민들에게 필요하다고 규정한 것보다 넉넉지 않다.

**(2) 임대료**

필요한 최저임대료를 산출함에 있어서 여러 유형의 가족들이 건강을 유지하는 데에 필요한 다소 믿을 만한 시설기준을 정해야 하고 York시에서 그러한 시설의 평균비용을 최저비용으로 정해야 한다. 그런데 이러한 과정은 모든 가족이 필요한 최저시설을 확보할 수 있다는 것을 전제해야 한다.

실제 임대료로 지불된 총액은 필요한 최저 임대비용으로 간주된다. 여기에서 낭비란 거의 불가능한데 임대료는 빈곤가족이 절약하려고 시도하는 최초의 대상이다. York시에서 다양한 크기의 주택에 대해 지불되는 평균 임대료는 방 1개에 1실링 7페니, 방 2개에 2실링 6페니, 방 3개에 3실링 6페니, 방 4개에 4실링 7.5페니, 방 5개에 5실링 9페니이다. 그런데 York시에는 방 4개 이하의 주택은 거의 없다.

### (3) 가재도구

가재도구에는 부츠, 의복, 연료 등이 포함되는데, 여기에서 채택된 가재도구의 최저비용은 수많은 노동자들로부터 정보에 기초하여 산출한 것이다. 예를 들어, 의복의 경우에 옷은 건강을 유지하는 데에 적절해야 하며 좋은 직장을 얻을 기회를 방해할 만큼 초라해서는 안되고 그러면서도 가장 경제적으로 구입해야 한다는 점을 고려하면서, 일년 동안 옷을 입을 수 있는 가장 저렴한 금액은 얼마인가를 조사하였다. 필자는 이런 방법으로 남성, 여성, 아동에게 필요한 의복비를 산출하였고 기타의 가재도구들도 이와 유사한 방식으로 필요비용을 산출하였다. 그래서 의복비는 일주일에 남성은 6페니, 여성은 6페니, 아동은 5페니로 계산되었다. 연료는 1부대당 19.3페니의 석탄이 1주일에 1.5부대씩(여름에 1부대, 겨울에는 2부대) 소요되므로 연료비는 1주일에 1실링 10페니가 필요한 것으로 계산되었는데, 대개 거실에 난로가 1개 뿐이므로 연료비는 가족 크기와 상관이 없이 거의 일정하다. 비누는 평균 크기의 가족은 파운드당 3페니 하는 비누를 1주일에 1.5파운드를 사용하고 조명비용도 3~4페니 정도 할 것이다. 그런데 다른 가재도구의 평균 비용에 관한 정보는 매우 얻기 어렵다. 그래서 이러한 비용은 대략 2페니로 계산하였다. 이러한 자료를 토대로 하여 모든 가족의 최저 필요비용을 산출할 수 있다. 그러나 이렇게 작성된 기준은 York시의 노역소에 수용된 일할 능력있는 빈민에게 허용된 것 보다 관대하지 않다.

그런데 앞의 정의에서 '단순한 신체적 효율성'이 의미하는 것은 다음과 같다. 즉 철도나 버스를 이용하기 위해 1페니도 지불할 수 없으며, 시골로 가자면 걸어 가야만 한다. 1/2페니 짜리 신문도 살 수 없고 대중음악회의 티켓도 구입할 수 없고 우표 살 돈이 없어서 편지를 쓰지도 못한다. 교회에 헌금을 하지도 못하며 가입비가 없어서 질병클럽이나 노동조합에도 가입하지 못한다. 아동은 인형이나 사탕도 사지 못하고 부인은 예쁜 옷도 살 수 없다. 즉 신체의 건강유지에 절대적으로 필요한 것만 구입할 수 있다. 또한 자녀가 아프면 교구 의사(parish doctor)에 가야만 하고, 만약 사망하면 교구묘지에 묻혀야 한다. 임금노동자는 일하는 데에 하루라도 빠져서는 안된다. 만약 이러한 조건들 중에서 어느 하나라도 벗어나려고 한다면 식사를 줄이는 수 밖에 없다. 즉 신체적 효율성을 희생시켜야 한다. 이제까지의 결과를 종합하면 아래의 표 1과 같다.

<표 1> 가족크기에 따른 1주일 동안의 최저 필요비용

| 가족크기 | 식품 | 임대료 | 가재도구 | 합계 |
|---|---|---|---|---|
| 남성 1인 | 3s. | 1s. 6d. | 2s. 6d | 7s. |
| 여성 1인 | 3s. | 1s. 6d. | 2s. 6d. | 7s. |
| 남성1인+여성1인 | 6s. | 2s. 6d. | 3s. 2d | 11s. 8d. |
| 남성1인+여성1인+자녀1인 | 8s. 3d. | 2s. 6d. | 3s. 9d | 14s. 6d. |
| 남성1인+여성1인+자녀2인 | 10s. 6d. | 4s. | 4s. 4d | 18s. 10d. |
| 남성1인+여성1인+자녀3인 | 12s. 9d | 4s. | 4s. 11d. | 21s. 8d. |
| 남성1인+여성1인+자녀4인 | 15s | 5s. 6d. | 5s. 6d. | 26s. |
| 남성1인+여성1인+자녀5인 | 17s. 3d. | 5s. 6d. | 6s. 1d. | 28s. 10d. |
| 남성1인+여성1인+자녀6인 | 19s. 6d. | 5s. 6d. | 6s. 8d. | 31s. 8d. |
| 남성1인+여성1인+자녀7인 | 21s. 9d. | 5s. 6d. | 7s. 3d. | 34s. 6d |
| 남성1인+여성1인+자녀8인 | 24s. | 5s. 6d. | 7s. 10d. | 37s. 4d. |

이러한 기준에 따라 실제로 York시를 조사한 결과 1,465가구(7,230명)가 일차적 빈곤에 있는 것으로 밝혀졌는데, 이것은 임금소득계층의 15.46% 또는 전 인구의 9.9%에 해당한다.

그런데 여기서 한가지 의문이 제기되는데, 가족의 임금소득(earnings)이 가족소득의 전부인가라는 점이다. 즉, 예를 들면, 외지에 있는 자녀가 돈을 부쳐준다든가, 작은 채소밭이나 닭사육 또는 작은 일거리(심부름, 빨래 등)에 의한 수입, 자선단체의 선물 등과 같은 다른 소득원이 있을 수 있다는 점이다. 그래서 이 점에 대해 필자가 조사한 결과, 이러한 비정기적인 수단에 의한 소득은 극히 적으며 위의 결과에 영향을 미치지 못하는 것으로 밝혀졌다.

### 2) 이차적 빈곤의 개념

앞서 설명하였듯이, 이차적 빈곤이란 가족의 전체 소득이 단순히 신체적 효율을 유지하는 데에는 충분하지만 다른 목적으로는 전혀 지출할 수 없는 수준을 말한다. 이러한 빈곤에 속하는 범위를 파악하자면 직접적인 조사를 통해 매주 마다 음주, 도박, 기타 낭비적 지출에 소비되는 총액을 파악해야 하며, 또한 주부가 검소한지 낭비적인지를 알아야 한다. 이차적 빈곤에 속한 사람의 수를 파악하는 과정은 다음과 같다. 조사자는 호별 방문을 하면서 각 가구에 결핍이나 불결함과 같은 빈곤의 명백한 증거들이 있는지를 기록한다. 부모가 과음을 하는지에 대한 직접적인 정보는 그 가족이나 이웃으로부터 얻을 수 있으며, 또한 낡은 옷을 입은 아동의 야윈 얼굴을 보면 그가 빈곤하고 궁핍함을 알 수 있다. 이와 같이 한편으로는 정보로부터 그리고 다른 한편으로는 겉모습으로부터 필자는 York시에서 빈곤하게 사는 사람의 총수를 공정하게 산출할 수 있게 되었다. 이러한 총수에서 일차적 빈곤에 속하는 사람을 빼면 이차적 빈곤에 속하는 사람의 수를 알 수 있다.

이러한 방법에 의하면 York시에서는 빈곤하게 생활하는 사람은 20,302명으로 밝혀졌는데 이것은 전 인구의 27.84%, 임금소득계층의 43.4%에 해당한다. 여기에서 일차적 빈곤에 속하는 7,230명을 뺀 13,072명이 이차적 빈곤에 포함되는데 이것은 전 인구의 18.51%, 임금소득계층의 28%에 해당된다.

## 2. 빈곤의 원인

일차적 빈곤과 이차적 빈곤이 발생되는 원인은 다음과 같다.[1)] 먼저 일차적 빈곤의 직접적인 원인은 다음의 6가지를 들 수 있다. 첫째, 주요한 소득원의 사망, 둘째, 주요 소득원의 사고·질병·노령으로 인한 무능력, 셋째, 주요 소득원의 실직, 넷째 오랫동안의 불규칙한 일거리 irregularity(이것은 때

1) 여기에서 말하는 원인은 궁극적인 ultimate 원인이 아니라 직접적인 immediate원인을 가리킨다.

로는 정규직업을 가질려는 의사가 없기 때문이기도 하다.) 다섯째, 가족의 수가 많음.(예를 들어 자녀가 4명 이하면 빈곤하지 않을텐데 그보다 많기 때문에 빈곤하게 된다.) 여섯째, 저임금(즉 정규직업을 갖고 있고 가족크기도 적절한데도 임금이 낮은 것) 등이다.

이러한 원인에 따라 빈곤이 발생되는 비율은 다음의 표 2와 같다.

<표 2> 빈곤의 원인별 발생 비율

(단위 : 명, %)

| 직접적 원인 | 가구수 | 자녀수 | 성인의 수 | 합계 | 일차빈곤인구 중의 비율 |
|---|---|---|---|---|---|
| 주소득원의 사망 | 403 | 460 | 670 | 1,130 | 15.63 |
| 주소득원의 질병과 노령 | 146 | 81 | 289 | 370 | 5.11 |
| 주소득원의 실직 | 38 | 78 | 89 | 167 | 2.31 |
| 불규칙한 일거리 | 51 | 94 | 111 | 205 | 2.83 |
| 가족수가 많음 | 187 | 1,122 | 480 | 1,602 | 22.16 |
| 저 임 금 | 640 | 2,380 | 1,376 | 3,756 | 51.96 |
| 합 계 | 1,465 | 4,215 | 3,015 | 7,230 | 100.00 |

그리고 이차적 빈곤의 원인은 음주, 노박, 소홀한 가정관리, 낭비적인 지출 등인데, 이차적 빈곤의 경우에는 원인별 발생비율을 파악하기 어렵다. 그것은 이 요인들이 상호 영향을 미치기 때문이다. 다만 이들 원인 중에서 음주가 가장 주된 원인임은 확실하다.

# 제 4장 박 탈

Peter Townsend*[1]

박탈은 개인, 가족 그리고 집단이 속한 지역공동체나 보다 넓은 사회 혹은 국가에 관련된 관찰 가능하고 증명 가능한 불이익의 상태라고 정의할 수 있다. 이러한 아이디어는 여러 가지 자원보다는 제반 조건(즉 물리적, 환경적, 그리고 사회적 조건 혹은 상황)에 적용되어야 하고 또한 일반적 상황 뿐만 아니라 특수한 환경에서도 적용되어야 한다. 따라서 박탈은 빈곤이라는 개념과 구별될 수 있다. 과학적인 설명과 분석을 하기 위해서는 박탈과 빈곤이라는 두 개념은 중요하며 두 개념의 관계가 해명되어야 한다.

박탈은 모든 사회에서 매우 다양한 형태를 취한다. 사람들이 그가 속한 사회에서 관습적이거나 혹은 널리 권장되고 인정되고 있는 음식, 의복, 주택, 주거시설, 그리고 연료와 환경조건, 교육조건, 노동조건과 사회적 조건, 그리고 활동과 시설 등이 결여되어 있을 때 그 사람들은 박탈되어 있다고 말할 수 있다.(Twonsend, 1979, p.413) 그들은 국민의 다수가 향유하고 있다고 입증될 수 있는 생활수준 혹은 사회적으로 인정되고 제도화된 생활수준 이

---

* 이 글은 *Journal of Social Policy*, 제 16권 2호, 1987에 실린 'Deprivation'을 번역한 것이다.

1) 이 논문은 1985년에서 1987년 까지 2년 동안 Greater London Council and The Poverty Research(London) Trust가 재정지원을 한 '빈곤과 영국 노동시장'에 관한 조사결과에서 나온 것이다. 또한 이 논문은 부분적으로는 Board of Science Working Groups of the British Medical Association on Deprivation and Disease의 요청에 의해 쓰여진 것이다. 이 것을 읽고 많은 조언을 해 준 Brian Abel-Smith, Nick Bosanquet, Roy Carr-Hill, Paul Corrigan, Ian Gough, Michael Harloe, Ute Kowarzik, Susanne Macgregor 등에게 감사한다.

하로 떨어진 사람들이다. 객관적인 제반 관습과 사회적으로 승인된 제반 관습이 항상 일치하는 것은 아니며 이 양자의 차이점은 조사연구에서 중요한 문제이다. 이러한 두가지 접근방법은 여러 연구에서 명시적으로 들어나기도 하고 혹은 숨겨지기도 한다. 이 두가지 이외에 제 3의 박탈 '수준'이 있다. 사람들은 대다수의 생활수준 이하로 떨어지는 것이 아니라 - 해당 사회에서 여러 가지 자원의 재분배가 개선되거나 혹은 여러 제도가 재조직화 된다면- 대다수의 수준이 될 수 있는 것 이하로 떨어지는 것이다. 이러한 제 3의 접근법은 제 1세계 보다는 제 3세계 국가의 연구에서 더욱 많이 사용되는 경향이 있다.(같은 책, p.413)

박탈이 다양한 형태를 취할 수 있다는 생각을 널리 인정되고 있다. 최근에 Social Research Council의 재정지원을 받아서 박탈 '주기'에 관한 모든 연구들을 검토한 바 있는데 다음과 같은 결론을 얻었다. 즉, '우리가 박탈이라는 용어를 사용할 때 이 용어가 의미하는 바는 본질적으로 광범위한 박탈의 제반 상태 혹은 제반 범주를 지칭하는 것이다.'(Brown and Madge, 1982 p.39) 초기의 연구에서 박탈은 '사람들이 사회에서 겪는 모든 불행'을 포괄한다고 생각되었다. 여기서 불행이란 '전체 사회가 점차 수용할 수 없게 되는' 조건과 경험을 포함한다. .....'비록 보다 일반적인 불평등이 바람직하지는 않지만 적어도 불가피하게 보인다고 하더라도, 흔히 사용되듯이 박탈이라는 단어는 어떤 최저 기준 이하의 받아 들여질 수 없는 상황을 의미하게 되었다. 불평등을 언덕으로 볼 수 있다면 박탈은 사람들이 떨어져서는 안되는 골짜기이다.'(Berthoud, 1976, pp.175, 180)

국민들의 생활상태 중 어떤 측면은 다른 측면 보다 더 많이 알려져 있고 조사도 많이 되어 있다. 슬럼 혹은 나쁜 주거환경에 대한 문헌은 매우 많다. 습기가 스며드는 벽이나 바퀴벌레가 들끓는 방 혹은 거주자가 사용하기에 비좁은 방 등이 바람직스럽지 않다는 것은 널리 인식되고 있다. 이러한 조건들이 건강에 미치는 결과 중의 일부는 체계적으로 밝혀졌다. 가장 최근에 조사된 어떤 연구에 의하면 조립식 주택에 사는 사람이 여러 가지 호흡기 질환에 걸릴 위험이 높다고 한다. 왜냐하면 곰팡이가 콘크리트벽 내부의 압축물에서 성장하면 그 곰팡이의 포자를 통해 호흡기 질환이 전염되기 때문이다. 이러한 특수한 경우에, 주택'박탈'이라는 것은 일반인들로 부터 인정받을 뿐만 아니라 과학적 설득력을 가진 것으로 볼 수 있다. 그러나 이러한 것은 주택박탈이 하나의 단순한 형태로 나타남을 의미하지는 않는다. 개인, 가족 그리고 여타 사회적 잠재력의 요구를 충족시키는 공간으로서의 주택은 음식을 제공하고 쓰레기와 배설물을 처리하고 또한 극심한 기후조건에 인간의 육체가 노출되지 않도록 보호하는 위생환경으로서의 주택과는 다른 것이다. 이것이 의미하는 바는 주택박탈의 경험이 다른 유형의 박탈과 마찬가지로 매우 복합적인 형태로 나타날 수 있다는 것이다.

주택박탈에 대한 이러한 예는 보다 일반적인 분석을 발전시킬 방법을 제시해 준다. 첫째, 그것은 우리들이 박탈에 대한 체계적인 연구가 아직 유치한 단계에 있음을 깨닫는데 도움이 된다. 주택박탈에 대해 수많은 연구가 이루어 졌지만, 주택박탈이 인간의 건강. 퍼스낼리티 그리고 인간관계에 미치는 영향에 대해서는 아직 충분히 파악되지 못하고 있다. 다른 형태의 박탈은 크게 주목받지 못하였고, 따라서 더 많은 과학적 발전이 필요하다. 작업안전에 대해서는 수많은 연구가 있어 왔지만 작업조건 그리고 작업의 편의시설에 대해서는 거의 연구된 것이 없다. 환경위험은 독립적으로는 확인되었으나 위치의 차이에 따른 의미를 충분히 이해할 수 있도록 복합적으로 확인된 적은 거의 없다. 그리고 가족, 이웃, 학교교사, 의사 혹은 직장동료들로 부터 기대감이나 요구들을 충족시키지 못하는 무능력 등과 같은 박탈의 형태, 또는 가족과 지역사회의 관례적인 행사에 참여하지 못하는 것과 같은 박탈의 형태는 특히 개발되지 못한 상태에 있다.

그러나, 일반인이 생각하는 박탈의 개념이 과학적 발견이나 설명을 통해서만 이해될 수 있는 것은 아니다. 일반인의 박탈개념은 사회적 경험과 대화속에서 나타나는 친근함과 무관심, 옹호와 반복이라는 과정을 통해 사회적으로 '구조화 되는' 것이다. 이해집단들은 박탈개념을 자신들의 견해와 관심사를 전파하는 도구로 바꾸려 하고 이로 인해 박탈개념을 왜곡시키는 결과를 가져 올 수 있다. 불평등, 계급, 빈곤, 그리고 박탈 등과 같은 개념들은 여성의 제반 상황이나 조건에 관한 개념이라기 보다는 전적으로 남성들의 상황이나 조건에 관한 개념으로 인식되는 경향이 있으며, 이런 현상은 특히 그 개념들이 조작적인 형태로 구체화될 때 현저하게 나타나게 된다. 예를 들어 현재의 성차별주의, 인종차별주의, 그리고 연령차별주의 등의 문제들을 깊이 고려해 보면, 이러한 관념들이 성, 인종, 연령에 대한 정확한 인식을 방해할 수 있음을 알게 된다. 특정집단의 욕구는 사상과 의미 속에 억압되어 있으며 또한 실제적으로 쉽게 무시되지는 않는다.

우리가 다루고자 하는 주제의 과학적 미래를 설계함에 있어서 알아야 할 점은 '물질적' 박탈과 '사회적' 박탈이라는 구분이 바람직스럽다는 것이다. 사람들은 현대생활의 물질적 재화나 혹은 주변의 물질적인 편의시설들을 소유하지 않을 수도 있다. 다른 한편, 사람들은 일상적인 사회적 관습과 활동 그리고 인간관계에 접근하지 못할 수도 있다. 후자의 경우는 규정하거나 측정하기가 더욱 어려우며 물질적 박탈의 상태와 사회적 박탈의 상태를 분리시키는 것도 실제적으로는 힘들 것이다.

이러한 구분은 일상적인 대화나 관찰에서 드러난다. 가정에는 물질적 시설 뿐만 아니라 가정의 사회적 건강 혹은 사회적 삶도 존재하고 있다. 사람들은 흔히 사별한 사람에 대해 동정심을 표시한다. 또한 사람들은 과거의 노동수준이나 생산성을 계속 유지할 수 없거나 가정을 계속 유지할 수 없는 사람에 대해 혹은 여러 가지 지역사회활동에 충분히 참여하지 못하거나 그것을 충분히 향유할 수 없는 정신질환자에 대해 관심을 표시한다. 그리고 지역사회에 혹은 사회적 관계와 활동에 참여할 수 없는 사람이 있는가 하면 질병과 장애를 가진 아들이나 딸, 또는 남편을 가진 사람도 있고, 사회관계에 소요되는 비용을 충당할 수 없거나, 유용하게 이용할 수 있는 기회와 사건을 쉽게 놓치는 사람도 있을 것이다. 아동은 부모의 과잉보호 혹은 시기심 많은 부모나 보호자 때문에 일상적인 사회활동을 제약받을 수도 있고, 장애자는 남편이나 부인 혹은 다른 친척에 의해 사회활동을 제약받을 수도 있다. 어떤 사람은 교육을 받지 못하며 타인과 거의 접촉하지 못하고 외롭게 살고 있으며, 시민으로서 누릴수 있는 어떠한 권리- 혹은 책임- 도 행사하지 못할 수 있다.

일상적인 대화 속에서 사람들은 제한되고 위축된 삶을 살아가는 사람들의 문제를 인식하며 그런 사람들에 대해 미안함을 느끼거나 혹은 그들을 속박하는 것 처럼 보이는 사람들을 비난한다. '사회적 박탈'이라는 개념은 평범한 가족형태 그리고 여타의 사회적 관계를 갖지 못하거나 혹은 가질 수 없는 사람들의 상태를 일빈화 시키는 유용한 수단을 제공한다. 그러나 이 개념에 대한 조작적 척도가 이와 대응되는 개념인 물질적 박탈의 개념 보다 훨씬 덜 개발되어 있음을 인정해야 한다.(예를 들어 Bulmer 1984를 보라)

물질적 박탈과 사회적 박탈에 대해 기본적인 구별이 가능하다면 그 다음에는 이 두 개념의 하위범주도 또한 구별될 수 있다. 이러한 구분은 사회적 상태를 설명하는 데, 특히 번영과 박탈이 명백히 공존한다는 역설을 설명하는 데 유익하다. 따라서 여러 가지 상이한 형태의 박탈이 존재한다면 어떤 사람들은 여러 가지 박탈을 경험할 것이고 다른 사람들은 한가지 박탈만을 경험할 것이다. 이러한 상황은 논리적이고 예측 가능한 많은 결과들을 갖고 있다. 건강, 퍼스낼리티 그리고 사회병리에 내한 다른 박탈 형태의 상대적 중요성을 판정한다는 것은 어려울 것이다. 박탈의 측정은 아직까지도 매우 조잡하고 즉흥적이며 또한 그 범위와 대표성을 상당히 과장한- 흔히 무의식적으로- 특정 지표에 의존하고 있다. 경험적으로 볼 때 박탈의 유형은 많은 역설을 포함할 것이다. 좋은 가정 배경을 갖고 있는 사람이 직업에서 박탈당할 수도 있으며 또한 그 반대일 수도 있다. 물질적으로 박탈당한 일부 사람들은 관찰자가 예상하는 상태 보다도 사회적 박탈을 적게 경험할 수도 있다.

이것은 연구자들이 한 인간의 전체적인 생활양식 중에서 박탈을 어두운 측면으로서 고려해야 함을 제시한다. 연구자들은 모든 형태의 생산・소비・행동・상태를 인식해야 하고, 그 유형에서 배제되었거나 거부된 것도 개인적 혹은 사회적 병리에 대한 하나의 가능성 있는 중요한 설명요소로서 인식해야 한다. 한가지 형태의 박탈에 대한 특정한 검토는 어떤 것이든지 그것을 더욱 일반적인 설명의 맥락에서 보아야 한다.

이러한 의미에서 '객관적' 박탈은 단지 일반인의 의식 속에 나타난 사건과 상태에 대해서 뿐만 아니라 일반인의 의식 속에 나타나지 않는 것들에 대해 과학적으로 관찰하고 측정한 것이다. 사회과학자가 객관성을 갖게 되는 것은 국가나 다른 제도들이 발전시킨 사회적·정치적 합의로 부터 과학자 자신이 의식적으로 초연해지는 것에 좌우된다. 사회과학자는 항상 아직 공개적으로 알려지지 않았거나 인식되지 않은 것을 경계해야 한다.

잘 검증된 과학적 연구 중에는 박탈과 건강의 관계를 매우 설득력 있게 제시해 놓은 것이 있다. 지난 수년 동안 직업지위가 낮은 계층과 높은 사망률간의 관련성은 많은 관심을 끌어 왔다.(예를 들어, *the Black Report*, 1980; Marmot et. al., 1984: 그리고 Marmot and MacDowall, 1986) 불량한 작업조건과 나쁜 건강상태 간의 관련성에 대해서도 많은 관심이 있었다.(이에 대한 가장 최근 문헌은 Joff, 1985 참조) 실업과 나쁜 건강 그리고 사망률 간의 관련성에 대한 문헌은 1980년대에 들어와서 급속하게 증가했다.(예를 들어 Watkin, 1982: Janlert, 1982: Moser, Fox and Jones, 1984: Cook and Shaper, 1984: Fox and Leon, 1985) 이 중에서 실업과 자살의 상관관계를 연구한 Wilkinson의 저작(1986)이 특히 주목할 만하다. 또한 유행병 연구자들도 사회관계가 건강에 중요하다는 증거를 제시하고 있다. 캘리포니아 주민들에 대한 한 연구는 사회적 지지(social support)가 건강에 유익한 영향을 미친다는 것을 보여 주었다. 이것은 많은 노력을 기울인 대규모의 연구였는데 여기에서 혼란스런 결과들도 포함되어 있다. 그러한 결과란 건강상태, 사회경제적 상태, 그리고 흡연처럼 건강에 영향을 준다고 생각되는 개인적 행위변수 등이 사회관계에 미치는 상호적인 효과에 관한 것이다.(Berkman and Syme, 1979, 또한 Broadhead *et, al.*, 1983)

또한 주관적으로 인식되는 박탈은 그 자체로서 중요한 것이다. 객관적 박탈은 그것이 지닌 광범위하고 다양한 특성 때문에 모든 사람을 만족시키기 어렵다. 기존의 주요 사회과학이론과 의학이론에서 상당한 과학적 논쟁이 전개되고 있다. 이러한 상황에서 계몽은 박탈에 대한 과학적 평가 뿐만 아니라 부분적으로 지배적인 사회 인식에 좌우되기도 한다. 과학적 관찰자가 아닌 대다수의 사람들은 박탈에 대해 어떻게 생각하는가? 중앙정부와 지방정부로 하여금 특정한 욕구가 존재하고 있음을 받아들이게 하는 한가지 방법은 상당수의 혹은 실제로는 대다수의 사람들이 그러한 욕구들을 인식하고 있음을 발견하는 것이다. 몇몇 연구들은 이러한 접근방법을 사용하였다. 그래서

박탈은 그것이 물질적이든지 정서적이든지 혹은 육체적이든지 행위적이든지 간에, 불만족스럽고 바람직하지 않은 상황으로 간주되어 왔으며, 그리고 포괄적인 사회적 합의에 의해 인지될 수 있다고 여겨진다. 박탈은 일반적으로 바람직스럽다고 생각되는 어떤 것 - 예를 들어 적절한 소득, 좋은 건강 등- 이 결핍된 상태를 포함한다. 여기서 결핍은 일정한 정도의 고통과 다소 관련이 있다.....(Brown and Madge, 1982, p.39)

물론 개인적 견해나 특정 집단의 견해는 관습적인 혹은 다수의 여론과 일치하지 않을 수도 있다. 그러나 그것 자체로서도 흥미를 끌 수 있으며 미래의 분석에 신선한 차원을 첨가하는 것이다.

따라서 이론적으로 박탈은 객관적 박탈로서 혹은 두가지 의미에서의 주관적 박탈- 집단적으로나 사회적으로 인식된 박탈, 그리고 개인적으로 인식된 박탈- 로서 생각될 수 있다. 박탈 개념에 대한 세가지 견해는 사회구조와 사회변동을 분석하고 설명하는데 있어서 가치를 발휘한다.

이에 따라 빈곤의 의미도 명확히 밝혀져야 한다. 빈곤에 대한 여러 가지 상이한 접근법들이 자세히 논의되어 왔으며(Townsend, 1979) 현재 상당한 논쟁이 전개되고 있다.(예를 들어 Townsend: 1985: Sen, 1983, 1985: Deasi and Shah, 1985, 1987 근간; Deasi, 1986: 그리고 Whiteford, 1985) 지금까지의 빈곤 정의에 관한 개요는 최근 발표한 한 논문에 나타나 있다.(Townsend, in Fergea and Miller,(eds), 1987)

우리는 앞에서 사람들로 하여금 역할을 수행하게 하며 제반 관계에 참여하게 하며, 사회의 한 구성원으로서 그들에게 기대되는 관습적 행위를 준

수하게 하는 생활조건들- 즉 음식, 편의시설 그리고 기준과 서비스- 을 전혀 혹은 충분히 갖고 있지 못할 때 박탈되었다고 말할 수 있다는 것을 알았다.

이러한 개념화는 여러 가지 장점을 갖고 있다. 사람들은 반드시 빈곤하지 않더라도 한가지 혹은 여러 가지 박탈을 경험할 수 있다. 똑같은 자원을 갖고 있는 사람들이 박탈의 여러 형태에 대해 상이한 관계를 나타낼 수 있다. 그리고 다른 사람들 보다 적은 자원을 가진 사람은 그 자원이 '빈곤선'을 상당히 상회하는 경우라 할지라도 많은 박탈을 경험할 가능성이 훨씬 높다고 할 수 있다. 어쨌든 이러한 개념화에서 소득이나 자원의 규모가 줄어드는 어떤 시점에 있어서 박탈은 자원을 급격히 감소시키기 쉬우며 이러한 '시발점'이 객관적 빈곤상태가 시작되는 곳을 적절하게 표시해 준다고 전제된다. 따라서 어떤 박탈의 형태를 경험한 사람이 모두 저소득이라고 할 수는 없지만, 다양한 혹은 하나이지만 매우 심한 박탈의 형태를 경험한 사람은 대부분 소득이 극히 적거나 여타의 자원들이 거의 없을 가능성이 높다.

## 1. 조작적 측정

현재의 조작적 정의를 검토해 보면 하나의 일관된 개념이 필요하는 것이 분명해 진다. 영국에서 1970년대와 1980년대에 박탈에 관해 상당히 많은 과학적이고 통계적인 연구가 이루어졌지만, 대부분 지역박탈(area deprivation)에 관련된 것이거나 다양한 도시원조 프로그램 하에서 자원의 선별적 할당을 정당화 시키는 것에 관련된 것이었다.(예를 들어 DOE, 1975a, b: Hoetermann, 1975: Coulter, 1978: Millar, 1980: Bentham, 1980: Redfern, 1982: DOE, 1983: Davies, 1984; Eversly and Begg, 1984; Townsend, Simpson and Tibbs, 1984; Champion and Green, 1985; Greater London Councill, 1985; Hayes, 1986) 이러한 많은 연구들이 정보수집 및 분석 그리고 계획수집을 위하여 사회지표를 이용하는 데에 관심이 집중됨으로써 촉진되었다는 것은 의심의 여지가 없다. 이것은 해마다 중앙정부가 출판하는 "*Social Trends*", 지방지원 보조금(Rate Support Grants)에 대한 논쟁, 도시원조를 위한 지방당국의 선택에 의해 입증될 수 있다. 또한

NHS의 지출에 드러난 지역간 불균형을 시정하기 위해 자원할당위원회가 제시한 방안에서도 입증될 수 있다.

여러 가지 측정방식을 살펴 보면 지표의 선택이 매우 실용적이라는 것이 입증된다. 이상적으로는 중앙정부 혹은 학술단체는 상이한 현상들을 어떻게 가장 과학적인 원리들 및 이론들과 관련시켜 파악할 것인지를 검토하기 위해, 그리고 그것들이 측정에서 실제로 어떻게 최고의 최대의 효과를 낼 것인지를 검토하기 위하여 대규모의 조사를 의뢰할 수도 있었다. 그러나 이러한 기본적인 문제들은 의문시 되지 않았고 빈약하고 매우 제한된 행정자료나 센서스 통계가 이용가능한 유일한 자료로서 채택되었다.

정부의 통계가 항상 포괄적이거나 균형적이지는 않으며 역사를 통해 누적되어 온 것이며, 또한 각 단계에서 과학적인 인정 보다는 정치적인 인정을 받아야 했음을 기억하는 것이 중요하다. 이러한 제한된 자료를 계속 사용하는 것이 반드시 박탈연구를 발전시키는 가장 경제적인 방법은 아니다. 많은 행정기관들이 이미 소수의 기초 지표들을 이용한 컴퓨터 분석 및 기타의 분석에 막대한 비용을 지출해 왔다. 이것은 지푸라기를 이용하여 매우 괴이한 선늘을 짓는 것과 다를 바 없다. 보다 지속적이고 더욱 쓸모있는 지표들의 개발에 투자하는 것이 장기적으로는 경제적일 것이다. 그리고 물론 중앙정부와 다른 많은 기관들은 소수의 제한된 지표가 제공하는 왜곡된 정보에 지나치게 의존하고 있기 때문에 간접적으로는 큰 손해를 입고 있다. 몇가지 예를 들어 보자. 가계의 생활수준, 소득 그리고 부에 대한 정형화된 정보는 거의 또는 전혀 없다. 그리고 개인의 육체 및 정신건강, 직접적인 사회적(가족을 포함한) 관계의 유형이나 범위 및 강도, 개인의 노동 및 다른 활동의 정도와 성격에 대한 정보도 거의 또는 전혀 없다.

문제는 개인적 혹은 사회적 경험의 주요한 특징을 보여 주는 좋은 자료가 희소하다는 것이 아니라, 측정의 근거로 부적절하고 잘못된 정의에 집착하고 있다는 것이다. 그래서 주택연구에 보유(tenure)를 기준으로 주택을 범주화 하는 것은 매우 중요시 되었으나 각 보유형태 내부의 차이점은 거의 무시되었다. 따라서 자가 소유를 무비판적으로 승인하게 되었고 자가 소유는-

현실이 매우 복잡한 경우에- 특정한(대개 긍정적인) 성질을 의미하게 되었다. 예를 들어 남부 웨일즈 일부 지역에서 처럼 어떤 주택소유자는 극심하게 박탈되어 있다는 증거도 있다.

박탈에 대한 조작적 정의의 한가지 실례로서 환경성 DOE이 제시한 도시 박탈에 관한 8가지의 지표 목록을 들 수 있다. 이 지표는 다음과 같다.

1. 실업상태에 있는 경제활동인구의 비율
2. 과밀로 규정된 가구의 비율
3. 편부모 가구의 비율
4. 두 개의 기본적 편의시설을 독점적으로 사용하지 못하는 가구의 비율
5. 독신 연금생활자의 비율
6. 인구변동 비율
7. 표준화된 사망률
8. 가장이 新英聯邦 혹은 파키스탄 태생인 가구의 비율

환경청은 물론 이런 지표들이 '도시박탈의 모든 양상을 포괄하지 않는다'는 것을 조심스럽게 지적한다. '그러나 여덟가지 지표에 근거하여 박탈되지 않은 것으로 생각되는 지역들이 전체적으로 높은 수준의 박탈을 경험할 가능성은 없다고 보는 것이 합리적일 것이다.'(DOE, 1983, p.3) 이것은 사실일 수도 있다. 그런데 만약 선택된 지표들로 구성한 여러 가지 조합들의 장점을 가치 있게 평가되도록 소규모의 지역간 비교 분석에서라도 '총체적' 박탈을 측정하려고 노력하면서 철저한 조사가 실시 된다면 보다 확실해질 것이다. 이러한 과정에서 환경청이 전혀 검토하지 못한 한가지 논리적 결과가 파생된다. 즉, 그것은 이 여덟 개의 지표를 사용하게 되면 지표의 수와 조합을 달리 했을 경우에 비해 지역간의 순위가 다르게 나타난다는 것이다. 이것은 결코 사소한 것이 아니다. 왜냐하면 중앙정부의 막대한 교부금이 좌지우지하기 때문이다.

이 점은 여러 지역행정기관들을 비교하기 위해 환경청이 작성한 표를 자세히 검토해 보면 알 수 있다. 런던 중심가의 빈민지역 행정기관들은 인

종 · 과밀 · 편부모 · 가구의 편의 시설 등의 지표를 근거로 보면 매우 '박탈된' 곳으로 평가되기 쉽지만, 반면에 실업과 연금수급자의 지표를 근거로 하면 보다 적게 박탈된 것을 나타난다. 사망률을 근거로 해도 이들 대부분은 상당히 적게 박탈된 것으로 나타난다. 이에 반해 Corby, Knowsley, Derwenteide, Middlesbrough, Liverpool, Scunthrope 그리고 Hartlepool 등의 북부지역 행정기관들은 실업율과 사망률이 매우 높있지만 소수인종, 독신 연금생활자, 독점적 편의시설 등에선 대부분 낮은 점수를 보여주고 있다. 물론 이러한 유형은 가변적이지만, 어떤 행정기관이 가장 크게 박탈된 10개, 20개 혹은 50개 기관속에 포함될 것인지 아닌지를 결정함에 있어서 지표의 선택은 매우 중요하다. 이에 대한 실례가 표 1에서 제시되어 있다. 최근에 북부지역의 일부 행정기관들은 환경성의 기준에 따라 자기지역의 순위가 낮아진 것에 내해 상력히 반론을 제기했다.(예를 들어 Hayes, 1986을 보라)

<표 1> 런던과 북부지역의 지방당국에 있어서 지표에 따른 서열의 차이점에 대한 실례

| | 지방 당국 | 인구 변동 | 인종적 원인 | 편부모 | 독신연금 수혜사 | 편의시설 부속 | 과밀 | 실업 | 사망율 | 기본 점수 |
|---|---|---|---|---|---|---|---|---|---|---|
| 선택된 런던의 선거구들 | Brent | 19 | 1 | 10 | 235 | 17 | 3 | 95 | 317 | 4.62 |
| | Haringey | 12 | 2 | 10 | 173 | 4 | 17 | 70 | 241 | 4.86 |
| | Hackney | 7 | 3 | 1 | 97 | 5 | 2 | 15 | 266 | 6.69 |
| | Newha, | 16 | 4 | 20 | 144 | 2 | 4 | 36 | 186 | 5.84 |
| | Ealing | 31 | 5 | 49 | 244 | 25 | 8 | 154 | 266 | 2.94 |
| | Lambeth | 5 | 6 | 2 | 120 | 11 | 9 | 36 | 278 | 5.52 |
| 선택된 북부의 선거구들 | Corby | 107 | 208 | 7 | 357 | 362 | 46 | 1 | 17 | 2.14 |
| | Knowsley | 17 | 301 | 4 | 318 | 309 | 6 | 2 | 47 | 2.67 |
| | Derwebtside | 61 | 355 | 151 | 77 | 132 | 74 | 3 | 47 | 1.79 |
| | Middlesbrough | 59 | 88 | 15 | 263 | 164 | 29 | 4 | 64 | 2.62 |
| | Liverpool | 10 | 146 | 616 | 77 | 28 | 23 | 5 | 47 | 3.51 |
| | Scunthorpe | 38 | 107 | 18 | 263 | 341 | 111 | 6 | 64 | 2.34 |

(출처) 환경처(1983), *Urban Deprivation, Informatiion Note* No.2, Inner Cities Deirectorate, Department of the Environment

환경청은 그 후에 단일한 박탈지표를 만들었다. 이 지표는 여덟 개 지표 중에서 사망률과 인구변동 지표를 제외한 것이었다. 각 행정기관이 관할하는 구역을 위해 여섯 개 항목의 지표에 대한 가중'値'(a weight scores)가 만들어졌고 행정기관 전체의 평균치는 자원배분의 비교 및 그에 대한 토론의 근거로서 사용되었다. 그 결과는 표 1의 마지막 항목에 나와 있다. 표 1을 보면 런던의 소도시중 6개 모두가 북부지역에서 선정된 경우 보다 더욱 높게 박탈된 지역으로 추가되었다. 이러한 결과에 대한 한가지 비판은 선정된 기준 혹은 지표들이 효율적이며 균형적인 대표성 있는 지표가 아니라는 것이다. 이것들이 만약 균형을 이루고 대표성을 갖자면 사망률이 조작적인 박탈개념의 일부로서 포함되건 혹은 제외되건 간에, 그리고 중복된 박탈의 효과를 측정하는 기본수단으로서 포함되든지 않든지 간에 그 지표들은 사망률지표와 더욱 밀접하게 일치되어야 한다.

중앙정부의 박탈지표를 사용하지 않은 일부 연구에서도 유사한 결과가 나왔다. Jarman 교수는 일련의 논문에서 잉글랜드와 웨일즈 9,265개의 선거구에 대하여 '혜택받지 못한 지역 점수'(underprivileged area score)를 만든 후 家庭醫위원회 관할지역에 대한 정보망을 구성하기 위해 그것을 조합시켰다. 그래서 그 결과를 일반 개업의가 자신의 업무량을 산정한 것과 비교하였다.(Jarman, 1983, 1984) 상이한 가중치를 매긴 다음과 같은 여덟 개의 변수가 선정되었다.

1. 독신노인의 비율(6.62의 가중치)
2. 5세 이하 인구의 비율(4.64)
3. 편부모가족의 비율(3.01)
4. 사회계층 V의 비율(3.74)
5. 실업자의 비율(3.34)
6. 過密의 비율(2.88)
7. 지난 해에 주소를 이동한 비율(2.68)
8. 소수 인종의 비율(2.50)

잉글랜드와 웨일즈 지역에서 가장 혜택을 받지 못한 50개의 선거구 중 12개가 런던에 있었고 10개가 버밍햄에 있었으며 맨체스터, 리버풀, 그리고 브래드포드 같은 지역에는 소수가 포함되어 있었고, 북동부 지역에서는 거의 나타나지 않았다.(Jarman, 1984, p.1592)

다른 연구에서는 상이한 가중치가 부여된 조금 혹은 매우 큰 차이를 지닌 여러 지표들이 선정되었다.(예를 들어 Scott-Samuel, 1983: Department of Planning and Design, Sheffield, 1983: Davies, 1984: Townsend, Simpson and Tibbs, 1984: GLC,1985: Thunhurst, 1985a, b) 결국 많은 연구들을 볼 때 선택된 지표들의 정당성 혹은 지표들의 '일관성'에 보다 많은 주의를 기울여야 한다는 것이 명백해졌다.

박탈지표는 어떤 때는 직접적이고 어떤 때는 간접적이다. 또한 어떤 때는 제반 조건이나 상태를 나타내며 또 어떤 때는 그런 조건이나 상태로 인한 피해를 표현하기도 한다. 사회학적 관점으로는 상이한 지역에서의 박탈 측정과 그 박탈을 경험한 사람의 종류를 구분하는 것이 중요하다. 이것을 구분하지 않으면 연령·인종·편부모를 현재 연구 중인 현상의 원인으로 취급할 위험이 있다. 흑인이거나 독신노인 혹은 편부모를 박탈개념의 일부로서 간주하는 것은 원칙적으로 잘못된 것이다. 이러한 사람들 중 상당수가 박탈되었다고 해도 측정되어야 할 것은 그들의 박탈이지 그들의 상태는 아니기 때문이다. 그리고 그러한 상태에 있는 많은 사람들이 박탈되지 않았다는 점이 입증되고 있다.

둘째, 지표의 보다 향상된 '일관성'을 확보하는 것은 앞에서 언급했듯이 상이한 박탈형태를 구체화 시킴으로써 달성된다. 아마도 가장 유익한 개념적 구분은 물질적 박탈의 형태와 사회적 박탈의 형태를 구분하는 것이다. 전자는 물질적 기구, 재화, 서비스, 자원, 편의시설, 그리고 물리적 환경과 생활지역의 위치 등을 포함하며, 후자는 사회의 구성원으로서 그리고 사회내 하위집단의 구성원으로서의 역할, 관계, 기능, 관습, 권리와 책임 등을 포함한다. 그러나 예를 들어 지역적·환경적 편의시설에서의 주택박탈이 상이한 형태의 물질적 박탈로서 구분될 수 있다면, 측정의 보다 높은 일관성을 확보하려는 목적에 기여할 수 있다.

지표를 사용하는데 있어서 한가지 문제점은 지표를 적용하는 시간의 길이(the length of time)이다. 사람들은 단지 며칠 동안 혹은 한 주일 동안만 박탈을 경험할 수도 있으며, 어떤 사람은 평생토록 박탈을 경험할 수도 있다. 이러한 문제에 대한 대책은 전체 지표를 선정할 때 박탈의 지속기간을 명확하게 언급하거나 혹은 특정지표를 암묵적으로 선택함으로서 해결될 수 있다. 아래의 박탈 형태는 영국에서 소득과 관련된 다양한 박탈에 대한 연구에서 양자를 별도로 분류한 것이다.(Townsend, 1979, pp.1173~1176)

<물질적 박탈>

1. 식품박탈(6개 지표)
2. 육체건강과 정신건강(5)
3. 의복(4)
4. 주택(8)
5. 집안의 시설(9)
6. 환경(5)
7. 노동(조건, 안전과 편의시설)(12)

<사회적 박탈>

1. 사회적 - 가족활동(4)
2. 사회적 - 사회적 지지와 통합(4)
3. 사회적 - 오락적(2)
4. 사회적 - 교육적(1)

° **물질적 박탈과 사회적 박탈 : 총 11개(60)**

셋째, 실제로 특정한 지표는 그것이 측정하려고 하는 박탈 형태와 관련된다는 것에 주의를 기울여야 한다. 두가지 '기본적' 시설(즉 목욕탕과 내부 화장실의 독점적 사용)이 없는 가구를 추출하기 위해 센서스 정보를 사용하는 것이 좋은 예가 된다. 이 지표 혹은 이와 유사한 지표는 흑히 주거불량 상태를 대표적으로 나타내 주는 것으로 사용되어 왔다. 그러나 Jarman교수가 명확하게 지적했듯이(Jarman, 1984, p.1950) 이것을 실현하는 한가지 방법은 환경성과 보건 및 사회보장성이 자신들이 선정한 박탈지표에서 나온 결과(예를 들어, 도시지원과 NHS 기금의 할당)와 '총체적' 박탈간의 관계를 조사하기 위해 의뢰한 과학적 연구에서 찾아 볼 수 있다. 이러한 연구는 지표들이 나타내는 총체적 박탈의 정도는 물론 상이한 지표들이 서로 중복되는 정도도 조사하게 된다. 한가지 문제는 지표를 선정하는 과정에서 그리고 지표 전체에서 선택된 지표집단을 강조함에 있어서 편견을 제거하려고 노력하는 것이다. 사회적으로 사용되는 측정방법은 '구조화'되는 경향이 있다. 측정방법은 예를 들어, 성과 인종처럼 무의식적으로 차별을 일으킬 수 있다. 이것은 박탈을 측정하기 위해 선택된 항목 중에서 많은 항목이 여성 보다는 남성에게 적용되고 흑인 보다는 백인의 상황을 포괄하는 경우에 발생할 수 있다.

이용 가능한 통계가 제한된 상태에서 이런 문제 중의 일부를 해결하기 위한 방안으로서 다음의 지표들에 의하여 물질적 박탈을 규정하는 것이 있다.

1. 실업 : 경세활동 연령층 중 실업상태에 있는 사람들의 비율
2. 과밀 : 과밀한 가구의 비율
3. 자원의 결여 : 자동차가 없는 가구의 비율
4. 자원의 결여와 주거 불안정 : 주택 구입자 혹은 소유자가 아닌 가구의 비율

이러한 네가지가 Greater London시역의 755개 선거구의 순위를 정하기 위해(Townsend, with Corrigan and Kowarzik, 1986) 그리고 잉글랜드 북부지구의 678 선거구의 순위를 정하기 위해(Townsend, Phillimore and Beattie, 1986) 사용되었는데, 전자는 빈곤과 런던 노동시장의 연구에서, 후자는 박탈과 나쁜 건강 그리고 사망간의 관계에 대한 연구에서 사용되었다.

## 2. 1985~1986년 중첩된 박탈의 측정

중첩된 박탈을 조작적으로 정의하는 데 따르는 문제들을 해결하기 위한 더욱 정교화된 시도가 Greater London의 성인인구를 무작위로 추출한 조사연구에서 이루어졌다.(Townsend with Corrigan Kowarzik, 1987) 이 절차를 명확히

하기 위해서는 두가지의 일반적 사항이 설명되어야 한다. 첫째, 원칙적으로 물질적 그리고 사회적 박탈에 관한 어떠한 정의이든지 선택된 항목들은 물질적 생활상태 그리고 사회적 생활상태의 모든 측면들을 대표해야 한다고 전제되었다. 비록 장시간의 면접을 통해 대부분의 경험을 포괄할 수 는 있으나 여러 가지, 주로 실용적인 이유에서 이러한 원칙을 광범위하게 적용하는 것은 불가능하다.

둘째, 정의는 주관적이기 보다는 '객관적'이어야 한다는 것이 전제되었다. 비록 상태와 행위에 비교될 수 있는 태도나 신념의 본질을 별도로 확정하는 것이 중요하지만, 선택될 항목들은 태도나 신념에 관한 지표이기 보다는 상태, 관계 그리고 행위에 관한 지표가 되어야 한다. 이러한 원칙 역시 면접상태에서 지켜지기는 매우 어렵다. 주택이나 환경의 경우 처럼 개인이 제공하는 정보는 때때로 관찰에 의하여 확인되거나 입증될 수 있다. 어떤 사실을 분리시키기가 쉽지 않은 회색지역(grey area)도 있다. 실제 상태나 조건에 관한 어떠한 광범위한 조사에서든지 다소 지니차게 피면접자의 주관적 인식에 의존하는 요소들이 있다.

또한 그 목적이 박탈상태, 경험, 그리고 행위를 확정하려는 것 뿐만 아니라 사람들로 하여금 자신들이 '필수적'이라고 생각하는 항목들을 선택하도록 권유하는 것이라는 점을 추가해야 한다. 이러한 접근방법을 사용하면 실제의 필수품과 사회적으로 인식되는 필수품 간의 상관관계를 확정할 수 있으며 또한 일부의 차이점도 파악할 수 있다. 필수품으로 간주되는 생활조건들이 모두 필수적인 것으로 인식되지는 않는다.

조사 질문지에 포함된 박탈의 유형은 다음과 같다.

| | |
|---|---|
| 물질적 박탈 | 음식, 의복, 주택, 주거시설, 환경, 위치<br>노동(보수를 받는 그리고 보수를 받지 않는) |
| 사회적 박탈 | 취업의 권리, 가족활동, 지역사회로의 통합<br>사회제도에 대한 공식적 참여, 오락, 교육 |

77개 지표의 목록 혹은 지표집단은 이러한 소 제목하에 박탈의 유형을 반영하기 위해 개발되었고, 부록에 이 지표들이 요약되어 있다.

이러한 지표의 선택은 조사결과를 다소 구체적으로 이용할 수 있다고 생각된 1987년에 확정되었다. 77개 지표 혹은 지표집단들은 국제적인 조사(예를 들어 DECO가 권고한 작업안정지표)와 정부 및 비정부기관이 지금까지 실시한 전국조사를 포함하고 있는데 이것은 면접자들이 완성한 초기의 설문지들을 면밀히 조사해 보면(모든 경우에 그 지표들이 대다수 인구의 상태, 경험 그리고 활동을 반영한다는 의미에서) 모두 합당한 것으로 보인다.

2가지점이 더 강조되어야 한다. Greater London에서 면접한 표본을 통해 그들이 이러한 지표의 대부분에 대해 그것이 '현재의 상태에서 필수적'이라고 믿는지 믿지 않는지를 알게 되었다. 그러므로 현재의 생활수준에서 필수적이라고 생각되는 요소들에 대한 대다수의 여론은 다수의 환경 및 행위와 비교될 수 있다. 둘째, 면접은 주관적 박탈형태에 관한 많은 문항을 포함하고 있다. 그러므로 주관적 박탈과 객관적 박탈 간의 관계는 포괄적으로 조사될 수 있다.

## 3. 결 론

이 논문에서 필자는 박탈이 사회적 상태를 분석함에 있어서 빈곤 만큼 중요한 개념이라고 주장했다. 이 개념이 최근 더욱 관심을 끌고 있지만 아직 매우 일관되게 취급되지는 않고 있다. 일관성을 담보하기가 결코 쉬운 일은 아니지만 현재의 과학적 그리고 전문적 문헌은 이 문제를 개선하려는 분석을 위해 좋은 자료를 제공한다.

박탈이라는 개념은 빈곤과 구별되어야 한다. 사람들이 그 사회에서 일상적으로 이용할 수 있는 음식, 의복, 주택, 집안의 편의시설, 직업, 환경적 및 지역적 조건과 시설 등의 물질적 기준들을 결여하고 있다면 그리고 공통적으로 경험하고 인정하는 고용, 직업, 교육, 오락, 가족 및 사회적 활동과 제반 관계 등에 참여하지 못하거나 접근할 기회를 갖지 못하면 그 사람은 박탈되어 있다고 말할 수 있다. 이러한 생활조건들이 결여되어 있거나 혹은 이러한 조건들을 획득하기 위한 자원들을 갖지 못하면, 그리고 이러한 이유들 때문에 사회구성원들로서의 자격을 충족할 수 없다면 그들은 빈곤하다고 말할 수 있다. 첫 번째 것은 조건들 혹은 경험한 활동에 수준에 의해 결정되며 두 번째 것은 직접적으로 이용할 수 있는 소득과 여타 자원에 의해 결정된다.

둘째, 박탈에 관한 어떠한 조작적 정의든지 포괄성이라는 원칙에 기초할 필요성이 있다. 박탈에 관한 과학적 일반화는 한 개인의 모든 물질적·사회적 생활조건에 대한 조사에 의해 결정되는데, 이 조사는 대중적으로 인정되거나 수용되는 물질적·사회적 생활조건들은 물론 무시되거나 혹은 아직 인식조차 되지 않은 조건들을 밝히고, 과소 평가된 것들을 적절하게 표현하고 있다. 물론 이런 것을 말로 하는 것은 쉽지만 실제적으로 실천하기는 상당히 어려운 것이다. 그러나 이것은 우주탐험이나 DNA의 구조를 탐구하는 것과 같은 여타의 과학적 작업 보다 어렵지는 않다. 최근 영국에서 복잡한 통계적 기법으로 박탈을 정의한 것의 대다수는 그 근거가 희박하다. 센서스를 이용한 제한적 지표들은 유일한 양적 측정도구로서 무비판적으로 수용되어 왔다. 그것 보다는 연구자와 정부는 현상을 가장 잘 표현 할 수 있는 조사방법을 찾도록 더 노력해야 한다.

셋째, 이 논문에서는 물질적 박탈과 사회적 박탈을 구별하였다. 전자는 후자 보다 문헌에서 보다 많이 다루어져 왔다.(예를 들어 슬럼의 주거상태) 필자는 이러한 것이 잘못된 우선권을 낳았다고 생각한다. 고립, 지역사회에서의 모험에 대한 두려움, 사별, 가족 혹은 다른 사회적 관계로 부터의 외면, 지역사회 원조의 형성 또는 붕괴, 소수 인종에 대한 차별, 교육이나 고용기회의 결여 등의 문제들은 충분히 인식되지 못했거나 부정확하게 인식되었고, 인구집단 내에 이런 문제들이 어떻게 분포되어 있는 지는 거의 고려되지 못했다.

또한 약간의 개념적, 실제적 어려움에도 불구하고 이 논문에서는 객관적 박탈형태와 주관적 박탈형태를 구별하였다. 주관적 박탈에서는 개인들의 태도를 종합한 것과 특정 사회집단의 성향 혹은 조직화된 표현 간에 차이점을 발견할 수 있다. 이것들은 모두 박탈경험의 추세에 대한 설명을 일반화 시키기 위해 유익하게 탐구될 수 있다.

마지막으로 이 논문에서는 상이한 지역에서의 박탈의 측정과 그 박탈을 경험하고 있는 사람의 종류를 구분하는 것에 특히 주목하였다. 대부분의 조사에서 예를 들어 환경청의 박탈조사를 보면, 중복적으로 계산된 것도 있다. 박탈을 계산하였지만, 독신 연금수급자와 소수 인종 그리고 편부모 가족 등과 같은 특수집단도 계산하였다. 이것은 지역간 혹은 지역사회 간에 나타나는 차이의 정도에 대한 결과들을 왜곡시켰고 박탈된 지구와 지역에 대해 정부 자원을 잘못 할당하는 결과를 초래했다고 말할 수 있다.

## 부록 : 중복된 박탈의 예증이 되는 지표

1985년 후반부에서 1986년 후반부 까지 빈곤과 런던의 노동시장에 관한 조사연구가 실시되었다. 이 조사의 주요 목적 중의 하나는 중복된 박탈형태의 정도를 측정하는 것이었다. 물질적 박탈과 사회적 박탈간의 소작적 구분이 이루어 졌고, 13개의 특정한 박탈유형으로 분류되었다. 총 77개의 지표 혹은 지표집단이 선정되었다.(총 점수가 94점 임) 이 지표는 다음과 같다.

물질적 박탈

1. 음식박탈

ⅰ. 지난 2주일 동안 적어도 하루는 충분히 먹지 못함

ⅱ. 일주일 동안 신선한 고기 혹은 생선을 거의 먹지 못함.
(채식주의자에게는 다른 방식을 적용함)

ⅲ. 매주 특별한 식사나 쇠고기를 먹지 못함.

ⅳ 매일 신선한 과일을 먹지 못함.

ⅴ 지난 12개월간 가족 중 누군가의 욕구를 해결할 음식이 부족한 경우 가 적어도 한번은 있었음.

2. 의복 박탈

i 날씨와 상관 없이 신을 수 있는 신발이 없음.
ii. 폭우로부터 적절한 보호를 받을 수 없음.
iii. 혹한으로부터 적절한 보호를 받을 수 없음.
iv. 잠옷이 없음.
v. 손질이 잘 되어 있는 양말, 스타킹이 세 켤레 이하임.
vi. 지난 12개월간 헌 옷을 구입한 적이 있음.

3. 주택 박탈

i. 전용 실내 화장실이나 목욕탕 혹은 샤워기가 없음.
ii 외부에 구조적 결함이 있음.
iii. 내부에 구조적 결함이 있음.
iv 전기가 없음.
v 겨울 저녁에 모든 난방이 안됨.
vi. 습기찬 주택
vii. 벌레가 우글거리는 주택.
viii. 집안 내부 혹은 외부의 페인트칠이나 장식이 형편 없는 상태.
ix. 편의시설이 부족함.
x. 과밀(부엌과 목욕탕을 제외하고 사람보다 방이 적음)
xi. 방문객이 머물 수 있는 여분의 방이 없음.

4. 주거시설의 박탈

i. 자동차가 없음.
ii TV가 없음.
iii. 라디오가 없음.
iv. 세탁기가 없음.
v. 냉장고가 없음.
vi. 얼음제조기가 없음.
vii 전기다리미가 없음.
viii. 가스레인지나 전기레인지가 없음.
ix .진공소제기가 없음.

x. 중앙난방이 아님.
xi. 전화기가 없음.
xii. 거실에 카펫트가 없음

5. 환경 박탈
i. 정원이 없음.
ii. 5세 이하 어린이가 밖에서 안전하게 놀 수 있는 곳이 없음.
iii. 5~10세 사이의 어린이가 안전하게 놀 수 있는 곳이 근처에 없음.
iv. 산업으로 인한 공기오염
v. 다른 형태의 공기오염
vi. 집주위에 교통사고의 위험이 있음
vii. 교통, 항공기, 건축공사로 인한 소음문제

6. 지역의 박탈
i. 쉽게 걸어서 갈 수 있는 거리에 개방된 공간(공원이나 숲)이 없음.
ii. 주위에 청소년이나 장년층이 즐길 수 있는 오락시설이 없음.
iii. 10분 정도 걸러 갈 수 있는 곳에 잡화가게가 없음.
iv. 거리의 쓰레기 문제
v. 10분정도 걸려 갈 수 있는 곳에 외과 혹은 병원의 외래 진료부가 없음.

7. 직업의 박탈
i. 불량한 작업 환경(오염된 공기, 먼지, 소음, 진동 그리고 높은 혹은 낮은 온도 - 최대 점수9)
ii. 근무일의 3/4이상을 서 있거나 걷는다.
iii. 비사회적인 노동시간 Works 'unsocial hours'
iv. 실외의 노동 편의시설이 형편 없거나 혹은 실내 노동 편의시설이 형편 없음(최대 점수 10점)

7a. 노동박탈에 대한 대인적 시리즈

(이 시리즈는 월급을 받는 피고용자 이외의 사람들을 위한 것이다. 그리고 가정이나 다른 곳에서 아동, 환자, 장애인, 노인을 돌보기 위해 적어도 20시간의 무임금 노동을 하는 사람에게

사용되는 것임.)

i. 주택발달에 대한 총점의 반복 repeat(위의 항목 3 - 최대점수 11점)

ii. 중앙난방이 안됨(위의 항목 4의 x : 필요하면 반복 점수)

iii. 전화가 없음(위의 항목 4의 xi : 필요하면 반복 점수)

iv. 지난 주에 50시간 혹은 그 이상을 일했음.(무임금노동 뿐만 아니라 임금노동을 포함함)

v. 공기오염(위의 항목 5의 iv와 v)

vi. 지역박탈의 총점수의 반복(위의 항목 6 - 최대점수 5)

### 사회적 박탈

8. 취업권리의 상실

i. 지난 12개월간 2주 혹은 그 이상 실업상태에 있었음.

ii. 1주일 동안 혹은 그 이하의 취업중단을 겪음.

iii. 유급 휴일이 없음.

iv. 고용주가 제공하는 무료 혹은 보조금이 지급된 식사가 없음.

v 직업연금의 권리가 없음.

vi. 병에 걸린 6개월간 월급전액을 받을 자격이 주어지지 않음.

9. 가족활동의 박탈

i. 아동이 실내에서 놀기 어려움.

ii. 아동이 있을 경우, 지난 1년간 아동이 가정 밖에서 휴일을 즐기지 못함.

iii. 아동이 있을 경우, 지난 1년간 아동이 소풍을 가지 못함.

iv. 지난 1년간 가족 혹은 친구와 같이 보낸 날이 없음.

v. 가족 중의 누군가가 건강에 문제가 있음.

vi. 장애자 혹은 노인 친척을 보호하고 있음.

10. 지역사회에 결합되지 못함.

i. 사람들에게서 고립됨.

ii 주위의 도로가 상대적으로 안전하지 못함.

iii 인종으로 인한 시달림.

iv 인종, 성, 연령, 무능력 혹은 성적 지향(sexual orientation) 때문에 차별을 경험함.

v. 도움 받을 가능성도 없이 병들어 있음.

vi. 가정 내부 혹은 외부에서 타인의 도움이나 보호를 받을 곳이 없음.

vii. 지난 5년 동안 세 번 혹은 그 이상 이사를 했음.

11. 사회제도에 공식적으로 참여하지 못함.

i. 지난번 선거에 투표를 하지 못함.

ii. 노동조합 혹은 직원협의회, 교육과정, 스포츠클럽 혹은 정당에 참여하지 못함.

iii 자원봉사활동에 참여하지 못함.

12. 오락박탈

i. 지난1년간 집을 벗어나서 휴가를 갖지 못함.

ii. 일주일 동안 특별한 여가활동을 하는 시간이 5시간 이하임.

13. 교육발달

i. 교육 받은 기간이 10년 이하임.

ii. 학교 교육 혹은 그 이후의 교육과정 혹은 도제과정이 없었음.

°물질적 그리고 사회적 박탈 : 총지표 혹은 지표집단 **77**개(최대 총점수 **94**점)

<참고 문헌>

C. G. Benthan(1980), 'A Classification of Local Authorities in the UK Inner Urban Area Act 1978' ,*Environment and Planning 12*

L. Berkman and S.L. Syme(1979), 'Social Networks, Host Resistance and Mortality : A Nice Year Follow-up Study of Almeda County Residents', *American Journal of Epidemiology, 109*

R. Berthoud(1976), *The Disadvantages of Inequality; A Study of Social Deprivation*(1980), Inequlities In Health, Report of a Working Group, DHSS, London

W. E. Broadhead et al.(1983), 'The Epidemiological Evidence for a Relationship Between Social Support and Health'. *American Journal of Epidemiology,* 117

M. Brown and N. Madge(1982), *Despite the Welfare State,* Heinemann Educational Books, London

M. Bulmer(1987), 'Local Inequality : Sociability, Isolation and Loneliness as Factors in the Differntial Provision of Neighbourhood Care', paper presented to the Social Administration Association Conference, University of kent

A. G. Champion & A. E. Green(1988), *In Search of Britatin's Booming Towns : An Index of Local Economic Perfoemance for University of Britatin,* Centre for Urban and Rginal Development Studies, University of Newcastle upon Tyne, Discussion Paper No. 72

J. R. H. Chariton, R. M. Hartley, R. Silver and W. W. Holland(1983), 'Geographical Variation in Mortality from Conditions Amenable to Medical Internation in England and Wales', *The Lancet,* 1, 691~696

D. G. Cook amd A. G. Shaper(1984), 'Unemploment and Health', in M. Harrington(ed), *Recent Advences in Occupaional* Health II

J. Coulter(1978), *Grid Square Census Data as a Source for the Study of Deprivation in British Conurbations,* Working Paper 13, Census Reaserch Unit, Durham University

H. Davies(1984), 1*981 Census - A Ward Index of Deprivation, GLC Statistical Series* No.35, Greater London Council, London

Department of the Environment(1975a), *Housing Act 1974 : Parts IV, V, VI, Housing Action Areas Priority Neighbourhoods and General Improvement Areas,* Circular 14/75, HMSO, London

Department of Plannting and Design, Sheffield(1983), '*Areas of Poverty in Sheffield, 1983', Report to Urban Strategy Panel, Supporting Technical Review of Priority Areas of Deprivation- Methodology, Sheffield*

M. Deasai(1986), 'On Defining the Poverty Threshold', in P. Golding(ed), *Excluding the Poor,* Child Poverty Action Group, London

M. Deasai and A. Shah(1985), *An Econometric Approach to the Measurement of Poverty,* Welfare Statd Programe No.2, Suntory Toyota International Center for Economics and Related Disciplines, London School of Economics, London, A revised also to be published in *Oxford Economic* Papers(1987)

Department of the Environment(1983), *Urban Deprivation*, Information Note No.2, Inner Cities Directorate, DOE, London

D. Eversely and I. Begg(1984), *Deprivation in the Inner City - Social Indicators from the 1981 Census*, ESRC, London

Z. Ferge and S. M. Miller(eds)(1987), *The Dynamics of Deprivation : A Crossnational Study, for the European Centre for Social Welfare Traning and Reaserch, Vienna*, Gower Press, London

A. J. Fox and D. A. Leon(1985), *Mortality and Deprivation; Evidence from the OPCS Longitudinal Study*, Social Statistics Reaserch Unit Working Paper No. 33, City University, London

GLC(1985), *Inner City Policy for London : A Fresh Aprroach*, Greater London Council, London.

M. G. Hayes(1986), *Urban Decline and Deprivation : Liverpool's Realative Position, A Technical Study*, City Planning Department, Liverpool

S. Holtermann(1975), 'Areas of Deprivation in Great Britain : An Analysis of 1971 Census Data', *Social Trends*, 6, 443~48

U. Janlert(1982), 'Unemployment and Health', Background Paper to WHO Workshop on Health Policy in Relation to Unemployment in the Community, Leeds

B. Jarman(1983), 'Identification of Underprivileged Areas', *British Medical Journal*, 286, 1705~1709

B. Jarman(1984), 'Underprivileged Areas : Validation and Distribution of Scores', *British Medical Journal*, 289, 1587~1592

M. Joffe(1985), *The Health Effects of Control Over Your Own Work - A Reviw of the Scientific Literature*, Greater London Council, London.

J. Mack and S. Lansley(1985), *Poor Britain*, Allen and Unwin, London

M. G. Marmot, A. M. Adelstein, M. Robinson and G. Rose(1978), 'Changing Social Class Distribution of heart Disease', *British Medical Journal*, 2, 1109~1112

A. Millar(1980), *A Study of Multiply Deprived Households in Scotland*, Central Reaserch Unit papers, Scottish Office

K. A. Moser, A. J. Fox and D. R. Jones(1984), 'Unemployment and Mortality in the OPCS

Longitudial Study', *The Lancet*, 1324~1329

S. Platt(1982), 'Unemployment and Suicide', *Unemployment Unit Bulletin*, No.6, p.4

S. Platt(1984), 'Unemployment and Sucide Behaviour : A Review of the Literature', *Social Science and Medicine*, 19:2

P. Redfern(1982), 'Profile of our Cities', *Population Trends*, 30

A. Scott-Samuel(1983), 'Indetification of Underprivilegde Areas', *British Medical Journal*, 287, 130~134

A. Sen(1985), 'Poor Relatively Speaking', *Oxford Economic Papers*, 35, 153~169

A. Sen(1985), 'A Sociologocal Approach to the Measurement of Poverty: A Reply to Peter Townsend', *Oxford Economic Paper*, 37, 699~676

C. Thunhurst(1983), 'Review of Priority Areas of Deprivation- Methology, Areas of Poverty in Sheffield, 1983', *Report to Urban Strategy Panel*, Sheffirld

C. Thunhurst(1985a). 'The Analysis of small Area Statistics and planning for Health', *the Statistician*, 34,93~106

C. Thunhurst(1985b), *'Poverty and Health in City of Sheffield'*, for the Environmental Health Department, Sheffiled City Council, Sheffield.

P. Townsend(1979), *Poverty in the United Kindom*, Allen Lane and Penguin Books, Harmondworth, Middlesex

P. Townsend(1985), 'A Socioklogical Approach to the Measurement of Poverty - A Rejoinder to Professor Amarya Sen', *Oxford Economic Papers*, 37, 659~658

P. Townsend, P.Phillimore and A. Beattie(1986), *Inequalities in Health in the Northern Region : An Interim Report*, Northern Regional Healrh Authorty and the University of Bristol, Newcastle and Bristol

P. Townsend, D. Simpson and N. Tibbs(1984), *Inequalities of Health in the City of Bristol*, Department of Social Administration, Univ of Bristol, Bristol

S. J. Watkins(1982), 'Recession and Health - *A Literature Review*'

P. Whiteford(1985), A Family's Needs : *Equivalence Scale, Poverty and Social Security, Reaserch Paper No.27*, Department of Social Security, Melbourne, Australia

R. G. Wikinson(1986), 'Income and Mortality', in R. G. Wilkinson(ed) *Class and Health : Reaserch and Longitucinal Data*, for the ESRC Tavistock, London

# 제 5장 빈곤 문화

Oscar Lewis*

## 1. 고립된 문화권의 형성

여러 세대에 걸쳐 빈곤했던 집단의 구성원은 하나의 고립된 문화권을 이루고 있는가? 푸에르토리코와 뉴욕에 거주하는 푸에르토리코인을 연구한 결과는 그것이 사실임을 보여 주고 있다.

빈곤 및 소위 빈곤전쟁은 현 행정부의 국내 정책의 주요한 주제이다. 연평균 가구당 소득이 7,000불을 초과하는 유례없는 물질적 풍요 속에서 약 1,800만 가구, 즉 5,000만명 이상이 '빈곤선'인 3,000불 이하의 소득으로 생활한다는 것이 공식적으로 인정되고 있다. 고용청 OEO를 통해 약 16억불의 연방기금이 이들의 생활을 개선하는 데에 직접 지출되었고, 의료, 교육, 복지, 그리고 도시계획에 대한 포괄적인 연방예산을 통해 수억 불의 추가자금이 간접적으로 공급되고 있다.

이상과 같이 빈민들을 위한 활동이 증가되면서 동시에 사회과학 분야에서 빈곤을 주제로 하는 서적의 출판도 증가해 왔다. 새로운 서적들은 역사 속의 문헌, 속담, 민담에서 발견되는 빈민들에 대한 두가지의 상반된 평가를 발전시키고 있다. 빈민은 축복받고 미덕이 있고 정직하며 신앙심이 깊고 착하고 친절하며 독립적이고 행복한 사람이라고 일컬어져 왔는데, 오늘날의 연구자들도 빈민의 뛰어난 자조능력, 지도력, 공동체 조직 능력을 강조한다.

---

* 이 글은 *Scientific American*, October 1966, Vol. 215, Vol.4에 실린 'The Culture of Povert'를 번역한 것이다.

이와 반대로 빈민은 무능하고 비열하며 천하고 폭력적이며 사악하고 범죄적 특성이 있다고 한다. 그래서 다른 연구자들은 빈곤이 개인의 성격에 돌이킬 수 없는 파괴적 영향을 미친다고 지적하고, 당국이 빈곤정책을 통제하고 감독할 필요성이 있음을 강조한다. 이러한 견해 차이는 부분적으로 정책에 대한 정치적 통제를 확보하려는 연방정부와 지방정부간의 충돌을 반영한다. 또한 이러한 혼란은 연구와 관심의 초점을 슬럼지역과 가족 보다는 빈곤이 지닌 개인적 희생이라는 속성에 맞추려는 경향의 산물이기도 하다. 그리고 빈곤과 소위 빈곤문화를 구분하지 못한 결과이기도 하다.

이 용어(빈곤문화)는 인기를 얻고 있는데 오늘날의 문헌에서 종종 잘못 사용되기도 한다. 필자의 글에서 이 용어는 그 자체의 구조와 원리를 지닌 서구 사회의 하부문화, 즉 가계를 따라 세대간에 전승된 생활방식을 적극적으로 묘사하기 위한 특정한 개념적 모델을 지칭하는 것이다. 빈곤문화란 단순히 어떤 것이 부족함을 의미하는 용어인 박탈이나 해체의 문제가 아니다. 그것은 인간에게 생활계획과 인간의 문제에 대한 준비된 해결방식을 제공하며 중요한 적응기능을 수행한다는 점에서 전통적인 인류학적 의미로 하나의 문화이다. 이러한 생활양식은 국경과 지역, 도시 - 농촌의 구별 없이 일반화되어 있다. 어느 곳이건, 그 문화에 속한 사람은 가족구성, 대인관계, 소비습관, 가치체계, 그리고 시간 개념에 있어서 분명한 유사성을 보여 준다.

이렇게 중요하고 복합적인 인간행위에 대해 충분히 알려진 것이 없다. 이에 관한 필자의 개념도 연구가 진전됨에 따라 발전되어 왔고, 필자와 타인의 연구에 의해 계속 보완되어야 한다. 빈곤문화에 관한 문헌의 부족은 극빈자와 반빈곤정책을 수행할 주된 책임을 떠맡은 중간계층 - 사회과학자, 사회사업가, 교사, 목회자, 기타- 간에 대화가 부족함을 보여 주는 지표이다. 빈곤문화에서 용인되는 많은 행위는 보다 큰 사회의 이념과 대치된다. 그래서 '중첩된 문제'를 지닌 가족들에 관한 글에서 사회과학자들은 그들은 불안정하고 규율이나 명령 및 조직이 없다고 강조했다. 그럼에도 불구하고 필자가 관찰한 바에 따르면, 그들의 행위는 분명히 정형화 되어 있고, 합리적으로 예측될 수 있다고 생각된다. 필자는 가끔 그들의 생활방식이 확고하고 철저히 반복되는 것에 감명 받기도 했다.

빈곤문화의 개념은 도덕집단이나 인종집단 혹은 지역집단의 일부 행위 양식을 그들의 특성이라고 규정해 온 잘못된 인식을 수정하는 데 도움이 될 것이다. 예를 들어, 내연의 처가 있다든가 여성가구주 가족이 높은 비율을 차지하는 것은 미국 흑인가족의 특성이고 그것은 흑인이 역사적인 노예제 경험에 기인하는 것이라고 생각되어 왔다. 실제로 이러한 가족들은 빈곤문화의 본질적 특성이며, 세계의 다른 지역이나 노예경험이 없는 민족에서도 나타난다. 이러한 일반화가 가능하다고 하더라도, 이 난해한 주제에 대해 연구해야 할 것들이 여전히 많이 남아 있다. 다양한 상황에 처한 국가들 내에서 빈곤 가족에 대한 철저한 인류학적 연구가 없다는 것은 - 특히 사회주의 국가의 연구가 부족하다. 빈곤문화의 비교문화적 요소들을 정형화 시키는 데에 커다란 장애물이다.

빈곤과 가족생활에 대한 필자의 연구는 멕시코를 중심으로 하고 있다. 일부 멕시코 동료들은 필자에게 미국의 빈곤연구로 전환할 것을 제안했다. 이런 방향의 첫 단계로써 지금 푸에르토리코계 가족을 연구하고 있다. 지난 3년간 필자의 연구팀은 산 후앙에 있는 네곳의 슬럼가에서 100개의 표본가족과 그들 친지 중에서 뉴욕에 거주하는 50개의 가족에 관한 자료를 수집해 왔다.

## 2. 빈곤문화의 연구 방법

우리의 연구방법은 사회학, 인류학, 심리학의 전통적 방법을 결합한 것이다. 19개의 설문지를 이용했고, 피조사자 1인당 12시간을 소요했다. 거기에는 주거 상황과 모든 성인의 고용경력, 가족관계, 수입과 지출, 개인 및 가족소유의 재산목록, 가족 내의 어린이를 위한 일종의 비공식적 사회보장 제도이며 성인들에게 특별한 의무를 부과하는 대부(代父)와 친척들 그리고 친구관계, 레크리에이션 유형, 건강과 질병, 정치, 종교, 세계관과 '세계주의' 등이 포함되어 있다. 이 모집단의 표본에 대해 개방적인 면접과 심리학적 실험(가령 주제인지 검사, 로르샤하 검사, 그리고 문장완성 검사)을 하였다.

이 모든 작업들은 표집된 소수의 가족을 세밀하게 연구하는 데 도움이 된다. 가족은 소규모의 사회체계이므로, 인류학 전체주의적 접근(the holistic approach)에 적합하다. 가족 전체에 대한 연구는 문화와 개인이라는 두가지 개념적 극단 간의 간격을 메워 준다. 그리고 실제 생활에서는 그것들이 상호 연결되어 있으므로 문화와 인성을 동시에 관찰할 수 있다. 산 후앙이나 뉴욕과 같은 거대 도시에서는 가족이 연구의 기본단위이다.

이상적으로 본다면, 우리의 목적은 최소한의 개입으로 '우리의' 가족생활을 자연스럽게 관찰하는 것이다. 그러나 이런 집중적 연구를 위해서는 필수적으로 깊은 개인적 유대가 확립되어야 한다. 필자의 연구보조자 중에는 과거에 자신의 가족이 필자의 연구대상이었던 두명의 멕시코인이 포함되어 있다. 푸에르토리코인 슬럼지역에 대한 '멕시코인의 시각'은 멕시코인과 푸에르토리코인의 하부문화 간의 유사성과 차이점을 지적하는데 도움이 되었다. 우리는 많은 시간을 가족모임과 잔치, 그리고 세례식에 참석하고, 비상호출, 병원으로의 환자이송, 감옥으로부터 사람을 데려 나오고, 신청서를 대신 작성해 주고, 주택과 직장을 구하거나 원조물자를 받는 것을 도우는 데 사용하였다. 모든 가족구성원들과의 면접을 녹음하고, 그들의 생활사와 다양한 주제에 대한 답변을 기록하였다. 자료의 배열을 위하여, 밀착 질문을 통해 1주일 또는 그 이상의 기간 동안에 진행된 각 가족의 생활사를 재구성 하였으며 그들의 일상을 관찰하고 기록하였다. 이 연구의 조사를 모은 첫 번째 책이 「*La Vida a Puerto Rican Family in the Culture of Poverty - San Juan and New York*」(Random House)라는 제명으로 다음 달에 출간될 것이다.

## 3. 빈곤문화의 특징

세계에는 많은 빈민들이 존재하고 있다. 세계 인구의 2/3인 저개발국 국민들이 겪고 있는 빈곤은 '문제중의 문제'라고 불리는 것이 당연하다. 그러나 그들 모두가 빈곤문화를 가지고 있는 것이 아니다. 이러한 생활방식이 형성되고 보편화 되자면 반드시 일정한 전제조건이 충족되어야 한다.

사회적 배경은 임금노동과 이윤생산체제 그리고 저임금 비숙련 노동자의 고실업율과 불완전 고용이 존재하는 현금경제이다. 이러한 사회에서는 정부 또는 자원봉사단체들이 저소득층을 위한 사회적, 정치적, 경제적 조직을 만들지 못하고 있다. 그리고 편계가족에 기초한 혈족체계가 아닌 핵가족 중심의 양계적 혈족체계이다. 지배계급은 부와 자산의 축적과 근면을 칭송하는 일련의 가치를 주장하며, 상향이동의 기능성을 강조하고, 개인의 경제적 지위가 낮은 것은 인격이 부족하고 열등하기 때문이라고 설명한다.

이런 조건이 일부 빈민의 생활방식을 지배하는 것을 빈곤문화라고 한다. 필자가 그것을 서구사회 질서의 하부문화라고 기술하는 것도 이러한 이유 때문이다. 그것은 계층화 되고 극도로 개별화된 자본주의 사회에서 주변적 지위를 차지하고 있는 빈민들의 적응 및 반작용 방식이다. 그리고 그것은 지배적인 가치와 목표에 비추어 그들이 성공할 가능성이 없음을 자각한 데에서 유래하는 절망과 무력감에 대처하려는 노력을 반영하는 것이다. 빈곤문화의 특성들은 대부분 빈민들이 일반사회의 조직과 기관이 제공하는 서비스를 받을 자격이 없거나 무지하고 의심이 많기 때문에, 그 기관들에 의해 제공받지 못하는 욕구를 충족하기 위한 지역적이고 자발적 시도라고 간주될 수 있다.

일단 빈곤문화가 형성되면 그것은 지속되는 경향이 있다. 슬럼가의 자녀들이 6~7세가 되면 대개 하부문화의 기본적 태도와 가치를 흡수하게 된다. 그 후에 그들은 심리적으로 일생 동안 생활조건을 향상시키거나 발전을 도모하려는 기회를 가지려고 하지 않는다.

필자의 연구는 빈곤문화를 특정 짓는 70가지의 특성을 규명하고 있다. 주요 특성들은 4가지 차원의 체계로 설명될 수 있다. 즉 하부문화와 일반사회와의 관계, 슬럼지역의 성격, 가족의 성격, 그리고 개인의 태도와 가치 및 성 구조가 그것이다.

빈민이 주요한 사회제도에서 이탈되어 통합되지 못하는 것이 빈곤문화의 핵심적 요소이다. 그것은 빈곤을 포함한 다양한 요인들 뿐 아니라, 인종

차별, 공포, 의심, 적대감, 그리고 슬럼지역 내에서 발전된 대안적인 조직과 과정들이 끼친 복합적인 효과를 반영한다. 그들은 노동조합이나 정당에 가입하지 않고, 은행, 병원, 백화점, 박물관을 거의 이용하지 않는다. 일반 사회 내의 많은 제도들- 교도소, 군대, 그리고 공공 복지제도- 에 참여하더라도 빈곤문화의 특성을 제거하기 어렵다. 간신히 생계수준을 보장해 주는 구호제도는 빈곤과 무력감을 해소시키기 보다는 지속시킨다.

빈곤문화를 지닌 사람들은 거의 부를 생산하지 못하며, 그 결과로 그들은 아무런 보상도 받지 못한다. 만성실업과 불완전 고용, 저임금, 자산과 저축의 부족, 불충분한 음식, 그리고 만성적인 현금부족은 가족과 개인을 타락한 집단에 예속시킨다. 슬럼의 가장들은 현금이 부족하기 때문에 소량의 식량을 비싼 가격에 자주 구입하곤 한다. 슬럼경제는 내부적이다. 이들은 빈번하게 개인물품을 저당 잡히고 고리대 사채나 이웃간의 비공식 신용제도를 이용하며, 의류와 가구는 중고품을 사용한다.

이들은 중간계층의 가치들을 지니고 있다. 사람들은 그것들에 관해 얘기하며, 그 중의 일부를 자신들의 가치라고 주장하기도 한다. 그러나 대개 그 가치에 따라 살지 않는다. 법이나 교회 혹은 이 양자의 격식에 따른 결혼이 이상적인 결혼방식이라고 주장하기도 하지만, 그렇게 결혼하는 사람은 거의 없다. 일정한 직업이나 재산이 없고, 자식에게 부를 물려줄 수 없는 사람들, 미래 없이 현실에 급급한 사람들, 결혼과 이혼에 따르는 법적인 복잡함과 비용을 피하려는 사람들에게는 자유로운 동거와 합의 결혼이 합리적이다. 여성들은 미성년이거나 포악하고 일반적으로 믿을 수 없을 것 같은 남자의 청혼을 거절할 것이다. 그들은 합의동거가 남성들이 누리는 자유와 유연성을 자신들에게도 일부분 제공한다고 느낀다. 자녀들의 아버지에게 남편이라는 합법적 지위를 주지 않음으로써, 여성들은 자녀에 대하여 더 큰 권리를 가지게 된다. 또한 자신의 재산에 대한 독립적 권리를 보유하게 된다.

일반사회로 부터 이탈함에 따라서 지배계급이라고 간주되는 기본제도에 대한 적대감이 존재한다. 경찰에 대한 적대감, 정부에 대한 불신과 고위직 종사자에 대한 불신, 교회에 까지 확대된 냉소주의가 존재한다. 따라서 빈곤문화는 기존질서에 대항하는 정치운동과 투쟁의 잠재성을 어느 정도 보유하고 있다.

주거상태가 불량하고 과밀한 빈곤문화 지역은 군거율(gregariousness)이 높은데, 그곳에는 핵가족이나 확대가족 보다는 큰 소규모의 조직을 갖추고 있다. 때로는 슬럼 거주자들은 일시적인 비공식 조직들에 가담하기도 한다. 슬럼가에 영향을 미치는 동네 폭력집단은 필자가 생각했던 것 이상으로 상당히 발전되어 있었다. 고도로 조직화된 사회에서 빈곤문화가 주변적이고 비정상적인 이유는 조직화의 수준이 낮기 때문이다. 대다수의 원시 민족들은 현대적 도시의 슬럼거주자 보다도 고도화된 사회문화적 조직을 갖고 있다. 이것은 슬럼지역 주민에게 공동체 의식이나 집단정신이 없다는 의미는 아니다. 사실 벽이나 다른 물리적 장벽에 의해 주변과 고립된 곳, 집세가 싸고 살기 좋은 곳 그리고 다양한 민족, 인종, 언어집단으로 구성된 곳에서는 공동체의식은 촌락의식과 비슷하다. 멕시코시와 산 후앙시에서는 기존의 슬럼지역 이외에는 저렴한 주택이 부족하기 때문에 그런 지역성이 발생된다. 이러한 지역성이 남아프리카에서는 농촌 이주민들을 제한된 구역에 살게 하는 인종 차별정책에 의해 적극 강화되고 있다.

빈곤문화를 지닌 가족은 생활주기 중에서 아동기에 대해 보호 받으며 더 머물고 싶은 시기라고 생각하지 않는다. 그들은 일찍이 성경험을 하게 된다. 합의 결혼의 불안정성으로 인해 가족은 모계중심으로 되며, 모계 확대가족과 더 가까워지는 경향이 있다. 여성 가장이 권위적 통제를 행사한다. 형식적으로는 가족유대를 강조하지만 부족한 음식과 어머니의 애정을 둘러싼 형제간의 다툼은 치열하다. 그리고 사생활도 거의 없다.

이러한 문화에서 성장한 개인들은 운명주의, 무력감, 의존심, 열등감을 강하게 가지고 있다. 이것은 현대 문학에서 특히 미국 흑인의 특징으로 언급되고 있는데, 이러한 점들이 필자는 인종적으로 차별받지 않는 멕시코시와 산 후앙시의 슬럼 거주자에게서도 보편화 되었음을 발견하였다. 다른 특성으로는 대개 자아구조가 허약하고 성적 일체감(sexual indentification)이 불안정한데, 이것은 모두가 모성 결핍을 잘 견디는 것도 여기에 포함된다. 남성

우월에 대한 믿음이 널리 퍼져 있으며 남자들은 남자 다움, 즉 남성미에 대해 강한 선입관을 가지고 있다.

역사의식이 거의 없이 지방적이고 지역적인 생각을 하기 때문에, 이들은 오직 자신과 이웃의 생활방식만을 알 뿐이다. 그들은 대개 자신의 어려움과 다른 지역에 사는 상대방이 겪는 어려움 간의 유사성을 파악할 수 있는 지식이나 전망 혹은 이념을 가지고 있지 않다. 그들은 지위를 묘사하는 대해서는 매우 민감하지만, 계급의식은 없다.

## 4. 빈곤문화와 비빈곤문화

빈곤과 빈곤문화 사이의 구별은 이 논문에서 설명되는 모델에 있어서 기본적인 것이다. 필자가 규정한 하부문화에 속하지 않는 생활방식을 지닌 빈민들도 수 없이 존재한다. 인류학자들이 연구해 온 다수의 원시부족과 문자 사용 이전의 민족은 기술 낙후나 자원 부족 혹은 이 양자의 결합으로 인하여 극심한 빈곤을 겪었다. 그러나 이들 중 가장 단순한 민족 조차도 고도의 사회조직과 잘 통합되고 자족적이며 만족스러운 문화를 지녔다.

인도에서는 가난하고 낮은 카스트에 속한 사람들 - 가령 Chamars, 가죽세공인, Bhangis, 청소원들- 이 일반 사회에 통합되어 있고, 자치를 위한 자신들의 Panchayats제도를 가지고 있다. Panchayats와 확대된 편계적 친족체계나 씨족이 촌락의 경계에 영향을 미치며, 그들에게 강한 동질감과 연속성을 부여하고 있다. 필자는 이들 민족을 연구하면서 빈곤에 수반되는 빈곤문화를 발견하지 못하였다.

동유럽의 유대인들은 가난한 도시인들로서 대개 게토지역에 몰려 살고 있다. 그러나 그들에게도 빈곤문화의 특징은 나타나지 않는다. 그들은 전통적으로 교육에 큰 가치를 부여하였다. 그들은 다수의 자발적 결사체를 가지고 있으며 랍비를 중심으로 한 중앙 공동체 조직을 헌신적으로 추종한다. 그리고 그들은 자신을 선택된 민족이라고 가르치는 종교를 가지고 있다.

필자는 다소 추상적이며 빈곤문화와는 결부시키기는 어려운 빈곤의 네

번째 예를 들어 보겠다. 필자는 한 나라 - 쿠바 - 에서의 제한된 직접 관찰과 간접적인 증거를 기초로 사회주의 국가에서는 빈곤문화가 존재하지 않는다고 믿고 싶다. 1947년 필자는 하바나의 슬럼지역을 연구하였다. 최근 그 지역을 다시 방문하여 과거에 만난 가족들을 관찰하였다. 그 곳의 환경은 아름다운 새 보육원을 제외하고는 거의 바뀐 것이 없었다. 그 사람들은 이전과 마찬가지로 가난하였다. 그러나 필자는 하바나에서 미국도시 슬럼지역의 징후인 절망과 적대감을 볼 수 없었다는 점에 감명을 받았다. 그 슬럼이 현재는 상당히 조직화 되어 있는데 구역위원회, 교육위원회, 당위원회 등으로 조직되어 있다. 그들은 하층계급을 인류의 희망으로 칭송하는 강령에서 새로운 권력의식과 자신들의 중요성을 발견하였다. 그리고 그들은 무장하고 있었다. 필자는 쿠바의 어떤 관리로 부터 카스트로 정부가 비행자에게 무기를 줌으로써 비행을 일소했다는 말을 들었다.

카스트로 정부는 - 마르크스와 엥겔스를 수정함으로써 - 소위 룸펜 프로레타리아를 천성적으로 반동적이고 반혁명적인 세력이라고 하지 않고, 오히려 그들 속에 있는 혁명적 잠재력을 발견하고 이를 활용하였다. 프란츠 파농은 「대지의 저주 받은 자들」이란 책에서 그들이 알제리 혁명에서 행한 역할에 대해 다음과 같은 비슷한 평가를 하였다. '룸펜 프로레타리아의 핵심인 이들 판자촌 마을의 인민 대중 내에서 반란은 도시 전역으로 확산될 것이다. 부족과 씨족으로 부터 떨어져 나온 이들 굶주린 무리들, 룸펜 프로레타리아는 식민지 인민 가운데 가장 자발적이고 가장 급진적인 혁명적 세력의 하나이다.'

필자는 저소득 푸에르토 리코인에게서 혁명적 정신이나 급진 이데올로기를 거의 발견하지 못하였다. 필자가 연구한 가족은 대부분 정치적으로 보수적이고, 그들 중 약 절반은 집권세력인 인민민주당을 반대하고 우익의 공화당을 선호하였다. 따라서 빈곤문화 속에 살고 있는 사람들의 반항의식은 국가와 역사적 환경에 따라 달라지는 것처럼 보인다. 푸에르토 리코에서의 독립운동은 알제리와는 대조적으로 인민의 지지를 거의 받지 못하고 있다. 멕시코에서는 오래 전에 독립운동이 발생될 요소가 있었지만, 수도의 모든 슬럼지역에서 거주자들을 자극할 만한 그러한 운동이 더 이상 존재하지 않는다.

그런데 빈민들을 조직하고 그들에게 희망을 주며 다수 집단과의 연대의식을 고양시키는 운동이라면 - 그것이 종교적이건 평화주의적이건 혁명적이건 간에 - 그것은 분명히 빈곤문화의 심리적이고 사회적인 핵심요소를 효과적으로 파괴시킬 것이다. 이런 맥락에서 필자는 미국 흑인 사이에서의 시민권리 운동이 경제적 이익 보다는 그들의 자존심을 향상시키는 데 더 많은 기여를 하였다고 생각한다.(물론 이들 양자의 발전은 상호보완적인 면이 있다.) 미국 흑인의 빈곤문화에서는 인종차별에 따르는 불이익으로 산 후앙이나 멕시코시의 슬럼지역 또는 남부의 백인 빈민에게는 존재하지 않는 혁명적 저항과 조직들이 생겨나고 있다.

필자의 생각으로는 빈곤문화가 복지국가 이전의 자본주의 단계인 자유기업사회에 고유한 것이고 거기에서 번성하는 것이 사실이라면, 그것은 또한 식민지 사회에 고유한 것이기도 하다. 빈곤문화는 급변하는 사회 내의 저소득층 사이에서 형성되기 쉬우며 그들은 이미 그 사회로 부터 부분적으로 소외된 사람들이다. 따라서 이러한 하부문화는 제국주의적 지배가 토착적인 사회경제적 구조를 파괴해 버리고, 여러 세대에 걸쳐 토착민들을 노예화 시킨 곳, 혹은 봉건제가 무너지고 자본주의화 되는 곳에서 볼 수 있다. 라틴 아메리카에서와 같이 도시로 이주한 농지 없는 농촌 노동자들은, 인도에서와 같이 잘 조직된 전통문화를 가진 안정된 농촌 출신자들 보다 이러한 생활방식에 더 빨리 빠져 들 것이라고 예상할 수 있다. 그렇지만 빈곤문화가 봄베이와 캘커타의 슬럼지역에서도 이미 발생하기 시작했는지는 더 두고 볼 일이다. 또한 라틴 아메리카에 비해 협동성이 강한 다수의 아프리카 부족사회는 그 대륙의 새로운 도시지역에서 빈곤문화가 발전되는 것을 막거나 지연시킬 수 도 있다. 남아프리카에서는 인종차별정책에 의한 억압과 차별의 제도화가 아프리카 흑인 사이에서 집단의식과 동질감에 대한 면역성을 증대시키기 시작했을 수도 있다.

따라서 이 하부문화의 발전과 도태를 관찰하고 평가는데 있어서, 우선

사회제도의 동적인 측면을 고려해야 한다. 일반 사회와의 관계라는 측면에서 평가할 때, 슬럼가 주민들 중 일부는 비록 그들이 다른 나라의 슬럼 주민보다 더한 빈곤을 겪을지라도, 자신의 민족 전통과 더 친근한 동질감을 가질 수 있다. 멕시코시에서는 정식교육을 거의 받지 못한 사람을 포함한 많은 응답자들이 Cuauhtemoc, Hidalgo, Father Morelos, Juarez, Diaz, Zapata, Carranza 그리고 Cardenas 등에 내해 알고 있었다. 산 후앙시에서는 Ramon Power, Jos de Diego, Baldoriotyde Castro, Ramon Betabces, Nemesio Canales, Liorns Torres 등의 이름은 거의 모르고 있었다. 일부만이 故 Albizu Campos를 알고 있었다. 그러나 저소득의 푸에트 리코인에게 있어서 역사란 Munoz Rivera와 더불어 시작했고 그의 아들인 Munoz Marin으로 끝났다.

민족적 상황에 따라 운명주의와 무력감이 특성들이 크게 달라질 수 있다. 발선된 기술, 높은 수준의 문명율, 매스콤의 보편화, 그리고 사람들의 높은 희망감 등을 전제로 할 때 미국에서 가장 빈곤하고 가장 주변적인 지역사회라 할지라도, 에쿠아도르나 페루처럼 실제적 가능성이 훨씬 제한되어 있고 권위적인 사회질서에 지배되는 슬럼 거주자 보다는 분명히 미래에 대한 열망이 클 것이다. 필자는 현재 공식적으로 가난하다고 분류되는 5천만명의 미국 시민들 중 약 20%가 일종의 빈곤문화 속에 살고 있다고 추측한다. 이 집단은 대부분 흑인, 푸에르토 리코인, 멕시코인, 미국 인디안, 남부의 백인 빈민으로 구성되어 있다.

중간계층의 사람들 - 여기에는 아마도 대다수의 사회과학자들이 포함될 것이다. - 은 빈곤문화의 부정적인 측면에 초점을 맞추는 경향이 있다. 그들은 현재 지향성이나 충동성과 같은 특성에 마이너스 부호를 갖다 붙인다. 필자는 빈곤문화를 이상화 하거나 낭만적으로 보지 않겠다. '빈곤하게 사는 것 보다는 빈곤을 칭송하기가 더 쉽다.' 그러나 이런 특성들의 긍정적 측면들도 무시 되어서는 안된다. 현재 지향적으로 사는 것은 자발성과 세속적인 것을 즐기는 능력을 발전시킬 수도 있다. 이러한 능력은 흔히 미래지향적인 중간계층에게는 결여되어 있다. 사실 필자는 굉장한 부자 - '제트족'과 '카페 사회'의 부자들- 과 극빈자 사이의 문화적 유사성에 충격을 받았다. 그러나,

그것은 전체적으로 보아 상당히 천박한 문화이다. 그 속에는 많은 파토스와 고통과 공허함이 있다. 거기에서 만족감과 지원을 충분히 얻을 수는 없다. 그리고 만연한 불신은 개인적인 무력감과 고립감을 극대화 시킨다. 사실 문화의 빈곤이 빈곤문화의 핵심적인 특성 중의 하나이다.

빈곤문화의 개념은 지금 까지 특정 인종, 민족, 혹은 지역집단에 고유한 것이라고 간주되어 온 일련의 현상들을 통합하고 설명하는데 도움이 되는 일반화를 제공할 수 있을 것이다. 차별받는 소수인종이 없는 나라에서도 흑인에게 특이한 것(혹은 어떤 다른 인종집단을 정형화 하는 것)이라고 생각해 온 문제들이 나타난다는 것이 밝혀졌다. 만약 물질적 빈곤의 제거만으로 빈곤문화를 제거할 수 없다면, 그러한 하부문화를 이해하는 것이 이런 목적에 적합한 수단을 만드는데 도움을 줄 수 있을 것이다.

빈곤문화의 미래는 무엇인가? 이 문제를 고려함에 있어서, 빈곤문화가 인구의 비교적 소수를 차지하는 경우와 다수를 차지하는 경우를 구분해야 한다. 미국에서 '고질적 빈민'(the hard- core poor)을 상대하는 사회사업가들이 제시하는 주요한 해결방법은 그들의 생활수준을 서서히 향상시켜 중산계층에 통합시키는 것이다. 어느 곳에서나 가능한 정신치료가 실시되고 있다.

국민 대다수가 빈곤문화속에 살고 있는 저개발국가들에서는 그러한 사회사업적 처방은 적절할 것 같지 않다. 지역 정신과 의사들은 늘어나는 중간계층을 치료하고자 최선을 다한다. 그들 나라에서는 빈곤문화를 가진 사람들은 보다 더 혁명적인 해결방법을 찾으려고 할 것이다. 혁명이 빈곤 그 자체를 치유하지 못한다 해도 사회의 기본구조를 변경시키고 부를 재분배하며, 그리고 빈민으 조직화 하여 그들에게 소속감과 권력의식과 지도자 정신을 부여함으로써 부분적으로 빈곤문화의 기본적 특성을 없애는데 종종 성공한다.

# 제 6장 빈곤의 기능

Herbert J. Gans*[1)]

빈곤의 지속성에 대한 설명으로서 머튼주의적인 기능적 분석이 쓰이고 있는데, 이것은 빈곤과 빈민이 미국사회의 나머지 부분을 위해 특히 부유층을 위해 수행하는 15가지의 기능들을 설명하고 있다. 이 기능들을 대체시키고 빈곤을 불필요하게 만들 수 있는 기능적 대안들이 제시되고 있지만, 가장 중요한 대안들은 그것이 부분적으로 소득과 권력의 재분배를 요구하기 때문에 그 자체가 부유층에 대해서 역기능을 갖는다. 따라서 빈곤에 대한 기능적 분석은 많은 부분에서 진보적 사회학의 분석과 동일한 결론에 도달한다. 이는 기능주의가 이념적 전망이니 함의에 있어서 보수적이지 않아도 된다는 Merton의 주장을 다시 한번 입증해 주는 것이다.

## 1. Merton의 주장

20년전에 Merton(1949, p.71)은 도시의 정치기구가 유지되는 과정을 분석하면서 다음과 같이 썼다.

---

* 이 글은 *American Journal of Sociology*, Vol.78, No.2에 실린 'The Positive Function of Poverty'를 번역한 것이다.

1) 이 논문의 초안은 1964년 Vassar 대학의 빈곤대책세미나와 1971년의 제 7차 세계사회학대회에서 발표한 바 있으며 *Social Policy,* 제 2집(1971년 7~8월), pp.20~24 실려 있다. 이 논문은 앞으로 출판될 S.M. Lipset과 S. M. Miller가 편집한 '빈곤과 계층'에 수록될 것이다. 필자는 P. Morris, R. K. Merton, S. M. Miller 등이 이 논문의 초고를 논평해 준 것에 감사드린다.

'대개 .... 지속적인 사회유형과 구조들이 기존의 다른 사회유형과 구조가 그 당시에 적절하게 충족시키지 못한 긍정적 기능들을 수행할 것이라고 기대하기 때문에 .....대중에게 해를 끼치는 이런 조직이 현재의 조건에서는 아마도 기본적인 잠재적 기능들을 충족시키게 된다'

그는 다음과 같은 사항들, 즉 분권화된 지방정부가 가동될 수 없을 때 그 정치기구가 어떻게 중앙정부의 권위를 행사했으며, 두려워하는 시민들을 위해 비인간적인 관료제의 서비스를 어떻게 인간화 시켰는가, 빈민에게(정의나 법 보다는) 구체적 원조를 어떻게 제공하였으며, 다수의 사람들이 필요하다고 주장하지만 공식적인 공공기관들이 관례에 어긋나고 불법적이라고 간주한 서비스들을 어떻게 제공하였는지 등을 지적하였다.

이 논문은 정치기구에 관한 것이 아니라, 정치기구 만큼 비난 받고 있고 그것 보다 훨씬 더 지속적인 사회현상인 빈곤에 관한 것이다. 따라서 빈곤이 계속 존재할 정도로 긍정적 기능을 갖고 있는 지를 알아 보기 위해 빈곤에 대한 기능적 분석을 시도하는 것은 장점을 지닐 수 있다. 그리고 기능적 분석이 일부 미국 사회학자들로 부터 비판받고 있기 때문에 그런 분석이 여전히 유용한 접근방법인지를 고려해 보는 것이 이 논문의 2차적 목적이다.2)

## 2. Merton의 기능과 역기능

Merton(1949, p.50)은 '기능은 주어진 체계에 적응시키거나 조정해 주는 관찰된 결과들이며, 역기능은 체계에 대한 적응과 조정을 억제시키는 부정적인 관찰된 결과들'이라고 정의하였다. 이 정의가 체계의 속성이나 영역을 구체화 하고 있지는 않지만, 그의 명 논문인 "현재적 기능들과 잠재적 기능들"에서 그는 기능적 분석은 '각 항목(또는 사회현상 H.G)이 나타내는 결과들인 일련의 단위들 - 다양한 지위와 하위집단에 속한 개인들과 거대한 사회

2) 또한 이 논문은 S. M. Miller가 말했듯이, Davis와 Moore(1945)의 사회계층의 기능적 분석에 대한 오랜 빚 때문에 나온 것이다.

체계 그리고 문화체계들- 을 고려하여야 한다'고 하였다.(1949, p.51)

필자는 빈곤의 기능을 논의하면서 집단과 집합체에 대한 기능들을 규명하려고 하는데 특히 가치를 공유하거나 지위가 비슷한 사람들, 예를 들어 이익집단들이나 사회경제적 계층들 또는 기타 인구 집단들이 해당된다. 이러한 정의와 관련된 접근방법은 대부분의 사회체계- 그리고 물론 모든 사회 - 는 상이한 이해와 가치를 지니는 집단이나 집합체로 구성되어 있다는 가정에 기초하고 있다. 그래서 Merton이 말했듯이(1949, p.51), '각 항목들은 어떤 개인과 하위 집단에 대해서는 기능적이면서 다른 집단에 대해서는 역기능적일 수 있다.' 실제로 한 집단의 기능이 흔히 다른 집단의 역기능으로 되기도 한다.[3] 예를 들면 Merton이 분석한 정치기구는 도시의 노동계층과 경영층에 대해서는 기능적이었지만 많은 중간계층과 개혁집단에 대해서는 역기능적이었다. 따라서, 기능이란 분석대상이 되는 집단의 가치에 비추어 긍정적이라고 판단된 관찰된 결과들이라고 정의되며, 역기능은 이 가치에 비추어 부정적이라고 판단되는 관찰된 결과들로 정의된다.[4]

기능은 해당집단에 도움을 주고 역기능은 해롭기 때문에, 기능과 역기능은 경제계획 및 체계분석의 용어로는 이익과 비용이라고 볼 수 있다.[5]

---

3) 아마도 하나의 현상이 서로 다른 이해관계를 지닌 두 집단에 대하여 동일한 기능을 수행하는 극소수 경우 중의 하나는 양집단이 소속된 체계의 생존이 위험에 빠질 때이다. 즉, 임금상승은 노동자에게는 기능적이며 경영자(그리고 소비자)에게는 역기능적이지만 임금인상이 회사의 생존을 위협한다면 노동자에게도 마찬가지로 역기능적이다. 그런데 항상 그렇지는 않겠지만 다른 일자리가 있다면 회사의 생존은 노동자에 의해 판단될 것이다.

4) Merton은 비록 나중에(1961, p.732) '역기능은 체계의 특정 부분이 지시된 요구사항을 이행하지 못하는 것'이라고 설명했지만 원래는(1949, p.50) 기능과 역기능을 체계의 적응이나 조정을 도와 주거나 방해하는 측면에서 설명하였다. 체계에 대한 적응과 조정은 보수 이데올로기적 의미를 지니고 있기 때문에, 연구자가 분석대상 집단의 가치를 지지하는지를 스스로 결정할 수 있다면 Merton의 설명과 필자의 개념적 접근방법은 중립 이데올로기적인 혹은 적어도 가변성 있는 이데올로기적 방법으로서 기능적 분석을 보다 쉽게 이용하도록 해 준다.

5) 그러나 절대적인 기능과 역기능이 없듯이 절대적인 이익과 비용은 없음에 주목해야 한다. 한 집단의 이익은 다른 어떤 집단의 비용일 뿐만 아니라 모든 집단은 그 자신의 명백하고 잠재적인 가치들에 의해 이익을 규정한다. 그리고 어떤 현상이

체계 보다는 집단 및 집합체에 대한 기능과 역기능을 규명하는 것은 여러 집단으로 구성된 한 체계내의 한 집단에 대해 기능적인 것이 전체 체계에 대해서도 기능적으로 될 수 있는 가능성을 감소시킨다. 따라서 예를 들면, 주어진 현상이 사실상 관리직 혹은 지도층에 대해서만 기능적일 때, 그것이 기업체나 정권에 대해서도 기능적이라고 말하기는 더 어렵다. 또한 이 접근법은 Merton이 제기한 두 개의 다른 중요한 경험적 질문(1949, p.32~36) 즉, 어떤 현상이 전체 사회에 대해서 끝까지 기능적 혹은 역기능적일 수 있는가 그리고 만약 기능적이라면 그것이 사회에 불가피한 것인지 등에 관한 선험적인 결론을 배제한 것이다.

이질적인 현대사회에서는 사회 전체에 기능적이거나 역기능적인 현상은 거의 없으며, 대체로 몇몇 집단에게는 도움을 주지만 타집단에 대해서는 해를 끼치는 현상이 존재한다. 현대사회의 분화 수준을 고려해 볼 때, 사람들이 사회라고 부르는 사회체계를 경험적으로 규명할 수 있는지에 대해 필자는 회의적이다. 물론 사회는 존재하지만 그것은 매우 거대한 집합체에 더 가까우며, 사회학자들이 사회를 하나의 체계라고 말할 때에 그것은 흔히 뚜렷한 특징과 경계선이 설정된 하나의 체계, 즉 국가를 의미하기도 한다.

필자는 또한 어떤 사회현상도 불가피한 것은 없다고 생각한다. 어떤 사회현상은 너무 증대하고 높게 평가되기 때문에 제거하기 어려울 수도 있지만 대체로 우리는 Merton이 말한 '기능적 대안'이나 사회현상에 대한 등가물, 즉 동일한 기능을 수행하면서도 역기능을 수반하지 않는 다른 사회유형이나 정책들을 제시할 수 있다.

---

한 집단에게 이익을 준다고 판단했던 사회과학자나 계획가 그 집단 자신은 이와 다르게 생각하고 있음을 발견할 수도 있다. 예를 들어, 1960년대 동안 인종통합 지지자들은 다수의 흑인지역사회들이 인종통합을 더 이상 이익이 된다고 생각하지 않으며 그것이 흑인을 백인사회에 동화시키려는 정책이며 흑인사회의 정치적 힘을 소멸시키려는 정책으로 인식하고 있음을 알게 되었다.

## 3. 빈민의 15가지 기능

미국의 전통적 빈곤관은 빈민과 국가에 대한 빈곤의 역기능을 규명하는데 너무 집중해 왔기 때문에 선뜻 빈곤이 모두에게 기능적일 수 있다는 것은 상상도 할 수 없는 것처럼 보인다. 물론 빈민가의 집주인과 고리대금업지가 빈곤의 존재로 인해 이윤을 얻고 있음은 널리 알려져 있다. 그러나 그들은 일반적으로 악인으로 간주되며, 그들의 행동은 적어도 부분적으로는 빈민에 대하여 역기능적이다. 그러나 빈곤이 형법학, 범죄학, 사회사업 및 공중보건과 같은 '존경할만한' 전문직의 존재나 발전을 가능하게 해 준다는 점은 잘 모르고 있다. 1960년대에 빈민이 대중적 관심을 받게 되면서, 최근에는 빈민은 저널리스트와 사회과학자들 뿐만 아니라 전문적 또는 준전문적인 '빈곤해결사들'에게 다양한 일자리를 제공해 왔다.

빈곤과 빈민은 분명히 미국사회의 대다수 비빈민집단에 대하여 많은 기능을 수행하였으며, 따라서 필자는 가장 중요하다고 생각되는 15가지 기능들- 경제저 · 시회적 · 문화적 · 정치적 기능들-을 서술하고자 한다.

첫째, 빈곤의 존재는 '지저분한 일'을 처리할 수 있게 한다. 모든 경제는 신체적으로 더럽거나 위험하고 일시적이며 장래성이 없고 보수가 낮으며 품위 없고 천한 일자리를 가지고 있다. 이런 일자리들은 '청결한' 일 보다도 높은 임금을 지불하거나, 저임금 또는 지저분한 일 외에 할 일이 없는 사람들에 의해서 채워질 수 있다. 미국에서 빈곤은 돈을 적게 받더라도 지저분한 일을 기꺼이- 혹은 마음 내키지는 않지만 어쩔 수 없이 - 맡아서 하는 저임금 노동시장을 제공하는 기능을 한다. 이러한 기능은 남부의 몇몇 주에서는 농장에서 일할 빈민이 필요한 경우에 여름 몇 달 동안 복지급여가 삭감될 만큼 중요하다. 더구나 복지에 관한 - 그리고 누진소득세와 가족지원계획과 같은 기존의 대안들에 관한 - 논쟁에서 노동 동기에 미칠 소득보조금의 영향이 강조되었는데, 여기에서 만약 임금이 소득 보조금보다 많지 않다면 더러운 일을 하려는 빈민의 동기 - 실제로는 빈민에 대한 압박- 가 감소될 것이라는 반론이 제기되었다. 더구나 지저분한 일을 포함한 많은 경제활동들은 빈민에게 크게 의존하고 있다. 특히 식당, 병원, 대다수 의류산업, 기업적 농업 등은 피고용인에게 기준 이하의 임금을 주지 않고서는 현상유지가 불가능하다.

둘째, 빈민은 직접 혹은 간접적으로 부유층에게 이익을 주는 많은 활동들을 재정지원해 준다.[6] 예를 들어 빈민의 저임금은 민간경제의 소비활동과 투자활동을 꾸준히 도와 주고 있다. 이 같은 사실은 산업혁명의 초기에 널리 인식되고 있었는데, T. H. Marshall이 인용한 어느 프랑스 작가는 '산업의 발전을 보장하고 유지하기 위해서 노동자들이 결코 부를 얻어서는 안된다'고 지적했다. 이러한 재정지원의 예는 오늘날에도 흔히 볼 수 있다. 예를 들면 가정부는 고용주의 생활을 편하게 해주고, 부유한 여성들로 하여금 다양한 전문적·문화적·시민적·사회적 활동을 하게 해주는 등 상류층과 중상층을 재정지원해 준다. 또한 Barry Schwartz가 지적했듯이, 빈민의 저소득은 부자들의 소득을 저축과 투자로 유도하여 경제성장을 뒷받침한다. 경제성장의 이익이 불공평하게 분배되기 때문에 비록 성장이 사회경제적 서열에서 빈민의 지위를 반드시 개선시켜 주지는 않지만, 이것은 결국 빈민을 포함하여 모든 사람들을 위해 많은 소득을 생산할 수 있다.

동시에 빈민은 공공경제에 도움이 된다. 왜냐하면 많은 주정부가 징수하는 지방재산세와 상품세 및 비누진적 소득세는 역진적이기 때문에 빈민은 다른 사람들보다 더 많은 비율을 세금으로 지불하고 있으며, 따라서 자신보다 더 잘 사는 납세자들을 위한 수 많은 주정부 및 지방정부 프로그램을 지원하다 지원하는 셈이다.[7] 뿐만 아니라 빈민은 의과대학 부속병원의 환자로

6) 물론, 빈민이 적극적으로 부자를 재정지원하는 것은 아니다. 오히려 저임금을 받으면서도 어쩔수 없이 일을 하게 됨으로써, 부자들이 여기서 절약된 돈을 다른 목적에 쓸 수 있게 해 주는 것이다. 여기에서 사용된 재정지원의 개념은 '평균 임금'에 대한 신념을 의미한다.

7) Pechman(1969), Herriott와 Miller(1971) 등은 빈민이 내는 세금이 그들의 소득에서 차지하는 비율은 일반일 보다 더 크다는 것을 발견했다. 후자의 연구에 따르면 그 비율은 2,000불 미만의 저소득자들의 경우 50%라고 한다.

서 그리고 의학실험의 모르모트로서 의학발전을 지원하고 있는데, 이것은 그 결과가 현실화 될 때 유일하게 그 혜택을 누릴 부자들을 지원하는 셈이다.

셋째, 빈곤은 수 많은 직업 및 전문직을 마련해 주는데, 이 직종들은 주로 빈민에게 봉사하는 것이거나 빈민으로 부터 일반인을 보호해 주는 것들이다. 앞서 지적한 것처럼, 형법학도 경찰과 마찬가지로 빈민이 없다면 축소될 것이다. 왜냐하면 그들의 '고객'은 대부분 빈민이기 때문이다. 이 외에 빈곤의 존재로 인해 번성하는 것들로는 도박, 헤로인 및 싸구려 술, 오순절 교파의 목사, 신앙 요법사, 매춘부, 전당포, 그리고 주로 빈민 중에서 지원병을 모집하는 평화시의 군대 등이 있다.

넷째, 빈민은 다른 사람들이 원하지 않는 상품을 구입하기 때문에 그 상품의 경제적 유용성을 연장시켜 준다. 이러한 상품들은 오래된 빵, 과일, 야채, 중고 의류, 고물차 및 낡은 집 등이다. 또한 빈민은 의사, 변호사, 교사 그리고 부유한 고객이 외면하는 늙고 기술 없고 무능력한 사람들 등의 수입원이 되기도 한다.

이 외에도 빈민은 다음과 같은 많은 사회적·문화적 기능을 수행한다.

다섯째, 지배적 규범의 합법성을 유지하기 위해, 빈민은 피의자나 일탈자로 간주되어 처벌을 받을 수도 있다.(Macarov 1970, pp.31~33) 힘든 일, 근면, 정직, 일부일처제 등을 옹호하는 사람들은 이 규범들을 정당화 하기 위해 게으름, 낭비, 부정직, 성문란 등으로 고발될 사람들을 필요로 한다. Erikson(1964) 및 기타 Durkheim 추종자들이 지적했듯이 규범 그 자체는 그것의 위반을 밝혀 냄으로써 가장 잘 정당화 된다.

실제로 빈민이 부자보다 이 규범을 더 많이 위반하는지는 여전히 의문의 여지가 있다. 일하는 빈민은 고위직 종사자 보다 더 열심히 더 오래 일하며, 빈곤한 가정주부들이 자신의 아파트를 청결히 유지하기 위해서는 일반주택에 거주하는 그들 또래의 중간계층 주부보다 가사 노동을 더 많이 해야만 한다. 사기꾼이 차지하는 비율은 소득세 납부자들에서 보다 복지수혜자에게서 훨씬 더 낮게 나타난다.[8] 폭력범죄는 빈민들 중에 더 많으나 부유층은 다양한 화이트 칼라 범죄를 저지른다. 비행에 관한 몇몇 연구에 따르면 중간계층 청년들이 때때로 빈민 만큼이나 비행을 범한다고 한다. 그러나 빈민이 일탈행위를 할 경우 더 쉽게 붙잡히며, 일단 한번 잡히면 더 자주 처벌 받는다. 더구나 그들은 부유층과 달리 그러한 상투적 편견을 고칠 정치적·문화적 권력이 결여되어 있어서, 게으르고 낭비가 심하다는 식으로 간주되고 있다.[9] 실제로 일탈자이거나 일탈용의자인 빈민은 전통적으로 쓸모 없는 인간으로 설명되었는데 최근에는 문화적으로 박탈되었거나 병리적이라고 표현되고 있다.

여섯째, 불구나 불운으로 인한 빈민집단은 도와줄 가치를 인정받고 있는데 이들은 다른 사람들에게 심리적 만족감을 제공해 준다. 그들은 연민, 동정, 자비심을 불러 일으켜서 그들을 돕는 사람들로 하여금 자신들이 이타적이고 도덕적이며 기독교 윤리를 실천한다고 느끼게 해 준다. 도움 받을 가치가 있는 극빈자들은 다른 사람들로 하여금 빈곤에 수반하는 박탈이 자신들에게는 없어서 다행이라고 느끼게 한다.[10]

일곱째, 이미 설명한 다섯째 기능과는 반대로, 빈민은 부유한 사람들로 하여금 빈민들이 즐겨하는 무절제 성행위, 알콜중독, 마약남용 등에 대한 대리참여를 하게 해 준다. 빈민은 부와 체면이 가져 오는 제약으로 부터 자유롭기 때문에 중간계층 보다 이런 행위를 더 즐긴다고 생각된다. 일반인들이 복지수혜자들에 대해 갖고 있는 믿음 중의 하나는 그들 대다수가 영구히 성

---

8) 일반인들이 소득세 산정을 위한 소득신고를 속이는 경우가 전체 인구의 약 1/3로 추정되지만, 복지사기꾼에 대한 대부분의 공식적인 조사는 복지수혜자의 5% 미만이 무자격자라고 밝히고 있다.

9) 비록 이 논문이 타 집단에 대한 빈곤의 기능들을 다루고 있지만, 빈곤은 흔히 빈민 자신들을 위한 동기화 또는 성격 형성 방안으로 설명된다. 경제적 보수주의자들은 빈곤은 노동동기를 창출함으로써 빈민들로 하여금 빈곤을 탈피하도록 권장한다고 주장한다. 소득이 부족할 때보다는 소득이 높아질 때 노동동기도 더욱 높아진다는 주장에 대해서는 Gans(1971, p.96)를 보라.

10) 한 정신과의사(Chernus, 1967)는 부자와 빈민은 가학피학성음란증(sadomasochistic)적 관계에 있는데, 빈민은 부자의 재정지원을 받음으로써 자신의 가학적 욕구들을 충족시킨다는 환상적인 가설을 제안하기도 했다.

적으로 충만한 휴가를 누리고 있다는 것이다. 비록 빈민이 무절제한 행위에 더 자주 빠져든다는 것이 사실일지라도, Rainwater(1970) 및 다른 하위계층 연구자들은 그러한 행위가 억제력의 결여 뿐만 아니라 절망에 의해 발생되며, 그것이 쾌락 보다는 가혹한 현실로 부터 충동적인 도피로 귀결된다고 지적하고 있다. 그런데 빈민이 부유층 보다 실제로 더 많은 성욕을 지니고 있고, 그것을 더 즐기는지의 여부는 아무런 연관성이 없다. 부유층이 그러하다고 믿는 한, 그들은 소설, 신문잡지, 사회학이나 인류학 문헌에 그러한 경우가 보고될 때 대리적으로 그리고 아마도 선망하면서 그것을 공유할 수도 있다.

여덟째, 빈곤은 가난하지 않은 사람들의 지위를 보장해 준다. 사회적 이동이 매우 중요한 목표로 되어 있고 경제가 불명확한 계층화된 사회에서 사람들은 자신의 위치를 재빨리 알 필요가 있다. 결국 빈민은 지위의 비교, 특히 노동계층과의 비교를 위한 신빙성 있고 상대적으로 영구적인 잣대로서 기능하는데, 이 노동계층은 마치 상류층이 자신과 신흥부자를 구분하는 방법을 찾아야 하는 것처럼 자신과 빈민과의 지위차이를 찾아내고 또 유지해야만 한다.

아홉째, 또한 빈민은 비빈민의 계층상승을 도와 준다. 왜냐하면 Goode가 지적했듯이(1967 p.5) '특권층은 .....비특권층이 재능을 인식하거나 발전시키지 못하도록 체계적으로 막으려 하기 때문이다.' 빈민은 교육기회를 거부하거나 어리석고 가르치기 힘든 존재로 정형화 됨으로써 다른 사람들이 더 나은 일자리를 얻도록 해 준다. 또한 많은 사람들은 빈민가에서 상품 및 서비스를 판매하여 얻은 소득으로 그들 자신이나 자녀들의 사회경제적 서열을 상승시켜 왔다. 즉 경찰관이나 교사가 되어서 그리고 소매점을 소유하거나 빈민가에서 다양한 장사를 해서 그렇게 하였다.

사실, 대부분의 이주민들은 보다 늦게 미국(또는 도시)에 이주한 사람들, 즉 흑인·멕시코인·푸에르토리코인 등에게 소매상품, 서비스, 주택, 오락, 도박, 마약 등을 제공하면서 자신들의 계층상승을 재정적으로 뒷받침해 왔다. 다른 유럽계 미국인들은 중상층이나 상류층으로의 진입을 재정적으로 뒷받침하기 위해 슬럼주택과 같이 합법적이지만 바람직하지 못한 것들 뿐만 아니라 불법적인 시설을 소유하거나 운영하고 있다.

열 번째, 빈민은 수많은 기업과 전문직의 경제적 생존에 기여하듯이(위의 기능을 보라) 비경제적 집단의 사회적 생존성을 높여 준다. 예를 들면 그들은 상류층을 활발하게 움직이게 함으로써 상류층의 존속을 정당화 시킨다. '협회'는 빈민을 자선사업과 인보관의 고객으로 활용한다. 협회는 과소비에 열중하는 신흥보자들 보다 우월함을 보여 주기 위해 자신의 공공성(public-mindedness)을 실천하자면 빈민이 필요하다. 빈민은 미국의 모든 지역에서 자원봉사활동과 기금조달에 참여하고 있는 다수의 중산층 시민조직과 여성단체들의 자선사업에 대해서도 유사한 기능을 수행한다. 빈민들에 대한 선행은 옛날부터 교회가 종교정신을 행동으로 표현하는 방법을 찾는 데에 도움이 되었고, 최근에는 빈민들 사이에서 그리고 빈민을 위한 투쟁적인 교회활동은 자유주의적이고 급진적인 회원들의 교회참여를 가능하게 해 주었다.

열 한번째, 빈민은 몇가지 문화적 기능을 수행한다. 그들은 '문명'의 창조에 있어서 드러나지 않은 역할을 하였는데 이집트 피라미드, 그리이스 사원, 중세교회와 같은 문명의 가장 고귀한 표현이라고 인정되는 수 많은 기념물의 건축에 육체노동을 제공하였다.[11] 더구나 그들은 문화, 특히 '고급' 문화를 일차적으로 가능하게 한 예술가 및 지식인들의 재정을 지원해 주는 상당량의 잉여자본을 창출해 왔다.

열 두번째, 빈민을 위해 또는 빈민에 의해 창조된 '하위'문화는 종종 부유층에 의해 수용되기도 한다. 부자들은 사멸한 민속문화(비록 빈민들만의 것이 아니지만)의 공예품들을 수집하며, 거의 모든 미국인들은 록음악 뿐만 아니라 남부 빈민들 사이에서 시작된 째즈, 블루스, 흑인영가, 컨츄리 뮤직 등을 즐겨 듣는다. 때로는 빈민의 주장이 문학으로 되기도 한다. 예를 들면 1970년 흑인 빈민가의 어린이들이 쓴 시집은 교양있는 문학써클에서 인기를

11) 비록 이것이 미국에서 나타나는 빈곤의 현대적 기능은 아니지만, 오늘날 이 기념물들은 미국을 여행하는 사람들에게 만족감을 주며 매력을 느끼게 한다.

끌었다. 또한 빈민은 좌파에게는 문학주제로서 채택되기도 하는데, 부랑자와 카우보이와 비트족 그리고 고귀한 마음을 지닌 매춘부 등이 이러한 기능을 수행해 왔다.

끝으로 빈민은 다음과 같이 많은 중요한 정치적 기능을 수행한다.

열 세번째, 빈민은 정치집단들에 대해서 상징적인 지지자나 반대자로서 기능한다. 예를 들면 혁명적 좌익정당은 빈민 없이는 존재할 수 없는데, 특히 노동자계층이 이제 더 이상 혁명의 전위대로서 인식될 수 없기 때문에 더욱 그러하다. 반대로 보수적 경향의 정치집단들은 복지지출과 조세감면의 축소를 정당화 하기 위해 '복지 사기꾼'(welfare chiselers) 및 '납세자들이 힘들게 번 돈에 기생하며 살아가는' 사람들을 필요로 한다. 더구나 지배적 규범을 지지하는 빈민의 역할(다섯째 기능)은 또한 중요한 정치적 기능을 한다. 자유방임사상에 기초한 경제는 일하려 하지 않는 가난한 사람들을 필요로 한다. 또한 빈민이 도덕적으로 열등하다고 단정하는 것은 기존의 정치·경제에 대하여 빈곤을 제거하라는 도덕적 압력을 감소시킬 것이며, 더구나 재분배정책의 수혜자들이 대부분 게으르고 낭비가 심하며 부정직하고 성적으로 문란하다면 그 정책은 큰 관심을 끌지 못할 것이다. 따라서 보수주의자와 고전적 자유주의자들은 빈민이 없이는 그들의 정치적 신조를 정당화하기 어려움을 인식하게 될 것이다. 그런데 이점은 빈곤을 제거하려는 현대 자유주의자와 사회주의자에게도 마찬가지일 것이다.

열 네번째, 권력이 없는 빈민은 미국사회의 변화와 성장을 위한 경제적, 정치적 비용을 부담하게 될 것이다. 19세기에 그들은 도시건설을 위해 매우 힘든 작업을 수행했었고, 오늘날에는 '발전'을 위해 이웃들로부터 외곽으로 밀려나고 있다. 중간층 납세자를 위한 도시재개발계획, 도시의 상점들, 교외에서 중심가로 출퇴근을 가능케 해주는 고속도로 등은 주로 빈민지역에 설치되는데, 이는 다른 집단들은 자신들이 쫓겨나는 것을 허용하지 않기 때문이다. 마찬가지로 도시의 대학, 병원, 시민회관 등도 빈민지역을 침범해 왔다. 빈민은 미국농업의 산업화를 위해 많은 비용을 부담하였는데, 그들은 前세기의 유럽처럼 아무런 보상도 못받고 토지로 부터 밀려났고 농업사회에서 산업사회로 전환되는 고통을 참아 왔다. 또한 빈민은 베트남 전쟁 및 다른 전쟁을 위해 수많은 보병을 충원시켜 줌으로써 해외에서 미국의 힘을 증대시키기 위해 엄청난 희생을 지불하였다.

열 다섯번째, 빈민은 미국의 정치과정을 형성하는 데 있어서 중요한 역할을 해왔다. 왜냐하면 그들은 다른 집단들보다 투표를 잘 안하기 때문에 정치체계는 흔히 그들을 무시해 왔다. 이러한 사실은 미국정치를 더욱 중앙집중화 시켰을 뿐만 아니라 정치과정을 보다 안정시켜 주었다. 만약 연방정부의 '빈곤선'에 포함되는 인구 중 15%가 전적으로 정치과정에 참여했더라면, 그들은 분명히 더 좋은 일자리와 더 많은 소득을 요구했을 것이다. 그리고 이것은 소득재분배를 요구하는 것이므로 가진 자와 못가진 자 사이에 보다 깊은 정치적 갈등을 초래했을 것이다. 더구나 빈민이 정치과정에 참여할 경우 그들은 종종 민주당원을 열렬히 지지한다. 왜냐하면 그들이 공화당을 지지할 수는 없으며, 또한 그들 자신의 정당이 없으므로 정치적으로 다른 선택의 여지가 없기 때문이다. 이것은 결국 민주당원들로 하여금 빈민의 표에 의존하게 만들고, 공화당 지지자로 돌아 설지도 모르는 유권자들- 예를 들면 최근의 백인 노동자계층- 을 더욱 의식하게 만든다.

## 4. 빈민의 역기능

필자는 빈민이 미국사회에서 수행하는 매우 중요한 15가지 기능들을 설명하였다. 이는 빈곤이 사회의 많은 집단들에게 유용하기 때문에 존속한다는 기능주의의 명제를 지지하기에 충분하다. 이러한 분석은 빈곤이 기능적이기 때문에 당연히 존속되어야 한다든지 또는 반드시 존속시켜야 한다고 주장하는 것은 아니다. 빈곤이 당연히 존속되어야 하는지는 규범적 문제이며, 빈곤을 반드시 존속시켜야 할 것인지 분석적이고 경험적인 문제이다. 이 두가지에 대한 해답은 부분적으로 빈곤의 역기능과 기능 중 어느 것이 보다 중요한가에 의해 좌우된다. 명백한 것은 빈곤이 주로 빈민 자신에 대해서 그리고 부유한 사람들에 대해서도 많은 역기능을 가진다는 것이다. 예를 들면 부유층의 사회질서는 빈민들의 병리학, 범죄, 정치적 저항, 환경파괴에 의해 무너지기도 하고, 부유층의 소득은 기존 사회질서를 유지하기 위해 납부해야만 하는 각종 세금의 영향을 받는다. 역기능과 기능 중 어느 것이 보다 중요한가라는 문제는 분명히 연구할 가치가 있다.

어쨌든 빈민이 수행하는 수 많은 기능들에 대해 대안은 제시할 수는 있다. 사회의 지저분한 일(기능1)은 빈민이 없이도 처리될 수 있는데, 한편으로는 업무를 자동화 함으로써 또 다른 한편으로는 그것을 행하는 노동자에게 적절한 임금을 지불함으로써 수행될 수 있다. 이렇게 하면, 그러한 지저분한 일을 처리하는 데 상당히 도움이 될 것이다. 빈민은 그들이 저임금 직종을 떠맡음으로써 도움을 주고 있는 각종 활동(기능2)을 지원할 필요는 없다. 이러한 활동들은 임금이 상승되더라도 존속시킬 충분한 가치가 있다. 그러나 이 두가지 경우에는 비용이 상승되어 위의 일을 맡기는 고객에게 큰 부담을 줄 것이며, 이것은 부유한 사람들에게는 명백히 역기능적일 것이다.

빈민 때문에 번창하는 전문직(기능3)에 대한 대안적 역할은 쉽게 제시할 수 있다. 사회사업가는 무엇이든 일하기를 좋아함으로 부유층을 상담할 수도 있으며 경찰은 교통과 조직범죄에 전념할 수 있다. 그러나 빈민이 없으면 형법학자는 취업하기 더 어려울 것이며 오순절 교파도 존속하기 힘들 것이다. 그리고 비록 부유한 사람들이 가끔 중고품을 구입하더라도 중고시장(기능4)은 존속하기 힘들 것이다. 현재 빈민을 대상으로 일하는 무능력하고 기술이 부족한 전문인은 다른 대안적 역할을 찾아야만 할 것이고, 빈민이 아닌 다른 사람들이 그들의 봉급을 지불해야 할 것이다.

일탈과 관련된 사회적 기능(기능 5~7)의 대안은 경제적 기능에 대한 대안보다 더 쉽고 값싸게 찾을 수 있다. 빈민 외의 다른 집단들, 예를 들면 연예인과 히피 그리고 일반 청소년 등은 전통적인 도덕을 유지하기 위해 필요한 일탈자로서 이미 유용한 기능을 하고 있다. 또한 이들은 성문란 혐의자이거나 실질적인 성문란자이므로 성적인 환상에의 대리참여를 제공해 주기도 한다. 따라서 빈민과 자선의 대상으로서 맹인 및 장애자의 기능과 빈민은 기능 5~7에 대해서는 불필요하게 될 수 있다. 그러나 빈민의 지위기능 및 계층이동의 기능(기능 8, 9)은 대체시키기 힘들다. 위계사회에서 일부 사람들은 다양한 면에서 다른 사람 보다 열등하다고 규정되어야 하는데, 빈민은 바로 이러한 기능을 다른 사람들 보다도 더 적절히 수행한다. 그러나 그들은 현재와 같이 빈곤으로 고통받지 않고도 그것을 수행할 수 있을 것이다. 그리고 사람들은 '빈곤선'이하의 사람들이 지금처럼 평균 소득의 40%나 그 이하가 아닌 75%를 받을 수 있는 계층체계- 비록 여전히 계층질서의 맨 끝에 있겠지만- 를 상상할 수 있다.[12] 말할 필요도 없이, 그러한 경제적 불평등의 감소는 소득재분배를 필요로 할 것이다. 그러나 만약 부유한 사람들이 소득재분배를 반대한다면 빈곤의 지위기능을 대체할 수는 없을 것 같다. 이러한 기능은 - 대체하는 비용이 마찬가지로 많이 드는 빈민의 경제적 기능들과 더불어- 빈곤을 제거하는데 큰 장애가 될 것이다.

다른 집단을 상승시켜 주는 빈민의 역할은 빈민이 저소득상태가 아니더라도 수행할 수 있다. 그러나 만약 그들의 소득이 생계비 수준보다 많아진다면, 그들은 자본을 형성할 것이고, 따라서 그들의 고용주들이 그들에게 상품과 서비스를 제공하게 될 것이다. 그렇게 되면 그들은 '외부의' 공급자와 경쟁하여 아마도 외부인들을 제거시킬 것이다. 이미 이러한 일은 많은 흑인 빈민가에서 실제로 일어나고 있는데, 흑인들이 백인상점을 대체하고 있다.

마찬가지로, 빈민들이 경제적으로 불평등한 한 이러한 기능(기능 10)을 제거할 필요는 없겠지만, 만약 빈민들이 좀 더 부유했었다면 상류계층 및 중간계층이 운영하는 자선단체나 종교단체의 고객이 되기를 원하지는 않았을 것이다. 더구나 일부 빈민들은 지금 그들이 하고 있듯이 개인적 계층상승을 위해 인보관과 기타 박애제도들을 여전히 활용하고 있다.

문화적 기능(기능 11, 12)은 대체될 필요가 없을 지도 모른다. 미국에서 노동조합은 빈민이 문화적 기념물을 건설하도록 허용하지는 않았으며, 고급문화의 비영리성을 보조하기 위한 잉여자본은 다른 재원에서 충분히 마련되

12) 1971년 미국가족의 평균 소득은 약 1만불이었으며 연방정부의 4인가족 빈곤선은 약 4천불이었다. 물론 빈민의 소득은 대부분 평균소득의 40% 미만이며, 빈민의 약 1/3은 그 20%에도 못미친다.

고 있다. 이와 비슷하게 다른 일탈자집단들은 대중문화를 변화시키는 데에 기여하고 있으며, 히피 및 기타의 반문화집단과 같은 새로운 문화 영웅들을 탄생시키고 있다.

그러나 빈민의 정치적 기능중 몇가지는 경제적 기능 및 지위기능처럼 대체하기 힘들 것이다. 비록 다른 측면들은 불평등한 채 소득만 높아진다면 빈민들이 상징적 지지자나 반대자로 계속 역할을 하겠지만(기능 13), 일반적으로 소득의 증가는 권력의 증가를 수반한다. 따라서 그들이 더 이상 가난하지 않다면 성장과 변화의 댓가를 지불하려 하지 않을 것이다.(기능14) 또한 도시재개발과 기술 '진보'를 위해 대체될 수 있는 다른 집단을 찾는 것은 힘든 일이다. 물론 대신 선택된 사람들에게 적절한 보상을 해 줄 도시 재건축과 고속도로를 계획할 수는 있다. 그러나 이러한 계획은 비용이 많이 들기 때문에 현재 도시재개발과 고속도로의 혜택을 받고 있는 사람들에 대해서 그 가격을 올려 받아야 한다. 그러므로 이들 대부분은 결코 건설되지 않을 것이며, 그렇게 되면 혜택을 받을 사람들의 안전과 편리는 감소될 것이다. 마찬가지로 만약 빈민이 경제적 압박을 덜 반게 되먼, 그들은 상당히 높은 급료를 받는 경우 이외에는 군대에 지원하지 않을 것이다. 그러한 경우 전쟁은 훨씬 더 비용이 많이 들게 되고, 따라서 정치적 인기는 떨어질 것이다. 그래서 대안적으로 중·상류층에서 군인을 더 징집해야 하는데 그 경우에도 전쟁은 또한 인기가 떨어지게 될 것이다.

정치를 안정시키고 '중앙집권화' 시키는 빈민의 역할(기능 15)은 전혀 대체될 수 없다. 왜냐하면 다른 어떤 집단돠 정치체제의 약점이 축소될 정도로 선거권을 박탈 당하지는 않을 것이며 정치에 무관심하지도 않기 때문이다. 더구나 만약 빈민이 더 많은 소득을 갖는다면, 그들은 정치적으로 더 적극적으로 될 것이고, 따라서 자원을 배분하는 정치가들에게 이미 압력을 행사하고 있는 다른 집단의 요구 위에 자신들의 요구를 추가할 것이다. 빈민은 여전히 민주당을 지지하겠지만, 중간층 유권자들처럼 공화당이나 제 3의 당을 지지할 수도 있다. 기존 빈민의 경제적 지위를 개선시키는 것이 반드시 정치체계를 좌파로 부터 멀어지게 하는 것은 아닌 반면에 더 많은 임금과 공공기금을 요구하는 유권자의 범위를 확대시킬 것이다. 물론 투표를 하지 않거나 정치에 가담하지 않음으로써 정치적 '안정제'로서 역할하는 새로운 무권력집단을 찾을 수는 있다. 예를 들면 유럽이나 그 밖의 지역에서 새로운 빈민 이주자가 유입되는 것을 장려하는 것인데, 여기에서 노동조합이 이러한 정책을 강력하게 반대하는 지역은 제외된다.

요컨대, 빈민의 중요한 기능 중에서 일부는 대체될 수 없으며, 일부는 대체될 수는 있으나 이는 다른 사람들 특히 부유한 사람들에게 더 많은 이용을 부담시킨다. 따라서 기능적 분석은 반드시 다음과 같은 결론을 내리게 된다. 즉 빈곤이 존속되는 것은 그것이 많은 기능을 충족시킬 뿐만 아니라 빈곤의 기능적 대안들이 대부분 사회의 부유한 성원들에게 매우 역기능적이기 때문이다.[13]

## 5. 결 론

필자는 앞에서 기능적 분석은 그 자체가 유해한 현상으로 되어버렸지만 이 논문의 이차적 목적은 기능적 분석이 계속 유용함을 논증하는 것이라 설명하였다. 기능적 분석이 현재와 같이 낮게 평가되는 이유 중의 하나는 정치적인 데에서 찾을 수 있다. 기능, 특히 잠재적 기능에 대한 분석이 전통적 인식을 무너뜨린다면 급진적 의미를 지닐 수도 있겠지만, 그것이 비난받아 마땅한 것을 정당한 것처럼 보이게 한다면 대개는 보수적인 이념적 입장을 지지하는 것처럼 보인다. 머튼이 지적했듯이(1949, p.43; 1961, pp.736~737) 기능적 분석 그 자체는 여전히 이념적으로 중립적이며, '다른 형태의 사회학적 분석과 마찬가지로 거기에는 광범위한 사회학적 가치들이 개입될 수 있다.'(1949, p.40) 물론 이러나 개입은 기능적 분석의 목적 - 그리고 기능 - 에 의해 결정된다. 왜냐하면 Wirth(1936, p.17)가 오래 전에 언급됐듯이, '사회와

13) 또한 Stein(1971, p.171)은 '만약 비빈민이 규칙을 만든다면.....반빈곤 노력은 빈민의 욕구보다는 비빈민의 욕구를 충족시키는 수준까지만 가능할 것이다'라고 지적하고 있다.

관련된 사실에 대한 모든 주장은 어떤 개인이나 집단의 이해와 연관되어 있으며' 그래서 기능적 분석이 중립적인 방식으로 실시되더라도 그것이 거의 이념적 진공상태에서 해석되지는 않기 때문이다.

그러나 필자의 분석은 한가지 의미에서는 중립적이다. 만약 사람들이 빈곤이 반드시 제거되어야 하는가 라는 문제에 대한 비난을 계속 피할 수 있다면- 이 경우 그 분석은 빈곤이 단지 사회의 많은 집단에게 유용하기 때문에 존재할 뿐이라고 설명할 것이다.[14] 그러나 만약 사람들이 빈곤의 제거를 지지한다면, 그 분석은 부분적으로는 그것을 완수하는 방법에 따라 다양한 정치적 함의를 지닐 수 있다.

만약 기능적 분석이 사회현상의 역기능은 무시하고 기능만을 규명한다면, 그것은 원래의 의도와는 상관없이 보수적 가치를 지닌 사람들에게 동의하거나 그들을 지지하는 것이 된다. 그래서 이것은 사회계층이 사회에 고도로 숙련뇌 전문가들을 제공하기 때문에 기능적이라는 Davis와 Moore의 주장이 불평등을 정당화 시킨 것으로 받아들여지는 것과 마찬가지로, 빈민이 부자들을 위해 많은 기능을 수행한다고 말하는 것은 빈곤을 정당화 하는 것으로 해석되거나 또는 정당화 하기 위해 이용될 지도 모른다.

Davis와 Moore의 분석은 그것이 불완전하기 때문에 보수적이었다. 그것은 Tumin(1953)과 Schwartz(1955)가 지적했듯이,[15] 불평등의 역기능을 규명하지 못했으며 기능적 대안도 제시하지 못했다. 그러나 일단 기능적 분석에 기능적 대안을 추가함으로써 더욱 완벽하게 된다면 그것은 자유주의적이고 개혁적인 경향을 지닐 것이다. 왜냐하면 그 대안들이 기존 사회질서의 근본

14) 물론, 이러한 경우에도 그 분석이 완전히 중립적일 필요는 없지만 빈곤을 제거하자면 반드시 해소해야 할 장애물들의 정확한 성격을 보다 효과적으로 지적함으로써 중요한 정책의 시행을 제시할 수 있다. 또한 Merton(1961, pp.709~712)을 보라.

15) 물론 기능적 분석은 가치면에서 보수적일 수 있으며, 기본적으로 기능의 유익성과 역기능의 불이익을 비교함에 있어서 혹은 혜택을 받는 집단과 비용을 부담하는 집단에 대한 태도면에서 보수적일 수 있다. 그래서 보수적 경향이 정책연구가는 빈곤의 역기능이 기능 보다는 훨씬 많지만, 여전히 빈민의 욕구는 타집단의 욕구 또는 국가 전체의 욕구만큼 중요하지도 않고 가치도 없다는 결론을 내리고 있다.

적인 변화를 수반하지 않는 개량적인 정책을 제공해 주기 때문이다.

그렇다 하더라도 기능적 분석이 완벽하게 되려면 여전히 또 하나의 단계, 즉 기능적 대안 자체에 대한 검토가 필요하다. 필자는 빈곤에 대한 대안 자체가 부유한 사람들에 대해 역기능적이라고 주장하였고, 이것은 궁극적으로 급진적인 사회학자들의 결론과 크게 다르지 않을 것이다. 즉, 부유한 집단에 대해서 기능적이고 가난한 집단들에 대해서는 역기능적인 사회현상은 계속 존재한다. 또한 기능적 대안에 의해 그러한 현상을 제거하는 것은 부유층에게 역기능적이며 그러한 현상은 계속 유지될 것이다. 그리고 빈곤과 같은 현상은 그것이 부유층에게 매우 역기능적이거나 또는 빈민들이 사회계층 체계를 변화시킬 정도로 권력을 충분히 획득해야만 제거될 수 있다.[16)]

<참고 문헌>

Chernus. J., 1967, "Cities: A Study in Sadomasochim", *Medical Opinion and Review*(May), pp.104~109

Davis. K., amd W. E. Moore, 1945, "Some Principles of Stratification", *American Sociological Review* 10(April): 242~249

Erikson. K. T., 1964, "Notes on the Sociology of Deviance", *In The Other Side*, edtited by Howard S. Becker, New York: Free Press

Gens, H. J., 1971, 'Three Ways to Solve the Welfare Problem', *New York Times Magasine*, March 7 pp.26~27, 94~100

Goode. W. J., 1967, 'The Protection of the Inept', *American Sociological Review* 32(February):

16) 급진적인 기능적 분석의 가능성에 대해서는 Merton(1949, pp.40~43)과 Gouldner(1970, p.443)을 보라. 필자의 분석과 급진적 견해와의 한가지 차이점은 필자는 그 기능들이 대부분을 잠재적이라고 보지만 급진주의자들은 현대적 기능이라고 인식하는데 있다. 즉 그들은 불공평한 경제체제가 빈민들을 의도적으로 그리고 의식적으로 억압한다고 생각한다. 그러나 현실적으로 이러한 차이점은 중요하지 않을 수 있다. 왜냐하면 만약에 의도되지 않고 의식되지 않은 기능들이 인식되어 진다면, 많은 부자들은 자신들에게 역기능적인 비싼 반빈곤노력들을 방해하기 위해 그 기능들은 또한 의도되어야 한다고 결론내리게 될 것이다.

5~19

Gouldner, A., 1970, *The Coming Crisis of Western Sociology*, New York: Basic

Herriot. A. and H. P. Miller, 1971, 'Who Paid the Taxes in 1968' Paper prepared for the National Industrial Conference Board

Macarov, K. 1970, *Incentives to Work*. San Francisco: Jossey- Bass

Marshall. T. H. Forthcoming. 'Poverty and Inequality', paper prepared for the American Academy of Arts and Sciences volume on poverty and stratification

Merton R. K., 1949, 'Manifest and Latent Functions', *In Social Theory and Social Structure*, Glencoe, Ⅲ: Free Press

___________, 1961, 'Social Problems and Sociology Theory', *In Comtemporary Social Problems*, editiond by R. K. Merton and R. Nisbet, New York : Harcourt Brace

Pechman. J. A., 1969, 'The Rich, the Poor and the Taxes They pay', *Public Interest*, no.17(Fall), pp.21-43

Rainwater. L., 1970, *Behind Ghetto Walls*, Chicago: Aldine

Schwarter, R. 1955, 'Functional Alternatives to Inequality', *American Sociological* Review 20(August): 424~430

Stein. B., 1971, *On Rellef*, New York :Basic

Tumin M. B., 1953, 'Some Principles of Stratificaion : A Critical Analysis', *American Sociological Review* 18(August): 387~393

Wirth. L.,1936, 'Preface', *In Ideology and Utopia*, by Karl Mannheim, New York : Harcourt Brace

# 제 7장 마르크스의 빈곤이론

지 은 구*

## 1. 서 론

자본주의적 생산양식을 규정 짓는 특징으로 보통 두가지가 지적된다. 그 하나는 노동력 상품화를 전제로 하는 임금노동이고, 다른 하나는 생산의 직접적 목적이자 규정적 동기로서의 잉여가치의 생산이다. 이것이 자본주의적 생산양식과 다른 생산양식을 가장 크게 구별해 주며 마르크스의 빈곤론은 이 두 특징에 의해서 좌우된다.[1] 물론 마르크스는 그의 이론체계에서 '빈곤론'이라는 이론적 개념을 규정하지는 않았지만 이 자본주의적 생산양식에 의거하나 분배양식의 틀이 마르크스의 빈곤론에 있어서 빼놓을 수 없는 기본적인 이론적 틀인 것만은 사실이다.

마르크스는 이 자본주의적 생산양식의 특징을 구명하고 임노동과 잉여가치생산이라는 생산양식의 특징에 의해 자본의 집적과 집중이 나타나게 되고, 노동생산력은 날로 발전해서 노동자계급의 '비인간화'와 '빈곤화'가 증대해 간다는 빈곤론을 더욱 발전시켰던 것이다. 노동자계급의 빈곤화는 바로 자본주의적 생산양식하에서의 빈곤화이며, 자본주의적 분배양식의 결과이기 때문에 여기서는 마르크스의 빈곤론을 자본주의적 생산양식과 분배양식에서 고찰해 보기로 한다.

---

* 이 글은 중앙대학교 대학원 석사학위논문(1990)의 일부임.
계명대학교 사회복지학부 교수 / 뉴욕주립대 사회복지대학원 Ph. D.

1) K. Marx, *Capital Ⅲ*, International Publisher, 1975, pp.874~875

## 2. 빈곤론의 이론적 기초

마르크스는 자본주의적 생산양식과 분배양식을 동전의 앞 뒷면으로 생각했다. 그는 분배관계를 자연적 관계로서 모든 사회적 생산의 본성으로 부터, 다시 말해서 인간의 생산 그 자체의 법칙들로 부터 발생하는 관계로서 인식했다. 사회가 존속하기 위해서는 생산은 소비와 함께 끊임없이 반복되지 않으면 안된다고 생각했던 마르크스는 생산과 분배 그리고 소비의 관계를 연속적인 순환적 과정, 즉 생산- 분배- 소비- 생산- 분배- 소비의 과정이라고 보았다.

이러한 관점에서 보면 생산은 직접적 생산의 결과이기도 하지만 다음의 생산을 위한 전제이기도 한 사회적 재생산인 것이다. 그렇기 때문에 자본주의적 생산관계 속에는 분배와 소비에 관해서 인간이 맺은 관계, 즉 관습적 또는 법률적으로 생산수단과 생산물의 취득 및 소유관계에 의해서 표시되는 분배관계도 포함되어 있다고 할 수 있다.[2)]

자본주의적 생산양식과 분배양식 간의 관계에 대해서 마르크스는 다음과 같이 언급하고 있다.

> ...... 자본주의적 생산양식은 특별한 유형의 독자적인 역사적 규정을 갖는 생산양식이며 그것은 사회적 생산력과 그 발전형태의 일정한 단계를 자신의 역사적 조건으로 하고 있고 .... 분배관계는 본질적으로 이 생산관계와 동일한 것이고 그의 이면이며 따라서 두가지 모두 역사적으로 일시적인 성격을 공통적으로 갖고 있다.[3)]

따라서 노동력 상품화에 따른 임노동과 잉여가치생산을 기본으로 하는 자본주의적 생산양식 하에서는 그것과 같은 성격을 갖는 분배양식을 내포하게 된다. 이것은 곧 자본의 임노동에 대한 착취를 기본으로 하는 지배・예

2) 岡岐次郎,「現代 Marx - LENIN主義事典」, 社會思想社, 1982, p.1101
K, Marx,「정치경제학 비판서문」, 이론과 실천, 1989, p.214

3) K. Marx, *Capital III*, p.878

속관계의 현상화로서 나타나게 된다. 다시 말해서, 자본주의적 생산양식 및 그것과 동일한 성격을 갖는 자본주의적 분배양식은 생산수단을 노동으로부터 분리시키고 분산되어 있는 생산수단을 더 큰 집단으로 집적시킨다. 이리하여 노동을 임노동으로 전화 시키고, 생산수단을 자본으로 전화 시키는 자본주의적 생산양식하에는 빈곤, 노동의 고통, 노예 상태, 무지, 포악, 도덕적 타락의 축적, 억압, 예속을 기본으로 하는 자본주의적 축적과정으로 현상화되는 것이다. 마르크스는 이것을 임노동과 자본간의 적대적 분배관계라고 하였다. 자본의 목적은 욕구의 충족에 있는 것이 아니고 이윤의 생산에 있다. 즉 자본주의적 생산과정을 추진하는 동기이자 자본주의적 생산과정을 규정하는 목적은 되도록 커다란 자본의 자기 증식(곧 커다란 잉여가치의 생산)이며 따라서 될 수 있는 대로 커다란 자본에 의한 노동력의 착취가 형성되는 것이다.4)

이러한 자본주의적 생산양식은 상품화한 노동력의 잉여가치가 이윤으로 전화해서 생산수단을 가지고 있는 자본가에게 엄청난 부의 축적을 가져다 준다. 이러한 현상은 자본주의적 생산양식의 물질적 생산조건이 자본소유 및 토지소유의 형태로 노동하지 않는 자들이 수중에 있는 반면 대중은 생산의 인적 조건만을 소유하고 있다는 사실에서 부터 비롯된다. 따라서 팔 것이라고는 노동력 밖에 없는 임금노동자는 일정 기간동안 자본가를 위하여(또 자본가와 함께 잉여가치를 나눠 갖는 토지소유자나 대부자본가들과 같은 자들을 위해서) 노동하는 한에서만 노동자 자신의 삶을 위해서 노동하는 것이 허용된다는 사실, 또 자본주의 생산체계 전체는 노동일의 연장이나 노동생산성의 발전 또는 노동력의 보다 큰 긴장 등에 의해 이 무상노동(임금으로 지불되지 않는 노동)을 더욱 더 늘리는 일에 중점을 둔다는 사실, 따라서 임금 노동제도는 하나의 노예제도인 것이며, 더 정확히 말하면 노동자가 받는 임금이 많든지 적든지에 상관없이 노동의 사회적 생산력이 발전하면 할수록 더욱 더 가혹해지는 노예제도라는 사실이 더욱 분명해지는 것이다.5) 이것이 바로

---

4) K. Marx, *Capital I*, 이론과 실천, 1988, p.385

5) K. Marx, 「고타강령비판」 p.179, 「마르크스-엥겔스 저작설」, 거름, 1988

자본주의적 생산양식의 본질이다.

앞에서 살펴 본 바와 같이 임노동과 잉여가치 생산에 의한 자본의 축적을 내용으로 하는 자본주의적 생산양식과 이의 이면으로서 나타나는 분배양식은 마르크스 빈곤론의 가장 큰 이론적 지침이다. 분배의 제 관계가 오직 생산의 제 요인의 이면으로서만 나타난다고 하는 것은 다음의 인용구에서 더욱 분명하게 보여 진다.

> 생산자와 생산물 사이에는 분배가 개입하고 그것은 사회적 제법칙에 의하여 생산물 세계에 있어서 생산자의 몫을 규정한다. 따라서 분배는 생산과 소비의 사이에 개입한다. .... 분배는 생산물의 분배이기에 앞서 생산용구의 분배이며, 동일한 규모의 보다 진전된 규정으로서 여러 종류의 생산에 대한 사회성원의 분배(특정한 생산관계로의 제 개인의 포섭)이다.
>
> 생산물의 분배는 분명히 생산과정 내에 포함되어 생산의 편제를 규정하는 이러한 분배의 결과일 뿐이다.[6]

이와 같이 분배관계는 생산의 내부에 관한 문제인 것이다. 또 마르크스는 두 관계의 상호규정에 대해 다음과 같이 언급하고 있다.

> 그러므로 이른바 분배관계는, 생산과정 그리고 인간이 그들의 인간적 생활의 재생산과정에서 서로 맺는 제 관계의 역사적 규정된 독자적인 사회적 제 형태에 조응하고, 또 이 제 형태로 부터 발생한다. 이 분배관계의 역사적인 성격은 생산관계의 역사적인 성격이며 분배관계는 다만 생산관계의 일면을 표시하고 있을 뿐이다. 자본주의적 분배는 다른 생산양식에서 발생하는 분배형태와 다르고, 모든 분배형태는 자신이 그곳에서 나왔고 자신이 그것에 조응하고 있는 특정한 생산형태와 함께 소멸한다.[7]

잉여가치에 대한 끝 없는 욕망은 자본가로 하여금 임노동자에 대한 착

---

6) K. Marx,「정치경제학 비판을 위하여」, 중원문화, 1988, pp.214~217
7) K. Marx, *Capital Ⅲ*, p.878

취를 증대시키도록 강제하는데 이것이 자본주의하에서 자본과 임노동이 적대적 분배관계로 나가게 되는 이유이다. 이러한 자본주의 하에서의 잉여가치에 대한 욕망은 노동을 자본에 종속시키게 하는 가장 큰 원인이 된다. 적대적 분배관계는 임노동의 형태로 있는 노동과 자본의 형태로 있는 생산수단이 전개되어 있음으로써만 가능하다. 이것에 의해서 가치(노동생산물의 가치)의 일부분은 잉여가치로서 나타나고 이 잉여가치는 이윤으로서, 자본가의 수익으로서, 자본가에게 귀속되는 추가적인 처분가능한 富로서 나타나며 노동자에게는 부불노동의 착취와 이에 따른 빈곤의 축적으로 나타나게 되는 것이다.

마르크스의 빈곤론은 이러한 자본주의적 생산과정의 규명에 의해서 밝혀진 분배관계의 왜곡으로 부터 현상화 되어 나타난다. 마르크스가 이 분배관계의 왜곡을 밝힌, 즉 빈곤론의 이론적 틀을 유지한 곳은 바로「자본론 I」제 23장 '자본주의적 축적의 일반적 법칙'이다. 마르크스의 빈곤론은 이 자본주의적 축적이 일반적 법칙의 현상화에서 멈추지 않는다. 그는 사적 유물론을 그의 연구방법론의 철학적 기초로 놓고 역시발전 법칙을 사회에 적용시켰다. 물질적 생산력의 발전에 따른 생산관계와 분배관계의 모순은 생산의 사회적 성격과 전유의 사적 자본주의적 형태간의 모순이라는 자본주의가 안고 있는 기본모순에 의해 첨예화 되는 것이고, 마르크스는 이 모순의 극복방안으로 빈곤화에 대한 노동자계급의 투쟁을 강조했는데 이것은 역사발전법칙에 근거한 당연한 귀결이었다.

자본주의적 분배양식에서 빈곤론으로의 발전은 자본주의적 생산과 분배가 안고 있는 기본 모순 즉, 임노동과 자본간의 적대적 분배관계에 의해 위치 지워진다. 노동자가 받는 임금(노동력의 가치나 가격)은 그것이 높든지 낮든지 생산에서의 분배분이고, 자본가는 이 잉여가치의 일부분을 생산수단과 자본에 추가하여 생산과정의 확대를 추진하며 더 많은 이윤을 확보하기 위해 자본간의 경쟁을 유발시킨다. 그래서 한편으로는 고혈 임금제도, 노동강도의 강화, 노동일의 연장, 그리고 다른 한편으로는 노동생산력의 발전에 따른 잉여노동시간의 연장 등을 통해 노동자를 빈곤, 노동의 고통, 노예상태

등에 빠뜨리는 것이다.

## 3. 마르크스의 빈곤이론

임노동과 잉여가치 생산이라는 자본주의적 생산양식에 의한 자본의 임노동에 대한 착취는 노동자 계급의 빈곤화를 축적시키는 가장 큰 요인이다. 마르크스는 이 가치의 증식이 빈곤화를 초래한다고 생각했다. 앞절에서도 지적했듯이 마르크스는 그의 이론체계에 빈곤론이라는 개념을 규정하지는 않았지만, 그의 저작 중에서 가장 먼저 노동자의 빈곤화에 대해 서술했던 곳은 1844년에 쓴 「경제학 철학 수고」의 첫 번째 초고 중 '소외된 노동'에서 였다. 그는 거기에서 다음과 같이 지적한다.

> 노동자는 부를 생산하면 하는 만큼, 그의 생산활동에서 힘을 쏟는 것과 범위가 확대되면 되는 만큼 더욱 더 빈곤하게 된다. 노동이 상품을 만들면 만드는 만큼, 그는 더욱 더 싼 상품으로 된다. 물질세계의 가치가 증식하는 것에 정비례해서 인간세계의 가치의 평가 절하가 진행된다. 노동은 상품을 생산할 뿐만 아니라, 노동 그 자체를, 상품으로서 노동자를, 그리고 일반적으로 상품을 생산하는 것과 같은 관계에 있는 하나의 상품으로서 생산하는 것이다.[8)]

마르크스는 노동자가 빈곤하게 되는 원인을 '소외된 노동'에서 찾으려 했다. 위의 인용문에서 마르크스가 강조한 것은 바로 인간이 자신의 노동생산물, 즉 '상품'으로 부터 소외된다는 것이다. 마르크스는 이것을 '소외된 노동' 또는 '외화된 노동'이라고 표현한다. 마르크스는 이 소외된 노동이 자본과 노동의 관계를 결정하며 노동자를 빈곤하게 한다고 생각했다. 마르크스는 다음과 같이 지적하였다.

> 이와 마찬가지로 소외된 노동은 자기 활동 곧 자유로운 활동을 수단으로 격하시

---

8) K. Marx, *Early Writings*, Vintage Books, New York, 1975, pp.323~324

킴으로써 인간의 사적 생활을 인간의 신체적 생존을 위한 수단으로 만들어 버린다. 요컨대 노동자는 소외된 노동 곧 외화된 노동을 통하여 노동에 낯설고 노동 바깥에 존재하는 인간이 이러한 노동에 대하여 맺고 있는 관계를 산출한다. 노동에 대한 노동자의 관계는 노동에 대한 자본가의 관계를 산출한다.[9]

또 임금의 노동력 가치 이하로의 계속적인 저하 경향을 서술했던 1847년의「임노동과 자본」에서 마르크스는 다음과 같이 지적했다.

생산자본이 성장하면 할수록 분업과 기계사용은 더욱 더 확대된다. 분업과 기계사용이 확대되면 될수록 노동자들 사이의 경쟁은 더욱 더 심화되어 그들의 임금은 더욱 더 줄어든다.[10]

이러한 마르크스의 사고는 1848년에 쓴 「공산당 선언」에서 더욱 정식화 되는데 그는 거기서 다음과 같이 노동자의 빈곤에 대해서 서술했다.

근대의 노동자는 공업의 진보와 함께 올라가는 것이 아니라 자신의 계급적 생존조건 이하로 더욱 더 떨어지고 있다. 노동자는 빈민이 되고, 빈곤은 인구와 부 보다 더 빨리 늘어난다. 이것은 부르조아지가 더 이상 사회의 지배계급으로 남아 있을 수 없게 되었다는 것과 자기 계급의 생활조건을 규제적인 법률로서 사회전체에 강요할 수 없게 되었다는 것을 보여 준다.[11]

마르크스가「공산당 선언」에서 주장했던 프로레타리아의 빈곤화와 이에 따른 프로레타리아의 혁명적 단결투쟁의 필연적 승리가 바로 마르크스의 초기 저작에서 나타나는 빈곤론의 주요 내용이라고 한다면, 마르크스의 빈곤론이 완성된 것은 프랑스 코뮨의 실패를 경험한 이 후 자본주의 경제분석의 필요성을 깨닫고 쓴 「자본론」제 1권에서 라고 할 수 있다. 1848년 프

9) K. Marx, *Ibid*, pp.62~65
10) K. Marx, '임노동과 자본'「노동자 경제학」, 일송정, 1989, p.51
11) K. Marx, '공산당 선언',「마르크스- 엥겔스 저작선」, 거름, 1988, p.60

랑스 코뮨의 실패를 경험한, 마르크스는 혁명의 성공은 가장 근면한 노동자 계층의 기아적 고통과 자본주의적 축적에 근거한 부자의 조야하거나 세련된 사치성 소비 사이의 내적인 관련인 경제적 법칙들을 알아야 비로소 성공할 수 있음을 체득했다. 따라서 마르크스의 '빈곤론'은 「자본론」 제 1권 제 23장 자본주의적 축적의 일반적 법칙과 관련에 관해서는 다음 절에서 자세히 살펴 보기로 한다.

마르크스 빈곤론의 가장 중심적인 이론적 축은 첫째로, 자본의 노동착취에 따른 절대적 및 상대적 빈곤화이며(이것은 앞에서도 설명했듯이 임금노동화와 잉여가치의 생산이 자본가에게는 부의 축적율, 노동자에게는 빈곤의 축적을 가져다 준다는 적대적 분배관계를 기초로 하고 있다.) 둘째로는 이 빈곤화에 대항하는 노동자계급의 계급투쟁이다. 마르크스는 노동자의 계급투쟁에 의해 자본주의적 분배양식의 모순이 극복된다고 보았다. 이것은 곧 물질적 생산력의 발전이 사회발전의 원동력이라는 사적 유물론에서 기인한다.

## 4. 절대적 빈곤과 상대적 빈곤

마르크스는 자신의 이론체계에서 절대적 빈곤과 상대적 빈곤이라는 명칭을 사용하지는 않았다. 그렇지만 '자본주의적 축적의 일반적 법칙'에 의해서 나타나는 피구휼적 빈민의 생산에 대한 서술은 사실상 절대적·상대적 빈곤에 대한 서술이라고 볼 수 있다. 사실 마르크스는 절대적·상대적 빈곤이 통일적, 동시적으로 진행되는 것으로 보고 있다.[12)]

마르크스는 「자본론」에서 자본주의적 축적의 발전, 자본의 집적과 집중, 자본의 유기적 구성의 고도화는 노동자 수의 증대와 노동생산력의 증진을 동반하며 그것이 산업 예비군인 상대적 과잉인구를 더욱 많이 생산하고 끝으로 상대적 과잉인구의 밑바닥에 빈민을 더욱 많이 침전·퇴적시키며 이것이 '자본주의적 축적의 절대적·일반적 법칙'이라고 강조했다. 이렇게 해서 노동자계급은 자본주의적 축적의 절대적 일반적 법칙에 따라 절대적 및

---

12) 孝橋正一,「現代資本主義と 社會事業」, ミネルウァ書房, 1979, p.92

상대적으로 빈곤화 되고 사회의 적대적 계급대립이 격화되어 궁극적으로는 수탈자가 수탈되는 시대가 도래할 것이라고 예견했다.

그러면, 절대적·상대적 빈곤화를 동시적·통일적으로 보고 있는 '자본주의적 축적의 절대적·일반적 법칙'에 대해 살펴 보자.

마르크스의 지적에 의하면 단순 재생산이 자본관계를(즉, 한편에서는 자본가를 그리고 다른 한편에서는 임금노동자들) 끊임없이 재생산 하듯이 확대된 규모에서의 재생산(확대 재생산), 곧 축적은 확대된 규모에서의 자본관계(즉, 한 극에서는 보다 많은 자본가 또는 보다 큰 규모의 자본가를 그리고 다른 한 극에서는 보다 많은 임금노동자)를 재생산 한다고 한다.[13)]

따라서 자본의 축적은 임금노동자를 증식시키며 이러한 임금노동자는 축적의 가장 중요한 지렛대인 노동생산력의 발전과 함께 더욱 증식하게 된다. 이것을 마르크스는 자본주의적 생산양식의 고유한 인구법칙이라고 하였는데 이에 대해 다음과 같이 서술하였다.

> 노동자 인구는 자신이 만들어낸 자본의 축적에 따라 자신을 상대적 과잉으로 만드는 수단을 점차 대량으로 만들어 낸다. 이것이 바로 자본주의적 생산양식의 고유한 인구법칙인 것이다.[14)]

즉, 자본주의적 생산양식의 고유한 인구법칙이 상대적 과잉인구인 것이다. 이 인구법칙에 의한 과잉인구는 두말할 나위 없이 축적의 필연적 산물이지만 이 과잉인구는 거꾸로 자본주의적 축적의 지렛대가 되며, 실로 자본주의적 생산양식하에서 노동자의 빈곤화를 촉진하는 하나의 현상이 된다.[15)] 다시 말해서 과잉인구는 자유로이 이용될 수 있는 산업예비군을 형성하고 이 산업예비군은 절대적으로 자본에 속해 있으며, 동시에 언제나 자본의 변동하는 증식욕구를 위한 착취 가능한 인간재료가 된다. 즉 취업한 노동자계

---

13) K. Marx, 「자본론 I」, 이론과 실천, 1989, pp.701~702
14) K. Marx, 「자본론 I」, 이론과 실천, 1989, pp.714~715
15) J. Kuczynski,「絶對的 窮乏化 理論」, 有斐閣, 新川士郎 역, 1959, p.19

급의 과도한 노동은 산업예비군의 대열을 팽창시키지만 이 예비군이 경쟁에 의해 취업부분에 가하는 압력의 증대는 반대로 취업한 노동자계급으로 하여금 과도한 노동을 하지 않을 수 없게 만든다.

한편, 자본의 절대적 관심사는 일정량의 노동을 보다 적은 노동자로부터 뽑아내는 것이지 같은 가격으로 또는 보다 싼 가격일지라도 노동을 보다 많은 노동자로부터 뽑아내는 것이 아니기 때문에, 축적이 진행됨에 따라 한편에서 보다 큰 가변자본이 보다 많은 노동자를 모으지 않고서도 보다 많은 노동을 유동시키고, 다른 한편에서는 같은 크기의 가변자본이 같은 양의 노동력으로 보다 많은 노동을 유동시키며, 끝으로 보다 고급의 노동력을 구축함으로써 더 많은 보다 저급한 노동력을 유동시키게 된다.

이러한 노동의 유동화는 축적의 진전과 함께 가속화 되는 생산과정의 기술적 변혁 보다도, 또한 그에 대응하는 불변자본 부분에 대한 가변자본 부분의 상대적 감소 보다도 더욱 빠르게 진행된다. 노동의 유동화에 따른 상대적 과잉인구는 다양하게 존재하는데, 마르크스는 상대적 과잉인구를 유동적 과잉인구·정체적 과잉인구·잠재적 과잉인구로 구분짓고 있다.(이들 상대적 과잉인구는 상대적 빈민을 형성하고 있다.)16)

또 마르크스는 이 상대적 과잉인구가 필연적으로 과잉인구의 가장 밑바닥에 피구휼 빈민을 침전시킨다고 보고(이들을 절대적 빈민으로 볼 수 있다.) 다음과 같이 얘기하고 있다.

끝으로 상대적 과잉인구의 가장 밑바닥에 침전되어 있는 부분이 바로 피구휼 빈민의 영역이다. 부랑자나 범죄자, 매춘부 간단히 말해서 본래의 룸펜 프로레타리아를 별도로 친다면, 이들은 세 부류로 나뉘어 진다. 제 1부류는 노동능력을 가진 사람들이다. 영국의 피구휼 빈민의 통계를 대강 훑어 보아도 이 양이 공황기 마다 팽창했다가 경기회복이 있을 때 마다 감소함을 알 수 있다. 제 2부류는 고아나 아동들이다. 그들은 산업예비군의 후보자들로서 예를 들어 1860년 같은 대호황기에는 급속히 대량으로 노동자군에 편입되었다. 제 3부류는 타락한 사람, 몰락한 사람, 노동능력이

16) 유동적, 정체적, 잠재적 과잉인구에 대해서는 「자본론 I」, pp.725~727 참조.

없는 사람들이다. 특히 분업으로 인한 고정성 때문에 몰락한 사람들과 노동자의 표준 연령을 넘긴 사람들이다. 위험한 기계, 광산채굴 및 화학 공장들과 함께 그 숫자가 늘어난 산업재해자, 불구자, 병자, 과부 등이 있다.

피구휼 빈민의 생산은 상대적 과잉인구의 생산속에 포함되어 있고 그 필연성도 상대적 과잉인구의 필연성 속에 포함되어 있으며 피구휼 빈민은 상대적 과잉인구와 더불어 자본주의적 생산 및 발전의 하나의 존재 조건을 이룬다. ..... 사회적인 부, 현재 기능하고 있는 자본, 그것의 증대하는 규모와 힘, 따라서 프로레타리아의 절대적인 크기와 그 노동생산력이 커지면 커질수록 산업예비군도 커진다. 자유로이 이용할 수 있는 노동력은 자본의 팽창력을 발전시키는 동일한 원인에 의해 발전한다. 그러므로 산업예비군의 상대적인 크기는 부의 힘과 더불어 증대한다. 그러나 이 산업예비군이 현역 노동자군에 비해 커지면 커질수록 고정된 과잉인구는 점점 대량화 하며 그들의 빈곤은 노동의 고통에 반비례한다. 끝으로 노동자계급의 극빈층과 산업예비군이 많으면 많을수록 공식적 피구휼 빈민도 많아지는데 이것이 자본주의적 축적의 절대적 · 일반적 법칙이다.[17]

결국 마르크스는 노동생산력의 증대는 잉여가치는 증대시키고 이 잉여가치의 증대는 가속적 자본축적의 요인이 되며, 이 자본축적은 또 생산규모 확대의 기초가 되고 이 확대는 다시 노동생산력을 증대시킨다고 생각했다. 이렇게 해서 노동생산력의 증대는 잉여가치의 가속적 생산의 기초가 됨과 동시에 자본의 가속적 축적의 기초가 된다고 보았다. 바꿔 말하면 노동생산력의 증대는 잉여가치 생산의 기본적 방법이 됨과 동시에 자본축적의 방법이 되는 것이다. 또, 이러한 자본축적의 방법은 필연적으로 노동생산력의 발전에 따른 자본의 유기적 구성을 고도화 시킴으로써 가변자본 부분의 상대적 감소, 즉 상대적 과잉인구를 산출하게 되며, 이 산업예비군은 갈수록 증대되는 빈곤과 피구휼 빈민을 산출하게 되는데 이것이 자본주의적 축적의 일반적 법칙이다. 그는 이러한 자본주의적 축적의 일반적 법칙에 의해서 노동자계급은 절대적으로 또는 상대적으로 빈곤화 한다고 생각했다.

마르크스에 의하면 상대적 빈곤이란, 노동자의 상태가 자본가의 상태에

17) K. Marx, 「자본론 I」, 이론과 실천, 1989, pp.727~728

비교해서 더 열악화 된다는 것을 의미한다. 다시 말하면, 자본가는 더욱 부유하게 되지만 노동자는 더욱 빈곤하게 된다는 것이다.[18] 마르크스는 이에 대해서 다음과 같이 서술하고 있다.

우리는 상대적 잉여가치의 생산을 분석할 때 다음과 같은 사실을 알게 되었다. 즉 자본주의적 체제 내에서 노동의 사회적 생산력을 높이기 위한 모든 방법은 개별 노동자를 희생으로 하여 수행되며, 생산을 발전시키기 위한 모든 수단은 생산자를 지배하고 착취하기 위한 수단으로 전화 하고 노동자를 부분 인간으로 불구화 시키며 그를 기계의 부속물로 전락시킨다..... 잉여가치를 생산하기 위한 모든 방법은 동시에 축적의 방법이고, 또한 축적의 모든 확대는 거꾸로 축적의 방법을 발전시키기 위한 수단이 된다. 그리하여 자본이 축적되는 정도에 따라 노동자의 생활은 그가 지불받는 것이 어떻든 즉 높든 낮든간에 악화되지 않을 수 없다. 끝으로 상대적 과잉인구 또는 산업예비군이 늘 축적의 규모 및 힘과 균형을 유지하게끔 하는 법칙은 헤파이스토스의 쐐기가 프로케테우스를 바위에 못 박은 것보다도 더욱 단단히 노동자를 자본에 못 박고 있다.

그것은 필연적으로 자본축적에 대응하는 빈곤의 축적을 낳는다. 그러므로 한 극에서 부의 축적은 동시에 반대편 극에서의(자신의 생산물을 자본으로서 생산하는 계급의 편에서의) 빈곤, 노동의 고통, 노예상태, 무지, 포악, 도덕적 타락의 축적이다.[19]

따라서 한 극에서는 부의 축적을, 다른 극에는 빈곤의 축적을 가져다 주는 상대적 빈곤의 근본 원인은 자본의 축적, 바꿔 말하면, 소수의 사람의 손에 점유되어 있는 착취 수단이다.

한편, 절대적 빈곤이란 임노동과 잉여가치 생산을 기본으로 하는 자본주의 생산양식 하에서는 노동자가 받는 임금이 높든지, 낮든지에 상관없이 그들의 생활은 악화되고 빈곤화 되지 않을 수 없다., 이에 대해서 마르크스가 제시했던 절대적 빈곤의 내용은 바로 빈곤, 노동의 고통, 무지, 포악, 도덕적 타락의 축적, 억압, 예속, 착취 의도의 증대였으며 노동자 계급의 실질임금

18) J. Kuuczynski, *Ibid*, p.74
19) K. Marx,「자본론 I」, 이론과 실천, 1988, pp.729~730

저하와 영양상태의 열악화, 주거상태의 열악화였다.[20] 이는 곧 생활조건에서와 노동조건에서의 열악화를 의미하는 것이다.

한편, 이 빈곤화에 대항하는 노동자계급의 계급투쟁에 대해서 마르크스는 다음과 같이 서술하고 있다.

> 하나의 자본가는 언제나 많은 자본가들을 타도한다. 이 집중(곧 다수 자본가에 대한 소수 자본가의 수탈)과 함께 갈수록 대규모화 하는 노동과정의 협업적 형태, 과학의 의식적·기술적 응용, 토지의 계획적 이용, 노동수단의 공동적인 사용수단으로의 전화, 결합적·사회적 노동을 생산수단으로 사용함에 따른 모든 생산 수단의 절약, 세계 시장망 속으로 세계 각 국민의 편입 등으로 말미암아 자본주의의 국제적 성격이 발전하게 된다. 이 전화과정에서 생기는 그 모든 이익을 가로채 독점하는 대자본가의 수가 끊임없이 감소됨에 따라 빈곤, 억압, 예속, 타락, 그리고 착취의 정도는 오히려 증대된다. 하지만 끊임 없이 팽창하는, 그리고 자본주의적 생산과정 자체의 기구를 통해 훈련되고, 결합되며, 조직되는 노동자 계급의 반항도 증대해 간다. 그런데 자본독점은 그와 함께, 또 그 바탕에서 개화한 이 생산양식에 대해 질곡으로 작용하게 된다. 생산수단의 집중이나 노동의 사회화는 마침내 자본주의적 외피와는 조화될 수 없는 시점에 이르게 된다. 이 시점에서 외피는 폭파된다. 자본주의적 사적 소유의 조종이 울린다. 이제는 수탈자가 수탈당하게 된다.[21]

이러한 마르크스가 말한 자본주의사회의 멸망의 필연성에 대한 이론은 역사의 발전법칙 즉 역사의 주체가 프로레타리아라는 것에 의해 뒷받침 된다.

## 5. 마르크스 빈곤론에 관한 논쟁

자본주의적 생산양식 하에는 그 자본주의적 생산방법(즉 자본의 축적양식)

---

20) 영양상태와 주거상태의 열악화로서 Marx가 든 예로서 「자본론 I」, pp.743~746 참조.

21) K. Marx,「자본론 I」, 이론과 실천, 1988, p.854

에 의해서 노동자계급과 노동대중의 절대적, 상대적 빈곤화 현상이 나타나고, 이에 수반해서 노동자계급의 조직적 반항이 필연적으로 뒤따른다는 마르크스의 빈곤화론을 가장 먼저 논박한 사람은 1895년 Engels의 사망 이후 독일 사회민주당 지도자의 한 사람이었던 베른슈타인(Edward Bernstein 1850~1932)이었다.[22)]

그는 사회민주당의 기관지에 '사회주의의 제 문제'라는 이름으로, 1896년 10월 부터 1898년 6월 까지 10회에 걸쳐서 논문으로 발표했는데, 그것은 '자본론'에 의해서 완성된 Marx주의의 전 체계를 뿌리로 부터 수정해서 당시 사회주의 운동에 심각한 영향을 끼쳤다.[23)] 그 후 그는 수정주의의 성서라고 불리우는 '사회주의 제 전제와 사회민주주의의 임무'를 발표해서 전면적으로 Marx이론의 비판을 전개했다.

그의 비판은 1895년 독일에서 일찍이 볼 수 없었던 경제적 호황, 즉 일시적 임금상승으로 인한 노동자 생활의 상승경향에 의해서 나타나게 되었는데 주로 프로레타리아의 빈곤화와 그에 밀접히 관련된 자본주의 경제의 위기의 심화, 그리고 거기서 부터 비롯되는 자본주의 사회의 필연적 붕괴에 대한 이론에서 중점적으로 이루어졌다.[24)]

베른슈타인은 생산의 증가와 더불어 실질임금의 상승과 대중소비의 확대가 이루어진다고 보았으며 그는 이것이 노동자계급의 소시민에로의 상승과 중간계층의 유지, 존속을 오히려 조장하는 요인으로 작용한다고 생각했다. 그는 다음과 같이 서술했다.

사회의 구성이 이전에 비해서 단순하게 됐다라는 것이, 오히려 소득액에 관해서도, 직업활동에 관해서도, 고도로 등급이 붙여저, 분화 하고 있다..... 자본가수의 상대

---

22) 좀더 자세하 내용은 다음의 책을 참조할 것.
 戸木田 久, 吉村朔夫,「現代 社會政策」, 1977, pp.199~202
 孝橋正一, 앞의 책, 1979, p.98
 向坂逸郎 編, 막스批判と 反批判「Marx-Engels 選集 16」 1970, pp.161~167 참조
23) 岡崎次郎, 「現代 Marx-Lenin主義事典」, 社會思想社. p.360
24) 박호성, 독일 사회민주당의 수정주의 연구,「역사비평」, 봄, 1989 pp.256~258

적 감소의 진전과 프로레타리아의 부유의 진전이, 그렇지 않으면 다수의 중간계급이, 이것이 계속적인 생산증가가 우리들에게 허용하는 유일의 양자택일이다.[25]

또, 그는 사회적 부의 증가로 인해 대자본가의 수가 감소하지 않고 증가한다고 생각했다. 이러한 그의 이론은 Marx의 자본의 집적과 집중에 의한 자본의 축적이론을 전면 부정하는 것이었으며, 중간계급의 수의 증가를 수징함으로써 Marx의 빈곤론으로 부터 이탈했던 것이다.

베른슈타인의 Marx이론에 대한 전면적 부정에 대해 논박한 사람은 카우츠키(Karl Johann Kautsky, 1854~1938)였다. 그는 '베른슈타인과 사회민주당강령' 이라는 책 속에서 다음과 같이 언급했다.

빈곤이라는 언약은 생리적 빈곤을 의미하기도 하지만 사회적 빈곤을 의미한다. 첫 번째 의미에서 빈곤은 인간의 생리적 욕망에 의해서 적절히 된다..... 빈곤이라는 용어가 생리적인 의미에서 이해 된다면, 틀림없이 Marx의 견해를 논거박약한 것으로 되지 않으면 안된다. 확실히 발달한 자본주의 국가에서 생리적 빈곤의 일반적 증대를 확인하려는 것은 가능하지 않다.

절대적으로 증대하는 것은 생리적 빈곤이 아니라 사회적 빈곤이다. 즉 문화적 욕망과 그것을 만족시킬 노동자의 자료, 환언하면 노동자의 머리위에 놓여 있는 생산물과의 대립은 증대한다.[26]

이와 같이 카우츠키는 베른슈타인이 주장했던 노동자계급의 소득 증대로 인한 빈곤화의 극복에 대해서 Marx의 빈곤론을 사회적 빈곤과 생리적 빈곤론으로 나누고, 생리적 빈곤이 감소함을 인정하고 사회적 빈곤의 증대를 주장했던 것이다.(후에 이 카우츠키의 이론은 상대적 궁핍화론 이라고 칭해진다.)[27]

---

25) E. Bernstein, 「사회주의의 제전제와 사회민주주의의 임무」, 戶原四郞 譯, 사전에서 재인용, p.360

26) K. Kautsky 저, 山川均 譯, 「バルソツュタインと 社會民主黨鋼領」, 新潮社, pp.116~120

27) 向坂逸郞, 「Marx-Engels 集 16」, 앞의 책, p.164

이와 같이 상대적 빈곤과 절대적 빈곤을 통일적, 동시적으로 바라봤던 Marx의 빈곤론은 독일 사회민주당내에서의 논쟁으로 인해 수정의 길을 걷게 된다.(이것이 수정주의 논쟁이라고 칭해진다.)

이 논쟁 이후 절대적 빈곤화는 Marx의 오류로서 인식되어 졌으며 부로조아 이론가, 수정주의론자들은 Marx의 이론을 공격할 때 상대적 빈곤화는 언급하지 않고 절대적 빈곤화에 집중하게 되었다. 이후 논쟁은 절대적 빈곤화를 둘러싸고 전개된다.

이 당시 독일 사회민주당 내에는 오로지 좌파 이론가인 로자 룩셈브루크(Rosa Luxembrug, 1871~1919) 만의 빈곤화 법칙을 Marx가 제시한 그대로 받아들이고 노동자계급의 빈곤을 오로지 계급투쟁을 통해서만 극복될 수 있다고 확언했었다.

그녀는 베른슈타인이 심화되는 자본주의 경제의 무정부성, 계속되는 생산과정의 사회화, 그리고 점증하는 프로레타리아의 조직과 계급의식의 필연적 법칙성을 파괴하고 사회민주주의 최종 목표인 혁명을 포기하고 사회개량을 수단이 아니라 목적으로 만들었다고 비판했다.[28]

그러나, 로자의 외침은 이미 굳건히 기반을 다지고 있던 개량주의의 방벽에 부딪혀 방향 없이 흩어져 버리고 말았다. 경기 호황에 따른 일시적인 실질임금의 상승경향으로 빈곤화를 퇴치시킬 수 있다고 생각했던 베른슈타인과 절대적 빈곤화를 부정하고 상대적 빈곤화를 주장했던 카우츠키의 이론은 19세기 말 자본주의가 자유경쟁단계에서 독점자본주의 단계로 변화하면서, '노동귀족층'의 형성이라는 사실에 뒷받침되어 더욱 확산되었다.

이와 비교해서 레닌은 '자본주의에서의 빈곤화'라는 책속에서 Marx의 빈곤론을 계승, 발전시켰다. 하지만 Marx의 빈곤론은 베른슈타인- 카우츠키 논쟁이후(즉 독일 수정주의 논쟁) 상대적 빈곤론만, 즉 실질임금 상승으로 인한 절대적 빈곤의 극복으로 인정받게됨에 따라 이후 논쟁은 절대적 빈곤을 둘러 싸고 전개됐음은 앞에서도 잠시 지적했는데 이 절대적 빈곤을 둘러싼 논

---

28) Rosa Luxembrug, 喜安郎 譯, 「社會改良か 革命か」, 現代思想社, 1963, p.7~9

쟁을 빈곤화 본질 규정을 둘러싼 논쟁이라고 부른다.

이 논쟁에 대해서 다음 절에서 살펴 보기로 하고 실질임금의 상승에 따른 절대적 빈곤의 극복에 대한 레닌의 견해를 살펴 보기로 하자.

레닌은 사실 자료에 근거한 자료 분석을 통해서 독일에서는 지난 30년 동안 실질임금의 하락이 나타나고 있음을 입증했다. 지난 30년 동안 독일의 명목임금은 단지 25% 상승하였던 반면에 생계유지비는 적어도 약 40% 상승했다는 사실에 근거하여 독일에서 절대적 빈곤화가 일어나고 있음을 이끌어냈던 것이다.

레닌에 의하면 자본주의 개별시기에, 이전에 이미 도달했던 수준과 비교해서 측정해 볼 때 프로레타리아에 의한 물질적, 문화적 재화의 사용은 절대적으로 하락하게 된다는 것이다. 이것을 그는 절대적 빈곤화라고 불렀다.[29] 따라서 오랜 시간을 걸쳐서 볼 때 자본주의 국가의 실질임금은 실질적으로 하락하며, 일시적인 경제호항은 자본주의 경제의 주기적 순환의 운동법칙에 고리에 불과한 것이라는 것이 입증된다.

레닌은 또 Marx의 이론을 좀 더 발전 시켜서 상대적 빈곤을, 즉 노동자계급의 상태가 자본가계급에 비교해서 열악하게 된다는 이론을, 국민소득에서 차지하는 몫의 저하로 발현된다고 생각했다.[30]

한편, Lenin은 19세기 말 20세기 초 보다 훨씬 이전에 영국에서는 노동자들을 분리시키고, 노동자들 사이에서 기회주의적 경향을 강화하며, 노동계급운동을 일시적으로 부패시키는 제국주의적 경향이 나타났다는 사실에 주의 해서 '노동자상층' 또는 '노동귀족층'의 형성요인을 방대한 식민지 소유와 세계시장에서의 독점적 위치라는 두 특징에 의해서 설명하고 있다. 즉, Lenin은 Marx와 Engel의 1858년 5월 7일, 1881년 8월 11일, 1882년 9월 12일자 편지 속에서 밝힌 영국 노동자계급의 부르조아화 되는 경향의 원인과 결과에 대해서 다음과 같이 설명해 주고 있다.

29) V. I. Lenin, 자본주의에서의 빈곤화, 1912, Lenin Collective Works 1912, 쟈골로프, 「정치경제학 교과서」, pp.1~2, 237에서 재인용, 새길, 1990
30) 쟈골로프, 「정치경제학 교과서」, 1~2, 새길, 1990, p.237

여기에는 원인과 결과가 명백하게 드러나고 있다. 원인은 영국에 의한 전세계의 착취, 세계시장에서의 그 독점적 위치, 영국의 식민지 독점이며, 결과는 영국 프로레타리아의 일부분이 부르조아화 되고 있다는 것, 그 부분은 부르조아에게 매수되거나 적어도 그들로 부터 돈을 받고 있는 사람들의 지도를 용인하고 있다는 것이다.[31)]

위의 사실에 기초해서 19세기 말과 20세기 초 거대 독점체를 중심으로 소위 독점금융자본이 형성되어 있었던 영국, 프랑스, 독일 등에서 안정적 지위를 점하고 있는 노동귀족층의 독점적 초과이윤과 식민지 초과이윤은 위의 나라들에서 절대적 빈곤화를 심화 시켰으며(불숙련 노동자와 불안정취업자의 증대로 인해) 식민지 국가에 있는 노동자계급의 착취와 억압은 더욱 깊어져, 계급에 의한 계급의 착취문제는 민족에 의한 민족의 착취문제로 확대되었음이 Lenin에 의해서 밝혀졌던 것이다. 따라서 그는 계급에 의한 계급의 착취문제를 민족에 의한 민족의 착취 문제로 확대시킴 으로서 노동운동을 민족해방투쟁과 결합시켰다. 즉, 그는 소수의 최고로 부유한 혹은 최고로 강력한 민족에 의해서 소수 약소 민족의 착취가 일어나며, 빈곤화의 문제가 피압박계급의 문제로 부터 피압박민족의 문제로 확대된다고 내다 봤던 것이다.[32)] 이러한 레닌의 이론은 절대적 빈곤화가 실질임금 뿐만 아니라 생활조건이나, 노동조건에 의해서 총체적으로 규정받는다는 이론에 밑거름이 되었다.

## 6. 노동자계급의 빈곤화 법칙[33)]

노동자계급의 빈곤화 법칙은 자본의 축적이라는 자본주의 생산양식의 고유한 본질로 부터 나타나는 프로레타리아 상태의 '악화' 내지 '비인간화'를 법칙적으로 규명하기 위한 Marx주의 빈곤론의 이론적 핵심이다. 프로레타리아 상태의 생활조건과 노동조건에서의 악화는 자본주의가 변화, 발전하

31) V. I. Lenin, 「제국주의론」, 남상일 역, 백산서당, 1988, p.142
32) V. I. Lenin, 앞의 책, p.159 참조
33) 일본에서 주로 노동자계급의 궁핍화 법칙이라고 쓰여지고 있다. 사전적 의미에서 보면 궁핍이라는 말은 영어로 paurperism 즉 빈곤, 빈궁으로 쓰인다.

면서 필연적으로 착취의 일반적 법칙에 의해서 더욱 더 가혹해 졌으며, 절대적 빈곤은 사라졌다는 부르조아 이론가들의 환상을 뒤바꿔 놓기에 충분했다.

절대적 빈곤과 상대적 빈곤의 동시적 통일적 진행에 의해 심화, 발전된 노동자계급의 상태의 악화를 수 많은 구체적 현상으로 나타났다. 즉 빈곤화 법칙의 내용을 이루는, 빈곤, 노동의 고통, 노예상태, 무지, 포악, 도덕적 타락의 축적, 억압, 예속, 타락, 착취의 정도의 증대는 실질임금의 하락, 노동강도의 증가에 따른 산업재해, 다양한 직업병, 실업자의 증가 등을 포함하는 노동자의 생활과 노동조건에 영향을 미쳤던 것이다.

이러한 노동자계급의 생활조건과 노동조건에서의 악화를 내용으로 하는 빈곤의 축적을 이론적으로 해명, 분석하기 위한 틀이 바로 노동자계급의 빈곤화 법칙이다.

노동자계급의 빈곤화 법칙은 Marx, Engels, Lenin 등의 저서에 입각해서, 주로 일본 Marx주의자들이 발전시킨 Marx 빈곤론의 이론적 발전의 결과물이다.

노동자계급의 빈곤화 법칙은 그 이론적 토대를 이루는 가치 법칙, 잉여가치 법칙, 자본주의 축적의 일반적 법칙에 의해서 나타나는 노동자계급의 운명을 법칙적으로 노동자계급의 빈곤화 법칙이라고 부르며, 그 법칙안에는 빈곤화의 작용에 대한 반작용으로서의 조직적 저항의 법칙도 포함되어 있다. 岡 稔은 법칙으로서의 빈곤화를 다음과 같이 요약해서 얘기하고 있다.

우선 첫 번째로 노동자가 전체의 생산수단을 빼앗겨서, 살기 위해서 자신의 노동력을 팔고 건네주지 않으면 안된다라는 점에 이 자본주의하에서 노동자계급의 필연성의 가장 깊은 기초이다. 그리고 이 기초위에 일체의 운동- 절대적, 상대적 잉여가치의 제형태-에 의해서 노동자 빈곤화의 제 형태가 전개된다.

최후의 잉여가치의 자본으로의 전환, 결국 자본주의 하에서 생산의 확대와 질적 개선은 그것이 자본축적이라는 형태(노동자로 부터 소외된, 노동자에 대립하는 부의 축적)로 거행되는 한 거기에는 노동자 상태를 개선하기 위한 어떠한 필연적 경향도 포함되어 있지 않는 것이고, 오히려 산업예비군을 매개로 하는 그 악화가 필연으로 된다.

만약, 이상과 같은 이해가 정확하다고 한다면 빈곤화 법칙이라는 '자본론' 제 1권 전체에서 취급되어 있는 자본주의의 본질적 특징에서 부터 연역된 방법의 필연적 경향, 레닌의 표현에 의하면 '자본주의 경향의 특징일 뿐'에 다름 아니고 그것 이상도, 이하도 아닌 것이다.[34)]

이 인용에서 岡 稔은 빈곤화 법칙을 '자본론' 제 1권 전체에 취급되어 있는 자본주의의 본질적 특징에서 부터 연역된 방법의 필연적 경향, 즉 자본주의의 경향적 특징이라고 생각했던 것이다. 결국 경향으로서 노동자계급의 빈곤화 법칙은 이러한 필연성에 의해서 나타나게 된다.

빈곤화 법칙에 대해서 平田喜久雄은 다음과 같이 얘기하고 있다.

자본이 축적되기 때문에 노동자의 상태는 악화되지 않을 수 없다는 것이고 자본의 축적에 대응하는 빈곤의 축적을 반드시 생성시킨다는 것이다. 그렇다면 '악화' 내지 '빈곤'의 구체적인 내용은 무엇인가? 그것은 Marx가 예를 든 것 같이 빈곤, 노동고, 노예상태, 포악, 무지, 도덕적 타락 등이고 궁핍, 억압, 예속, 타락, 착취 의도 등인 것이다.

이것의 구체적 내용에 대해서는 '자본론' 제 1권 4편 '상대적 잉여가치의 생산'에서 상세하게 설명하고 있다. Marx가 거기서 노동자계급의 악화 내지 사회적 빈곤의 내용으로서 예를 든 각종의 상태를 일괄해서 궁핍화 내지 비인간화 라고 부른다면 비인간화의 축적을 초래하는 것이다.

이런 의미에서 이 법칙은 일반적으로 노동자계급의 빈곤화 법칙으로 일컬어 진다.[35)]

따라서 노동자계급의 빈곤화 법칙은 '자본론' 제 7편 23장 자본주의적 축적의 일반적 법칙과 동편 제 24장 7절 '자본주의적 축적의 역사적 경향'

---

34) 岡稔, 「資本主義 分析の 理論的 諸課題」, pp.116~117, 122~124
35) 平田喜久雄, 앞의 책, pp.218~219

에 기반을 두고 발전한 자본의 축적에 의해서 나타나는 노동자계급의 운명을 법칙적으로 노동자계급의 빈곤화 법칙이라고 애기하는 것이다.

다시 말해서 빈곤화 법칙이란 '자본의 축적에 따라 임금의 고저에 상관없이 노동자계급의 상태는 악화되며 이에 따라 한쪽 극에는 부의 축적이 그리고 다른쪽 끝에는 빈곤의 축적이 수반되는 현상'을 말하며 빈곤화 법칙의 내용으로서는 빈곤, 노동고, 노예상태, 억압, 예속, 타락, 도덕적 타락 등을 말한다.

여기서 분명히 해야하는 것은 Engels가 '영국에서의 노동자계급의 상태' 서문에서 밝히고 있는 바와 같이 노동자계급이 인간이라는 것을 실증하는 유일한 길로서, 자본주의의 발전에 대응해서 축적되고 있는 '궁핍화'내지 '비인간화'에 반대해서 저항하는 난순한 무계획적인 저항이 아닌 '조직적 반항'도 자본주의적 축적의 일반적 법칙의 내용이며, 노동자계급의 빈곤화 법칙의 내용이라는 것, 또 '노동자의 빈곤화'와 '조직적 반항'은 작용과 반작용으로서 이 두 개의 내적 관련을 법칙으로 규정한다면 노동자계급의 빈곤화 법칙은 자본의 축적의 진전에 조응해서 노동자계급의 조직석 반항으로 질적 전환을 이룬다는 것이나.

## 7. 빈곤화 법칙의 현상인 상대적 빈곤과 절대적 빈곤

노동자계급의 빈곤화 법칙안에는 절대적 빈곤과 상대적 빈곤이 통일적, 동시적으로 진행되고 있으며 상대적 빈곤이 절대적 빈곤을 낳고 절대적 빈곤이 상대적 빈곤을 심화, 발전시키고 있다는 것을 앞에서 살펴 봤다. 이 절에서는 절대적 빈곤과 상대적 빈곤의 내용을 구체적으로 살펴 보기로 한다.

먼저 절대적 빈곤에 대해서 살펴 본다면, 절대적 빈곤은 노동자계급의 빈곤화 법칙의 가장 중요한 지위를 점하고 있는데, 여기에는 노동자의 노동조건과 생활조건의 일체가 포함되어 있다.

자본주의적 축적의 진행은 피구휼적 빈민을 그 최하층에 침전시킨 각종 형태의 상대적 과잉인구를 증대시키며, 그것은 또 노동자의 노동, 생활조건에 압박을 가해서 총체적으로 노동자계급의 지위를 격하 시키고, 이 지위의 격하는 자본주의적 생산과 부의 자본주의적 발전의 필연적 산물이 되며, 이러한 과정은 자본주의적 축적의 논리적, 현실적 결과이다. 이러한 과정이 곧 노동자계급의 절대적 빈곤화를 의미한다.

절대적 빈곤화는 우선 상품으로서의 노동력 판매, 그것이 생산수단과 서로 합치해서 기능하는 생산, 노동과정(즉 가치증식과정), 새롭게 생산된 가치가 생산제 요소간에 분배되어 그 분배에 의해서 수취된 가치의 일부를 노동력 재생산을 위해서 소비하는 물질적, 정신적 욕구의 충족 과정과 관련되어 있다.

이것은 다시 말해서 형식적으로는 대등한 자격에 있는 노동자의 노동력 판매가 실질적으로는 언제나 노동자 상호간의 경쟁에 의해서 낮은 가격으로 판매할 수 밖에 없게 되는 것, 더욱이 그 낮은가격의 노동력상품의 판매 마저도 노동의 유동화로 인해 팔다 남은 것을 만들어 거기에 실업을 생성시켜 취업노동자의 임금을 가치 이하로 떨어 트리고 이 노동력 가치 이하로 떨어진 실질임금을 포함해서 노동시간, 노동강도, 노동생산성, 노동환경 등 기본적인 노동조건의 열악이 노동자의 생활에 압박을 가하는 것이다.

또 한편 노동생산력의 발전(즉 기계, 기술의 발전)과 함께, 노동자 세대의 생활곤란은 저임금의 아동, 부녀자노동을 노동전선으로 진출시키고, 불숙련 노동자를 숙련노동자로 대체 시키는 것을 동반해서 노동자의 생활을 보다 극심한 빈곤으로 쫓아 보내는 것이다. 기계, 기술의 발전이 노동자에 대해서 노동합리화에 따른 노동자의 해고와 노동재해의 빈발, 그리고 직업병의 확대, 증폭을 동반하는 것도 묵인할 수 없는 것이다.

이같은 저열한 노동조건과 그 저하의 압력이 작용해서 노동자의 가정, 소비생활의 장소에 빈곤, 저소득, 구매력의 부족과 결핍이 나타나고 노동자의 생산과 소비사이에 모순이 심화되며 이 위에 또 무겁게 부과된 조세[36]

36) 服部英太郎,「國家獨占資本主義 社會政策論」, 未來社, 1966, pp.234~235 참조. 이 책에서 服部英太郎은 이차적 착취와 형태로서 가장 중요한 의의를 가지며, 절대적 빈곤화를 추진시켜 나가는 것으로 자본주의 국가의 조세 및 조세제도를 들고 있다.

(직접세와 간접세 포함)와 각종 공과금(사회보험료, 사회서비스 이용료 포함)이 노동자의 낮은 저소득으로부터 공제되거 노동자생활을 정신적, 물질적인 사회적 필요의 불충분, 사회적 장애의 상태로 몰아 놓는것이다. 이 결과 노동자의 상태는 노동자 생활의 퇴폐와 파탄으로 나타난다.

또 노동력 재생산의 장소로서의 주택은 그 본래의 기능을 상실한 채 부동산투기의 대상으로 되어 터무니 없이 높은 가격과 집세를 형성하여 주택으로 부터도 노동자는 소외되게 되었다. 결국 마약, 매춘행위는 물론이고 도박과 퇴폐가 횡행하고 도덕심이 떨어져 강도에서 부터 살인에 이르기 까지 범죄가 판을 친다.

또 다음세대의 노동력으로서 기대되는 아동은 자본이 요구하는 교육의 획일화와 체제로의 순응, 적응의 계획에 의해 길들여져서, 소수 관리자와 엘리트, 그리고 대다수 불숙련 보조노동자의 생산을 위한 차별교육과 격력한 입학시험경쟁을 통해 인간성이 상실되어 청소년비행의 증대와 흉악화를 증폭시키게 되었다.

물론 어느 정도의 사회적 양보, 즉 사회보험이나 사회서비스 등의 사회정책의 방법을 통해 사회적 보호가 확충되고 노동조합측의 사회적 압력도 어느 정도 상승하는 것도 사실이지만 그것들은 어느 것도 노동자계급의 절대적 빈곤을 방지하는 데 까지는 발전하지 못한다. 다시 말해서, 사회사업, 사회보장정책의 확충과 노동조합의 사회적 압력의 증대는 그 수준이나 정도, 그리고 내용이나 범위에 의해서 노동자계급의 빈곤화를 어느 정도 완화시킬수는 있지만 절대적 빈곤화의 그 경향적 법칙을 정지시킨 다든지 해소시키는 것은 이론적 실천적으로 불가능한 것이다.[37)]

한편, 상대적 빈곤은 다음과 같은 의미를 내포하고 있다. 사회의 부와 자본의 축적은 자본주의 생산하에서는 노동자로 부터의 수탈에 의해서 가능하고 이것은 노동자계급에게 빈곤의 축적을 낳게함으로 절대적 빈곤화 이론의 승인은 곧 상대적 빈곤화 이론의 승인이라는 논리적 필연으로 나타난다.

---

37) 孝橋正一, 앞의 책, pp.92~94 참조.

이 점에 대해서 쿠진스키는 다음과 같이 얘기하고 있다.

상대적 빈곤화의 이론은 자본주의사회의 일반적 관계 보다 다른 얼마간의 연역을 필요로 하지는 않는다. 상대적 빈곤화이론은 Marx 가 전개한 것과 같이 절대적 빈곤화 이론의 필연적 귀결이다.

결국, 절대적 빈곤화는 타 방면에서 절대적 부유화의 진행을 토대로 해서 진행하는 것이다. 그러므로 일방에서는 절대적 부유화가 진행되고, 타방에서는 절대적 빈곤화가 진행하게 되면, 그 결과는 당연히 일방에는 상대적 부유화가 진행하고, 타방에서는 상대적 빈곤화가 진행하는 것으로 된다.38)

이상과 같이 상대적, 절대적 빈곤은 분리해서 생각할 수 없는 통일적, 동시적 빈곤의 현상형태이지만 앞장에서 언급했듯이 레닌이 정의했던 상대적 빈곤이론을 발전시킨 이론들을 살펴 보기로 하자.

쿠진스키는 상대적 빈곤이론을 '노동자 상태의 열악화에 의해서 자본가는 더욱 더 부유해지고 노동자는 더욱더 빈곤하게 되는 이론'39)이라고 설명하고 있으며, 岡 稔과 부라게리는 상대적 총생산을 중의 그 몫의 저하 (V/C+V+M), 국가의 부속에서 그 몫의 저하라고 서술하고 있다.40)

특히, 부라게리는 상대적 빈곤화를 잉여가치를 상승의 직접적 결과로 보고 있으며, 이 잉여가치율이 커지면 커지는 만큼 그것 만큼 노동자계급에 의해서 만들어지는 가치의 총체, 즉 국민소득 전체 속에서의 노동자계급의 몫은 감소한다고 생각했다.41) 한편 孝橋正一은 상대적 빈곤화를 '상대적 빈

---

38) J. Kusynski, 앞의책, pp.74~75
39) J. Kusynski, 앞의책, p.74
40) 岡 稔,「資本主義分析 の 理論的 諸課題」. p.127
E. 부라게리, 앞의책, p.25
V=가변자본, C=불변자본, M=잉여가치
자본주의하에서 국민소득이란 사회적 총생산물 가운데 가변자본가치(V)와 잉여가치(M)가 합한 전체 즉 V+M인 것이다. 여기에서 국민소득이란 일정기간동안 생산된 한 국가의 사회적 총생산물 가운데서 이미 소모한 생산수단을 보충하는데 쓰여지는 부분을 공제한 나머지 부분을 가리킨다. 이것을 가치형태로 표시하면 한 국가가 일정기간 동안 만들어낸 새로운 가치 전체가 된다.

곤화는 분배에서 노동자 취득의 상대적 감소경향'[42]이라고 설명하고 있다.

결국 종합해 보면 상대적 빈곤화란 '자본의 착취에 의한 노동자계급의 취득분의 상대적 감소 경향'인 것이며 그것의 현상형태는 바로 국민소득분, 사회적 총생산물속에서 차지하는 노동자계급의 취득분의 감소 경향이라고 얘기할 수 있다.

이러한 노동자계급의 절대적, 상대적 빈곤화 경향에 대해서 현상적으로 나타나는 현실을 예로 들면서 다음과 같이 반문할 수도 있다. 즉 종전과 비교해서 노동자의 생활수준은 상승했고 생활방식은 풍부하고 다양화 되어가고 있다. 이전에는 노동자가 아무리 노력해도 갖지 못했던 내구소비재 특히 높은 가격의 가정전자제품(텔레비젼, 비디오, 냉장고, 세탁기 등...) 심지어는 자가용까지 지니고 있는 노동자도 있지 않는가?라고 한다. 그러나 우리는 이러한 현실속에서 관철 하고 있는 독점자본의 축적 메카니즘을 통찰할 수 있어야 한다.

이 노동자의 현실적 생활수준의 상승은 기술혁신과 합리화에 의한 노동강화와 실질임금의 저하상태하에서 독점자본의 대량 소비구조의 창출 그리고 신용판매(카드) 등에 의한 소비의 자극에 불과한 생활구조의 불균형의 산물일 뿐이며, 생활수준의 실질적 저하의 위에서 나타난 형식적 생활수준 상승의 환상에 지니지 않는 것이다.[43]

## 8. 결 론

자본주의적 분배양식에 의해서 필연적으로 나타나는 노동자계급의 빈곤의 축적 경향은 자본주의 사회구조의 계층간·계급간 불평등을 심화시키는 가장 심각한 문제이다. 노동자의 절대적·상대적 빈곤화는 자본주의적 축적이 발전하면 할수록 노동자의 생활 및 노동조건에 절대적 악화를 수반하며,

41) エ.ヤ.ブレゲリ, 앞의 책, p.13
42) 孝橋正一, 앞의 책, p.94
43) 孝橋正一, 앞의책, p.96 참조.

이를 극복하기 위한 노동자계급의 조직적 저항은 확대·발전하게 되면 그 발전과 함께 국가에 의한 사회정책이 발달하게 된다. 따라서 노동운동의 발전은 사회정책의 발전과 함께 현대 자본주의를 이해·분석하기 위한 기본적 틀이 될 수 있다. 다시 말해서 빈곤화는 노동운동의 발전을 낳고 노동운동의 발전은 그것에 대한 국가의 정책, 즉 사회보장정책을 낳는다고 볼 수 있다.

서구 마르크스주의자들은 노동운동과 사회정책의 상호관련성에 대한 많은 이론을 주장해 왔다. 그러나 「자본론」에 근거한 마르크스의 빈곤이론과 연관지어서 노동운동의 발전 및 사회정책의 발전을 분석했던 사람들은 주로 일본의 경제학자와 사회정책학자들이었다. 마르크스의 빈곤론은 자본주의적 생산양식의 특징인 임노동과 잉여가치의 생산에서부터 빈곤문제에 접근했으며, 일본의 경제학자·사회정책학자들은 이러한 마르크스의 빈곤론을 발전시켜 현대 자본주의하에서 빈곤이 확대·발전하는 원인을 생활조건과 노동조건의 총체속에서 구하려는 노동자계급의 궁핍화 법칙을 발전시켰다. 즉 그들은 자본의 축적법칙에 의한 '작용'으로서의 노동자계급의 빈곤화는 노동자의 상태를 악화 내지 비인간화 시켰으며, 이에 대한 '반작용'으로서 노동운동의 발전을 노동자계급의 상태를 변화·발전시킬 수 있는 원동력으로 파악했다. 결국 절대적·상대적 빈곤화에 의한 노동자계급의 상태의 '악화' 내지는 '비인간화'를 내용으로 하는 노동자계급의 궁핍화 법칙은 노동자계급의 조직적 반항을 필연적이라고 보았다.

여기에서 노동자에 대한 자본주의적 축적의 일반적 법칙이라는 '작용'과 조지적 반항이라는 '반작용'을 이해하는 것은 현대 자본주의에 있어서 분배구조의 모순을 이해하는 가장 핵심적인 부분이다. 노동자계급의 만성적 빈곤을 극복하기 위해서는 잉여가치의 생산이라는 자본주의적 생산양식에 의해서 규정받는 자본과 노동간의 적대적 분배관계가 극복되어야 한다.

# 제 II 부　빈곤의 측정

제 II부는 빈곤의 측정에 관한 논의들을 소개하고 있다. 9장에서 필자는 빈곤을 측정하는 문제는 빈곤의 정의와 밀접히 연관되어 있다고 보며, 지금까지 제시된 일반적인 빈곤측정의 생계비 개념이 지닌 문제점들을 지적하고 있다. 10장과 11장은 최근 영국의 '사회정책지'에 실린 빈곤 논문들 중의 일부인데, 10장은 빈곤측정에 대한 3가지 접근방법들(사회적 합의방법, 가계기준방법, 행위접근방법)이 지닌 장·단점을 검토하면서 이 방법들로는 과학적인 빈곤조사가 어려움을 지적하고 있다. 11장은 빈곤을 측정하는 하나의 방안으로서 합의적 접근방법을 제시하고 있다. 그리고 12장은 미국의 빈곤선을 설정하는 데에 크게 기여한 오샨스키의 논문인데, 그녀는 빈곤을 가치판단이라고 간주하고 빈곤조사는 주관적일 수 밖에 없다고 설명하고 있다. 13장은 지금까지 제시된 우리나라의 빈곤 측정방법들의 주요 내용을 검토하면서 그것이 지닌 문제점을 지적하고 있다.

# 제 8장 빈곤의 정의와 측정 (Ⅰ)

Martin Rein*

빈곤을 정의하고 측정하는 방법에 관한 문제는 우리가 사용하고자 하는 빈곤의 개념을 명확히 했을 때 비로소 해결될 수 있다. 빈곤에 대해서는 세 가지의 광의의 개념이 있을 수 있다. 빈곤은 생계, 불평등 혹은 외면성으로 파악할 수 있다. 생계는 건강과 노동능력을 유지하기 위해 필요한 최저한의 식량과 관련된다. 이 용어는 신체적 효율성을 유지하고 생존해 나가는 능력을 가리킨다. 불평등은 소득집단에서 각자가 차지하는 상대적 지위와 관련된다. 빈민을 분립시켜서 특수집딘으로 접근해서는 빈곤을 잘 이해할 수 없다. 사회는 일련의 계층화된 소득집단이며 빈곤은 최하층이 사회의 나머지에 비해 상대적으로 어떻게 생활하는가와 관련된다. 따라서 빈곤의 개념은 사회전체의 맥락에서 파악되어야 한다. 그래서 빈민에 대한 연구는 부자들의 생활수준을 이해하는 것에 좌우되는데, 왜냐하면 그것이 불평등의 개념에 있어 핵심적인 상대적 조건이기 때문이다. 따라서, 우리가 빈민을 이해하기 위해서는 부자들을 연구해야 한다. 외면성은 빈민의 욕구보다는 빈곤이 사회의 나머지 사람들에 대해 지니는 사회적 결과와 관련된다. 빈곤선은 빈곤이 지속되는 것이 지역사회에 끼치는 해로움을 보여 주는 지표로서 쓰인다.1)

사람들은 죄를 범하거나 사회에 해를 끼칠만큼 빈곤하게 되어서는 않된다. 그것은 빈민들의 불행과 곤경이라기 보다는 오히려 이런 빈곤관에 대해

---

* M. Rein. W. Grigsby and M. Baratz의 공저인 Conceptualization and Measurement of Poverty에서 발췌함

1) Smolensky, E., 'Investment in the Education of the Poor : A Peesimistic Report', *AER*, Supplement LV, May, 1966

결정적 영향을 미치는 지역사회가 떠맡게 되는 불안과 손해이다. 우리는 저소득이 빈곤하지 않은 사람들에 대해서도 문제를 야기시킬 만큼 빈곤문제를 겪고 있다. 그래서 빈곤은 저소득과 상호관련된 사회문제들로 구성된다. 그러므로 소득조건에 따른 문제들이 밝혀질 때에만 빈곤이 제거될 수 있다. 지역사회의 나머지 사람들의 불편을 감소시키지 않은 채 빈민의 생활수준을 향상시키는 것으로 불충분하다.

이 개념들은 정의와 측정에 대해 각각 많은 문제들을 노출시킨다. 우리는 빈곤을 순전히 경제적 결핍, 경제적 불평등 및 비경제성이란 측면에서만 정의할 수 있는가? 혹은 이 정의를 권위, 권력 및 사회서비스와 같은 비경제적 변수들을 포괄할 수 있도록 이 정의를 확대시킬 수 있는가? 예컨대 티트머스는 '우리가 변화하는 기관들과 불평등의 특성을 이해하지 못한다면 빈곤의 새로운 영역을 설명할 수 없다'고 주장했다.[2] 티트머스의 빈곤개념이 불평등에 관한 것이었지만, 그는 보다 넓게 빈곤이 소득이 결핍을 능가한다는 보다 광범위한 문제를 제기하였다.

소득분배의 측면을 능가할 정도로 포괄적인 빈곤이 채택된다면 두가지의 중요한 문제가 제기된다. 즉, 빈민과 비빈민을 구분하는 지점을 어디에 설정할 것이며, 어떠한 비경제적 조건들을 고려해야 하는 가이다.

우리는 생계비의 측면에서 빈곤을 측정하지만, 역설적이지만 미국의 빈곤정책 및 프로그램들은 복지적 차원이라기 보다 포괄적인 개념에 근거하고 있다. 이것은 최저기준의 결핍 혹은 권력, 교육 및 법적 공정성에서 불평등을 포함한다. 이러한 생활수준 차원은 빈곤조사의 기초가 되는 물품과 서비스 그리고 최저한의 마켙 바스켓을 구성하는 물품과 서비스에는 포함되어 있지 않다. 왜냐하면 저소득층은 시장에서 이런 항목들을 구입할 수 없기 때문이다. 그러나 우리가 개발한 프로그램과 아주 밀접하게 관련된 빈곤개념을 규정하고 조사하는 조직적인 노력은 거의 없으며, 생계를 위한 취저소득의 결핍이라는 우리의 빈곤개념에 보다 밀접한 빈곤해소 프로그램(현금 이

2) Titmuss, R. *Income Distribution and Social Change*, London, Allen & Unwin, 1962, p.187

전)을 개발하려는 조직적인 노력은 거의 없었다.

그러나, 일부 문헌들은 보다 폭넓은 차원에서 빈곤을 설명하려고 시도하였다. Titmuss의 영향을 받은 Townsend는 빈곤을 소득, 자산, 직업부가급여, 공공서비스 및 사적 서비스 등 다섯가지의 자원의 분배에 있어서의 불평등으로 정의한다.3) 영국에서 이들 항목의 분배에 대한 경험적 조사에 근거한 전국적인 빈곤연구는 Townsend와 Abel-Smith에 의해 시행되고 있다. 마찬가지로 Titmuss의 영향을 받은 Miller와 Rein은 미국적 상황을 보다 많이 반영하여 약간 다른 항목들로 구성하였는데, 복지의 정치적·법적·교육적 요소들에 관심을 두었다.4)

그러나 정의를 확대하는 것은 빈민과 비빈민을 구별하는 분기점(the cut off points)을 설정하는 문제를 혼란시킬 뿐이다. 이러한 딜레마를 해결하기 위해 상대적, 절대적 빈곤 및 빈곤의 해악이라는 측면을 재검토해 보자.

우리는 최소한의 권력, 사회적 명예, 맑은 환경 그리고 공평함을 정의할 수 있는 기준의 설정에 관심을 갖고 있는가? 우리가 그런 기준들을 탐색한다는 것은 환상이며, 현존하는 정의 중에서 우리의 생활수준을 구성하는 불평등한 분배에 근거하지 않은 것은 결코 없다. Grigsby와 Baratz는 분기점은 소득과 사회적 및 개인적 문제들간의 관련성이 통계적으로 임의성을 띄게 되는 지점이나 지역에서 설정될 수 있다고 주장했다.5) 빈민과 비빈민간의 구분을 확정 짓는 이러한 방식은 빈곤의 외면성 개념에 기초한 것이다. 왜냐하면 이것은 빈곤화의 결과 혹은 소득분배의 최하층과 관련되기 때문이다. 경제기획청 OEO이나 경제자문위원회 CEA와 같은 정부기관들이 미국의 생계비에 관한 자료를 바탕으로 한 빈곤의 측정을 매우 신뢰한다는 것은 우리가 미국의 공식적인 빈곤정의를 파악하고 있음을 의미한다. 그래서 그것은 세밀하게 검토할 가치를 지니고 있다.

---

3) Townsend, P., Chapter 1

4) Miller, S. M., Rein. M., et al., 'Poverty, Inequality and Conflict', *The Annals*, September, 1967

5) Grigsby, W. and Baratz. M.,with Rein. M., 'Conceptualization and Measurement of Poverty'

이 논문은 기존의 '공식적' 빈곤정의에 내재한 몇가지 문제들을 다루고 있다. 비록 체계적이고 역사적으로 고찰하지는 못했지만 부분적으로는 역사적 맥락에서 분석하기 위해 노력하였다.

## 1. 빈곤의 생계 개념

생계수준의 측면에서의 빈곤 정의는 빈곤이 상식처럼 여겨지고, 가혹함이나 동정이라는 개인적 가치와는 분리된 것처럼 보이기 때문에 폭넓게 수용되어 왔다. 이 정의는 빈곤을 객관적으로 최저생필품을 얻기 위해 필요한 소득의 결핍으로 서술하려고 시도했다. 생필품이 부족한 사람들은 개념상으로는 빈곤한 것이다. 그러나 '최저'를 어떻게 규정할 것인가? 최저의 의미에 대한 합의는 빈민과 비빈민간의 구분선을 확정지을 기준을 개발하는 데에 있어서 매우 중요하다. 빈곤연구의 역사는 대부분 비주관적 혹은 '과학적' 빈곤선을 확립하기 위한 노력으로 이해될 수 있다. 즉, 생계기준 또는 생활유지에 필요한 양을 설정하려는 노력으로 파악된다. 그러나 철학자의 비석을 탐구하는 것과 같이 생존 개념에 기초한 절대적이고 가치자유적인 빈곤 개념을 발견하려는 노력은 실패한 것으로 드러났다.

Rowntree는 생계 측면에서 엄격하게 빈곤을 정의하려고 시도한 최초의 연구자였다. 그는 York시에 대한 고전적 빈곤연구에서 다음과 같이 서술했다.

> 나의 일차적 빈곤선은 신체적 효율성을 유지할 수 있는 최소량을 나타낸 것이다. 그것은 생활이라기 보다는 간신히 생계를 유지하는 수준이다. 그것은 가장 경제적으로 산출된 것이다. .... '이러한 산출에서 허용된 가족생활은 절제에 의해 유지되어야 하고, 신체의 건강을 유지하는 데 절대적으로 필요한 것 이외에는 전혀 구입할 수 없으며 가장 소박하고 검소한 것만 구입해야 한다.'[6)]

6) Rowntree, B. S., *Poverty and Progress : A Second Social Survey of York*, London, Longmans, Green, 1941, pp.102~103

따라서 열악한 생계기준이라 할지라도 빈둥거리거나 변화없는 자체 그리고 무책임한 마음을 억제해야만 유지될 수 있다. 이런 엄격한 규정으로는 일상생활을 하지 못하는 가족은 이차적 빈곤상태에 속한다. 이차적 빈곤은 가족의 소득이 생계수준을 유지하기에는 적절하지만 생활과 건강을 유지하기 위한 필수품을 구입할 수 없을 때에 발생된다. Rowntree는 불충분한 자원 보다는 타고난 지능이나 도덕성의 결핍에 의해서 이차적 빈곤과 일차적 빈곤이 구별된다고 한다. Rowntree는 순전히 육체적 효율성의 유지를 위한 최소의 필수품이라는 정의를 내리기 위해 미국의 영양학자인 Atwater의 연구를 이용했다. Atwater는 미국의 죄수를 대상으로 실시한 연구를 바탕으로 최저의 영양을 산출했다. 그는 죄수들의 체중을 일정하게 유지하기 위해 필요한 음식의 양을 결정함으로써 하루에 섭취할 최지한의 칼로리를 산출했다. Rowntree는 남녀별 변수들을 고려하고 최저필수품에 포함된 식품의 시장가격을 산출함으로써 자신의 빈곤 정의의 기초로 사용될 저렴한 식단을 구성하였다.[7)]

영양상의 최저필수품을 산출하는 현재의 과정들은 이러한 초기의 시도들 보다 발전된 것이지만, 그러나 여전히 적절한 영양에 대한 평가를 기초로한 최저 칼로리 섭취 및 실제의 소비형태를 모두 고려한 영양상의 욕구들에 대한 판단에 근거하고 있다. 그 기본적인 기술로는 빈곤에 대한 여러 가지 생계 측정의 기초가 되는 미국 농무성의 경제적 식단이 사용된 바 있다. 그러나 최저한의 영양기준을 확보하는 데에 필요한 최저 금액이 생활유지에 필요한 항목에 소요되는 비용을 의미하지는 않는다. 음식비용을 전체 비용으로 전환시키는 수단이 필요하다. Engels는 1857년 소득과 식비 지출의 비율간에는 역의 상관관계가 있음을 발견했다. 엥겔계수는[8)] 다양한 소득계층들에 대해 가계 예산 중에서 차지하는 식비지출의 비율을 검토함으로써 산

7) Townsend, P., 'the Meaning of Poverty', *British Journal of Sociology*, XⅧ, No. 3, September, 1962, p.215
8) 엥겔계수에 대해서는 Hobsbawm, E. J., *'Poverty', New Intenational Encyclopedia of the Social Sciences(forthcoming)*를 보라.

출된 것인데, 이것은 가족이 빈곤하지 않게 생활하기 위해 필요한 최저 가계예산을 알려 준다.9)

엥겔계수를 이용하여 식품 이외의 항목에 대한 총 지출을 산출하는 방법 이외에 다른 대안은 생계에 필요한 각 소비항목 - 주거, 의료, 의복 - 에 대한 항목별 예산을 개발하는 것이다. 이러한 과정은 각 항목별로 최저 필수품을 구체화 할 수 있고 이것을 적절한 소비와 부적절한 소비간의 구분을 위한 분기점으로 활용할 수 있다는 것을 전제로 하고 있다. 이 과정을 설명하기 위해서는 최저한의 의복 욕구를 어떻게 규정할지를 고려해야 한다.

1930년대 Dorothy Brady는 욕구에 대한 소득의 탄력성 원리에 근거하여 굉장한 계획을 구상했는데 이것은 전체 지출보다는 구매된 의복의 수를 중요시 하였다. 어떤 가족은 소득이 상승함에 따라 구매하는 다른 부차적 항목들의 수는 줄어 들면서 그 단위당 지불가격은 증가되는 중요한 지점에 이르게 된다. 그 지점은 의복 빈곤선으로 정의된다. 이와 유사하게 각 소비항목에 있어서 이용형태와 자의적인 적정기준간의 조합을 나타내는 분기점이 결정될 수 있으며 이러한 분기점들이 모이면 빈곤선을 결정하는 토대가 된다. 의복의 경우는 풍요해짐에 따라 탄력 시발점(elasticity theshold)이 비교적 저소득에 가까워 지고, 그래서 빈민과 비빈민을 구별함에 있어서 유용성이 낮아진다. 그렇지만 여전히 이 개념은 상당한 장점을 지니고 있다.

우리가 예상했듯이 필수품 뿐만 아니라 기타 필수품과도 관련시켜 최저 생계 바스켓을 정의하려는 많은 시도가 행해져 왔는데 1915년에 뉴욕주의 공장조사위원회가 실시한 연구와 같은 최저생활비를 산출하려는 초기의 노력들 중의 일부는 적절한 식사와 위생적인 주거라는 두 조건을 충족시키는데 필요한 금액을 토대로 하였다.10) 그러나 식품 이외의 생활필수품에 대해

---

9) 이 관계는 C=ME라는 등식으로 나타낼 수 있다. C가 한 가구의 총소비 비용과 같은 경우에 M은 최저 식품바스켓의 비용과 같고 E는 엥겔계수의 크기와 같다. Taira, Koj, *Country Report No.6 on Japan*, International Trade Union Seminar on Low Income Groups and Methods of Dealing with their Problems, Social Affairs Division of the Organization for Economic Coperation and Development.

10) 이 연구들은 최저임금을 결정하는 방법에 대한 관심에서 비롯되었다. Lamale,

서 적정한 기준을 확립하기란 매우 어렵다. J. M. Luck은 제 2차 대전 이후의 빈곤개념을 분석하면서 이 문제를 다음과 같이 지적하였다.

> 여기에서 고려된 결핍은 인지된 생체학적 필수품, 즉 식품과 음료이다. 주거에 대해서는 거의 언급하지 않았다. 주거에 대한 욕구는 지역마다 그리고 사회관습마다 다양하다. 그것을 정확하게 측정할 수는 없다. 연료는 추운지방에서 필수적이시만, 또한 지역적으로 가변적인 필수품이다. 의복에 대해서도 마찬가지이다. 필수품에 대한 관습적이고 생물학적인 정의는 물과 식품 이외의 거의 모든 것(단, 재생산은 예외이다.)을 포함하지 않고 있다.11)

그 후에 Orshansky는 '식품을 제외한 생활필수품에 대해 일반적으로 받아들여질 수 있는 적절한 기준이 없다'고 기록하고 있다. 뒷부분에서 밝혀지겠지만 실제로 필수식품의 최저량을 산출함에 있어서 조차도 적절한 기준이 부족하다.12) 이러한 사실은 생계라는 용어가 의미하는 적절함에 대한 절대적 기준(an absolute standard of adequancy)을 측정하려는 시도들의 유용성에 대해 심각한 의눈을 세기한다.

## 2. 적절한 영양에 기초한 빈곤정의

사회보장청 SSA은 빈곤을 영양의 부적절함이라고 정의하고 있다. 이러한 개념은 분명히 적절한 식사를 위한 최소비용을 결정하는 기준을 의미한다. 대공황 동안 전국조사위원회 NRC는 칼로리와 필수 영양소의 섭취를 위한 영양상의 최저 필수품을 규정하는 근거로 쓰이는 표준식단을 개발하려고 노력하였다. 모든 식품들이 그 영양성분에 따라 11개 범주로 분류되었고, 개

---

H., 'Change in Concepts of Income Adequacy in the Last Century', *American Economic Review*, ⅥⅦ, May, 1958, pp.291~299

11) Luck. J., *The War on Malnutrition and Poverty*, New York, Harper & Brothers, 1946, p.15

12) Orshansky. M., 'Counting the Poor: Another Look at the Poverty Profile', *Social Security Bulletin*, ⅩⅩⅧ, No.2, January, 1965, p.5

인의 성 및 연령별로 필요한 식품의 양을 산출하였다. 그 결과, 식사관습을 고려하지 않은 채 권고된 식품들을 경제적 방식으로 구입해야 한다면 이것은 지나치게 낮은 것이다. 예를 들어 Stigler는 최저한의 칼로리를 가장 값싼 마켙 바스켓으로 구매할 경우 적절한 식사에 필요한 식품구입비는 1944년에는 약 40불이라고 산출했다.[13] 그 이후 그 시기에 물가상승을 3배로 하더라도 현재의 비용은 연간 120불 이하일 것이다. Stigler가 이러한 계산을 통해 입증하려고 한 것처럼 불행하기도 미국사회의 사람들은 단순히 가장 저렴한 식품항목들을 소비하지 않는다는 것이다. 그래서 현실적인 빈곤 정의는 실제 소비유형에 주목할 필요가 있다는 것이다. Orshansky는 '비록 식품이 있다 하더라도 사회적 인식과 관습에 따르면 그 양이 충분해야될 뿐만 아니라 권고된 영양목표를 충족시키고 관습적인 식사유형과 일치될 만큼 충분히 다양해야 하며 칼로리 만으로는 불충분하다'고 인식하였다.[14] 그러나 최저필요물을 측정하는 가장 훌륭한 기초를 제공하는 것은 식품뿐이 아니다. 어쨌든 빈곤의 정의는 관습적인 행위와 적절한 영양에 대한 전문가의 규정을 모두 고려해야 한다.

미국 농무성은 가구별 식품소비 조사에서 이러한 사실을 반영하여 식품비를 경제적 수준, 저렴한 수준, 적절한 수준, 풍요한 수준의 4가지로 구분하고 이러한 4가지 경우별로 표준가족의 식품비를 산정하였다. 그러나 만약 적절함에 대한 별도의 개념을 고려하지 않은 채 주요한 소비유형만을 기준으로 채택한다면 적절한 식사와 부적절한 식사를 구별하는 분기점을 설정하는 객관적인 방법이란 없다. 그러므로 각 소득집단별로 식단을 구성할 경우 영양기준과 소비유형간 적합한 교환에 대한 전문적인 판단을 기초로 해야 한다.[15]

미국 사회보장청의 빈곤 측정과정은 농무성의 '경제적' 식단(economy food plan)의 비용에 근거한 것인데, 이것은 소득계층 중에서 세 번째로 낮은 사람

---

13) Stigler, J., 'The Cost of Subsistence', *Journal of Farm Economics, XXVII,* 1945, p.311
14) Orshansky, M., 'Counting the Poor', *op.cit*
15) Orshansky, M., 'Counting the Poor', *op.cit*, p.5

들의 식품 소비유형에 적합하도록 구성된 것이다. 이것은 자금이 적을 경우 일시적인 혹은 긴급한 용도를 위해 고안된 것이며, 그 비용은 저비용 식단의 약 75~80%이다.[16] 이것은 식단이 필요했던 1960년경에 채택되었는데 공적 부조를 받는 가족의 실제 식품예산과 일치한다. 기존의 공적 부조 기준은 빈민의 식품 소비욕구를 규정하는데 도움이 된다.

비용을 산출함에 있어서 농무성은 주부는 각 식품집단별로 평균적인 선택을 하며, 바스켓 내의 각 식품항목에 대해서는 평균 가격이 지불됨을 전제로 하였다. 매년 이 평균 가격은 직장에서의 점심을 포함하여 모든 음식을 집에서 준비한다고 가정했다.

한 가족의 최저 필요소득을 결정하기 위해서는 엥겔계수가 필요하다. 1955년의 농무성 조사는 저소득 가족의 가족 총소득 중 식품비 비율을 결정하기 위해 실시되었다.[17] 실제로는 3개의 계수가 사용되었는데, 2인 가족에게는 0.27, 3인 이상 가족에게는 0.33, 독신에 대해서는 특별히 2인 가족의 총 필요물의 약 80%를 기초로 하였다. 마지막에 대해서는 저소득인 경우 독신자의 생활비는 2인일 경우 보다 약간 적을 것이라고 가정하였다.

사회보장청이 빈곤을 정의하고 측정한 과정은 여러 가지 산출방법 중에서 선택할 때 그 선택 기준이 반드시 비합리적인 것은 아니지만 자의적이라는 비판을 받기 쉽다. 이러한 자의성의 범위나 성격은 다음의 네부분으로 검토될 수 있다. 즉, 그것은 엥겔계수의 크기, 영양욕구의 다양성, 실제소비유형과 적절한 식사의 구성 요소에 대한 전문적 판단 간의 불일치, 경제적 마켙 바스켓에 대한 집착 등이다.

## 3. 엥겔계수의 크기

엥겔계수의 크기는 분명히 빈곤의 범위를 결정하는 데에 영향을 미친다.

---

16) Orshansky, M., *ibid*, p.6

17) U. S. DOA., Houseold Food Consumption Survey, 1955, *Dietary Evaluation of Food Used in Households in the United States*, Report No. 16, November, 1961

그러나, 사회보장청은 이것을 독신자의 최저 가계를 결정하기 위해 사용하지는 않았다. 독신자의 필수물은 2인 가족의 지출 중에서 차지하는 비율에 의해 간접적으로 산출되었다. 이 점에 대해서는 '성인 전체에 대한 자료를 개별적으로 분리해서 파악할 수 없으므로 소비자료를 이해하기 어렵기 때문'이라고 설명하였다.[18] 비록 과정이 합리적일 수도 있지만, 한 성인의 욕구는 성인 부부의 욕구 중에서 차지하는 비율에 의해 산출하는 것을 뒷받침한 확고한 증거는 없다고 생각된다. Orshansky는 초기의 보고서에서 '한 사람의 생활비와 부부의 생활비와의 관계는 누구나 조금씩은 말할 수 있지만 정확하게 알지 못하는 미해결의 문제이다'라고 기록한 바 있다. 이러한 결함은 심각한 것이다. 왜냐하면 Orshansky가 설명했듯이 독신가구의 생활비 조정은 노인의 가계 욕구를 산출함에 있어서 매우 중요한 사항이기 때문이다. 만약 그 비율을 80%가 아닌 60%, 또는 70%를 채택한다면 노인의 빈곤율은 급격히 낮아질 것이다.[19]

만약 사용된 지수의 크기를 고려한다면, 사회보장청의 방법은 더 심각한 비판을 받게 될 것이다. 즉 지수가 낮을수록 빈민의 수는 많아질 것이다. Orshansky는 소득과 식비지출간 관계를 산정하는 데에 농무성의 1955년 소비조사[20]와 노동통계국 BLS의 1960~1년 도시가계조사[21] 등 2개를 이용하였다. 노동통계국의 조사에서는 모든 가족은 그 크기에 상관없이 소득의 약 25%를 식비로 지출한 것에 비해, 농무성의 조사에서는 가족의 크기에 따라 상당한 변화를 보였는데 2인 이상의 가족은 평균 식비지출이 소득의 33%인 것으로 나타났다. 노동통계국의 자료는 조사자가 연간 식비지출을 산출한 것에 근거하였고, 농무성 자료는 조사기간 동안 소비된 상세한 식품목록에서 산출한 것이었다. 사회보장청은 농무성 자료를 채택했다. Haber는 이러한

18) Orshansky, M., 'Counting the Poor', *op.cit.* p.9

19) Orshansky, M.,'Budget for an Elderly Couple: Interim Revision by the BLS', *Social Security Bulletein*, XXIII, No.12, December, 1960, pp.28~31

20) U. S. Department of Aficulture, *op. cit.*

21) US Bureau of Labor Statistics, *Consumer Expenditures and Income*, Urban U. S 1960~1961, Supplement 3-Part A to BLS Report 237~238, Table 29A, July, 1964

선택에 대해 다음과 같이 평가했다.

Orshansky는 노동통계국의 연구가 식비지출을 과소 평가한 경향이 있지만, 이것은 다른 항목을 과대 평가하거나 또는 동일하게 과소 평가하지 않은 경우에만 영향을 줄 뿐이라고 지적하였다. 이것은 입증되지 않았고, 그 연구가 식품 이외에도 모든 지출자료를 수집했기 때문에 다른 자료에 대한 내부적 검토는 했을 것으로 보인다. 도구나 1950년과 1960년의 BLS 연구를 비교해 보면 동일한 방법을 쓰더라도 5~6%의 감소가 나타난다. 농무성의 초기 자료는 상당히 과장된 것임에 틀림없다.[22]

Haber는 도시의 4인 가족의 경우 빈곤의 분기점으로 지수 0.33 보다는 0.30을 채택하고 납세후 소득 보다는 총 소득을 선택하여서, 빈곤선으로 경제적 식단의 경우에는 3,474불을 저비용식단의 경우에는 4,263을 산출하였는데 이것은 농무성의 자료에 근거하여 산출된 3,130불과는 대조된다.[23]

또한, R. Friedman도 '공식적' 빈곤 정의를 비판하였다. 그녀는 실제소비 및 더 높은 엥겔계수를 사용함으로써 빈곤 인구를 절반으로 삭감하였다.

적절한 영양이라는 빈곤 정의는 4인의 비농촌가족의 빈곤선으로 2,200불의 소득을 갖는 4인 가족이 실제로 식비에 지출하는 금액은 평균 1인당 매주 6불 이상이었다. 왜냐하면 이 수준에서 소득 중 식비로 지출되는 가족들이 빈곤하다는 위원회의 평가와 10%의 가족이 빈곤하다는 본인의 평가 사이에 나타난 차이는 빈곤의 기본기준이 달라서 생긴 것도 아니며 서로 다른 자료를 이용했기 때문도 아니라는 점이다. 양쪽 모두 영양을 기준으로 빈민과 비빈민을 구분하였다. 즉 모두 동일한 적절한 영양기준을 이용했고 동일한 통계자료를 이용했다.[24]

정치적 현실이 기술적 결정에 어떻게 영향을 미치는가를 추측하는 것은

---

22) Haber, A., 'Poverty Budgets: How Much is Enough', *Poverty and Human Resources Abstracts*, Ⅰ, No. 3(1966), Ann Arbor, p.6

23) Haber, A., *op. cit.*, p.7

24) Friedman R. D., Poverty : *Definition and Perspective*, Washington D. C., American Enterprise Institute for public Policy Research, 1965, p.35

흥미있는 일이다. 경제자문가협의회 CEA가 채택한 최초의 빈곤 정의는 미국의 빈곤연구를 혹은 전체 인구의 약 1/5로 보다 정교하게 산출된 빈곤선들이 만약 정치적으로 수용되려면 CEA의 그것과 일치해야 했다. 새로운 정의가 빈곤의 성격을 변화시킨 것은 분명하지만 그 크기에 대해서는 그렇지 않았다. 따라서 기존의 빈곤의 범위를 크게 바꿀 수 있는 소득의 개념이나 엥겔계수의 크기 또는 식품소비에 대한 조사의 선택 등에 관한 기술적인 결정들은 생계의 의미에 대한 우리의 인식 뿐만 아니라 전문가의 판단을 위한 근거를 제공하는 정치적 견해와 현실에 대해서도 영향을 미친다.

이러한 논쟁에서 중요한 것은 누가 옳고 누가 그르냐 하는 것이 아니라 객관적으로 보이는 방법들을 이용하는 경우에 조차도 최저 기준의 선택은 필연적으로 자의적이라는 점이다. 이것은 다음 절에서 더 설명하겠다.

## 4. 영양 욕구의 다양성

자의성에 대한 다른 예로서는 활동수준이 아니라 연령 및 성별 집단에 따라 상이한 영양욕구들을 적용하는 것을 들 수 있다. 적절한 칼로리 섭취 기준은 18세에서 64세의 남성은 1일 약 3,000칼로리이고, 10세 미만의 아동은 1일 1,200~1,800칼로리이다. 그러나 연령 못지 않게 육체적 활동도 중요하다. 예를 들어 농부는 4500칼로리가 필요하다.[25)]

육체적으로 적합하다는 것은 정확하게 규정할 수 있는 조건이 아니다. 사람들은 먼저 무엇에 대해 적합한 것인가를 물을 것이다. 가장 건강한 은행원이라 할지라도 운전자나 광부의 일에는 부적합하다. 자신의 건강을 해치지 않고 두 세명의 자녀를 낳을 수 있는 여성일지라도 7~8명의 자녀를 갖는 것이 규범화된 사회에서는 모성으로서 요구를 충족시키지 못한다. 둘째로, 육체적 적합함이라는 기준은 나라마다 혹은 시기별로 그리고 계층별로 다양하다.[26)]

---

25) Luck. J., *op. cit*

26) Lynes, T., *National Assistance and National Prosperity*, Occasinal Papers on Social Administration, Welwyn, Codicote Press,1962, pp.9~10

Townsend는 앉아서 손으로 일하는 직업들을 비교해 보면 시간당 필요한 칼로리는 욕구를 산출하는 데 있어서 연령과 성이 고려되는데 육체활동의 수준도 마찬가지로 오히려 더 중요한 것으로, 간주되어야 한다. 왜냐하면 빈민들을 대개 비빈민들에 대해 육체적 힘을 더 필요로 하는 미숙련 직업에 고용되기 때문이다.

Townsend는 활동수준을 무시했다는 점 뿐만 아니라 영양기준에 포함되어야 할 다른 요소들도 무시된 점을 날카롭게 비판하였다. 그는 생계수준의 식사를 과학적으로 결정하는 데 큰 방해물이 있음을 다음과 같이 설명하였다.

영양적 욕구를 산출하는 데 있어서 실질적인 어려움들이 있다. 영양학자들은 사람들의 다양한 욕구들을 정교하게 구분하지 못한다. 이러한 산출은 직업별 영양섭취 연구조차도 참고하지 않았다. 어떤 최저 수준(가령 1,000~1,500칼로리 사이)을 넘어서면, 사람에게 필요한 칼로리는 그가 살고 있는 사회에 따라 결정된다. 또한 인간의 식사 욕구들은 기후, 주거시설, 여가활동 등에 따라 결정된다. 달리 말하면, 영양적 욕구의 산출 뿐만 아니라 일반 욕구의 산출은 절대적일 수 없다. 그것은 그가 사는 사회에 따라 상대적일 수 밖에 없다.27)

어떤 한 시기에 필요한 칼로리의 산출은 활동수준을 고려해야 하는데도, 영양학자들은 이 변수를 고려하지 않았다. 왜냐하면 그들은 기본적으로 빈곤의 문제에는 관심이 없었기 때문이다. 인간 욕구의 다양성을 과소 평가한 총체적 판단에 의존하고 있기 때문에 과학적 엄밀성을 결여하고 있다. 그러나 세부 항목에 대한 끝없는 정교화가 이 문제에 대한 적절한 해답은 아니다. 앞으로 나타날 기준은 가공성(unreality)이라는 새로운 차원을 추가시킨 매우 복합적이고 세밀한 것일 것이다. 또한 비록 칼로리 욕구가 에너지 소비에 의해 결정된다 하더라도 일과 여가활동의 최저수준을 정의할 방법은 없

27) Townsend, P., 'The Scale and Meaning of Poverty in Contemporary Western Society', *Dependency and Poverty*, 1963~1964, Colloquium Series Paper, Brandeis University, July, 1963, p.15

다.

칼로리 수준의 산출에 대한 이러한 비판들은 다소 과장된 것으로 보일 수도 있다. 왜냐하면 칼로리 요구는 유일하게 쉽게 충족될 수 있기 때문이다. 빈민에게 가장 큰 문제가 되는 것은 비타민, 철분 그리고 기타 영양소들을 균형있게 섭취하는 것이다. 또한 최저 칼로리 요구에 대한 의견 불일치는 일반적으로 적절한 식사란 무엇인가에 대해서, 그리고 규정된 식사와 조금이라도 어긋나게 되면 학습하고 노동하는 능력에 영향을 미치는 지의 여부 등에 대한 불일치 만큼이나 중요한 것은 아니다. 더구나 보다 정교한 칼로리 산출을 구하는 것이 엥겔계수의 크기를 변화시킨 것 만큼이나 빈민의 수에 영향을 미칠지는 의문스럽다. 다른 한편으로 육체활동의 수준이라는 문제는 영양학자들의 객관성에 대한 요청을 무시하고 측정의 어려움을 부각시킴으로써 가치문제를 강조하였다.

## 5. 실제행위와 전문가적 판단 사이의 불일치

실제 소비유형을 검토해 보면 저소득 가족들간에 큰 차이가 있음을 알 수 있다. 평균적으로 1958년에 2,999불의 소득을 갖는 가족들은 농무성의 저비용 식단 보다도 1인당 식비 지출이 많았는데, 흥미 있는 것은 가족들의 28%는 그것 보다 적게 지출한다는 것이다. 이러한 현상 중의 일부는 단순히 지역 차이에 기인한다. 예를 들어 1959년에 미국에서 12세 미만의 자녀 2명과 부부로 구성된 가족의 주당 평균 식비는 24불이었는데, 지역적으로 남부는 19.8불이었고, 북부는 26.5불로 나타나 약 35% 차이를 보였다.[28)]

---

28) 흔히 간과되는 것은 지역간 이동이 식품비의 영향을 받는 것처럼 보인다는 것인데, 그것은 식품소비유형은 쉽게 바꿀수 없기 때문이다. 흑인의 영양에 관한 보고서에 따르면 북부에 사는 남부 출신의 흑인들은 이상한 식습관을 갖고 있는 듯했다. 즉, 영양가가 매우 낮은 남부식품을 얻는 데에 큰 돈을 쓴다. Mayer, J., 'The Nutritional Status of American Negroes', *Nutrition Review*, XXIII, No.6, June, 1965, p.163, 또한 'Low Cost Food Plans-New Regional Estimates', *Research and Statistics, No.28, Social Security Administration*, October, 1959를 보라.

또한 노인들의 지출은 큰 차이를 보였다. Orshansky는 미국의 20개 대도시 및 근교 지역에 거주하는 노인들의 생활비를 20%정도의 편차가 있다고 평가했다. 즉 휴스톤에서는 2,461불인데 비해 시카고에서는 3,366불이었다. 이러한 생활비 차이가 저비용 식단의 비용에 어떤 영향을 미치는지는 불명확하다. 한편으로 생계수준의 경우 실제 가계예산에서 큰 변수가 존재할 여지가 적으며 따라서 실제 지출에서도 변수가 없다는 주장은 그럴 듯 하다. 다른 한편으로 저비용 식단을 취할 것을 예상되는 소득집단의 실제 지출에는 많은 변수들이 있다. 만약 우리가 하나의 항목(가정에서의 식품소비)을 고려한다면, 보스톤 지역은 900불에 이르고 있다.

이러한 변동은 빈곤을 측정하기 위해 단일한 식품계획을 이용하는 것에 대해 의문을 제기한다. 회의론을 갖게 되는 가족에게 적절한 식사를 제공하는 효율적인 가정주부를 가정하고 있다는 사실에 있다. 이것은 잘못된 것으로 보인다. 왜냐하면 저소득 가정의 주부는 정보를 잘 모르고 고객일 수 있으며, 상대적으로 소득이 많은 주부들이 구매하는 식품에 비해 저소득 주부가 구매하는 식품은 가격이 비싸거나 품질이 떨어질 수도 있다. 노동통계청의 최근 연구는 빈민들이 상류층 소비자들보다 식품비를 많이 지출하지만 저소득 지역에서는 식품점들이 더 이상 늘어나지 않는다고 결론을 내렸다. 빈민이 바가지를 쓰는 것은 아니지만 그들은 규모의 경제를 이용하지 못한다. 예를 들어 빈민은 밀가루를 구입할 때에 5파운드 제품보다 2파운디 제품을 사는데, 이럴 경우에 밀가루의 값은 뉴욕에서는 파운드당 14%, 시카고에서는 35%정도 더 비싸게 주는 셈이다. 우유, 설탕, 기타 물품들도 유사한 차이를 보여 준다.[29)]

위의 예에 비추어, 경제적 식단이나 저비용 식단에 규정된 수준으로 생활하기에 충분한 자원을 가진 많은 사람들도 결국 규정된 최저수준의 식사를 하지 못하게 된다는 사실을 깨닫는 것은 놀라운 일이 아니다. 그러나 전문가들이 실제의 소비유형을 반영하게 위해 최저식비의 산출을 어느 정도까

29) 그러나, 이 연구는 체인점이 저소득지역에 생겨나지 않는 이유를 검토하지는 않았다. *New York Tomes,* June 12, 1966, p.56

지 수정해야 하는가? 만약에 적절한 최저 식사를 확보하는 데 필요한 예산을 실제로 가족이 그러한 최저수준을 확보하는 데에 소비하는 것보다 적게 규정한다면 전문가들이 빈곤선을 결정함에 있어서 오류가 있었는지 없었는지 혹은 빈민의 소비능력이 부족하기 때문에 일반적인 소비유형이 부적절한지 적절한지에 대한 판단을 내리기 어렵다. 더 중요한 것은 그 기준이 실제 소비에 기초를 둔 정도에 따라 그 분석에는 순환성이 있다는 것이다.[30] Orshansky는 필자와 토의를 하는 가운데 최저한의 영양욕구를 결정하는 데에 있어서 외부적인 기준은 없음을 파악하게 되었다.

## 6. 경제적 마켙 바스켓

영양상의 빈곤을 예방하기 위해 필요한 식품항목들의 마켙 바스켓 비용은 가장 경제적 바스켓이 가능하도록 산출될 수 있다. 비용의 최소화에 대한 관심은 실제 소비유형을 설명하려는 의도와 갈등을 일으키며 빈곤선의 정의를 비현실적으로 만들게 한다. Rowntree가 '여러가지 식품재료들의 영양가에 대한 상당한 지식과 요리기술이 없다면 어느 주부든지 내가 이용했던 것만큼 경제적으로 식단을 결정하기가 어려울 것'이라고 생각하였다는 점에서 그는 이러한 사실을 잘 인식하였던 것이다.[31] Orshansky도 역시 이것을 인식하고 있었다. 즉 그녀는 '비용수준이 낮을수록, 식품의 종류와 질은 더 제한될 것이며 시장 보는 것과 음식 준비하는 기술이 더 좋아져야 한다'고 하였다.[32] 그러나 빈민은 확실히 장보는 기술이나 양에 대한 지식 그리고 저렴한 요리법 등을 아주 조금 밖에 알지 못한다. 빈곤가계에 의해 규정된 영양욕구를 충족시키지 못하는 것은 빈민의 소비능력이 없음, 즉 이차적 빈곤을 반영하는 것으로 보여진다. 만약 식사가 실제 소비에 근거해 있고 일차적 빈곤과 이차적 빈곤 사이의 혼동을 피한다면 근검한 기준들은 반드시

---

30) Orshansky, M., 'Counting the Poor', *op. cit*, p.8

31) Rowntree, B. S., Human Needs of Labour, *op,.cit*, p.112

32) Orshansky, M., 'Counting the Poor', *op. cit,* p.6

완화될 것이며 인간의 실수에 대한 보다 현실적인 가정이 수용될 것이다. 가계 예산에 현실성을 반영시킨다면 그 효과는 빈곤선을 상승시키게 될 것이고 빈곤의 크기를 증가시킬 것이다.

## 7. 요 약

필자는 빈곤의 생계 개념이 자의적이고 순환적이고 상대적임을 입증하려고 하였다. 영양상의 필요에 근거한 빈곤개념을 전문가의 정의 뿐만 아니라 실제적인 생활수준 및 유형에도 의존하고 있다. 그래서 적절한 식품을 조사하기 위한 어떠한 외부적 기준도 이용이 불가능하며, 따라서 빈곤의 생계개념은 순환적이다. 그러나 이러한 절차는 가치판단에 대해 최저의 관심을 지닌 과학적 엄밀성에 근거하고 있다고 주장하는 영양적 접근방법을 박탈해 버린 많인 자의적 판단을 갖고 있다. 관습적 행위를 설명하자면 빈민과 비빈민을 구별짓는 관련 소득집단을 미리 아는 것이 필요하다. 그러므로 빈곤의 측정과정은 계속적인 순환논법에 기초하고 있다. 이렇게 되면 빈곤기준이 얼미 만큼 엄격해야 하는지 혹은 관대해야 하는지에 관해 상이한 가치판단들을 갖고 있는 사람들은 빈곤이 중요한 문제인지 아니면 사소한 문제인지를 입증함에 있어서 동일한 자료를 이용할 수도 있다. 소비기준과 전문가의 판단 사이에 교환점(trade-off)을 엄격하게 혹은 관대하게 규정하려는 사람들에 의해 도전 받을 수 있다.

다른 한편으로 가계예산이 가장 경제적이어야 한다는 기준은 전문가들로 하여금 낭비 없는 예산 그리고 장보기와 요리에 대한 풍부한 지식이라는 비현실적 전제를 내세우게 만든다. 경제적 예산은 지식에 근거해야 한다. 이렇게 되면 일차적 빈곤과 이차적 빈곤사이에 지속된 모호함은 최저영양기준이 결정되는 과정 속에서 나타난다. 만약 우리가 소비능력과 적절한 소비자원 사이를 구분할 수 없다면 전문가의 판단에 이의를 제기하거나 그것을 수정할 독자적인 기준이 없다.

빈곤의 생계 개념에서 나타나는 거의 모든 절차들이 의심 받을 수 있다.

저소득 집단의 일부가 아니라 전체의 소비유형에 근거하고 있다. 영양욕구의 평가에서 성과 연령은 고려되지만 육체활동은 제외된다. 실제 행위가 아니라 평균 물가와 평균 소비가 저비용 식품계획을 구성하는 기준으로 사용된다. 경제식품계획은 저비용 계획으로부터 자의적으로(대략 3/4수준 정도로) 도출한 것이다.

우리는 빈곤의 생계조사는 영양의 적절함이라는 기술적 혹은 과학적 개념에만 전적으로 의존해야 한다고 주장할 수 없다고 결론을 내려야 한다. 가치, 선호 그리고 정치적 현실은 생계의 개념에 영향을 비친다. 그렇지만 일단 생물학적 정의를 버리고 실제적 소비를 고려한다면 생계적 측면에서의 어떠한 절대적인 빈곤조사라고 불가능하다. 이 글의 첫 부분에서 검토한 다른 빈곤 개념에 보다 관심을 가족 발전시킬 필요가 있다.

<참고 문헌>


Ben. H., Bagdikian, *In the Midst of Plenty : A New Report on the Poor in America*, New York, Signet Book, 1964

Robert H. Bremner, *From the Depths : The Discovery and Poverty in the United States,* New York University press, 1956

Wilbur J. Cohen & Eugenia Sullivan, 'Poverty in the United States', *Health, Education and Welfare Indiccations*, February, 1964

Leo Fishman, *Poverty Amid Affluence*, New Haven, Yale Univ. Press. 1966

John Kenneth Galbraith, *The Affluent Society*, Boston, Houghton, Mifflin Company, 1960

Nathan Glazer, 'Paradox of American Poverty', *Public Interist,* Fall 1965

Margaret S. Gordon(ed), *Poverty in America*, San Francusco, Chandler publishing Co., 1965

Allan Haber, 'Poverty Budgets : How Much is Enough?', *Poverty and Human Resources Abstracts,* Vol.1, No.3(May-June 1966), pp.5~22

Michael Harringtion, *The New Equality*, New York, The Viking Press, 1964

Leon H., Keyserling, *Progress or Poverty : The United States at the Crossroads*, Washington, D. C., Cofernce on Economic Progress, December, 1964

Helen H. Lamale and Margatet S. Strotz, 'The Interism City Worker's Family Budget', *Monthly Labor Review*, August, 1960

Robert J. Lampman, *The Low Income Population and Economic Growth*, United States Congress, Joint Economic Committee, Study Paper Number 12, 86th Congress, First Session, December, 1959

Herman P, Miller, 'Change in the Mumber and Composition of the Poor', *Poverty in America,* M. S. Gordon(ed) San Francisco, Chandler Publishing Co. 1965, pp.81~101

Herman P. Miller, *Income of the American People*, New York, John Wiley and Sons, Inc., 1955

Herman P. Miller(ed), *Poverty - American Style*, Belmont, California, Wadsworth Publishing Co., 1966

Herman P. Miller, Rich H. Martin, Wilbur J. Cohen, and Harvey E. Brazer, *Income and Welfare in the United States,* New York, McGraw- Hill Book Co., Inc., 1962

James N. Morgan, David H. Martin, Wilbur J. Cohen and Harvey E. Brazer, *Income and Welfare in the United States*, New York, McGraw-Hill Book Co.Inc.,1962

Mollie Orshansky, 'Bugdet for an Elderly Couple, An Interim Revision by the Bureau of Labor Statistics', *Social Security Bulletin,* December, 1960

Mollie Orshansky, 'Who's Who Among the Poor : A Demographic View of Poverty', *Social Security Bulletin*, July, 1965, pp.3~33

Charles E. Silberman, *Crisis in Black and White,* New York, Random House, 1964

*Economic Report of the President,* Transmitted to the Congress, January 1964 and 1965 togerther with T*he Annual Report pf the Council of Economic Advisors*

*Economic Roport of the President & A Report on Manpower Requirments, Resources, Utilization and Trainning by the United States of labor*, Transmitted to Cogress, March 1964 and March 1965

# 제 9장 빈곤의 정의와 측정 (II)

David Piachaud[*1)]

## 1. 서 론

Townsend의 기념비적 저서인 「영국의 빈곤」이 출간된 이후 7년이란 세월이 허무하게 지나 갔나. 더욱 심각한 것은, 영국에서 빈곤문제가 더욱 심화 되고 있다는 것이다. 빈곤에 대한 관심의 열기는 있었으나 학문적으로 빈곤을 연구하려는 노력, 즉 빈곤의 정의, 측정방법 또는 빈곤추방은 거의 없었다는 것이다.

그러나 한가지 분명하게 성취된 것이 있다. 그것은 빈곤의 상대적 정의이다. 여기에 대해 심각하게 의문을 제기한 유일한 사람은 절대론자적 접근방법의 사례를 발표한 Sen(1983)이다. 그는 빈곤선은 '인간이 영양에 대한 욕구를 해결할 수 있을 뿐만 아니라 공공활동에도 적절히 참여할 수 있어야 하며(Townsend가 규정한 것과 같이), 그리고 관행을 만족시키지 못하더라도 (Adem Smith가 논의한 바와 같이) 대중 앞에서 부끄러움을 느끼지 않는 수준을 나타내는 것'으로 정의되어야 한다고 주장하고 있다.(p.167) Sen은 이러한 절대적 욕구를 해결하는 데에 필요한 것은 상대적으로 결정된다고 주장한다.

---

* 이 글은 *Journal of Social Policy* 제 16권 2호, 1987에 실린 'Problems in the Definition and Measurment of Poverty'를 번역한 것이다.

1) 이 논문에 대한 시론은 1986년 9월에 개최된 ESRC 사회보장 워크숍에서 발표되었다. 필자는 워크숍 참가자들의 비평에 감사드리며, 특히 J. Bradshow, H. Fawcett, J. LeGrand, J. Veit-Wilson, R. Walker의 도움에 감사드린다.

Atkinson(1985)은 이 방법을 '잘못된 것'이라고 지적하였다.(p.16) 육체적 생계수준을 찾아내려는 Sen의 절대적 목표는 너무 막연하여 이론적으로 실제적으로 사용하기에는 곤란하다. 생계수준과 밀접히 관련시켜 볼 때, 생존을 위해 어느 정도의 절대적인 최저수준이 절실히 요청되지만, 그러나 이와 반대로 어떠한 빈곤 기준이든지 반드시 일반적인 사회적 기준을 반영해야 한다. 그것이 곧 상대적 기준이다.

본 논문에서는 빈곤의 정의에 대한 극히 다른 3가지 접근방법이 논의된다. 이 접근방법들은 최근 발표된 3편의 논문에 기초하고 있다.(Bradshow, 1987, Veit-Wilson, 1987- 이 두 논문은 Journal of Social Policy에 실린 것임- 그리고 Deasai, 1986) 하지만 이 논문들은 각각 세가지 접근방법 중 두가지 이상을 통합하여 논의하고 있다. 본 논문은 먼저 이 3가지 접근방법들을 서술하고 검토할 것이며 다음으로 빈곤의 정의 및 측정에서 크게 간과되어 왔던 몇몇 문제들을 논의할 것이다. 결론 부분에서는 각 접근방법의 다양성을 평가하고자 한다.

## 2. 세가지 접근방법

### A) 사회적 합의

첫 번째 접근방법은 일반인들이 생각하는 빈곤수준은 어떤 것인지를 찾아 내는 것이다. 이것은 2가지로 구분된다 :

a) 일반인들의 의견은 빈곤은 최저수준에서 제시되어야 한다는 것이다.
  - 바람직한 빈곤 수준
b) 일반인들의 의견은 빈곤은 세금을 납부할 수 있는 최저소득이어야 한다는 것이다. - 재정능력이 있는 빈곤수준

이러한 빈곤선에 대한 접근방법은 사람들에게 어느 정도의 소득이 필요한가 그리고 생활기준에서 어떠한 항목이나 내용이 필수적인가를 탐구해 나

가는 것이다. 전자의 접근방법은 Van Praag와 그의 동료들에 의해 채택되었고,(1982) 후자의 접근방법은 LWT Breadline Britain 시리즈에서 채택되었다. 이것은 주로 Vetin-Wilson(1987)이 주장하였다.

**B)** 예산기준

두 번째 접근방법은 다양한 지출유형을 위한 가계기준은 규정하는 것이다. 기본적으로 전문가집단은 식품, 의료, 교통, 주택, 난방 등에 얼마나 소비되어야 하는가에 대하여 전문적인 판단을 하도록 요청 받는다. 이 접근방법은 주로 Bradshaw(1987)가 주장하였다.

**C)** 행위

세 번째 접근방법은 소득과 관련된 행위를 검토함으로써, 사회행위의 변화에 근기하여 빈곤수준을 규명하려는 것이다. 특정한 빈곤수준보다 낮은 경우 소득의 감소는 박탈을 급증시키는 반면에 이 수준 보다 높으면 박탈은 서서히 감소한다. 이 접근방법은 Townsend가 개발하였고, Desai가 지지하였다.(1986)

이 세가지 접근방법은 명확하게 구별된다. 하지만 대부분의 학자들은 실제로는 여러 접근방법들을 혼용하고 있다. Veit-Wilson과 Bradshaw는 특정한 욕구들을 형성시키는 소득수준을 결정하기 위해, 합의 관점에 근거한 자료나 가계기준에 근거한 자료에 의해 결정된 특정한 욕구들과 지출형태에 관한 행위자료를 결합시킬 것을 주장한다. Desai는 사회적 합의방법의 장점을 지지하면서도 행위방법의 효율성을 옹호한다. Townsend는 사회적 합의 방법과 가계기준방법을 거부하며, 행위접근방법을 통해 완전한 객관적 정의를 모색하고 있다는 점에서 특징적이다. 이 3가지 방법들에 대해 검토해 보자.

### 1) 사회적 합의 접근방법

아마 사회적 합의 접근방법의 가장 매력적인 점은 자의적이고 독단적인 전문가들을 배제하고 '일반 사람들이 결정하게 하는 것'이다. Mack와 Lansley가 주장한 바와 같이 '원래부터 영국에서는 사회가 규정한 최저생활

기준 이하로 떨어진 사람들을 빈민이라고 규정해 왔다.'(LWT, 1983, p.30)

이 접근방법의 일반적 문제점은 전문가들이 이 견해에 쉽게 동의하지 않으려 한다는 점이다. 사회에 의해 규정된 최저생활 기준이 무엇이냐를 정의하는데 있어서 몇몇 사람은 분명히 의문을 제기할 것이다.

Van Praag와 그의 동료들은 EC의 지원을 받아서 8개 국에서 대규모 표본을 대상으로 생활을 유지할 수 있는 최저소득이 얼마인가를 조사하였다.(1982) 이 조사는 방법론상 심각한 문제점들을 지니고 있다. 8개국 중 6개국의 조사결과는 우편조사를 이용하였기 때문에 응답율이 각양 각색이었고, 조사대상자들이 응답한 최저 순소득 개념에 타 가족원의 소득, 2차적 소득, 그리고 국가급여 등이 포함되었는지가 명확하지 않으며, 주거비용의 차이점들이 고려되지 않았다. 또한 이러한 형태의 조사는 다음과 같은 피할 수 없는 개념상의 문제점을 지니고 있다. 연구목적에 대한 응답자의 이해에 따라 대답이 부득이하게 영향을 받을 수 밖에 없으며, 조사결과는 최저수준에 대한 대다수의 견해를 대변하여야 하나, 이것은 사실상 저소득층의 견해나 납제사들의 생각하는 수준과 다를 수도 있다. 빈곤관에 대한 국가간의 차이를 보여 주는 지표로서 이 조사는 약간의 흥미를 끌고 있지만, 빈곤을 정의하는 수단으로는 도움이 되지 못한다.

Mack와 Lansley는 이 LWT연구에서 그들의 조사대상자에게 생활필수품으로 생각되는 항목을 길게 나열하도록 요구한 결과, 대다수가 동의한 14개 항목의 생활필수품을 결정하였다. 그리고 이들 생활필수품 중 3개 내지 그 이상의 항목이 결핍된 사람들을 빈민이라 규정하였다.

이러한 접근방법에는 2가지 심각한 문제가 제기된다. 첫째, 빈곤을 초래하는 것이 왜 이 3개 또는 그 이상의 결핍 때문인가? Mack와 Lansley는 고소득집단 중 단지 소수만이 이러한 항목들을 살 여유가 없다고 말했기 때문에 이 수준을 빈곤수준으로 선택했다. 하지만 만약 이들 항목(14개) 모두가 생활필수품이라면, 비록 한 항목만 결핍되어도 우리는 이를 빈곤이라고 말하지 않을 수 없다. 두 번째 문제는 '생필품'이 부족한 사람들 중 많은 사람들에게 '비생필품', 즉 기호품은 부족하지 않다는 점이다. Mack와 Lansley의 조사대상자 중 단지 14%만이 매일 한갑의 담배가 필요하다고 생각했다. 그러나 42%는 자신이 가난하다고 여길지라도 매일 한갑의 담배를 피운다고 응답했다. 어떤 사람이 생필품을 살 형편이 못되면서 기호품을 살 여유가 있다면 그는 과연 가난한 사람일까?

영국에서 최근 빈곤에 관한 논문을 발표한 모든 사람들을 비판하면서 Ashton(1984, p.98)은 이것에 대해 다음과 같이 기술하고 있다.

> 가구주가 구입할 능력이 없어서 3개 또는 그 이상의 항목이 결핍된 것은 빈곤하다고 간주될 수 있다. 그러나 이들 필수품이 결핍된 이유는 자기 평가 되어야 한다. 많은 사람들이 기본적인 필수품을 구입할 여유가 없을지라도 그것을 살 자원을 갖고 있거나, 갖고 있었을 수도 있으며, 오히려 명백한 비생필품을 구입하는 데 자신들의 자원을 할당했을 수도 있다. 예를 들면, 어떤 가구주는 거실과 침실에 깔 가페트를 구입할 여유가 없기 때문에 카페트가 없을 수도 있다. 그러나 그는 값비싼 전축을 소유할 수도 있다. 우리는 누군가가 자신을 어떤 특별한 물품을 구입할 여유가 없다고 말하면서도, 그들은 보다 필수적인(또는 갖고 싶어하는) 것으로 여기는 어떤 물건에만 자신들의 돈을 사용하고 있다는 사실을 인정해야만 한다. 그러나, 그러한 것은 LWT의 목록에는 나타나지 않는다.

비필수품의 범위를 결정하지 않는다면, 사회적 합의방법이 어떻게 생필품 목록을 가지고 그 생필품을 구입하는데 필요한 소득액을 결정할 수 있는지를 알기 어렵다.(Veit-Wilson은 약간의 비생필품은 인정되며, 그리고 그것은 개인적 선택에 의해 결정되어야 한다고 제안했다. 따라서 유일한 문제점은 사람들이 생필품을 충분히 구입하자면 얼마의 소득이 필요한다라는 것이다. 생필품을 규정한 다수의 사람들이 무제한적으로 비생필품에 돈을 쓰는 것에 대해 이러한 방관적인 태도를 취할 수 있을지는 의문스럽다)

더 심각한 문제점은 생필품이라고 판단된 항목들을 소비, 지출 또는 수입의 수준으로 전환시키고자 하는 데서 대두된다. 이 주일에 한번씩 외식을 하는 것과 같은 몇몇 항목들에 소요되는 비용은 매우 다양하다. 일련의 생필품 목록에서 빈곤수준을 찾아내는 확실한 방법은 없다. 이 문제에 대한 자세한 논의는 본 논문의 두 번째 부분에서 다룰 것이다.

사람들이 지불할 수 있는 수준, 또는 재정적 능력이 있는 빈곤수준에 대해 Ashton은 다음과 같이 주장한다.

> 'LWT Breadline 연구는, 세금을 납부할 수 있는 사람들의 재정형편을 고려한다면, 사람들은 현재 국가의 최저기준 보다 더 높은 기준설정을 원하지 않음을 보여주고 있다. 이것은 기본적인 SB수준의 100%는 지금까지 제안된 어떤 정의보다 "사회적으로 인정된" 정의에 근접해 있음을 의미한다.'(1984, p.98)

이러한 주장은 빈곤 또는 다른 어떤 현상들에 대해서는 '사회적으로 인정된' 단일한 정의가 없다는 사실을 강조하고 있다. 가난하지 않은 납세자들은 기본적 SB수준이 적절하다고 합의할지도 모르지만, 빈곤수준에 살고 있는 사람들은 그렇지 않을 것이다.

이것은 만약 대부분의 사람들이 생필품으로 간주하는 품목을 구입하는데 드는 비용을 알지 못한다면, 부분적으로는 정보의 차이에 기인한 것이다. Atkinson(1985)이 새로운 기법으로 예견한 바와 같이, 사람들이 다른 방법에 의한 결과들을 알게 된다면 이러한 차이를 메꿀 수도 있다. 그러나 사람들이 바람직하다고 말하는 것과 그들이 지불할 수 있는것 사이에는 여전히 차이가 있다.

간단히 말해, 사회적 합의 접근방법은 이러한 문제점을 규명하고 그 답을 해석함에 있어서 전문가의 개입은 계속 필요하다. 그리고 사회적 합의 접근 방법은 가난한 사람들의 실상이 사회의 다수가 규정한 우선순위와 일치하지 않을 경우에는 그 문제를 해결하지 못하며, 또한 이 방법이 반드시 납세자가 지불할 수 있는 빈곤수준을 만들지는 못한다.(다른 접근방법들도 마찬가지로 이러한 비판을 받는데, 사회적 합의 접근방법은 대중이 지지하는 정의를 모색하는 유일한 방법이다.)

끝으로, 가장 중요한 것은 진정한 사회적 합의란 없다는 것이다. 가난한 사람, 다수의 사람, 납세자, 그리고 부자들의 여론은 각각 다르다는 것이다.

이 여론들의 우열은 사회의 권력배분에 의해 결정된다.

## 3. 가계기준

일련의 욕구들을 규명하고, 그 비용을 산정하는 데 가계기준방법은 많이 활용되고 있다. 적절한 식사비용을 산정하는 데 과학적인 영양정보를 사용하는 것은 오랜 전통을 갖고 있다. 가계기준은 Bradshaw가 묘사한 것처럼, 깡통따개의 평균 수명까지 계산할 정도로 매우 세밀하게 구성되어 있다. 그러나 이 접근방법에도 많은 문제점들이 있다.

어떠한 내용들이 포함되어야 하는가를 누가 규정할 것인가? 몇몇 집단의 경우에는 많은 사회적 합의가 가능할 수도 있다. 즉, 어린이의 경우 대부분 기분 좋은 식사, 의복, 난방, 장난감, 수학여행 및 휴일 등이 필수적인 것으로 보일 것이다. 어린이를 위한 가계기준연구에서 상기 항목들에 대한 비용을 산출하려는 시도가 있었다.(Piachaud, 1979) Lynes는 이러한 비용산출을 '잔인하고 인색하다'는 이유로 비난하였는데(1979, p.374) 이러한 비용이 지나치게 풍속하게 책정되었다는 주장은(적어도 문헌상으로는) 없었다. 이러한 현대적 최저 필요품의 비용은 모든 아동들에 대한 보충급여보다 많은 것이다. 성인들의 필요물을 정의하는 데에는 더욱 많은 문제점들이 있다. 왜냐하면 성인의 지출 중 신체적 생존에 필요한 항목이 차지하는 비율은 더 적기 때문이다.

본 논문의 후반부에서 논의되는 또 하나의 문제는 쇼핑이나 음식 및 의복 등의 구입에 소요되는 시간에 관한 문제이다. 쉽게 구입할 수 없는 '필수품'의 경우에는 또 하나의 문제가 있다. 대부분의 '전문가'들은 아마 개인의 재산에 대한 보험(새로운 사회기금(Social Fund)으로 인해 빚을 지는 것을 피할 수만 있다면)을 필요한 것으로 규정할 것이다. 대부분의 사람들은 그러한 보험에 가입하지 않는다. 따라서 정의와 실제사이에는 또 다시 차이가 생기게 되는 것이다.

사회적 합의 접근방법과 마찬가지로 가계기준방법에도 '비필수품'에 대한 문제가 있다. 비필수품인 담배나 술이 얼마나 '필요한지'를 결정할 방법이 없다. 이러한 항목에 대해 단순히 지출 평균 만큼을 할당하는 것은 문제를 해결하는 것이 아니라 오히려 '순수한' 가계기준 접근방법을 이탈하는 것이다. 또한, 예를 들어 음식들에 대해 지출되는 구체적인 '가계기준'에 따라 소득수준을 결정하는 이 접근방법은 관찰된 지출유형에 근거한 정보와 전문가의 정의를 결합시킨 것이다. 이것은 좋은 방법이라고 보여지지만, 다만 그것은 반드시 복합적 방법으로 인식되어야 한다.

이러한 문제점이 있음에도 불구하고, 예산기준 접근방법은 매우 유용하다. 이 방법은 특정 항목의 비용을 책정하는데 유용한 방법을 제시하고 있지만, 이 방법만으로는 어떠한 포괄적인 빈곤수준을 결정하기엔 불충분하다.

### 1) 행위접근방법

행위접근방법은 Townsend에 의해 가장 강력하게 제기 되었다. 그는 각 사회에서 일반적으로 공유되거나 인정되고 있는 생활양식을 정의하고자 노력하였다. 그리고 그는 자원배분의 척도에 있어서 자원의 감소에 따라 한 가족이 그 사회의 생활양식을 구성하는 관습과 행위 및 식사를 누리기가 매우 어렵게 되는 지점이 있는가를 밝히려고 했다.(p.60) 그는 '자원이 불균형하게 되는 박탈의 수준에 기초하여 객관적인 빈곤을 규정' 하고자 하였다.(p.249)

그의 방법은 특정한 지표를 정의하고 그것과 소득과의 관련성을 조사하며 박탈이 심화되는 소득의 '시발점'을 찾아내는 것인데, 이러한 그의 방법은 잘 알려져 있기 때문에 여기에서는 자세한 설명을 하지 않겠다.

5년전 필자는 다음과 같은 문제를 제기하였다. (a) 사용된 지표에 대한 의문점- 예를 들면, 요리된 아침식사를 하는 것이 선택을 의미하는가, 아니면 강제를 의미하는가? (b) 시발점의 존재에 대한 의문점 - 어떤 수준 이하에서 박탈의 변화가 뚜렷하게 나타나는가 아니면 뚜렷한 구분이 없이 연속적으로 나타나는가? (c) 객관적이고 과학적인 빈곤의 측정이라는 목표의 달성 여부에 대한 의문점들이다.(Piachaud, 1981)

필자는 일부의 생각과는 달리 가난한 사람들은 선택의 기회가 적고, 그리고 더 잘 사는 사람들 보다도 더욱 강제 당하고, 또한 극심한 빈곤을 겪고 있다는 점에 대해서는 의심하지 않는다.

LWT연구는 위에서 제시된 필자의 첫 번째 비판에 도움이 되었다. 이 연구는 개인들이 원하지 않아서 결핍된 항목과 구입할 여유가 없어서 결핍된 항목을 구분하였다. 그래서 적어도 주관적으로는 강제와 선택을 구분할 수 있게 되었다. 그 결과는 표 1에서 보는 것과 같이 8개의 항목인데 이것은 Townsend의 박탈지표 12개 항목과 매우 유사하다. 이들 8개 항목 중 과반수가 선택이 아니라 구입할 능력이 없기 때문에 결핍된 항목이며, 나머지 반은 그 반대이다.

<표 1> LWT 조사에서 나타난 선택과 강제

(단위 : %)

| | 원하지 않아서 못함 | 여유가 없어서 못함 | 필수 품목 |
|---|---|---|---|
| 1년에 1주일 정도의 야외여행 (친척 동반 없이) | 8 | 21 | 63 |
| 월 1회 친구/가족 식사 | 20 | 11 | 32 |
| 2주 1회 자녀 친구들과의 초청 다과회 | 10 | 5 | 37 |
| 2주 1회 야간 외출 | 26 | 17 | 36 |
| 2주 1회 육류 및 생선식사 | 6 | 7 | 63 |
| 1일 2회 더운 식사 | 17 | 3 | 64 |
| 냉장고 | 1 | 2 | 77 |
| 1주 1회 불고기 식사 또는 그와 동등한 식사 | 6 | 7 | 67 |

(출처) 부록 B와 표 3.1 Poor Britain(1985) by J. Mack and S. Lansley, George Allen and Unwin.

Mack와 Lansley는 다음과 같이 주장하였다. '이 연구결과는 어떤 항목에 대해 원하지 않았기 때문에 소유하지 못한 사람들이 소득범주 전반에 걸쳐 매우 공평하게 분포되어 있음을 보여주고 있다.'(p.92) 이러한 점에서 다음과 같은 Desai의 주장은 매우 이해하기 어렵다.

> 그는(Townsend) 표본의 수가 많다면 평균적으로 '구입할 여유가 있으나 원치 않는' 범주는 무시하는 것은 합리적이라는(아주 정당한) 결론에 대한 충분한 근거로서 응답자들과 소득수준간의 전반적인 부정적 상호관계를 믿었다.(1986, p.12)

Desai의 연구가 가장 문제삼는 것은 빈곤수준의 시발점의 존재와 관련된 것이다. Townsend는 다음과 같은 가설을 세웠다. '빈곤을 측정하고 표본규모를 결정하는 조건과 더불어 그러한 증거는 저소득수준에 있는 특정한 유형의 가구들에게는 박탈의 시발점이 존재한다는 것을 시사해 준다'(p.271) 그런데 필자의 결론은 다르다. '현재로서는 그러한 박탈 시발점의 존재를 입증할 만족스러운 증거는 없다.'(Piachaud, 1981, p.420) Desai는 이제 다음과 같이 주장한다. '따라서 빈곤의 시발점 수준은 두가지의 연구 - 1968/69년의 자료와 1983년의 자료- 로부터 확인된다. 소득계층내의 다양한 변수와 기호품에 대한 반대 의견 등을 고려해 볼 때 박탈 시발점은 분명히 존재한다는 것을 우리는 확신할 수 있다.'(1986, p.18)

Desai는 다음과 같이 서술하고 있다. 'Piachaud가 말한 바와 같이 문제는 "슬프게도 상당히 기술적이다." 그것은 정말로 Townsend나 Piachaud가 인정한 것 보다도 더욱 기술적인 것이다.'(1986, p.8) 이 문제에 대해서는 본 논문의 부록에서 논의할 것이며, 이 부록에서 필자가 과거에 주장한 결론을 왜 변경하지 않아도 되는지를 설명할 것이다. 기본적으로 소득이 감소하면 박탈을 증가한다는 주장이나, 소득이 감소하면 고소득층보다 저소득층의 경우에 보다 급속히 박탈이 증가한다는 것은 논란의 여지가 없다. 증명되지 않은 점은 행위의 변화가 분명히 나타나는 시발점에 있다는 것이다. 필자는 Desai에 의해 발견된 이 '시발점'이 소득변수에 대한 그의 설명에서 도출된 통계적 가공물이라고 주장한다. 소득의 상호성을 활용하면 불가피하게 박탈 시발점이 존재하는 것처럼 여기게 된다. 설령 Desai의 방법을 받아 드린다고 하더라도, Desai가 검증한 시발점 - 즉 Townsend가 개발한 방법이 가장 적절한 시발점 Townsend의 자료는 저소득층에 더 적합한 것처럼 보인다. - 인지는 확실하지 않다. 빈곤 시발점에 대한 만족할 만한 증거의 부재는 놀랄 만한 것이 아니다. 1981년에 필자가 주장했듯이 '두 요인의 결합- 생활양식의 차이점과, 빈곤이 상대적이라는 점-은 사실상 가난한 사람과 그렇지 않은 나머지 사람들 사이에서 어떠한 시발점이 발견되기를 기대할 수 없다는 것을 의미한다.'(p.421)

만약 이 시발점이 없다면 빈곤을 정의하고자 한 Townsend의 시도는 무엇이었는지 궁금하다. 그것은 빈곤수준의 객관적이고 과학적인 결정물로서는 매우 결함이 많다. 하지만 이러한 면에서 본 논문이나 기타 다른 연구는 극히 중요한 기능을 수행한다. 그것은 빈민들이 일반적으로 배제되는(항상 그렇지는 않지만) 경향이 있는 개인적 및 사회적 행위들을 밝혀주고 있다. 소득의 부족으로 인해 빈곤한 사람이 사회활동에서 배제되는지의 여부는 별개의 문제이나, 사회과학자들이 적어도 그 배제의 정도를 측정할 수만 있다면 그들은 아마도 가치 있는 일을 했다고 할 수 있다.

## 4. 간과된 문제들

빈곤수준을 정의하기 위한 3가지 접근방법을 검토해 보았으므로 본 논문의 나머지 부분은 빈곤을 정의하고 측정하는데 있어 다소 주목받지 못했던 측면들을 살펴 보도록 하겠다.

### 1) 시간과 가내 생산성

빈곤은 종종 화폐의 부족이라고 정의된다. 소득은 대체로 자원의 관리(command over resources)로 정의되지만, 대개 편의상 화폐소득으로 측정된다. 자원의 관리란 적어도 가내생산의 측정을 포함해야 하는데 이 가내생산은 결국 기회와 시간에 의해 결정된다. 이러한 요소들 중에서 일부는 거의 무시되어 왔던 어려운 문제점들을 발생시킨다. 가내생산은 야채를 재배하는 것으로 설명되지만, 현재 영국에서는 요리와 세탁과 자녀양육 등의 일반적으로 매우 중요한 일이다. 또한 인간에게 봉사하는 일들, 즉 식사, 세면, 배설, 손톱 깍기 등도 중요하다. 하지만 야채에서 부터 논의를 시작해 보자.

예산기준에 맞는 식사의 구성요소인 한 그릇의 감자튀김을 만드는데 얼마의 비용이 들까? 현재 감자 1파운드는 10페니에 살수 있다. 이 감자를 튀기기 위해서는 감자를 씻어서 껍질을 벗기고, 썩은 부분을 도려내고, 얇게 썰어야 한다. 그리고 이것을 튀겨야 하고 먹기 전에 건져서 기름을 빼야 한다. 그렇지 않으면 50페니를 주고 만들어진 1파운드의 감자튀김을 사야한다. 이것은 접시에 펼쳐서 데우면 바로 먹을 수 있는 것이다. 날감자는 값은 싸지만 많은 시간을 소요해야 한다. 이미 만들어진 감자튀김에는 식품가공업자의 시간을 보상해 주는 부가비용이 포함되어 있다. 기본적 식사에서 감자의 비용산출을 진흙이 묻은 날감자로 할 것인가? 아니면 이미 요리된 감자로 할 것인가라는 문제가 제기된다. 가내생산의 정도와 시간의 투자에 관해 어떻게 가정해야 하는가?

기타 의문점들 - 새옷을 구입할 것인가, 헌옷을 구입할 것인가? 세탁기는 필수품인가? 아닌가? 실직자가 외부로 면담하기 위해 걸어서 가야 하는가, 버스를 타야하는가?- 은 기본적으로 개인의 낙인과 사회적 지위에 영향을 미치는 문제로서 인식된다. 그러나 이러한 문제점들은 시간의 문제를 내포하고 있다. 즉, 헌옷은 세탁과 몸에 맞게 수선해야 하며 세탁은 세탁기 없이 손으로 할 수 밖에 없다. 즉, 헌옷을 입기 위해서는 많은 시간이 걸린다. 또한 걷는 것은 버스를 이용하는 것보다 많은 시간이 소요된다.

많은 부자들이 빈민들도 새옷, 세탁기, 교통비 등이 필요한지를 의문시하는 한가지 이유는 부분적으로 나마 적어도 빈민들은 시간이 많으며 더구나 장래를 걱정하지 않는다고 인식하기 때문일 것이다. 시간에 대한 이러한 가정이 옳은지는 매우 의문스럽다. 예를 들어 생활주기동안의 화폐소득과 관련된 변수들에 대한 자료는 많은 반면에 아동이나 기타 부양자를 양육하는데 드는 시간비용, 상점이나 편의시설로 부터 멀리 떨어져 사는 사람들이 교통이 불편하여 소모되는 시간, 자산조사를 통한 급여의 신청에 소요되는 시간, 그리고 일생의 여러 시기동안 시간의 부족과 과잉에 대한 자료는 거의 없다.

빈곤에 대한 어떠한 정의든지 가내생산에 투입되는 시간에 관해 어느 정도의 가정들을 내포하고 있다. 실직자나 퇴직자들이 직업이 있는 사람과 똑같은 시간을 요리하는 데에 소비한다고 가정할 수 있을까? 그들이 그렇게 할 수 있을까? 이러한 가정들이 적절한지는 불확실하나, 만약 이것이 밝혀진다면 보나 많은 도움을 줄 것이다.

화폐에 비해 시간이 지닌 보다 복잡하고 흥미있는 점은 일반적인 통념이 없다는 것이다. 돈 1파운드로 누구라도 같은 물건을 살 수 있다. 그러나 1시간은 다양하게 사용되며 그 결과도 매우 달라질 수 있다. 예를 들면, 학자는 시간의 사용과 업무의 분담을 결정함에 있어서 그리고 부수적 수입을 벌 수 있는 기회의 측면에서 많은 이득을 누린다. 이와 반대로 과부의 경우 시간활용에 대한 통제력은 극히 미약하다. 새벽 4시에 아이를 달래기 위해 소비하는 1시간은 오후 4시에 소비하는 1시간과는 매우 다르다. 더욱이 시간제 부업을 통해서 소득을 보충할 기회는 매우 적다.

다른 문제는 가내생산에 참여할 기회가 부족한 사람과 관련된 것이다. 예를 들면 심한 장애를 가진 사람은 남의 도움이 없이는 세탁, 아동양육, 배설이 불가능하다. 이러한 장애는 다음과 같이 설명될 수 있다. 첫째, 장애자는 건강한 사람 보다 가내생산의 수준이 낮아서, 비교하여 말하자면, 모든 건강한 사람은 연간 총소득에 있어서 5,000파운드를 더 포함하고 있는 셈이다. 둘째, 이들의 일상적인 일에 대한 원조비용을 별도의 욕구로서 간주하는 것인데, 이것은 일반인의 소득에서 5,000파운드를 빼거나 빈곤수준을 그 만큼 높여 주는 것이다. 어떤 방법을 사용하든지, 화폐소득이 동일한 경우에는 건강한 사람 보다 장애자가 더 불리하다. 비록 장애자와 건강한 사람의 차이를 화폐가치로 평가하는 것이 분명히 부적절하지만 빈곤을 정의함에 있어서 이러한 유형의 개인적인 가내생산을 고려할 필요가 있다.

빈곤의 측정 뿐만 아니라 급여의 분배를 분석함에 있어서도 동일하다. 중앙통계국의 기여 및 급여에 대한 연구들(1986)은 화폐소득에 근거하고 있다. 이 연구는 사회서비스의 형평성에 대해 몇 가지 중요한 의문점을 제기하였다. 즉 CSO는 의료비의 분배를 편리하게 이용할 수 있는 화폐소득과 연관시키지 않고 개인적인 가내생산의 차이를 고려하여 조사하였는데 따라서 상당히 다른 결과를 얻었다. 의료서비스의 수혜자가 상대적으로 높은 화폐소득을 지닐 수도 있다는 사실이 반드시 '실제'소득- 가내생산에 대해 질병이나 장애가 미치는 영향을 고려한다면- 이 상대적으로 높다는 것을 의미하는 것은 아니다. 많은 경우에 실제소득은 매우 낮다. 따라서 그러한 급여의 분배는 좀더 세련된 분석을 한다면 현재의 경우 보다 더욱 공평하게 보일 수 있다.

소득의 측정이나 비교, 그리고 누가 빈곤한 지를 분석하는 것은 주로 화폐소득에 집중되어 있다. 지금까지의 논지는 시간과 가내생산성이라는 이 두 요소가 매우 중요하다는 것과 이들에 대한 연구가 좀 더 필요하다는 것이다.

### 2) 선택, 강제 그리고 다양성

이와 같이 행위 접근방법과 관련하여 볼 때, 선택과 강제를 구분한다는 것은 매우 어렵다. 만약 모두가 어느 한쪽을 일관되게 더 선호한다면 문제가 되지 않는다. 결과가 다르게 나타나는 것은 모두 강제에 있어서의 차이점의 결과이다. 선호도가 다르기 때문에 선택과 강제의 차이점을 규명한다는 것은 매우 어렵다. 그러나 빈곤의 결과는 순전히 빈곤의 상관관계(the correlate of poverty)와 반대된다는 것을 아는 것이 중요하다. 만약 빈곤이 퇴치되면 빈곤의 결과도 제거될 수 있다. 선택의 문제인 빈곤의 상관관계는 선호도가 변하지 않는 한 그대로 존재할 것이다. 두가지 다른 맥락에서 선택과 강제를 논의해 보자.

#### (1) 군생(Clumping)

Hilary지방의 말로 표현하자면 '군생' 또는 가족 및 가구를 구성한다는 것은 한편으로는 선택의 문제이고 다른 한편으로는 강제의 문제이다. 특권을 누리는 학자들은 경치가 좋고 전화도 걸려 오지 않는 은신처를 꿈꾸기도 하고 또는 그것을 향유하기도 한다. 그러한 특권과는 거리가 먼 사람들은 비록 빈곤하더라도 독립적으로 살기 위해 탈출하고 싶어하는 군생속에 갇히게 된다. 많은 노인들은 지금 빈곤하게 살고 있다. 그 중의 일부는 빈곤선보다 훨씬 높은 소득수준을 유지하며 자녀들과 함께 살 수 있는 기회를 갖고 있지만, 이 노인들은 그 쪽을 선택하지 않는다. 어떤 사람들은 노인들이 스스로 빈곤을 선택했다고 말하기도 한다. 대부분의 사람들은 노인들은 빈곤하지 않게 살 권리가 있다고 말할 것이다. 그러나 예를 들어, 만약 노인의 소득이 중단되면 이것은 단지 이론적으로 가능할 뿐이며, 많은 노인들은 자녀들과 함께 살게 된다. 그렇게 되면 최근 제시된 대부분의 정의에서 규정된 빈곤은 감소될 것이다. 이러한 사례는 불가능하겠지만 기존의 정책들은 25세 미만의 사람들에게 부모와 함께 산도록 압력으르 가하고 있다.

만약 이것이 선택의 문제라면 군생에서의 변화는 실질적으로 빈곤을 감소시킬 것이며, 복지가 향상될 것이다. 그러나 만약 그러한 변화가 빈곤이 심화되어 나타난 결과라면, 빈곤의 감소란 허구에 불과하다.

이러한 어려움은 가구나 가속들을 최소한의 여러 군생으로, 즉 개인별로 분산시킴으로써 해결될 수 있다. 물론 이것은 가구나 가족들 내에서 자원의 관리권을 결정하는 문제를 초래하지만, 여러 이유들 때문에 이 문제점들은 조만간 빈곤을 측정하는 데에서 직접적으로 제기되어야 할 것이다. 군생에서의 변화를 고려하지 않은 빈곤의 측정은 오랫동안 일관성과 비교가능성을 갖지 못한다.

### (2) 가계편성(Budgeting)

사회적 합의 접근방법과 가계기준 접근방법을 고려할 때 가계편성의 실행(budgeting practices)이라는 문제가 제기된다.- 이것을 흔히 대응전략(coping stratigies)이라고 부른다. 빈곤수준에 대한 최근의 논의는 가계편성의 실행을 금기로 여겨 왔다.- 이것은 아마도 자선조직협회 시기에 이것에 지나치게 집중한데 대한 반작용인 것 같다.(한가지 명백한 예외- 가계편성의 실행을 금기시하지 않는- 는 사회기금(Social Fund)으로 하여금 가계편성의 조언을 책임질 것을 제안한 '사회보장의 개혁에 대한 청서'(Cmnd 9517, 1985)이다) 많은 사람들은 가계편성이 어떻게 되든지간에 급여 수준이 너무 낮아서 적절한 생활수준을 성취할 방법이 없다고 주장할 것이다. 그러나 앞으로 이 문제는 반드시 제기되어야 한다.

독신 성인의 경우 최소한의 기본적 식사에 필요한 비용이 주당 15파운드라고 가정해 보자. 이론상으로는 이 사람의 소득이 15파운드라면 그는 식비로 15파운드를 쓸 수 있다. 그러나 실제는 그는 다른 상품이나 서비스를 필요로 하기 때문에 15파운드를 모두 식비로 사용할 수 없다. 보다 현실적으로, 어느 정도의 소득수준이면 평균 식비로 15파운드를 지출할 수 있을까? 우리는 이에 대해 50파운드는 되어야 한다고 생각한다. 그러면 50파운드의 소득이 최저 빈곤수준이고 평균 식비가 15파운드라고 가정하자. 그러나 50파운드의 소득이 있는 사람들중 거의 절반은 15파운드 보다 적은 금액을 식비로 지출할 것이다. 따라서 50파운드의 소득은 모든 사람이 식비로 1 지출하는 것을 보장하기에는 충분치가 않다. 그러면 얼마의 소득이어야 충분한가? 그 대답은 충분한 액수는 없다는 것이다. 왜냐하면 아무리 소득을 높이더라도 일부 사람들은- 아마도 단 한사람 또는 두사람일 수도 있다.- 기상천외한 방법으로 대부분의 돈을 소비할 것이고, 식비로는 15파운드 조차 쓰지 않을 것이다.

그렇다면 어떻게 할 것인가? 한가지 방법은 가계편성의 능력을 불신하여 현금형태가 아니라 식권(food stamps), 식량 한포 또는 극단적으로 무료급식 등의 형태로 제공해 주는 것이다. 이러한 방법은 미국에서 성행되는 것으로 명백히 빈민에 대한 차별대우의 하나이다. 다른 방법으로는 그러한 문제를 인식하고 대부분(예를 들면 95%)의 가족들에게 식비로 15파운드를 쓰는 것을 선택할 수 있을 정도로 높다 할지라도 식비가 최저수준 이하로 되는 것을 인정할 수 밖에 없다. 이러한 현상은 일차적으로 소득의 부족이 아니라 가계편성의 실행에서 발생되는 것이다.

Bradshaw의 분석에 비교될 수 있는 실례를 들자면 표 2에 제시된 두명의 자녀를 둔 가정의 식비지출 분포이다. 만약 최저 식비지출이 15파운드라고 한다면, 모든 소득집단들의 평균소득은 이 금액보다 많다. 그러나 적어도 15파운드를 식비로 지출하는 경우가 한 소득집단 중에서 95%를 차지하려면 소득수준이 90파운드 정도(80파운드에서 100파운드 사이)인 소득집단이어야 한다. 그 비율을 더 높여서 97%로 되게 하자면 소득수준이 110파운드는 되어야 한다. 만약 최저 식비지출이 20파운드라고 한다면 전체 소득집단 중에서 8.2%만이 20파운드 보다 적은 금액을 식비로 지출하였으며, 20파운드를 식비로 지출하는 경우가 95%인 집단은 전혀 없다.(간단히 말해, 이러한 주장은 식비 지출의 최저수준과 관련시킨 것이며, 마찬가지로 사회활동에 참여하는 최저수준과 관련시켜 표현할 수도 있다.)

<표 2> 성인 남녀 및 두명의 자녀로 구성된 가구의 소득에 따른 식비지출(1982)

(단위 : 파운드, %)

| 식비지출 \ 소득 | 60~79 | 80~99 | 100~119 | 120~139 | 합 계 |
|---|---|---|---|---|---|
| 15 이하 | 6.1 | 5.0 | 3.0 | 1.6 | 2.5 |
| 15~19.99 | 22.4 | 11.3 | 5.0 | 4.0 | 5.7 |
| 20 이상 | 71.4 | 83.7 | 92.0 | 94.4 | 91.8 |
| 합 계 | 100.0 | 100.0 | 100.0 | 100.0 | 100.0 |
| 평 균 | 26.51 | 29.25 | 30.69 | 34.20 | 35.84 |

(출처) 가계지출에 대한 특별 분석, 1982
Computing by Dorothy Lawton, Social Policy Research Unit, University of York

위의 예는 이러한 접근방법이 실현 가능한 방법임을 보여 주는 것이다. 이 방법을 채택할 경우, 일정한 소득수준에서 지출 및 소비의 결과는 개인들간 선호도의 다양성에 따라 변한다는 점을 인식할 필요가 있다. 사람이 다르면 선택도 달라지고 생활양식도 다르다. 모든 사람들이 추구할 수 있는 것은 자신들의 선호도와 가계편성을 반영한 욕구들을 충족시키기에 적당한 소득을 대다수에게 제공하는 빈곤수준이다. 더 바라고 싶은 것은 환상의 세계에서 살고 싶은 것이다.

일부 사람들은 가계편성 실행을 고려한다는 것은 자신이 빈곤의 희생물이라고 불평하는 사람들에게 위험한 담보를 제공하는 것으로 간주할 수도 있다. 다른 사람들은 우리가 식비와 같은 욕구의 특정한 요소들에 대한 가계기준 조사를 실제로 충족시키기에 충분한 소득은 얼마인지에 대해 대답해야 한다면, 그것은 평균만으로는 불충분하다는 것을 인식해야 한다. 소득 중에서 어느 정도의 비율이 충분한지를 결정하는 것이 필요하다. 모든 사람에게 충분한 분량은 없다.

## 5. 결 론

빈곤수준을 정의하기 위하여 세가지 접근방법들을 검토하고 그 한계들을 제시하면서 내려진 결론은 무엇인가? 세가지 접근방법이 모두 비판을 받기는 했으나 어느 것도 완전히 거부할 수는 없다. 사실상 각각 다른 문제들을 제기하고 있으며 무언가 중요한 공헌을 하고 있다.

사회적 합의 접근방법은 필수품에 대한 사회적 정의를 제공한다. 가계기준 접근방법은 전문가들이 규정한 필수품의 비용을 산출하게 해 준다. 행위 접근방법은 소득수준과 지출 및 소비수준간의 관련성을 분석하게 해 준다. 더구나 이것은 사회행위에의 참여를 제한하는 것(이것은 빈곤한 생활과 관련된다.)과 같은 다른 효과들도 검토할 수 있다. 이러한 접근방법들을 활용함에 있어서, 이 글에서 보았듯이, 지적되어야 할 개념상의 문제점들이 있다.

이것들 중에서 어느 것이든지 혹은 이들을 혼합한 방법이든지 간에 빈곤의 과학적이고 객관적인 조사는 불가능하다. Atkison(1985)은 다음과 같이 지적했다. '단일한 빈곤기준을 구체화 시키고 그에 따라 빈곤의 범위를 명확히 측정하게 된 것은 분명히 바람직하다. 그러나 이 기준에 동의하지 않는 사람들은 이러한 연구의 결과를 거부하기 쉽기 때문에 이것은 "전부 아니면 전무"의 접근방법이다.'(pp.16~17) 그의 접근방법은 '다소 불명확한 해답을 제시하였으나 많은 지지를 받았다.'(p.17) 또한 이 글에서 검토한 접근방법들을 발전시키는 데 도움이 되었다.

만약 '빈곤'이라는 용어가 빈곤에 대해 무언가 시도되어야 한다는 어떤 함축적인 의미와 도덕적 불가피성을 수반한다면, 빈곤연구는 그것이 개인적 및 사회적 태도와 행동에 영향을 미칠 때 비로소 가장 정당화될 수 있다. 빈곤의 정의에 대한 논의가 네로황제에 대한 학문적 논쟁- 이것은 비도덕적이고 기생적이며 궁극적으로는 비건설적인 말싸움이며, 선의든지 악의든지 '빈민'을 수동적인 대상으로 간주한다.- 에 부여되는 것 이상의 가치를 갖자면, 이 점을 명심해야 한다. 이러한 논의는 해결책 보다는 문제의 내용을 중심으로 해야 한다.

## <참고 문헌>


P. Ashton(1984). 'Poverty and Its Beholders', *New Society*, 18, October

A. B. Atkinson(1985), *How Should We Measure Poverty? Some Conceptual Issues*, ESRC Programme on Tazation, Incentives and the Distribution of Income, Discussion Paper No.82

J. Bradshaw, Ceborah Mitchell and Jane Morgan(1987), 'Evaluation Adequacy: The Potential of Budget Standards', *Journal of Social Policy,* 16:2, 195~181

Central Statistical Office, July 1986, 'The Effects of Taxes and Benefits on Household income, 1984' *Economic Trends*, London

Cmnd 9517(1985), *The Reform of Social Security*, HMSO, London

M. Desai(1986), 'Drawing the Line: on defining the Poverty Threshold', in P. Golding(ed). *Excluding the Poor*, Child Poverty Action Group, London

London Weekend Television(1983), *Breadline Britain*, London

T. Lynes(1979), 'Costs of Children', *New Soceity*, 15, November

J. Mack and S. Lansley(1985), *Poor Britain*, Allen and Unwin, London

D. Pichaud(1979), *The Cost of a Child*, Child Poverty Action Group, London

D. Pochaud(1981), 'Peter Townsend and the Holy Grail', *New Society,* 10, September

A. K. Sen(1983), 'Poor, relatively speaking', *Oxford Economic Papers*, 35, 153~169

P. Townsend(1979), *Poverty in the United Kingdom*, Penguin Books, Harmondsworth

B. M. S. van Praag, A. J. M. Hagenaars and H. van Weeren(1982), 'Poverty in Europe', Review of Income Wealth, 28, 345~359

J. Veit-Wilson(1987), 'Consensual Approaches to Poverty Lines and Social Security', *Journal of Social Policy*, 16:2, 183~211

A. N. Whitehead(1933), *Adventures of Ideas*, Cambridge Univ. Press, Cambridge

# 제 10장 빈곤선의 합의적 접근방법

John Veit-Wilson*

사회보장 척도(social security scales)의 적합성에 관한 논쟁은 결국 빈곤선의 개념으로 귀착된다. 영국에서는 이러한 문제에 관한 논의가 수십년간 계속되었는데, 그것은 빈곤선의 과학적인 결정과 이와는 전혀 별개인 정부가 빈민에게 지불할 수 있는 금액의 규모에 대한 정치적 결정을 구별하지 못한 것에서 기인한다. 영국에서는 아직도 보충급여 등급(SB scale rates) 이외에 공식적으로 인정된 빈곤선이 없다. 이 논쟁은 다양한 참여자들 - 정치가, 압력단체, 경제학자, 사회학자, 사회정책 대상자 등 - 로 인해 더욱 혼란스럽게 되는데 그것은 각 참여자들이 빈곤선의 의미와 수준을 말할 자격을 부여 받은 전문가로 행세하기 때문이다. 이 전문가들은 거의가 가난하지 않다. 그래서 직관적이든 기술적이든 간에 빈곤에 관한 이들의 입장은 빈민 뿐만 아니라 다른 전문가들로 부터도 큰 의심을 받는다.

이 논문은 전문가들의 개인적 견해들이 서로 모순을 일으키지 않으면서도 동태적이고 경험적으로 타당한 연구방법을 통해 빈곤선을 명확하게 설정할 수 있는 방법에 관한 글이다. 이 논문에서는 이러한 논쟁에 관련된 여러 분야의 전문가(경험적 혹은 기술적 전문가)의 지위문제도 검토되었다. Mack와 Lansley는 경험적인 여론조사로부터 필수품의 기준을 도출하는 방법을 '합의적'이라고 불렀다.(1985, p.45) 이 논문은 박탈과 빈곤에 관한 명확한 사실에 근거하여 사회정책을 형성하고 사회보장척도를 혁신하려는 민주정부에 있어

---

* 이 글은 *Journal of Social Policy*, 제 16권 2호, 1987에 실린 'Consensual Approaches to Poverty Lines and Social Security'를 번역한 것이다.

서 이 합의적 빈곤연구방법이 갖는 의미를 설명하였다. 그러나 여기에서 사회보장 척도를 기술하지는 않았다. 왜냐하면 정부는 그러한 척도의 기초로서 정치적 및 경제적 판단에 의존하고 있는데 이것은 빈곤선의 기초가 되는 박탈의 사회적 및 심리적 측면과 전혀 다르기 때문이다.

## 1. 복지의 의의와 사회적 분화

빈곤에 관한 저자들은 '빈곤'과 '박탈'이라는 단어들을 때로는 같은 의미로, 때로는 다른 의미로 쓰는 등 가끔 모호하게 사용하고 있다. 부언하면 Titmuss(1958)와 다른 사회정책 분석가들은 개인이나 집단들이 지닌 다양한 제도적 통로를 통해 자원이 이동함으로써 사회복지 욕구들이 어떻게 충족되는지를 보여 주었는데, 이러한 통로는 개인소득이나 사회보장 급여를 통한 현금이동(cash flow)이 이루어지는 여러 가지 통로들 중의 하나일 뿐이다. 빈곤에 대한 대책들은(사회적 배제로부터 불충분한 구매력에 이르는) 일련의 개념들 중에서 어느 것이 분석상 가장 타당하며,(포괄적인 사회경제적 개혁으로부터 사회보장제도의 개선에 이르는) 변화의 방안 중에서 어느 것이 가장 효과적인가에 관해서 논평가들의 의견이 일치되지 않음으로써 종종 의미가 상실되기도 한다. 비록 일반적으로 합의된 의미가 비현실적이라고 할지라도 이러한 문제에 대한 논의는 만약 이 용어들이 확연히 구분된다면 그 용어에 대하여 일반적인 의미를 부여하고 그 분석 및 대책의 정확성을 높이는 데에 도움이 될 것이다.

'박탈'은 문제가 되는 사회적 상황 혹은 사회내에서 관습적으로 기대되지 않으나 규정된 유·무형의 자원들 또는 경험들을 갖지 않음을 의미한다. 이러한 자원들과 경험들은 매우 많으며 여기에서 중복적으로 표출되는 인간의 욕구들을 만족시키는 모든 것이 포함된다. 이러한 표출은 다음의 4가지 영역의 개념에서 나온다.

i ) 물리학적인 것 : 영양과 환경
ii) 심리학적인 것 : 일체감과 공동체의식

이러한 추상적 개념들은 실제로는 필연적으로 그리고 항상 사회적 용어로 표현된다. 사용되는 용어는 시간, 장소, 사회적 행위자, 상황에 따라 변할 수 있다. 욕구의 표현에는 자신들이 느낀 경험의 상황적 혹은 위계적 특성이 감춰져 있을 수도 있다. 욕구 충족의 시급성이나 지연 가능성을 구분함으로써 더 많은 변수가 도입될 수 있다. 이러한 영역의 욕구는 그 요구를 언급한 사회적 행위가 개인적으로 경험한 혹은 앞으로 언급한 전문가들을 포함한 관찰자들에 의하여 욕구가 있거나 없다고 규정된 사람들이 경험한 것인가에 따라 대부분의 욕구가 결정된다.

'영양'은 식사는 물론 공기 및 물과도 관련된다. '환경'은 지리 및 기후에서 부터 주거조건, 난방, 의복에 이르는 모든 측면들과 관련이 있다. 욕구의 두가지 심리학적인 영역은 개인의 정신건강 및 사회적 행동을 이해함에 있어서 그리고 집단적 사회통합을 이해함에 있어서 중심을 이룬다. 이러한 영역들은 배타적인 범주가 아니다. 욕구를 표현하는 언어는 일반적으로 하나 이상의 영역으로부터 나온 관념에 의존한다. 왜냐하면 의식주와같은 욕구는 실제로 사회적 및 심리학적인 의미와 경험의 측면에서 표현되어야 하기 때문이다. 예를 들면 Charles와 Kerr는 다음과 같이 말한다.

> 영국의 지배적인 음식관에 따르면 사회적으로 그리고 영양학적으로 수용될 수 있는 식사란 적절한 음식을 규칙적으로 소비하는 것이라고 정의된다. 이러한 식사에서 육류, 특히 신선한 육류가 중요한 위치를 차지하는데, 그것은 최고의 가치를 지닌 음식이다. 그러므로 음식에 부여된 사회적 및 이념적 가치들은 적절한 식사의 의미를 정의하는데 있어서 결정적이다. 이러한 이유 때문에 적절한 가족식사는 영양적인 측면 뿐만 아니라 사회적인 측면에서 평가될 필요가 있다.(1986, p.413)

이러한 영역에서 인간의 욕구들을 충족시키기 위하여 어떤 자원들이 필요하며 어느 수준까지(최저 혹은 최적) 충족시켜야 하는가를 명확히 구정하려는 Rowntree의 노력들은 합의된 기준 및 척도를 결정하는 데서 나타나는 방법론적인 문제들로 인해 가치를 상실했고, 사회적으로 수용 가능한 기준을 설정하는데 있어서 욕구의 두가지 심리학적 영역을 고려하지 못함으로써 야기된 개념적인 문제들로 인하여 그 가치가 상실되었다. 예를 들면, 노역소(workhouse)의 식사는 영양적으로 만족스러웠으나 심리학적으로 박탈감을 느끼게 하였다. 왜냐하면 그것은 개인의 일체감을 해쳤고 노역소에 수용된 사람은 비빈민으로 구성된 바람직한 공동체의 구성원이 아님을 강조하였기 때문이다. 심리학적인 욕구가 충족되지 않았을때의 병폐를 고려한다면 심리학적인 영역이 물리적인 영역과 동등하게 중요하다는 점은 명백해진다. 그러한 병폐로는 개인 및 집단의 소외를 포함한 정신분열, 공동체의 붕괴를 들 수 있다.

박탈과 관련된 실제적 의미가 이렇게 광범위한 것과는 반대로 '빈곤'은 대체로 훨씬 좁은 개념이다. 빈곤은 심각한 박탈의 원인(필요한 자원에 대한 통제력의 부족) 뿐만 아니라 상태(상대적 혹은 생계)를 묘사하는 데에도 사용된다. 화폐가 기본적인 자원의 부족을 의미하는 한 빈곤의 일반적 의미는 욕구를 충족시키는데 필요한 자원을 구매할 화폐가 충분하지 못하다는 것이다.

이러한 구분은 박탈이 빈곤 이외의 다른 요인에 의하여 발생될 수 있음을 강조한다. 만약 욕구를 충족시키고 박탈을 제거하는 데에 필요한 자원들(혹은 Sen이 말한 것처럼 '능력'을 제공하는 것) 내에 시장이 없다면 화폐는 저절로 쓸모가 없게 된다. 또한 이러한 구분은 인지된 욕구들을 충족시키기 위해 정부가 이용할 수 있는 다양한 방법들에 관심을 기울이게 한다. 그래서 정치적 논의들은 소득유지의 차원에만 머물지 않는다.(이것은 많은 욕구들이) 대체로 개인의 구매력을 통하여 충족되는 사회라 할지라도 중요한 것이다. 모든 영국정부들은 적어도 몇가지 박탈들은 시장영역을 벗어나서 다루어져야 한다는 신념에 동의해 왔다. 예를 들면 보건 및 교육과 같은 서비스를 어떤 집권당 정부는 시장분배로 부터 분리시켰으며, 다른 집권당 정부는 친척이나 이웃의 상호지원 의무를 강조했다.

빈곤이라는 용어를 오로지 화폐의 부족에 대해서만 사용하게 되면 필요한 자원이 시장 내에 없는 경우에는 박탈의 원인을 설명할 수 없게 될 것이다. 그러나 이것은 유·무형의 모든 자원을 분배하는 정치에서 문제이며 자원이 없음을 나타내는 일반적인 말은 무권력 상태이다. 그리고 개인의 자원통제는 하나의 연속적인 과정이기 때문에 정치적 개념으로서 뿐만 아니라 심리학적 개념으로서의 권력은 경제적인 빈곤 이상의 것을 항상 필요로 한다. 이 개념들은 연결될 수는 있으나 동일하지는 않다.

그러므로 이 논문에서 박탈과 빈곤이라는 용어는 다음과 같은 특정한 의미를 갖는다. 즉 박탈의 상태는 충족되지 않은 욕구를 의미하는데, 이것은 모든(유형적, 무형적, 개인간, 개인내부의) 자원의 부족으로 인해 발생된다. 빈곤의 상태는 화폐자원의 부족을 의미한다. 그리고 화폐자원을 포함한 자원의 부족은 사회적, 경제적 혹은 정치적 체계내에서의 무권력상태로 인하여 발생한다. 정부는 일련의 공식적 혹은 비공식적 차원의 이동을 통하여 박탈을 해결하려고 하는데, 반면에 빈곤의 퇴치에는 더욱 많은 화폐(소득 혹은 사회보장 급여)가 필요하다.

이러한 가운데 우리들은 한편으로 박탈과 빈곤간의 구분을 나른 한편으로는 사회보장 척도(Social security scales)를 재강조 해야 한다. 이 논문의 접근방법에서는 빈곤선은 경험적으로 도출된 것이며 사람들이 일련의 박탈을 경험하지 않아도 되는 입증 가능한 최저 수준의 현금소득이다. 이러한 박탈의 내용에 관한 어떠한 주장이든지 간이 모든 빈곤선은 박탈을 해소하는 데에 필요한 최저량의 화폐 개념에 기초를 두고 있다. 반대로 정부의 사회보장척도는 인지되고 논증 가능한 욕구를 지닌 사람들에게 정부가 지불할 수 있는 최대량의 화폐라는 정반대의 개념에 기초를 두고 있다. 이러한 욕구를 느끼는 사람이 누구인가에 대해서는 논란이 있지만 그러나 급여는 항상 최대량의 측면에서 골격이 만들어진다. 물론 어떤 정부가 노출된 빈곤을 퇴치하는 데에 필요한 것보다 높은 수준의 사회보장급여를 지급하리라고 상상할 수는 있다. 그러나 Rowntree(Atkinson편, 1981을 보라) Piachaud(1979). Bradshaw(1987)

의 연구에서 나타난 영국에 관한 경험적인 증거는 현재의 사회보장제도를 형성시킨 베버리지보고서 및 그에 따른 입법 이후로 이것이 사실이 아님을 제시하고 있다. 사회보장 척도의 측면에서나 납세자가 기꺼이 지불하려고 하는 측면에서 빈곤선을 정의하는 것은 자원을 통제하고 있는 사람들이 빈민에게 기꺼이 지불하려고 하는 최대량에 관해 설명하는 것이다. 이러한 두 측면들은 빈곤의 본질에 대한 설명으로서는 약점이 있다.

## 2. 전문성의 문제

박탈이나 빈곤에 대한 모든 조작적 정의들은 어떤 의미에서 보면 상대적이다. 즉 이러한 정의들은 불가피하게 문제된 사회에 적합한 의식주와 행위 및 기대 유형의 측면에서의 박탈 경험 혹은 최저 욕구를 포함한다는 의미에서 상대적이다. 절대적, 최저수준, 생계, 상대적 등과 같은 용어를 사용하는 경우에 문맥상 용어의 정확한 의미에 대한 기존의 합의가 없을 때에는 가끔 혼동을 일으키며 비생산적이 된다.(예를 들어 Sen(1983)과 Townsend(1985,a) 간의 교환을 보라) 상이한 접근방법들을 구분하는 기준은 어떤 것이 필수적인가를 누가 결정하는가라는 문제이다.

규범적인 정의(the prescriptive class of definition)에서는 전문가들은 의식, 주택, 소득 등의 최저기준이 무엇인지를 기술한다. 이러한 전문가들은 자신들의 주장을 합리화 하는 세련된 주장을 펼치지만, 그 주장의 핵심은 사회에서 빈민이 어떻게 살아야 하는가에 대한 그들 자신의 신념을 나타내거나 빈민이 자신의 소득 보다 더 많은 금전을 필요로 한다는 것을 증명하는 데 있다. 이러한 규범적인 접근방법에는 경험적 자료에 기초를 둔 가계연구(budget studies)들이 포함되기도 한다. 식품조사와 같은 빈민의 가계관리 유형에 관한 조사는 그 부적절성과 그것이 지닌 문제들을 논증해 보이지만 그것 자체가 어떤 기준들을 기술하려는 목적을 지니지는 않는다.(예를 들어 Bradshaw, 1987을 보라) 그것은 그러한 연구를 활용하는 다른 전문가들에게 맡겨지는데, 이들은 그 연구결과를 해석하면서 자신들이 지닌 가치를 적용하고 이 가치를 자신들의 빈곤선과 결합시킨다. Rowntree의 1899년 일차적 빈곤선은 노동자계급의 주거비용에 관한 연구에 근거한 것이며, 여기에서 의복비는 당시에 소요되는 최저 기준치에 대한 노동자계급의 견해를 근거로 하였다. 그러나 Rowntree 자신이 지적한 바와 같이 비록 일차적 빈곤이 누구든지 실제로 사회적 생활을 누릴 수 있는 최저 소득이어야 한다고 주장할 의도는 없었다 하더라도, 여전히 일차적 빈곤이 전문가에 의해 결정된다는 섯은 분명하다.(Rowntree와 Kendall 1913, pp.30~31) 규범적인 박탈지표 및 빈곤선은 많은 형태가 있으며 이를 만든 동기들도 다양하지만, 이미 이전에 이 점에 대해서는 많이 검토되었으므로 여기에서는 더 이상 다루지 않겠다.

박탈에 대한 다른 접근방법은 사회조사방법을 이용하여 사회 전체로부터 생필품의 기준 및 정의 즉 박탈지표를 도출한 것을 기초로 하고 있으며, 여기서 사용된 사회조사방법에는 일반적으로 그러한 기준을 향유할 수 있는 소득수준을 발견하기 위해 이용하는 경험적 방법들도 포함된다. 이러한 접근방법은 명백하게 상대적이다. 왜냐하면 이 방법들에 의한 박탈과 빈곤의 개념들은 오로지 특정한 역사적 상황에서 구체적인 사회적 맥락 속에서 이해되고 표현될 수 있는 사회적 구조물이라고 주장하기 때문이다. 이 접근방법들은 상대주의를 취한다. 이러한 입장은 박탈과 빈곤의 척도는 당시의 사회적 상황에 따라 특이하기 때문에 그리고 전문가들도 어떤 의미에서는 관찰자인 동시에 그 사회의 구성원이기 때문에, 빈곤과 박탈의 기준은 그 사회적 기원을 연구함으로써 적절하게 도출될 수 있고, 이해될 수 있다는 논리적 결론에서 비롯된 것이다. 이러한 의미에서 어떤 사회학자는 비록 무의식적이긴 하지만, 사회보장 척도를 설계하고 그것을 실행에 옮기는 전문관료와 엘리트 혹은 그 척도가 자신들의 빈곤선 보다 높다고 주장하는 경제전문가 혹은 품위 있는 사회생활의 필수품이 무엇인가를 직접 결정하는 전문가들 등을 연구하기도 한다. 후자를 선택하는 경우 사회학자는 전문엘리트의 역할을 무시하지 않으며 반드시 민주적 이념을 수용하지도 않지만 그러나 사회적 가치의 확실한 위치 및 근원을 인식하고 있다. 무엇보다도 일반인들이 사회적 필수품에 대해 어떻게 인식하고 있는지를 일반인 자신 보다 누가 더 잘 알 수 있는가? 일반인들은 자신들이 하는 식사의 영양성분에 대해서는 전문지식을 갖지 못했으나 그들이 먹고 싶은 것이 무엇이며 그것을 얼마나 자주 그리고 어디서, 누구와 먹고 싶어하는 지는 알고 있다. 만족과 박탈을 결정하는 경험적 연구에서 영양학자들의 전문성은 문화조건이 다르고 소득수준이 다른 사람들이 무의식적으로 섭취하는 식사의 영양성분을 판정하는 역할을 한다. 사회조사가, 사회학자, 경제학자의 전문성은 한 사회의 필수품에 대한 정의 그리고 그 사회내 집단들이 필수품을 획득하지 못하고 박탈에 처하게 되는 소득수준을 경험적으로 입증할 수 있는 사실들을 밝혀내고 정립시키는 믿을만한 기술적 방법을 이용하게 하는 역할을 한다.

Mack와 Lansley는 이와 같이 박탈과 빈곤을 정의하는 방법을 본질적으로 합의적인 접근방법이라고 설명하였다. 왜냐하면 이 방법은 전문가의 견해나 관찰된 소비유형 혹은 관칠된 생활기준에 근거한 것이 아니라, 사회전체의 견해를 바탕으로 수용 가능한 최저수준의 생활방상을 규정하려고 하기 때문이다. 이러한 종류의 합의적 접근방법은 규범적 접근방법 보다 오래되지는 않았지만 거기에도 여러 가지 분파가 있다. 어떤 사람은 지금까지의 합의적 연구를 (a) 박탈을 피하는 데 필요한 소득수준이라는 대중적 견해에 집중하는 것(그러나 박탈의 내용을 분석하지는 않는다.) (b) 박탈을 피하는 데 필요한 필수품이라는 대중적 견해를 연구하는 것(그 후에 규정된 박탈수준에 상응하는 소득수준을 설정하려고 시도함)으로 구분한다.

엄격하게 말하면, '합의적'이라는 용어는 이 두가지 접근방법에만 적용되어야 한다. 왜냐하면 이 두가지 방법은 기준에 관하여 검증할 수 있을 정도의 합의를 기초로 하였기 때문이다. Townsend의 접근방법은 혼합물이라고 할 수 있다. 왜냐하면 그것이 비록 사회조사를 기초로 하였지만 그는 기준의 선택에 있어서 합의적 방법은 참된 욕구와 박탈의 '외부에 있는 현실'을 잘못 표현할 수도 있다는 자신의 견해를 믿었기 때문이다.(Townsend,1985a, p.661) 다음 절에서는 이 두가지 접근방법을 간략하게 설명하고 그것이 지닌 몇가지 문제점들(Townsend와 Mack 및 Lansley의 접근방법간의 차이를 포함하여)을 검토하겠다.

## 3. 소득대용법

1970년대 Netherland의 Leyden대학 경제학자와 통계학자의 연구팀이 빈곤선에 대한 새로운 접근방법을 개발했는데, 이 방법은 '개인들의 상황에 대한 가장 훌륭한 판단자는 그들 자신이다'라는 가정을 기초로 삼았다.(van Praag, 1980) 이 접근방법은 라이덴방식(Leyden method)으로 알려졌으며, 이것은 이미 자세히 설명되었고 인식론 및 방법론적인 장단점이 기술되었기 때문에 필자는 합의적 방법의 기초와 의미 그리고 결과에 대한 논쟁과 관련된 측면들만 언급하겠다.

라이덴 방식에는 다음과 같은 두 가지 질문의 답변을 얻기 위해 국민전체를 표본으로 한 조사도 포함되어 있다. (a) 응답자는 곤란을 겪지 않고 생활하는 데 필요한 그리고 목적을 달성하는 데 필요한 총 소득은 어느 정도이며, 자신들이 실제로 빈곤하다고 느끼는 총소득은 어느 수준이라고 생각하는가? (b) 척도상에서 소득의 잉여로 부터 불충분함 및 극단적인 결핍에 이르는 일련의 설명 가운데서 응답자들이 부여하는 순 소득의 현금가치는 어느 정도인가?(척도의 눈금 수는 각 연구마다 다르다. 나라마다 용어도 다르다. 척도의 양극도 다르다) 이것의 목적은 의미상의 차이를 계량화할 수 있고 조정할 수 있는 점수로 바꾸는 것이다. 그래서 통계적인 방법은 라이덴 연구자들이 이러한 척도로 부터 도출된 특정한 소득수준의 '복지 함수'라고 지칭한 것과 질문 (a)로부터 도출된 빈곤의 한계(marginality) 및 적절성에 대한 인식간의 비교를 가능하게 할 것이다. 이러한 접근방법의 인식론적 및 방법론적 함의가 무엇이든지간에 그 원칙은 분명하다. 즉 한 국가 내에서 목적을 달성하는데 필요한 총 현금소득의 수준에 대하여 합의가 이루어질 수 있는 지를 발견하려는 것이다.

라이덴팀은 '목적 달성'이라는 것은 확실한 답변을 얻을 수 없는 질문이라는 것을 인정하면서도 그 응답의 범위는 확인될 수 있다고 생각한 것 같다. 왜냐하면 그 응답들은 조사자가 구체적인 상품 목록을 미리 말해 주지 않은 채 순전히 응답자 자신의 견해를 표현한 것이기 때문이다.(Kepteyn편 1984, p.6) 더욱이 응답자는 다른 사람과 소득수준의 효용을 비교라는 질문을 받지는 않았는데, 이것은 흔히 여론조사로 부터 빈곤선을 도출하려는 시도에 대한 비판의 근거가 된다. 많은 통계적인 논의를 가진 후 라이덴방식에 관한 보고서의 저자들은 이러한 조사방법을 사용하여 얻을 수 있는 합의적 빈곤선의 최대 근사치는 응답자들이 대개 간신히 목적을 달성할 수 있다고 주장하는 소득수준 이라는 결론을 얻었다. 소득이 변하고 그에 따라 상대적 박탈감이 변화하면서 나타나는 응답의 범위를 논의한 후에 그 저자들은 위의 결론에 도달했다. 그러나 O'Higgins는 이러한 결론의 근거가 되는 전체 조건들을 의문시 하였다.

라이덴팀은 여러 가지 논문에서 빈곤선을 도출하는 이러한 두가지 방법을 언급했다. 이 방법들 중의 하나는 최저소득에 대한 질문을 통해 보다 분명한 빈곤선을 얻게 될 것이라고 가정하였는데, Goedhart(1977) 등이 사용한 방법이 바로 그것이다. 그러나 이러한 '목적달성'(making ends meet) 빈곤선을 의미차이 척도(semantic defferential scale)로 부터 도출된 복지평가 척도(the welfare evaluation scale)와 비교해 보면 복지척도에서 수용될 수 있는 것보다 낮다는 것을 밝힐 수 있다.

영국의 독자들은 '정치가들이 복지평가가 수용될 수 없는 것임을 발견했다는 설명을 들으면 놀랄 것이다. 예를 들면, 정치가들은 0.35의 복지평점은 너무 낮으며 최소한 0.40 혹은 0.45 이어야 한다고 느낄 수도 있다.'(Goedhart편, 1977, p.516) 그러나 이것은 네델란드의 법적인 최저소득이 1970년대 중반의 조사 당시에는 합의적 최저 빈곤선에서 산출된 수준보다 높았다는 사실에 비추어 이해되어야 한다. 정치가는 결정에 관한 이러한 언급은 다른 논문에서도 나타난다. Colasanto(1984)는 '정치적으로 결정된 빈곤선에 관하여 설명을 하였다. 이러한 정의에서 빈곤선은 연속적인 복지척도상의 특정한 지점에 상응하는 소득수준이다. 특정 지점의 선택- 즉 빈곤선에 부합하는 복지수준-은 정치적 과정을 통하여 이루어진다.'(1984, p.128) 라이덴팀의 다른 논문(Kepteyn편, 1984)에서 저자들은 결국 '어떤 빈곤선의 선택은 정치적인 결정을 포함하기 때문에 "정치적으로 결정된" 이라는 용어는 잘못된 것'이라고 쓰고 있다.(1984, p.10)

라이덴팀의 소득접근법의 복지함수(welfare function)가 우리들에게 유용한 빈곤선을 제공하든지 않든지 간에 다른 방법을 사용하여 사고유인적 결론을 일이 왔다.

1977년에 유럽공동체위원회는 Riffault와 Rabier의 조사보고서 「유럽에서의 빈곤인식」을 발간했다. 그 당시 영국에서 이 보고서를 본 많은 국민들은 빈민에 대한 영국인의 태도에 관한 부분에 주목하였다. 그러나 이 조사의 다른 부분에는 Goedhart 등이 언급한 쟁점에 관한 여론도 포함되어 있었다. 즉 만족스럽게 살아가는데 필요한 소득은 어느 정도이며 목적달성에 필요한 실질적 최서소득은 어느 정도인가에 관한 대중의 생각을 담고 있었다.(Riffault와 Rabier, 1977, pp.13, 18) 그러나 자신의 소득이 필요한 최저수준 이하인 것으로 생각하는 국민의 비율은 나라마다 큰 차이가 있었다.(EEC와 영국은 평균 28%임)

대략 인구의 1/4이 재정적으로 박탈되어 있다는 주장은 빈곤의 규모에 관한 다른 연구들의 결과와 유사하다. 이러한 연구들은 SB척도접근법(Townsend와 Abel- Smith, 1965)이나 박탈기준접근법(Townsend, 1979 : Mack와 Lansley, 1985)을 토대로 한 것이다. 그런데 비록 필자가 빈곤이라는 용어를 사용했다 하더라도 유럽공동체 지역의 응답자들이 자신들을 빈곤하다고 말한 것은 아니다. 자신들을 빈민으로 표시한 것은 EEC에서는 7.6%, 영국에서는 9.3% 뿐이었다.(Riffault와 Rabier, 1977, pp.22) 자신이 빈곤하다고 표현하는 것이 자신의 소득이 목적달성에 필요한 최저소득 보다 적다고 말하는 것과 동일하지는 않다. 이러한 해석은 상대적 박탈감에 관한 Runciman의 조사결과(1966년)와 일치하며 빈민에 대한 영국인의 적대주의와도 일치한다. 대중에게 빈곤을 면하는데 필요한 소득수준은 어느 정도인지를 물으면 혹은(응답자가 보충급여를 SB를 받지 않는 경우에) 보충급여를 어느 정도로 결정해야 하는지를 물으면 응답자들은 자신의 욕구에 관해 답변할 때와는 다르게 답변하기 쉬울 것이다. 이러한 결과로 부터 빈곤선을 결정하는 지침으로서 여론을 이용하는 것에 대한 반대가 제기되는데, 저자의 견해로는 그 초점이 다른 사람의 욕구로 부터 자신의 욕구로 바뀌게 된다면, 그러한 반대는 잘못된 것이다. 개인의 욕구와 이익에 대한 가장 훌륭한 판단자는 그 자신이라는 것에 대해서는 정치적으로 광범위한 대중적 합의가 이루어져 있으며, 신뢰할 만한 조사와 통계적 방법에 의하여 개인의 주관적인 의견을 많이 수집하게 되면 사회학자들이나 정치가들도 무시할 수 없는 '사회적 사실'이 창출된다는 점을 부정할 수는 없다.(Durkheim에서 Townsend에 이르는 사회학자들은 대중의 의식이나 여론을 형성하지 않는 사회적 사실들이 있다고 주장해 왔다. 물론 박탈에 대해서도 같은 주장을 하였다.) 그래서 단지 '목적을 달성할 수 있는' 소득수준에 대한 여론조사의 결과가 가장 중요한 박탈지표라는 것에 대해서는 분명히 보편적인 합의가 형성되어 있다.

필자는 빈곤선을 규정하는 이 접근방법을 소득대용법(the income proxy method)라고 지칭하였다. 왜냐하면 라이덴 방식은 모두가 소득을 다른 사항에 대한 대용물로 사용하였기 때문이다. 최저소득 문제의 경우에 소득은 직접적으로 응답자들이 무엇을 필수품으로 생각하는지를 보다 자세히 고려하기 위한 대용물로서 존재한다. 우리는 응답자들이 자신의 소득을 소비하여 구입할 수 있다고 생각되는 필수품들을 중심으로 대답할 것이라고 가정해야 한다. 라이덴 보고서의 설명을 보면 이것이 옳은 해석이라는 것이 분명해진다. 예를 들어, 많은 연구에서 다양한 가족들이 최저소득에 대해 응답한 것을 토대로 얻은 균등화 지수값(the equivalent scale values)이 몇몇 나라에서는 다른 나라보다 더 많이 분산되어 있음을 보여 주고 있다. 그 이유는 '저렴한 탁아시설, 저렴한 혹은 무상의 학교교육, 많은 주택보조금' 등과 같은 높은 수준의 공공서비스를 유자녀 가정에게 제공하는 나라는 자녀에 대한 추가비용이 적기 때문인 것으로 보인다.(Colasanto편, 1984, pp.133~134) 의료서비스와 민간 교통수단에 대한 비용이나 기타의 '사회적 임금'을 전혀 지불하지 않거나 조금 지불하는 나라에 비해서 그러한 지출이 많은 나라들은 위와 유사한 차이가 있을 수 있다고 가정할 수 있다. 달리 말하자면, 이러한 접근방법은 우리에게 현금 빈곤선을 제시해 주는 반면, 다른 보다 직접적인 방법에 비해 사회적 박탈과 정부개입의 필요성에 대하여 많이 설명해 주지 못한다.

Van Praag가 '라이덴 빈곤선'이라고 말한 라이덴의 복지함수 접근법(welfare function apporach)도 이와 동일하다고 평가할 수 있다. 이러한 라이덴 빈곤선은 각 나라에 적용될 소득의 복지함수에 대한 정치가의 선택으로 보인다. 즉 국가의 사회보장 최저척도의 설정은 사회조사로 부터 만든 언어상의 편차척도(the sementic differential scale)에 따른 평균적 현금수준에서 결정될 것이다. 이러한 접근방법에서는 정치가들이 부적절한 소득에 관해 말로 표현된 범주의 의미에 대해 반응할 것으로 예상되는데, 이것은 박탈의 현실에 관한 분명한 증거를 갖지 못하게 되며 이러한 의미에서 현실에 대한 대용물이다. 이 점은 사회보장 척도의 정치적 결정과 이와는 전혀 다르게 사람들이 상대적 측면에서 객관적으로 박탈을 겪는 소득수준을 발견하는 활동 간의 차이점을 재 강조한다. 즉 특정한 소득수준과 관련하여 정치가들이 합의적 견해에 대해서 나타내는 반응은 정치적으로는 중요하나 빈곤이라는 사회학적 현상에 대한 이정표로서는 의미가 없다.

그래서 소득대용법은 사회보장 척도에 관련된 소득수준과 직접 연결되기 때문에 연구할 가치가 있긴 하지만 이것은 사회정책의 여타 부분이 변하지 않는 상황에서만 그러하다. 무엇 보다도 주택, 교통, 보건, 교육, 개인적 사회서비스의 비용변화는 어떤 한 국가, 지역, 계층, 성, 시대 등에 있어서 특정 소득수준의 복지기능에 대한 질문의 응답들을 복잡하게 하거나 모호하게 하는 경향이 있다. 사회학자들은 욕구와 박탈의 총체적 개념을 이해하는 데에 관심을 지니고 있으며, 특정한 구조의 사회정책 및 복지의 사회적 분화에 있어서 재정적 빈곤이 수행하는 역할을 이해하는 데 관심을 둔 사회학자들은 결국 소득대용법이 불만족스럽다는 것을 깨닫게 될 것이며, 그래서 그들은 다음 절에서 설명할 박탈지표 접근법에 대하여 보다 진지한 관심을 기울이게 될 것이다.

## 4. 박탈지표 접근방법

Townsend(1979)와 Mack 및 Leyden(1985)은 사회조사로 부터 빈곤선을 만들기 위하여 박탈지표를 이용하였다. 두가지 방법간에 상당한 유사성이 있지만 반면에 이들이 박탈지표를 만드는 방법에는 중요한 차이점도 있다. 즉 모든 시민들이 만약 그것을 원한다면 접근할 수 있어야 하고 부족하다면 박탈로 간주되는 필수품으로 규정되어 왔던 개인 재산, 소비, 성취, 경험 등이다. 이들은 어떤 항목을 필수품으로 규정한 사회적 정의를 정당화 시켜 주는 전문성의 근거에 대하여 서로 의견을 달리한다.

상대적 빈곤에 관한 Townsend의 유명한 정의는 「영국의 빈곤」의 제 1장 첫 구절에서 다음과 같이 제시되어 있다.

> 빈곤은 상대적 박탈 개념의 측면에서만 객관적으로 정의될 수 있으며, 일관성 있게 적용될 수 있다. 이것이 이 책의 주제이다. 이 용어는 주관적으로 보다는 객관적으로 이해된다. 개인, 가족, 집단은 자신이 속한 사회에서 보편화 되었거나 혹은 적어도 널리 권장되고 인정되는 식사를 하고 활동에 참여하고 생활시설 및 쾌적함을 누릴 자원이 부족한 경우에 빈곤하다고 할 수 있다. 그들이 자원이 평균 수준의 개인 혹은 가족이 소유한 것 보다 훨씬 적기 때문에 결과적으로 보편적인 생활유형, 습관, 활동으로 부터 배제된다.

이러한 빈곤의 정의는 Booth와 Rowntree가 금세기 초반에 보편적인 생활유형, 습관, 활동으로 부터 배제된 사람이라고 가시적으로 규정했던 정의와 크게 다르지 않다는 것을 지적한 바 있다. 1899년의 Rowntree조사에서 노동계층의 절반 이하가 빈민이었고, 노동계층의 1/7이 일차빈곤선 이하로 나타났음을 염두에 둘 필요가 있다.(Rowntree, 1901, p.117) Rowntree의 접근방법과 Townsend의 접근방법간의 차이는 박탈지표를 만드는 데에 있어서 규범적 혹은 경험적 접근방법을 이용하는 정도에 있다. Rowntree가 비록 노동계층의 가계 예산만을 근거로 의식주의 비용을 계산했지만 빈곤선의 식사 내용에 대해서는 규범적 방법을 사용했고 주택 및 의복에 대하여는 경험적 방법을 사용하였다. 이것은 아마도 생활유형상의 문화적 계층화가 Townsend가 조사한 현대 보다 1899년에 훨씬 분명하게 드러났고 예측되었기 때문이다. Towmsend의 접근방법을 박탈에 처한 모든 사람들을 각 집단(대가족, 편부모가족, 실업자, 환자와 장애자) 별로 경험적으로 연구하여 박탈지표를 만드는 것이다. Townsend의 접근방법은 박탈에 처한 모든 사람들을 각 집단(대가족, 편부모가족, 실업자, 환자와 장애자) 별로 경험적으로 연구하여 박탈지표를 만드는 것이다. Townsend는 Rowntree가 빈민의 최저 식사와 그 비용을 규정하기 위하여 사용한 것과 같은 전문성은 명백히 거부한다. 물론 Townsend가 영양 전문가의 능력을 거부한 것은 아니다. 그러나 그는 다른 논문(1962, p.220)에서 전문가의 권고에 기초한 빈곤선이란 사람들이 영양 전문가의 권고를 실제로 충족시키는 데에 드는 소득수준이라고 주장하였다.

Townsend는 흔히 빈곤에 대한 상대적 박탈접근방법의 대안으로 인용되지만, 필자의 생각으로는 전통적인 규범적 접근방법과 Mack 및 Leyden의 방법을 접합시킨 이러한 접근방법에 대해서 그는 중요한 조건을 부가했다. Townsend는 Runciman(1966)이 사용한 바와 동일한 의미로 '상대적 박탈'이라는 용어를 사용하지는 않았다. Runciman에게 있어서 그 용어는 준거집단의 주관적인 비교에 의한 개인적 박탈감을 의미하였고, Townsend는 위에서 인용한 바와 같이 그것을 객관적인 것으로 사용했다. 객관적 비교는 공정한 외부 관찰자인 사회학자들에 의하여 이루어지는데 이들은 사회 내에서 개인과 집단의 상태를 관찰한다. Townsend는 다음과 같이 기술하고 있다.

> 나에게 있어서 '상대적 박탈'이라는 용어는 사회에서 보편화 되거나 관례화된 식사, 쾌적, 표준, 서비스 및 활동의 결핍 혹은 부적절함을 의미한다. 사람들은 통상적으로 사회의 구성원임을 규정하는 생활조건들을 박탈당한다. 사람들이 이러한 생활조건을 확보하고 사회의 구성원 역할을 수행하기 위한 자원이 부족하거나 없다면 그들은 빈곤한 것이다.

그러나, 동시에 Townsend는 다음과 같은 것을 인정한다.

명쾌하고 통합된 전국적인 '생활양식'은 없다. 오히려 중복되고 융합된 공동체적, 인종적, 조직적 및 지역적 양식은 많다. 생활양식 자체가 특정한 사물과 행위를 의미하는 것이 아니라 사회적 형태를 나타내는 소비유형과 관습을 의미한다.(1979, p.249)

Townsend는 생활양식 및 쾌적함에 관한 기존의 많은 연구와 전국적인 빈곤조사연구로 부터 필수품(및 박탈지표)에 대한 광의의 정의를 도출하였다. 그리고 이 중의 일부에 대해서는 자신의 견해를 추가하였다. 이러한 접근방법은 많은 비판을 받았다.(특히 Piachaud, 1981b, Sen 1983, Mack와 Lansley 1985) 왜냐하면 Townsend는 자신의 경험적 자료가 사회의 대다수가 동의하는 견해와 일치하지 않을 때 조차도 박탈지표의 내용을 구성함에 있어서 자신을 전문가로 내세웠기 때문이다. 가장 명백한 경우로는 '일주일의 대부분을 조리된 아침식사를 하지 않는 것'을 들 수 있다.(1979, p.250)

Townsend는 이러한 훌륭한 사회학적 평론가의 지위를 갖고자 한 것에 대하여 두가지 이유를 제시한다. 첫째, '허위의식'이 이유없이 중요한 사회학적 개념은 아니다.(1985b, p.44) 자본주의, 국가, 가족 등의 사회제도는 개인들의 생활 및 욕구를 형성함으로써 그들을 예속시킨다. 일반 국민들은 욕구를 발생시키는 힘을 인식하지 못한다. 그리고 이러한 사실들은 :

정치적 민주주의에서 특정기준에 대한 대중적 합의가 갖는 정당화 기능이 어떻게 평가되든지 간에, 우리들로 하여금 욕구의 기준을 사회적 인식 이외의 곳에서 찾도록 한다. 그렇지 않으면 사회과학자는 인간의 조건 중에서 가장 기본적인 어떤 것을 포착하지 못할 것이다.(1985b, p.44)

둘째, 빈곤에 대한 일반인들의 인식, 즉 일반인들에게 알려진 빈곤의 박탈의 실체와 동일하지는 않다. 그 실체는 일반인들이 모를 수도 있다. 사회과학자의 역할은 이러한 상황에 대한 사실을 수집하는 것이기 때문에 그리고 Townsend도 그렇게 해왔기 때문에, 그는 경험적으로 도출된 합의적 박탈 지표들에 의해서는 발견되지 않는 사회적 배제 및 박탈의 측면들에 대하여 관심을 집중할 수 있는 위치에 있다고 느꼈다. Townsend "Amartya Sen 교수에 대한 답변"이라는 글에서 다음과 같이 기술했다.(1985a)

빈곤을 규명하고 측정하는 데 있어서 박탈의 객관적 측면과(박탈에 대한 개인 및 집단의 느낌에서) 주관적 측면 간의 구분은 나에게 매우 중요하다. 사람들은 자신들이 가난하지 않다고 믿을 때에도 가난할 수 있으며, 그 반대의 경우도 있다. 혹은 정부, 공공기관, 경제 및 사회학 전문가들 등과 관련된 다른 사람들이 빈곤하지 않다고 볼 때도 일반인들은 가난하게 되기도 하며 그 반대일 경우도 있다. 하부집단, 국가, 공동체 전체의 가치나 신념체계에 의하여 여과되거나 형성된 인식이 '있는 그대로의 실체'를 충분히 대변하다고 볼 수는 없다. 욕구들을 검토할 수 있는 '객관적인' 사회적 관찰, 조사연구, 비교 등이 있어야 한다.(비록 이러한 기준들이 사회적으로 생산된 과학적 사교모델에 의해 반드시 만들어지는 경우 뿐만 아니라 미완성인채로 남아 있더라도)(1985a, pp.660~661)

여기에서 항상 다음과 같은 의문이 남아 있다. 다른 사람들의 허위의식을 규명하거나 혹은 사회의 진정한 욕구를 재 해석할 수 있는 전문가로서의 특권적 지위를 Townsend나 다른 관찰자에게 부여하는 것은 어떠한 철학적 입장 혹은 사실 및 가치체계인가? 이것은 오래 되었으나 여전히 현존하는 문제이며 Springborg가 "인간욕구의 문제와 문명의 비판"이라는 논문에서 광범위하게 잘 논의한 문제이다.(1981)

Mack과 Lansley의 접근방법으로 되 돌아가기 전에, 필자는 그들이 Townsend의 방법 중에서 동의하는 부분을 간략하게 검토하겠다. 일반인들은 박탈지표에 규정된 필수품을 갖지 못한 사람을 찾기 위한 조사를 받게 된다. 그래서 어떤 상관관계가 있는지를 파악하기 위해 부족한 지표의 수와 개인소득을 비교한다. Townsend는 「사회정책연구」 지에서 이러한 접근방법에 관해 다음과 같이 기술하고 있다.

사람들은 빈곤하지 않아도 한 두가지의 박탈을 경험할 수 있다. 동일하나 자원을 지닌 사람들일지라도 박탈형태와의 관련성은 다르게 나타날 수 있다. 그리고 다른 사람보다 자원이 적은 사람은 비록 자신의 자원이 '빈곤선' 보다 상당히 많을지라도 여러 가지 박탈을 경험하기가 매우 쉽다. 그러나 이러한 개념화에서는 소득이나 자원의 규모가 감소되는 어떠한 지점에 이르면 박탈은 자원을 더 많이 상실시키게 될 것이며, 이러한 '시발점'은 박탈을 경험한 사람일지라도 모두 소득이 적은 것은 아니며, 한 두가지 밖에 안 되지만 매우 심각하게 박탈된 사람은 거의 대부분 소득이 매우 적거나 자원이 거의 혹은 전혀 없다.(1987, pp.130~131)

여기에서 Townsend는 1979년의 연구에서 약간 불명확 하게 남겨두었던 용어를 명확히 하였고, 만약 어떤 사람이 필수품을 구입할 자원이 있음에도 구입하지 않았다면 사회적으로 규정된 필수품의 객관적 부족은 취향의 문제라는 주장을 수용하고 있다. 그럼에도 불구하고, 합의적 접근방법에 대한 반대자들은 중복적인 박탈과 자원의 부족이라는 객관적 사실에 직면할 때에는 '취향'문제에 의지할 수 없다. Mack과 Lansley가 말한 바와 같이 '부자는 필수품이 부족한 생활양식을 선택하지 않는다'(1985, p.96) Desai의 통계적 연구는 「가난한 영국」에서 처럼 Townsned의 자료로 부터 경험적 빈곤선을 도출할 수 있음을 보여 주었다.

Townsend의 접근방법에 반대되는 것으로서, Mack과 Lansely는 「가난한 영국」(1985)에서 박탈지표 접근방법을 토대로 한 다른 방법을 채택하였다. 라이덴연구와 마찬가지로 Mack과 Lansley는 오로지 개인적 소비와 관련된 박탈지표만을 선택했다. 즉, 그들은 보건 및 교육과 같은 중요한 영역들의 생활경험을 배제했는데, 이 영역에서는 공공비용이 공급과 개인 경험에 영향을 미치는 주요한 요인이다. 그것은 이러한 영역들이 중요하기는 하지만 그들은 박탈 혹은 사회적 배제 전체에 관심을 가진 것이 아니라 직접적으로 빈곤에 관심을 가졌기 때문이다.

전문가, 선택, 박탈의 문제에 대한 오랜(필자의 입장에서는 가장 좋은) 논의에서 Mack과 Lansley는 Townsend가 지닌 문제는 하나의 혼동이라고 주장했다. 이 혼동은 실질적 박탈을 정의하기 위하여 그가 이용할 주요 사회현상을 선택하는 데 자신의 가치를 적용하는 것과, 사회적으로 인식된 박탈을 정의하는 데에 다른 사람의 가치를 적용하는 것간의 혼동이다. 그들은 Townsned가 생활양식과 박탈을 혼합시켰다고 믿으며, 그리고 전국의 생활양식을 동질화 시키는 도덕적인 명령(imperatice)(많은 저자들이 박탈된 이익집단 뒤에 숨겨져 있는 본질적 가치로 정의한 것)은 없다고 믿는다. Mack과 Lansley는 그것을 다음과 같이 기술한다.

> 사회의 인식을 의문시 하고 분석대상으로 삼을 수 있다는 사실이, 우리들의 견해로는 이러한 인식에 기초한 빈곤 접근방법을 방해하지는 않는다. 왜냐하면 이러한 인식은 우리들의 생활기준이 지닌 여러 가지 측면들에 부여될 수 있는 중요성과 의미를 결정하기 때문이다.(1985, p.38)

그들은 규범으로 부터 이탈이 병리적인가 혹은 불평등이 수용될 수 없는 곳은 어디인가 혹은 영국사회에서 광범위하게 지지받는 두가지 기본적인 가치(즉, 빈곤은 최저에 관한 것이다. 그리고 빈곤은 강요된 상황에 관한 것이며 선택에 의한 박탈이 아니다)에 초점을 맞춤으로써 어느 것이 도덕적 및 정치적 힘을 집중시키는가 등에 대한 논쟁을 피할 수 있는 접근방법을 선호한다. 따라서 그들은 빈곤을 '사회적으로 인식된 필수품들의 강요된 부족(an enforced lack)이라는 측면에서'정의한다.(1985, p.39) 그러나 그들은 총체적인 박탈이 사람들의 희망과는 반대로 개인의 생활방식에 영향을 미치는 경우에는 규범으로 부터의 이탈이 빈곤으로 될 수 있음을 인정한다.

Mack과 Lansley는 합의적 접근방법에 대하여 Townsend가 '사회적 인식의 주입적 성격'(1981, p.477) 사회의 지배층의 이익은 빈민의 희생으로 형성된다는 생각, 그리고 허위의식의 문제 등의 측면에서 제기한 비판을 회피하지는 않는다. 이에 대하여 Mack과 Lansely는 다음과 같이 대답한다.

> ... 비록 필수품의 구성에 대한 집합적인 견해가 사회적으로 조건지워진다는 것

> 은 사실이지만, 이것은 합의적 접근방법의 주요한 장점이다. 왜냐하면 빈곤의 개념은 우리들의 필수품으로 인정해 온 것이 무엇인가라는 문제를 정확히 제시하기 때문이다. 즉 필수품이란 사람들이 그것 없이 살아가야 할 때 박탈된 것으로 간주되며 박탈감을 느낄 정도의 매우 중요한 것들이다. 사람들이 문화적으로 조건지워 진다는 사실은 사람들로 하여금 최저자격으로 생각하도록 그들을 문화적으로 조건지우는 것에 대한 최상의 판단자가 되게 한다.(1985, p.47)

그들은 합의적 접근방법이 다른 실질적 박탈지표들을 모호하게 할 위험이 있음을 인정한다. 그러나 적어도 이러한 접근방법은 자신의 목적을 위하여 빈곤의 개념을 조작하려는 의도를 지닌 전문가, 정치가, 정부 등으로부터 빈곤의 개념을 빼앗아 민주적인 공개토론과 개방된 방식으로 집단적 이익을 대변하는 자에게 그것을 되돌려 준다고 주장한다. 그들의 빈곤정의는 '평범한 현실에 기초를 두고 있으며 그래서 빈민과 비빈민 모두에게 유의미하다. 대부분의 사람들이 수용할 수 없는 것을 토대로 하여 최저 생활기준을 설정하는 경우에 그것은 정치적으로 신뢰할 만한 수준을 설정해 준다.'(1985, p.48) 이러한 개방된 논쟁은 Scorates시대 이래 사회에 관한 진리를 발견하는데 관심을 지닌 자유민을 위한 최고의 항소법정이었다.

사회에서 일반인들이 소비주의의 속면을 볼 수 있고 기술화 되고 복잡한 사회에서 소비주의적 요소가 조성하는 참된 '능력'을 스스로 확인할 수 있다는 것은 논란의 여지가 있으며 경험적으로 검증되어야 할 문제이다. 예를 들면 개인들 간의 의사소통이라는 추상적인 능력은 우편서비스, 통신서비스, 육해공 및 철도를 포함한 교통서비스 등 고도로 복합적인 유형의 하부구조를 필요로 한다. 개인들이 의사소통을 하자면 이러한 하부구조가 있어야 하며 통신망을 사용하는 데에 필요한 개인적 자원을 가져야 한다. 즉 만약 대중교통수단이 없는 곳에서는 자가용도 필요하다. Rowntree가 부재중인 가족과 연락하기 위한 우표의 구입비를 사회적 필수품으로 간주했다는 것은 주목할 만한데, 이 비용은 그가 단순한 신체적 효율에 근거한 일차 빈곤선에서는 제외시켜야 했던 필수품이다.(1901, pp.133~134) Mack과 Lansely의

1983년 조사에서 응답자들은 대중교통수단을 높은 순위의 필수품으로 지적하였으며(88%가 그렇게 분류했다.) 반면에 자가용은 응답자의 22%만이 필수품에 포함시켰다. 자동차를 필수품으로 간주한 응답자들이 모두 부자일 필요는 없다. 즉 대중교통이 없는 곳에서 자동차가 모든 시민에게, 빈민이라 하더라도 필수품일지 모른다. 사람들은 그들의 사회적 상황과 지리적 공간에서 추상인 것이 아니라 구체적으로 인식한 것은 중심으로 응답한다. 자동차를 필수품으로 분류한 사람들이 자동차를 物神(fetish)으로 생각하였다는 것은 믿기 어렵다. 다른 교통수단을 이용할 수 없는 곳에서 사회적으로 규정된 의사소통 목적을 위하여 자신의 교통수단을 소유하고 움직일 충분한 금전이라는 생각을 그들은 염두에 두었을 것이다. 동일한 주장이 소비자의 물신주의에 대한 비판 때문에 반내 빋았던 다른 상품에도 적용될 수 있다. 그러한 비판은 그들의 견해가 다음과 같은 Orwell의 질책에 굴복하지 않는다는 것은 고려해야 한다.

> 노동계급의 '물질주의'에 관한 모든 선전의 배후에는 그러한 비판을 주장하는 특권층의 명백한 의도가 있다. 사회주의적 노동계층에게 그 '물질주의'를 강연하는 정치가, 성직자, 문학가 등의 저주받을 뻔뻔함이여!(1975, p.244)

Mack과 Lansley는 '합의적'이라는 용어를 상당히 느슨하게 사용한다. 그들에게는 이 말은 '여론의 집합적 견해'이며 따라서 '사회적으로 인정된'것이다. Halsey는 그들의 연구결과가 '일종의 사회적 합의'를 나타낸다고 말했다.(1985, p.48) 순수주의자들은 합의란 반대가 전혀 없음을 의미하기 때문에 Mack과 Lansley가 박탈지표에 대한 다수의 지지 정도를 근거로 하는 한 그들의 접근방법은 다수결주의이지 합의적인 것은 아니라고 주장한다. Townsend는 '합의적 정치가 복지국가를 건설하는 토대를 제공하기 때문에 사회의 합의적 판단은 더 이상 빈곤을 정의하고 측정하기 위한 적절한 기초가 아님'을 파악하게 되었다.(1985, p.44) 그러나 Mack과 Lansely의 반응은 자신들의 접근방법이 대다수 대중의 견해를 나타내기 때문에 정치적 신뢰성이라는 장점을 갖고 있다는 것이다. 물론 여론이 고려해야 할 유일한 요소는 아니며 '특히 소득분배와 생활수준의 절대적 및 상대적 변화는 어떠한 빈곤 측정에서도 중요한 요건이다.'(1985, p.47)

Mack과 Lansely가 사용한 방법이 빈곤에 대한 상대적 접근방법의 합리적 형태로서 보다 광범위하게 수용되려면, 거기에는 방법론적으로 더 명료화시켜야 될 세부사항들이 많이 있다. 이러한 사항들 중의 몇가지는 이 저널의 다른 논문에서 Walker에 의하여 제기된 바 있다. 이 사항들에는 다른 면접 조건하에서 나타나는 응답자들의 타당성 문제가 포함된다. 즉 자원에는 접근을 측정하는 데에 사용된 개인주의 혹은 집단적 경험의 정도에 관한 문제, 소유한 자원의 이동은 물론 그 비축에 관련된 문제, 잠재적 박탈의 차원으로서 시간의 길이에 관련된 문제(즉 어떤 항목은 예상된 박탈의 지속정도에 따라 필수품으로 규정될 수도 있고 그렇지 않을 수도 있다.) 등이다. 또한 소득 시발점의 설정에 관련된 통계적 문제들도 명료화 시킬 필요가 있다. 그러나 필수품으로서 합의적으로 규정되지 않은 항목들에 대한 비용의 위치문제는 단순한 기술적 문제가 아니다. 인간의 사회적 및 심리적 욕구를 충족시키자면 차나 담배처럼 필수품으로 규정되지 않은 많은 항목들에 대한 지출도 필요하다. 차의 비용은 포함하나 담배의 비용은 제외된 소득수준에서 빈곤선을 설정하는 것은 최저생계의 규범적 함정에 빠지는 것이다. 보다 사회학적인 접근방법은 보통의 생활유형에는 이러한 비필수적인 비용이 포함되어 있다는 것을 수용할 것이며, 그리고 빈곤은 보통의 소비유형을 따르는 사람들의 필수품을 획득하기에 불충분한 소득수준이라는 것도 수용할 것이다. Mack과 Lansely는 정치적 신뢰라는 그들의 목적을 추구하기 위하여, 그들이 만약 전적으로 사회학적인 접근방법을 채택하였다면 포함되지 않았을 담배 비용을 허용한다.

Mack과 Lansely는 1984년 까지 발표된 빈곤정의에 관한 논쟁을 길게 검토하였는데 여기에는 Townsend, Pichaud, Desai간의 논쟁도 포함되어 있다. Mack과 Lansely는 이들 및 다른 사람들이 제기한 반론을 많이 다루고 있다. 그들은 필수품을 정의하는 경우 '계층차이를 고려하지 않은 전국적 기준'이 존재하며(1985, p.65) 제시된 견해들 간에 뚜렷한 동질성이 있다는 주장을 지지한다. 더욱이 그들은 사회의 대다수 혹은 일반인들이 소유한 것은 이러한 단순한 통계적 사실에 의하여 밝혀진다고 믿으며 이러한 통계는 필수품인 상품과 경험에 대한 의식적인 개념까지 암시해 준다고 믿는 함정에 빠지지 않는다. 반대로 그들의 연구방법은 필수품의 소유나 경험과는 관계없이 응답자들로 부터 필수품인 것과 아닌 것에 대한 개념을 밝혀낸다. 그래서 사람들은 대다수가 소유하지 않은 물품을 필수품으로 규정하는 사회를 상상할 수 있으며, 상당한 정도의 불평등이 존재하지만 사회적으로 규정된 필수품이 부족한 사람이 전혀 없고, 따라서 빈곤도 없는 사회를 상상할 수 있다. 정치적 의미는 더 이상 언급할 필요가 없다. 그러나 필자는 이러한 접근방법이 문화나 계층에 의하여 층화 되지 않고 사회의 모든 사람에게 적용되는 필수품에 대한 상당히 폭넓은 합의를 기초로 한 정의에 전적으로 의존하고 있음은 다시 지적할 가치가 있다고 생각한다. 민주주의와 시민권은 합의적 접근방법을 지지하는 기본가치이다. 그것이 설득력이 있음을 깨닫지 못하는 사람들은 자신들의 반대가 이러한 가치에 대한 동정심이 부족하기 때문인지, 혹은 극복될 수 있는 단순한 기술적 반대인가를 생각하게 될 것이다.

## 5. 합의적 접근방법의 시행

빈곤선은 사회적 현상이다.(사회적 기준에 의하여 측정한 매우 강요된 박탈과 상호관련된 것으로 밝혀진 소득수준이다.) 빈곤선은 사회보장 척도가 아니다.(정부의 정치적 및 경제적 고려에 의하여 형성된 행정적 제도 이상의 의미는 없다.) 영국에 있어서 빈곤선에 관한 보다 타당한 사회학적 증거를 정부가 수용하지 않는 상태에서 빈곤에 대한 공식적 평가가 사회보장 척도의 측면에서 제시된다고 한다면, 위와 반대의 경우도 옳은 것은 아니다. 합의적 접근방법에 내포된 민주주의와 시민권과 같은 가치를 수용한다는 것은 비논리적이며 모순적이다. 따라서 빈곤선의 경험적 조사에만 그 가치들을 적용하고 사회보장 척도의 설계와 집행 및 행정에는 적용하지 않는 것은 비논리적이며 모순적이다. 빈곤선은 일반인들이 생각하는 세금을 지불할 준비가 되어 있는 수준 기초를 두어야 한다는 신념(이것은 가끔 합의적 접근방법과 혼동을 일으킨다)은 빈곤선과 사회보장척도 간의 범주적 혼동에 근거한 오해이다. 양자는 산출 가능한 관계일 수도 있으나 실제 및 개념 면에서 모두 구분된다.

한편으로는 박탈지표의 형성 및 욕구의 정의로 부터 다른 한편으로는 빈곤을 퇴치하기 위한 사회보장 척도에 이르는 과정에 놓인 여러 가지 상이한 단계들에서, 조사방법은 민주적 접근방법에 대한 이념적 언약과 그 결과의 사용에 대한 정치적 선택 사이에서 기술적 혼합체로 만들어진다. 그러므로 소극적인 사회보장제도를 계획하기를 원하는 정부라면 제일 먼저 현재의 빈곤선이 무엇이며 그것이 지금까지 어떻게 변화하였는가를 확인하기 위하여 필요한 사회조사를 행하거나 의뢰해야 한다. 이러한 조사로는 일반가구조사, 가계소비조사, 전국 식생활조사 등이 있다. 영국정부는 생활비의 산출에 있어서 구매상품 및 서비스의 가격 뿐만 아니라 그 구성의 변화까지 고려해야 하며 이것은 필수품을 정의함에 있어서도 마찬가지라는 점을 지난 30년 동안 인식하고 있었다. 다른 어려움들이 발견될 수도 있겠지만, 다음의 문제들에 대비하도록 기존의 공식적 조사연구의 프로그램을 확대하는 데에 극복할 수 없는 기술적 장애는 없다.

1. 박탈지표의 형성

이것은 단순히 시장에서 구할 수 있는 항목들보다 더 광범위한 분야를 포괄할 수 있다. 그래서 이것은 정부가 어떤 분배방법을 선택할지를 결정하게 해 준다.(필자는 정치적 의미를 고려하면서 이점을 다시 언급할 것이다.)

2. 박탈지표의 서열화

이것은 각 지표들의 타당성과 필수품의 우선순위에 대한 합의의 정도에 관한 증거를 포함하며, 강요된 박탈이 있는 경우에 '비필수품'의 지출에 관한 증거를 제시하기 위하여 견딜 수 없다고 생각되는 박탈은 어느 정도인가의 문제, 표출된 여론과 실제 소비행위간의 차이 등에 관한 증거를 포함한다.

### 3. 박탈과 소득간의 상호관계

개인과 집단이 규정된 필수품을 순서대로 획득하는 소득 및 자원통제 수준을 확정하는 것, 자원의 범위를 포괄적으로 고려하며, 복지와 직업급여 및 재정급여를 포함한다. 또한 통계적 방법은 박탈이 얼마나 집중되어 있는지를 검증할 것이며 중복된 박탈과 집단위험 및 집단긴장을 알려 주는 주요한 지표가 있는지 등을 검증할 것이다.

### 4. 자유로운 선택의 제한

자유롭게 즐기는 취미 및 선택이 강요된 박탈로 바뀌기 때문에 필수품이 부족하게 되는 자원의 통제수준에 관한 경험적 증거를 수집하는 것, 올바른 연구라면 이 문제를 검토하는 것이 기본적이다. 그 이유는 부분적으로 그것의 정치적 특징 때문이며 주된 이유는 기존 조사의 증거에 따르면 소득이 적으면 사람들은 다른 욕구들을 무시함으로써 한가지 욕구를 만족시킬 수 있기 때문이다. 즉 그들은 모든 욕구를 충족시킬지 아닐지를 선택할 수 있을 정도로 충분한 돈을 갖고 있지 않다. 이와 같이 자유롭게 선택하지 못한다는 것은 심리적 욕구가 충족되지 않음을 보여 주는 중요한 측면이며, 개인주의자들로 부터 더 많은 관심을 받을 가치가 있다.

이러한 조사가 실시되기 전에는 어떤 소득 크기에서 혹은 어느 정도의 자원통제 수준에서 박탈이 빈곤으로 되는지 예측할 수 없다. Mack와 Lansley는 이것이 난제이며 보다 주목할 가치가 있음을 인정한다. 그들은 이러한 결론에 도달하기 위하여 그 자료들을 어떻게 판단했는지를 다소 장황하게 설명하고 있다. 즉, 한두가지 필수품의 부족은 약 1/4의 경우에는 취향의 문제이었고 약 3/4의 경우에 강요된 것이었다고 설명한다.(1985, p.176) 그럼에도 불구하고 그들이 내릴 판단은 다음과 같았다. '우리들은 필수품이 3가지 이상 부족한 사람들을 빈민의 수를 파악하는 지표로 삼을 것이다.'(1985, p.178) 이것은 3가지 이상의 필수품 부족은 주로 박탈된 사람들, 즉 저소득이며 모든 지출을 줄여야 하는 사람들에게 강요된 것이었음을 그들이 발견했기 때문이다. 또한 Mack와 Lansley는 박탈의 개념규정에 있어서 합의의 정도에 관한 문제는 인구의 51%가 지적한 항목을 필수품으로 간주하기로 결정하였다. 실제로 그들은 세가지 또는 네가지 필수품들(51%의 수준에서)을 결의한 사람들은 95%는 인구의 66%가 인정한 필수품중의 한가지를 결여하고 있으며 박탈당한 사람들 중에서 2/3이상이 75% 수준에서 규정된 필수품 중의 적어도 한가지를 결여하였음을 발견했다. 이것은 심하게 박탈된 사람들은 대다수의 인구가 필수품으로 규정한 것을 갖지 않음을 제시한다. 반대로, 인구의 거의 절반은 51%의 수준에서 규정된 필수품 중에서 한 두가지가 부족하고 66%의 수준에서 규정된 필수품 중에서 한가지가 부족하다. Mack과 Lansley는 만약 필수품을 규정함에 있어서 51%의 수준보다 66%의 수준을 선택했더라도 빈민의 수는 거의 변하지 않는다고 결론지었다.(1985, p.118) 이러한 결과를 인용하는 것은 그것이 선험적으로 다루어졌음을 제시하기 위한 것이 아니라, 이러한 문제들은 정부가 그러한 조사를 행하는 경우 경험적 연구 및 통계적 검증의 문제로 취급되었어야 함을 보여주기 위한 것이다.

정부는 이러한 확대된 사회조사를 통해 전체 인구의 생활비와 사람들이 그들의 생활기준에 대하여 어떻게 생각하는 지를 알게 될 것이다. 전체 인구의 평균 생활수준이 상승함에 따라 희망하는 기준이 상승하기도 하지만 원칙적으로 정반대의 상황이 전체 인구에게 영향을 미치게 되면(2차 대전 이후 처럼) 그 기준이 하락할 수도 있다. 물론 이러한 조사들은 사람들이 박탈을 피하기 위해 필수적인 혹은 바람직한 것으로 생각하는 모든 품목 및 행위의 목록을 제공하지는 못한다. 그리고 이 조사들이 그렇게 완전한 목록을 제공할 필요도 없다. 왜냐하면 그 조사들의 초점은 스스로의 선택을 추구하는 보통 사람들이 사회적으로 설정되고 조사를 통해 밝혀진 기준에 비추어 심하게 박탈되지 않을 만큼의 충분한 금전을 갖는 소득수준을 발견하는 것이기 때문이다. 만약 사람들이 주요 항목들에 있어서 박탈되지 않았다면, 지출의 우선 순위에 관한 조사결과는 그들이 매우 가난하기 때문에 그들이 원하더라도 최소한의 항목들 조차 가질 수 없음을 입증해야 한다. 생활비 지수가 물가의 변화와 구매 항목의 비중 변화에 따라 정기적으로 수정되듯이 박탈조사도 그것이 발생되는 소득수준의 변화 뿐만 아니라 시간의 경과에 따른 박탈의 구성내용까지도 변화시켜야 한다. 소득유지 프로그램들의 효율성에 관심이 있는 정부는 그 프로그램들이 저소득층에 미치는 영향을 청취해야 한다. 기존의 증거는 빈민의 생활비가 평균치 보다 더 높음을 보여주고 있다. 그 이유는 주로 가난한 사람들은 신용거래, 대량구매, 값싼 상점에의 접근이 어렵기 때문이다. 정부는 가장 낮은 소득계층의 생활비 변화를 파악해야 한다. 예를 들면 소득계층 중 하위 1/5의 생활비 변화를 점검해야 한다. 왜냐하면 금세기 영국에서 실시된 모든 빈곤조사에 따르면 국민의 약 1/4이 박탈을 피할 수 없을만큼 소득이 불충분하며, 따라서 인구의 1/5는 대개 빈민에 속하기 때문이다.

## 6. 사회보장제도의 합의적 측면

### 1) 정치적 선택

사회보장제도의 구성과 빈곤선의 발견을 구분하는 것이 단순히 논리적으로 필수적인 것은 아니다. 민주적 관점에서 보면 그것은 정치적 선물이다. 이러한 구분이 단순한 이해 부족에 근거한 것이지 혹은 합의적 박탈지표에 의하여 측정된 빈곤의 규모 및 강도에 관한 연구결과의 정치적 의미를 직시하기를 꺼려하기 때문인지를 알기 위해서는 이러한 양자의 구분을 반대하는 의견도 조사해 볼 가치가 있다. “새로운 사회”의 편집자가 말한 것과 같이 (1986. 11. 14) ‘급여는 항상 상승한다. 그리고 빈민의 수도 늘어난다.’는 보편화된 생각은 오로지 무지나 냉소주의에서만 생겨날 수 있을 뿐이다. 그리고 민주정부가 사회보장척도에 기초를 둔 이동선(a moving line) 대신에 ‘고정된 목표 지점’을 우리들에게 제시하는 연구를 후원하는 것은 정치적으로 유익할 것이다.

그럼에도 불구하고 합의적 접근방법을 채택한 정부는 합의적으로 수용될 수 있는 사회보장제도를 계획하는 문제에 직면하게 된다. Mack과

Lansley의 접근방법에서 51%의 다수에 기초를 둔 합의성의 원칙은 공리주의적 가치보다 롤스주의적(Rawlsian) 가치에 보다 많이 의존하고 있다. 그래서 이 글의 마지막 절에서는 합의적 접근방법이 건설적인 공헌을 할 수 있는 사회보장제도에 대한 정치적 선택의 몇가지 측면을 검토하겠다.

단기적으로 어떤 정부가 합의적으로 규정된 모든 욕구를 충족시키기 위하여 자원을 충분히 재분배하고 그래서 빈곤을 없앨 것이라는 가정은 비현실적이다. 사회보장의 입안자가 고려해야 하는 현실적 문제는 다음과 같은 것이다.

1. 정부는 주요 박탈지표들 중에서 어떤 것이 그리고 몇 개가 참을 수 없는 상황을 초래하는 지에 대한 대중적 합의를 얼마만큼 고려하여야 하는가? 즉 어떤 종류의 그리고 어느 정도의 박탈이 단순한 개인적 문제가 아닌 정치적 문제로 취급되어야 하는가 이다.

2. 정부는 사회보장제도를 개선시킴에 있어서 빈곤의 위험에 처한 집단들 중에 어느 집단에 우선순위를 부여할 것인지에 대한 대중적 합의를 어느 정도로 고려해야 하는가? 정부는 상반되는 접근방법을 채택할 수도 있다. 즉 박탈의 가능성이 높은 어떤 특정 집단들을 돕는 것을 반대하는(성차별이나 인종차별과 같은) 대중적 편견을 배제한 박탈에 대한 합의선을 채택할 수도 있다. 물론 정부는 상이한 여러 박탈집단들에 대한 지출의 정치적 및 경제적 편의성이 갖는 다른 측면들에 대해서도 결정해야 한다. 예를 들면, 여기에는 피부양자 및 장애자의 박탈과 피부양자가 없는 정상적 성인의 박탈간의 구분이 포함될 수 있다. 즉 정부는 세가지 이상의 강요된 박탈을 겪고 있는 정상인을 제외한 채 피부양자 및 장애자의 모든 강요된 박탈을 퇴치하기 위한 정책들을 지향할 수 있다.(Mack과 Lansley, 1985, p.176) 혹은 미숙한 기능주의를 따르다 보면 이러한 대중적 가치와 충돌할지도 모른다. 모든 정부는 불가피하게 이러한 결정을 내리게 되지만, 그러나 합의적 접근방법을 채택함으로써 우선순위의 결정에 관한 지침을 제공 받을 것이다.

3. 정부는 복지의 사회적 분화(the social division of welfare)내의 다양한 경로들을 사용하여 다른 박탈들을 얼마만큼 처리하여야 하는가? 민간시장이 욕구를 충족시키는데 필요한 모든 자원을 공급할 수 없는 한 박탈이 반드시 개인의 소득을 높임으로써 가장 효과적으로 해결되는 것은 아니다. 그리고 정부는 규정된 욕구를 직접적으

로 혹은 사회시장(social market, 우선순위가 정해져 있거나 가격을 조정해 놓은)을 통하여 충족시키기로 결정할 수도 있다. 그러나 시민권을 완전히 행하려는 심리적 욕구가 충족되어야 한다면, 길고 박탈되지 않은 사람이 사적으로 자원을 획득하고 소비자 선택의 자유를 행사한다면, 급여(예를 들어 무료 학교급식)가 심리적 박탈을 해소하더라도 정부가 개인의 구매력을 증대시켜 박탈된 사라들을 돕지 못한다면 사회심리적인 박탈을 상승시킬 수도 있다.

4. 정부는 범주 및 동등화에 따라 사회보장척도의 수준을 설정함에 있어서 여론을 얼마만큼 고려해야 하는가? 그리고 추가적인 욕구 및 특별한 조건을 참작하여 그러한 급여의 표준화 혹은 복합성에 대한 결정을 함에 있어서 정부는 여론을 얼마만큼 고려해야 하는가? 합의적 방법이 역설적인 결과를 초래할 수 있음은 결코 상상할 수 없는 것은 아니다. 그러나 납세자 혹은 보험료 납부자의 반대를 들먹이는 사람들은 일반적으로 자신들의 고객이 빈민이 아니라고 생각한다는 것을 기억할 가치가 있다. 잠재적 수혜자들이 자신들의 급여를 표결에 붙여서는 안된다는 신념 때문에 부자들이 의회나 다른 곳에서 그에 대해 투표하는 것이 결코 방해 받아서는 안된다. 박탈의 정도 및 범위를 완전히 인식하고 이루어진 합의적 반응은 덜 편파적일 것이다. 또한 Bradshaw 와 Piachaud의 연구와 같은 가계예산연구는 이러한 주제에 관한 대중적 및 정치적 논쟁에 중요한 기여를 할 것이다.

이러한 문제에 대한 대중적 견해는 보통선거가 시행될 시기에 정치적인 형태로 표출될 수 있다. 예를 들면 보건서비스, 주택, 교육 등의 분배에 대한 견해가 그렇게 표출된다. 그러나 보통선거는(민주주의에 있어서 선거가 어떤 장점을 가지든 간에) 특정문제에 관한 대중적 합의를 적절히 대변하지 못하기 때문에, 사회보장의 형태와 수준 및 보건서비스의 분배 혹은 주거비 지출 형태의 표준화나 계층화 등과 같은 문제들에 대해서 정부에게 지침을 제공하기 위해서는 신뢰성이 있고 타당한 조사방법을 이용한 합의적 접근방법이 채택되어야 한다.

### 2) 사회보장 행정

필수품의 정의와 박탈지표의 형성에 대한 합의적 접근방법은 종종 무시되어 온 사회보장제도의 설계 및 행정의 한 측면에 중요한 의미를 부여할 수 있다. 정부의 소득유지제도가 설계되고 시행되는 방법은, 빈민이 다른 욕구를 스스로 충족시킬 수 있도록 그 제도가 제공하는 급여수준 만큼이나 시민의 사회심리적 욕구를 충족시키는 데 중요한 것이다. 시행방법의 대중적 수용 가능성에 관한 문제는 박탈에 대한 조사와 같이 경험적으로 검증될 수 있으며, 유형으로 제공되는 급여의 수준에 대한 관심과 동등한 관심을 필요로 한다. 필자는 정책결정에 관한 논의에서 이 점을 강조하기 위하여 그것에 성격(tone)이라는 독특한 명칭을 부여해야 한다고 제안했다.(1981)이러한 명칭을 부여함으로써 우리가 제도의 적절성을 판단함에 있어서 사회보장의 수준 뿐만 아니라 그 성격도 측정할 수 있다. 성격이란 복지의 사회적 분화를 구성하는 한 요소이며(Titmuss가 지적한 은행과 사회보장사무소간의 겉모습 차이 및 고객접대의 차이를 예로 들 수 있다.) 재정적 혹은 직업적 급여나 사회복지제도의 수준에 대한 관심과 동일한 관심을 부여받아야 한다.

그래서 성격이라는 개념은 자원이 제한되어서 박탈된 집단들만을 대상으로 삼아야 할 때 급여를 선택적으로 분배하는 다양한 방법들을 평가하는 도구를 제공한다. 비록 '보편적'과 '선택적'이라는 용어가 가끔 남용되지만, 이것은 급여행정의 성격이 지닌 중요한 차이를 지적해 준다. 소위 보편적 급여가 여러 가지 특성들(예를 들면 질병에 걸리거나 피부양자녀가 있음)의 측면에서 보면 선택적이라는 것은 쉽게 입증될 수 있으며, 선별성이 보편적으로 사용된다는 것은 금전소득의 특성이라는 측면에서 보면 쉽게 입증될 수 있는데 여기에서 이것은 급여 수령시 혹은 급여 수령전에 자산조사에 의하여 검증된다. 그러나 이러한 방법은 재정적인 무능, 사회적 지위의 하락 등을 의미하기 때문에 품위를 손상시킨다고 조사자와 수령자에 의하여 수십년 동안 나쁜 성격을 수반하기 쉬우며, 보편적 급여라고 지칭되는 것은 전체 국민이 합의할 수 있는 기준에 의하여 선택적으로 쓰일 수 있다고 주장될 수 있다. 즉 그것은 좋은 성격을 갖는다. 대중들로 부터 가치 있는 급여와 좋은 성격을 지녔다고 인정받은 소득유지제도는 문제를 야기하지 않는다는 것은 경험적으로 검증될 수 있다.

### 3) 개 선

정기적인 표본조사를 실시하고 자료들을 계속 만들게 되면(가계지출조사 및 소매물가지수와 유사한 것) 욕구에 대한 사람들의 인식변화와 그들이 만족하는 소득수준의 변화를 정부와 대중에게 알려줄 수 있을 것이다. 이것은 사회보장 척도를 상향시킴에 있어서 필수적인 정보이다. 그러나 여기에 제시된 조사방법은 가계가 박탈되지 않게 되는 소득수준 및 개인들간의 상대성을 결정하는 데 확고한 경험적 기반을 제공하지만, 반면에 이것은 사회보장 척도를 개선하려는 정부에게 지침을 제공하기에는 귀찮은 방법이다. 여기에서 완충작용을 하는 것으로서 1960년 이래 스웨덴에서 사용되어 온 '기초지수'를 이용하면 도움이 될 것이다. 기초지수는 생계비의 변화에 따라 변한다. 그리고 독신자, 부부, 자녀를 위한 여러 가지 연금 및 급여는 그 기초지수에서 차지하는 비율로 표시되는데 이것은 공개적으로 토의되고 입증되도록 상대적 요인들의 변화를 허용하고 있다. 그래서 합의적 조사방법은 박탈지표와 상대적 요인들의 변화가 필요한지를 검사하기 위해 사용될 수 있다. 그리고 정부가 정치적으로 바람직하고 경제적으로 시행 가능하다고 생각하는 요인들과 급여 규모를 일치시키기 위하여 기초지수가 사용될 것이다. 이러한 요인들은 소득수준이 다양한 각 가구들의 생계비 변화와 평균소득지수의 변화를 모두 포함하기로 한다. 어느 요인이나 기초지수를 상승시키는데 사용될 수 있지만, 만약 사회보장 척도가 직접적으로 사회조사에 의존했다면 이것을 쉽게 쓸 수는 없다. 이 점은 분명히 논쟁거리이다. 그러나 어떤 정부든지 합리적이고 합의적인 기초를 갖는 사회보장제도를 설계하려고 한다면 이점을 회피할 수는 없다.

## 7. 결 론

빈곤이 불가피하게 특정한 사회 및 시기에 따라 상대적으로 표현되어야 하며, 절대적으로 혹은 최저생계의 측면에서는 표현될 수 없다고 생각하는 사람들은 논리적으로 빈곤을 정의하고 측정하는 기준이 사회적으로 도출된다는 것을 받아들어야 한다. 어쨌든 최저생계에 관한 전문가의 견해를 거부하는 것에 대해서는 의견이 일치하지 않지만, 자신들이 인정하는 빈곤의 상대적 패러미터가 무엇인지를 그 사회의 사람들에게 말할 권리가 전문가들에게 필요하다는 점은 합의되고 있다. 합의적 접근방법은 그 사회가 필수품으로 간주한 것에 대한 확실한 증거를 제공한다. 그리고 그에 따른 기술적 활동들은 영국사회의 실질적 빈곤선에 관한 증거를 제공한다. 정치적 및 경제적 판단을 실행하는 정부는 약간 다른 수준에서 사회보장 척도를 설정하기로 결정할 수도 있다. 그러나 그러한 척도가 영국사회에서 박탈을 피하는데 필요한 최저소득을 나타낸다고 주장해서는 안된다. 즉, 어떻든지 사회보장 척도가 경험적으로 도출된 빈곤선과 동등하거나 이를 초과할 때까지 그렇게 주장해서는 안된다. 어떤 정부도 반드시 하지 말아야 할 것은 빈민에게 제공할 금전의 규모를 결정하는 것이며 그 금액에 의한 소득수준을 빈곤으로 정의하는 것이다.

<참고 문헌>


B. Abel-Smith and p. Townsned(1965), *The Poor and the Poorest*, Bell, London.

A. B. Atkinson, J. Corlyon, A. K. Maynard, H. Sutherland, C. Trinder(1981), 'Poverty in York: A Reanalysis of Rowntree's 1980 Survey', *Bulletin of Economic Research*, 33.59~71

W. Beveridge(1942), *Social Insurance and Allied Services*, Cmd 6404, HMSO, London

J. Bradshaw, D. Mitdhell and J. Morgan(1987), 'Evaluating Adequacy: The Potential of Bidget Standards', *Journal of Social Policy*, 16:2, 165~181

A. Briggs(1961), Social Thought and Social Action : *A Study of the Work of Seebodhm Rowntree*, Longman, London

N. Charles and M. Kerr(1986), 'Eating Properly, The Family and State Benefit' *Sociology*, 20:3, 412~429

D. Colasanto, A. Kapteyn and J. Van der Gaag(1984), 'Two Subjective Definitions of Poverty: results from the Wisconsin Basic Needs Study', *Journal of Human Resources*, 19: 2,

127~138

M. Desai(1981), 'Is Poverty a Matter of Taste? An Econometric Comment on the Townsend-Pichaud debate' mimeo

M. Desai(1986), 'Drawing the line : on defining the poverty theshold' in P. Golding(ed) *Excluding the Poor*, Child Poverty Action Group, London.

T. Geodhart, V. Halberstadt, A. Kapteyn and B. Van Praag(1977), 'The Poverty Line : concept and Measurment', *Jurnal of human Resources,* 12:4, 503~520

A. Kapteyn, S. Van de Geer and H. Van de Stadt(1984), 'The Impact of Change in Income and Family Composition on Subjective Measures of Well-being', mimeo to be published in M. David and T. Seeding(eds) *Horiziontal Equity, Uncertainty and Economic Well Being,* University of Chicag Press, Chicago

J. Mack and S. Lansely(1985), *Poor Britain*, George Allen and Unwin, London

M. O 'Higgins(1980a, 1980b), 'Poverty in Europ - The Subjective Assessment of Poverty Lines: An Evaluation', mimeo in two parts, University of Bath

G. Orwell(1975), 'Looking Back on the Spanish War', *in Momage to Catalonia*, Penguin, Harmondsworth

D. Plachaud(1979), *The Cost of a Child*, Child Poverty Action Group, London

D. Plachaud(1981a), *Children and Poverty*, Child Poverty Action Group, London

D. Plachaud(1981b), 'Peter Townsend and the Holy Grail', *New Society,* 57: 982, 419~421

H. Riffault and J-R Rabier(1977), *The Perception of Poverty in Europ,* Commission of the European Communities, Brussels

B. S. Rowntree(1901), *Poverty A study of Town Life*, Macmillan, London

B. S. Rowntree and M. Kendall(1913), *How the Labourer Lives*, Thomas Nelson and Sons, London

W. G. Runciman(1966), *Relative Deprivation and Social Justice,* Routledge and Kegan Paul London

A. Sen(1983), 'Poor Relatively Speaking', *Oxford Economic Papers,* 35, 153~169

P. Springborg(1981), *The Problem of Human Needs and The Critique of Civilisation,* George Allen and Unwin, London

P. Townsend(1962), 'The Meaning of Poverty', *British Journal of Sociology*, 18: 3, 153~169

P. Townsend(1979), *Poverty in the United Kingdom*, Penguin, Harmondsworth.

P. Townsend(1981), 'Peter Townsend Replies', *New Society*, 57: 983, 477~478

P. Townsend(1985a), 'A Socilogical Approach to the Measurement of Poverty- a rejoinder to Professor Amartya Sen', *Oxford Econnomic Papers*, 37, 659~668

P. Townsend(1985b), Review of Poor Britain(Mack and Lansley q. v) *Poverty*, 61, 42~45

P. Townsend(1987), 'Deprivation', *Journal of Social Policy*, 16:2

R. M. Titmuss(1958), 'The Social Division of Welfare', in *Essays on 'the Welfare State'*, George Allen and Unwin, London

B. Van Praag, T. Geodhart and A. Kaotenyn(1980), 'The Poverty Line: A Pilot Survey in Europe', *Review of Economics and Statestics*, 62, 461~465

J. H. Veit-Wilson(1981), 'Cash or Services- A fale Dichotomy', Paper Delivered to the ESRC Research Workshop on Social Security

J. H. Veit-Wilson(1985), *Supplementary Benefit : What is to be Done?* mimeo, Newcastle upon Tyne Polytechnic.

J. H. Veit-Wilson(1986), 'Paradigms of Poverty : A Rehabilitation of B. S. Rowntree', *Journal of Social Policy*, 15:1, 69~99

R. Walker(1987), 'Consensual Approaches to the Definition of Poverty : Towards an Alternatice Methodology', *Journal of Social Policy* 16: 2, 213~222

# 제 11장 오샨스키의 빈곤 측정

Mollie Orshansky*

빈민을 측정하는 것은 가능성의 예술을 실행하는 것이다. 누가 빈민인지를 결정하는 데이는 산술(calculation) 보다도 기도가 더 많이 관련된다. 왜냐하면 아름다움과 마찬가지로 빈곤이란 보는 사람의 눈에 달려 있기 때문이다. 빈곤은 가치판단이다. 그것은 추정이나 상상에 의한 경우를 제외하고는 입증할 수 없다. 빈민을 정의하는 데 모든 종류의 가치판단이 개입된다. 빈민의 개념은 그 개념이 의도하는 목적에 의해 제한되어져야 한다. 빈민을 위해 무엇이든 행하지 않으려면 빈민을 측정할 특별한 이유는 없다. 일반적으로 사회경제적 조사의 가능성이 어떠하든지 빈곤을 정의할 때에 비주관적일 수는 없으며 정도의 차이는 있지만 주관적일 수 밖에 없다.

## 1. 문제의 정의

사회보장청 SSA에서는 빈곤을 공적인 또는 정책적인 문제, 즉 우리가 정책적 관심을 누구에게 그리고 얼마나 많은 사람들에게 기울여야 하는가라는 측면에서 처음으로 정의 되었다. 우리가 이점을 잘 알고 있다고 하더라도, '가진 자'와 '못가진 자'를 구분하기 위해 쓰는 생활수준은 우리가 만족할 만큼 관대할 수도 있고 혹은 엄격할 수도 있다. 그 수준은 '못 가진' 집단에 속하는 모든 사람이 실제로 가진 것이 불충분 하도록 낮게 설정될 수도 있다. 만약 우리가 이와 반대로 하자면 빈곤하지 않는 사람들을 측정하

---

* 이 글은 *Monthly Labor Review*, vol. 92, 1969에 실린 'How Poverty is Measured'를 번역한 것이다.

는 모험을 해야 한다. 간단히 말해서 하나의 완전한 계획이나 가치자유적 계획은 없다는 것이다.

우리는 그 수준에 대한 정부의 생각을 설명하려고 시도했기 때문에 모든 가족 또는 소비자 단위들이 관심의 대상 속에 포함될 기회를 공평하게 가지고 있다는 것이 확실해 지기를 원했다. 실제로 우리는 경제자문위원회(CEA)가 있다는 것이 확실해 지기를 원했다. 이 위원회의 기준에 따르면 2명 또는 그 이상으로 구성된 가족으로서 연간 소득이 3,000불 미만인 경우와 독신자로서 연간 소득이 1,500만불 미만인 경우는 반빈곤 프로그램의 목적에 맞는 빈곤 가족으로 고려될 수 있으나 프로그램 적격성에서 본다면 그렇지 않았다. 이러한 원래의 기준에 따르면 연소득 2,900불의 노인부부는 빈곤하다고 간주되지만 연소득이 3,100불인 부부와 4명의 자녀를 둔 가족은 빈곤하지 않다는 기이한 결과를 초래한다.

더구나 우리는 빈민의 인구통계학적 분포를 전체 인구와 비교한 결과 몇가지 특이한 것을 발견했다. 예를 들어 무자녀 가족이 빈민 중에서 차지하는 비율은 전체 인구에서의 비율 보다 높았다. 그리고 보다 비현실적인 것은 4명 또는 그 이상의 자녀를 둔 가족이 빈민 중에서 차지하는 비율은 전체 인구에서 차지하는 비율에 비해 낮았다는 것이다. 우리는 이것이 옳다고 생각하지 않았다. 그래서 우리는 빈곤선- 자원의 최저 필요량- 을 가족의 크기 및 구성에 따라 다양화 시키려고 노력했다.(CEA가 빈곤선을 다양화 시키지 못한 이유는 당시에 그러한 자료를 이용할 수 없었기 때문이다.)

## 2. 기준의 설정

공적인 판단에 영향을 미칠 수 있는 개념은 반드시 사회적으로 그리고 정치적으로 신뢰성이 있어야 한다. 우리는 관심을 기울여야 할 인구집단을 판별하기 위한 기준들이 필요하다. 이 기준들이 전체 인구에 비해 소규모의 집단을 선택하거나 대규모의 집단을 선택하게 해서는 안된다. 그것은 일반적인 프로그램으로서의 가치가 없는 것처럼 보이거나 문제의 해결이 불가능한 것처럼 보일 수 있기 때문이다. 예를 들어 1930년대에 Roosevelt 대통령은 '본인은 미국인의 1/3이 의식주가 부족한 것으로 알고 있다'고 말했다. 이들은 미국 역사의 한 부분이다. 우리가 현재의 인구를 몇 명으로 파악하든지, 그 인구의 1/3 이상이 빈민이라고 한다면 그것은 공적인 준거점으로서의 가치를 잃을 것이다.

우리는 사회보장청에서 욕구에 대한 2가지 척도를 개발하고, 기존 인구조사의 소득 표본을 기초로 하여 이 척도에 해당되는 가족이 얼마나 되며 어떤 형태인가를 기술하기로 결정하였다. 빈곤선이라고 명명한 것은 사회보장청이 아니었다. 2가지 척도 중에서 더 낮은 척도를 선택한 것은 경제기획국 OED과 경제자문위원회 CEA였으며 그들은 이것을 조사도구로서 사용하기로 결정했다. 그 척도에 대해 말할 수 있는 최선의 것은 그것이 쓸모가 있게 보일 때에 그 자리에 있었다는 것이다. 흥미로운 것은 사회보장청 외부의 극소수가 2가지 척도 중에서 보다 높은 척도를 주장하려 했던 것이다. 대부분의 사람이 '빈곤선'이라고 명명된 보다 낮은 척도만 주장하였는데, 이것은 처음의 3,000불을 척도로 빈민을 측정했을 때와 거의 같은 결과를 보였다. 다만 한가지 다른 점은 많은 자녀를 둔 소수의 가족 대신에 자녀가 없는 다수의 노인가족이 포함된 것이었다.

## 3. 빈곤의 시발점

우리는 빈민과 준빈민(the near poor)으로 구분한 것에 맞추어 2가지 빈곤 시발점을 개발했다. 이 시발점은 서로 다른 형태의 124가족에 대해 각각 별도로 만들어졌는데 이것은 가장의 성별, 18세 미만 아동의 수, 성인의 수 그리고 농촌에 사는지의 여부를 기초로 하였다. 이 시발점은 미국의 보편적인 생활기준에 맞추어 '일정하게 구성된 평균가족을 가장 낮은 수준에서 부양할 수 있는 최저 화폐소득을 구체화 하려는 시도로서 정의된다. 이것은 식비지출이 가족 총 소득의 1/3을 넘지 않는다는 가정하에서 형태와 크기가 서로 다른 가족들이 영양적으로 적절한 식사를 하는 데에 필요한 금액을 기초로 한다.'[1] 2가지 시발점을 농무성이 1948년과 1955년에 실시한 식품소비 조사에서 개발된 것이다. 이 조사에서 모든 가족의 평균 식비지출은 소득의 약 1/3인 것으로 나타났다.[2]

빈민은 소득을 배분하는 데 있어서 다른 사람과 동일한 융통성을 갖고 있지만 확실히 그들은 선택의 폭이 좁다. 평균 지출에서 식품에 할당된 몫은 농무성이 미국 가족이 적절한 식사를 할 수 있다고 주장한 최저수준으로 삭감되었다. 우리는 준빈민을 특징짓기 위해서 저비용계획을 사용했으며, 빈민의 경우에는 보다 낮은 경제적 식품계획을 사용했는데, 이것은 모든 음식을 집에서 준비한다는 전제 하에 1인당 식품비로 하루에 70센트가 필요하다고 가정하였다. 농무성은 이러한 금액 또는 실제로는 그 보다 적은 양을 지출하는 사람들 중에서 약 10% 만이 영양적으로 적절한 식사를 할 수 있다고 평가했다.

우리의 조사에서 1966년 평균적으로 4인의 비농촌 가족이 빈곤 시발점을 충족시키기 위해서는 주당 약 65불의 소득이 필요한 것으로 밝혀졌다. 준빈민의 경우에는 약 20불이 더 소요된다. 중요한 것은 이러한 소득기준이 전적으로 최저수준의 식사비용 그것과 기타 일상적 필수물과의 관계로부터 산출되었다는 점이다. 우리는 2가지 사항 - 저비용 계획과 경제적 계획에서 식품에 대해 얼마를 할당할 것인가, 그리고 식품과 기타 소득간에는 어떤 관계가 있는가-에 대해서만 결정을 내렸다. 그 지표는 빈곤의 기준으로서 소득에만 의존했다는 점에서 자의적이지만 소득 통계는 현재 정기적인 자료에서 얻을 수 있는 유일한 것이다. 만약 우리가 그 기준 아래에 얼마나 많은 그리고 어떤 형태의 가족들이 있는 지를 파악하는 데 우리의 기준을 적용시

1) M. Orshansky, 'Measuring Poverty', *The Social Welfare Forum*, 1965, N. Y. Columbia University Press

2) 미국 농무성의 출판물을 볼 것. : *Food Consumption of Urban Households, With an Appraisal of Method.* Agriculture Information Bulletin 132. October 1954: *Food Cousumption in Households in the United States.* Household Food Consumption Survey, 1955. Report 1, December 1956: and Family Food Plans and Food Coasts. Home Economics Research Report 20, November 1962

키기를 원한다면 우리에게 선택의 여지는 없으나 무엇이든 이용가능한 통계를 기초로 해야한다.

## 4. 지표의 비판

사회보장청의 빈곤지표가 지닌 한계에 대해서는 많이 거론되어 왔나. 그 개념은 현재의 소득만을 고려하였고 자산과 기타의 화폐소득을 무시했다고 비판 받는다. 그 개념에서는 음식 이외의 다른 물품과 서비스의 목록은 구체화 되지 않았는데, 우리는 많은 가족들 특히 흑인가족과 자녀가 많은 가족에게는 주거비가 훨씬 더 중요함을 알고 있다. 우리의 지표에서는 식비지출이 약간의 돈을 가진 평균적인 가족의 시출 수준 보다 낮은 최저수준으로 삭감된다면 다른 것도 비례적으로 삭감된다고 가정하고 있다. 그렇지만 확실히 이것이 항상 가능하지는 않으며 적어도 주거비는 삭감되지 않을 것이다. 일부 사람들은 그 지표가 농부를 제외하고는 현물소득을 고려하지 않았다고 주장한다. 다른 사람들은 그 지표가 소득이 해마다 바뀐다는 것을 무시했기 때문에 허점이 있음을 발견했다. 또 다른 사람들은 생활의 비물질적 만족을 무시하기 때문에 그것을 좋아하지 않는다.

이러한 모든 비판들이 장점을 지니고 있지만, 우리는 처음부터 시작해 보겠다. 빈곤이 돈만으로 해결될 수는 없지만, 또한 그것 없이는 다른 어떤 것도 할 수가 없을 것이다. 조건이 충분하지 않다면 돈이 아직까지 필요하다. 또한 화폐경제에서 주택, 식품, 무료의 의료보호는 반드시 돈을 가져만 되는 것이 아니다.

자산을 무시하는 것은 매우 심각한 결함이지만 현재의 인구조사에서 이용할 수 있는 소득자료에는 자산자료가 들어 있지 않다. 어쨌든 Dorothy Projector와 Gertrude Weiss의 연구에서 자산이 많으면서도 저소득인 가구는 노인을 제외하고는 별로 없는 것으로 나타났다.[3)]

---

3) Dorothy S. Projector & Gertrude S. Weiss, *Survey of Financial Characteristics of Consumers*(Washington Federal Reserve System, 1966)

앞으로 새로운 연구들이 빈곤가족의 자산보유를 알려 줄 것이다. 우리는 1962년에 노인을 조사하면서 자산을 비례적으로 할당했는데 노인가족의 소득 구성은 대부분 큰 차이가 없었다.4) 그 조사는 매우 훌륭한 통계자료였지만, 그것은 노인 이외의 다른 가족에게 적용될 수 없는 여러 가정들을 기초로 하였으며, 그 가정들 중의 하나는 노인에게 조차도 적용될 수 없는 것이었다. 우리는 모든 자산이 4% 정도에서 연금으로 전환될 수 있다고 가정했다. 그래서 우리는 만약 어떤 사람이 남은 생존기간 동안 연금을 받는 경우 그가 소유하게 될 금액을 평가하기 위해 연령별 및 성별 평균 수명과 부부의 동시 생존율을 산출하였다. 우리는 가족 크기가 결코 증가하지는 않으며, 두명이 있거나 부부의 사망에 따라 한명 또는 아무도 없게 된다고 가정하였다. 우리는 어떤 사람이 연구가 시작된 초기에 어느 정도의 자산으 가졌든지 간에 일단 그것을 써버렸다면 새로 보충될 수 없다고 가정했다. 이것 역시 젊은 가족에게는 불합리한 가정이었다. 노인의 경우에도 어느 정도는 비현실적이었다. (왜냐하면) 만약 자산을 비율적으로 할당한다면 왜 어떤 사람은 65세 부터 산정하지 않는가? 덧붙여서 경제학자들이 어떻게 생각하든지 몇몇 자산형태는 그것을 소유한 사람들이 돈으로 교환할 수 있다고 생각하지 않는다.

## 5. 소득변동과 소비

우리는 일시적인 소득으로 인한 가족의 소득변동에 대해 많이 알지 못하며 그것이 소득에 어떤 영향을 미치는지도 알지 못한다. 농촌가족과 자영업가족은 다른 가족에 비해 계획된 그리고 비계획된 빈곤에 쉽게 빠질 위험이 있다. 그것은 그들이 자신들의 사업을 위해 1년치의 소득을 투자하여 미래에 대한 전망을 향상시킬 수 있기 때문이다. 빈민을 결정함에 있어서 비화폐소득이 포함되어야 한다는 주장에 관하여 어떤 사람은 빈민이 받는 모든 무료의 의료보호와 식품 교환권(food stamps), 그리고 중산층이 받는 의료

4) Mollie Orshansky, 'Who's Who Among the Poor', *Social Security Bulletin*, July, 1965

보험급여, 교제비, 휴가, 무료 수업, 상품 할인 등의 모든 급여를 포함해도 결과는 거의 바뀌지 않는다고 자신있게 말한다. 소득세 급여와 같은 비화폐 소득은 주로 비빈민에게 돌아간다. 그래서 만약 우리가 정직하다면, 이들 급여를 소득분배에 반영시킨 결과는 지금 보다도 더 악화될 것이다. 그리고 빈곤은 상대적이기 때문에 빈곤선은 상향되어야만 한다.

자유로운 선택의 문제로서 의식적으로 어떤 행위를 할 것인가 그리고 불충분한 자금으로 인해 발생된 장기적인 갈등이 가족과 지역사회내에 어떻게 나타나는가를 가족의 지출 및 소비형태를 보여주는 단순한 도표를 통해서 알기는 매우 어렵다. 일부 사람들은 우리가 빈곤선에서 농촌가족과 비농촌가족을 분리한 것 외에 지역적 또는 조직적 차이를 고려하지 않는 이유를 의문시 한다. 그 이유의 하나는 빈곤선 또는 그에 인접한 수준에서는 지출배분의 자율성이 매우 적어서, 생활비가 지역적으로 큰 차이가 있다는 증거가 부족하다는 것이다.

빈곤상대의 척도로서는 소비가 소득보다 더 가치있다고 생각된다. 물론 소득기준이 선택된 것은 오로지 그것이 소비의 잠재성을 대변해 주기 때문이다. 준거 단위가 소비로 바뀐다고 해도 측정과 정의의 문제가 해결되는 것은 아니다. 다만 낡은 문제를 새로운 문제로 교환시키는 것에 불과하다. 예를 들어 우리가 주로 의존하는 소비자 지출에 관한 연구들로 부터는 현금지출 보다 전체적인 구매에 대해서만 알 수 있다. '지금 사시고 나중에 지불하세요'라는 말은 TV와 라디오의 모든 프로그램에서 볼 수 있지만 정부의 지출 목록에는 이것을 아직까지 반영하지 않고 있다. 또한 우리가 실시한 대부분의 조사에서 현재의 구매상태 뿐만 아니라 각 가정의 주식 보유량과 관련된 전체 소비자의 잠재성을 파악하지 못하고 있다. 덧붙여서, 우리는 여전히 직접 지출하지 않고 얻게 되는 물품들을 어떻게 평가할 것인가라는 문제에 직면해 있다. 비록 선정된 목록이(식품의 경우처럼) 가족의 실제 구입품과 같을 수는 없지만 소비가격- 알수만 있다면-은 훌륭한 척도일 수 있다.

또한 만약에 소득 - 소비 틀에서 자가 주택의 가격을 계산해 본다면, 그것은 경제학자들이 흔히 하는 것처럼 투자에 대한 상당한 수익을 가져다 주는가? 자기 주택의 공간 기준은 대개 임대주택보다 크게 잡는다. 즉, 방이 6개인 자가주택은 방이 3개인 임대주택과 비교된다. 여기에서는 자의적 선택이라는 많은 문제들이 남아 있다. 만약에, 예를 들어 우리가 식품을 이용했듯이 하나의 범주가 다른 모든 것에 대한 대표물로서 사용된다면 문제는 어떤 범주를 사용하느냐이다. 사회보장청에서는 어떤 식품유형이 사용되었는가?

## 6. 대안적 빈곤 척도

빈곤을 정의하는 또 다른 방법이 현재 논의되고 있다. 여러 형태의 복잡한 예산 결정 방법을 대신하여, 가족의 소득이 일정한 시점에서 평균 소득의 일정 비율 아래로 떨어지게 되면 그 가족은 빈곤하다는 설명이 제시되었다. 이러한 '공식'은 단순성과 통일성이 장점이다. 반면에 모든 형태의 가족에 대해 하나의 상대적 기준을 설정한 점에서 심각한 결점을 지니고 있다. 그래서 이러한 단순성을 지닌 척도를 만들기는 매우 어려우며 우리가 관심을 기울이는 집단을 시급히 향상시키기도 어렵다. 이러한 계획 하에서, 그들이 현재의 상대적 지위를 유지하는 한 특별히 주목 받을 필요는 없다.

채산점(손익분기점)은 이미 과거에 이용된 것이었다. 이것은 중요한 소득 지점으로서 평균적으로 가족의 지출이 소득과 연계되는 양을 선택하는데, 그래서 거기에는 적자도 저축도 없게 된다. 그러나 신용 및 할부 구매와 끊임없는 욕구에 따라 상대적으로 고소득인 많은 가족들에게서 적자가 생기고 있다. 저소득 상태인 일부 가족들은 신용을 얻을 수 없기 때문에 자신의 소득보다 많이 지출할 수는 없다. 어쨌든 모든 목적에 맞고 단점을 지니지 않는 하나의 방법은 없다.

## 7. 기존 지표의 이용

빈곤지표를 이용하면서 겪는 문제 중의 하나는 사용된 자료가 응용하기에는 부적절하다는 것이다. 그렇지만 우리는 빈곤의 위험에 처한 인구집단들 간의 차이점과 이러한 차이점의 크기에 따른 상대적인 순위는 그 절대적인 수가 적을지라도 유의미함을 알고 있다. 그것들은 남부와 같은 불리한 지역 또는 슬럼지역의 특수한 문제들과 소수민족의 어려움에 대해 알게 해준다. 또한 그것들은 경제성장만으로는 치료할 수 없는 상처를 치료하도록 도와 줄 수 있다. 우리가 지금 갖고 있는 지표는 사람들이 예상되는 다른 것을 가질 수 없음을 거의 지적하지 못하지만, 이것은 문제를 엄밀하게 조사할 포괄적인 측정도구들을 제공한다.

사회보장 및 기타의 프로그램들이 실시되었음에도 불구하고 연령별 빈곤 정도를 서열화 시켜 보면 지난 7년 동안 젊은이들 만큼 노인들의 빈곤은 개선되지 않았음을 알게 된다. 비록 우리가 일부 사람들은 일을 해도 가난하다는 것을 알고 있지만 우리는 대부분 젊은 가족들의 빈곤을(자산이 얼마이든지) 자녀가 많거나 실업 때문이라고 생각한다. 일년 내내 일을 해도 상당히 많은 가족들이 빈곤한 상태에 있다. 대부분의 빈곤한 대가족은 만약 자녀가 보다 적었더라면 확실히 생활이 다소 좋아졌을 것이지만, 그 대부분은 자녀가 적더라도 소득이 적기 때문에 가난하게 된다. 현재의 빈곤 및 저소득에 관한 조사들은 기존의 인구조사 표본을 기초로 하고 있는데, 그렇기 때문에 가장 빈곤한 사람들은 시설수용자들이 제외되었다. 또한 이 조사들은 함께 살고 있는 모든 사람들이 총 소득에 기초하여 빈곤을 측정한다. 그래서 할머니, 여성, 아동들은 자신의 소득이 없어서 더부살이 하는 경우 우리는 이들이 독립된 생활을 할 기본조건을 갖추지 못한 집단이라는 사실을 숨기게 된다.

빈곤선이 어느 정도이든지 간에 반드시 행해져야 될 2가지 일이 있는데, 실제로 우리는 그것을 어떻게 해야 할 지를 모른다. 첫째는 생산성의 변화에 맞추어 빈곤선을 어떻게 조정할 것인가이다. 둘째, 비록 빈곤선이 생산성의 향상에 맞추어 조정되었을지라도, 소비자 생활에 대한 가격변동의 영향을 어떻게 측정할 것인가이다.

## 8. 소득유지 프로그램들

경제기회법(The Economic Opportunity Act) 은 우리가 지금까지 빈곤퇴치프로그램이라고 생각해 온 여러가지 새로운 메카니즘을 만들었다. 그러나 1967년에 약 9조 7천억불이었던 총 빈곤격차는 전체 빈민집단의 욕구와 관련시켜 보면 소득 결손이라고 할 수 있다. 사람들이 공적부조, 퇴직군인연금, 실업보험 등의 공적 자원 프로그램에서 받는 소득을 포함하여 모든 소득원을 고려해 보면, 사람들의 손에 돈을 쥐어 준다는 점에서 빈곤퇴치 노력의 대부분은 아직까지는 경제기회국 이외의 다른 프로그램에 의해서 실시되고 있다.

우리는 최초로 1965년 인구조사국이 수집한 소득에 관한 정보를 갖게 되었는데, 이것은 가족이 사회보장, 공적부조 그리고 기타 다양한 프로그램에서 받는 소득과 일해서 버는 수입액을 보여 준다. 확실히 그 자료가 전적으로 옳은 것은 아니다. 예를 들어 우리가 공적 부조를 통해 파악하는 빈민의 수는 여러 가지 이유로 과대 평가 됐다기 보다는 과소평가된 것이라도 생각한다. 또한 우리에게는 프로그램의 시기와 그 중복에 관한 충분한 자료가 없음도 알고 있다. 만약 한 가족이 원조프로그램을 받을 자격이 있으며 센서스 면접시에 적절한 정보를 줄 수 있어도, 출판되어 나온 것은 1년 전체의 모습이다. 우리가 갖고 있는 자료만으로는 사람이 사회보장 신청이 통과되기를 기다리면서 2달 동안 공적 부조를 받는다거나 공적부조를 신청하기 전에 실업보험에서 돈을 받을 수 있다는 사실을 고려할 수 없다.

우리가 빈민에게 기부하는 것을 원하지 않음에 대한 비판에도 불구하고 매월 정기적인 물표의 형태로 정부에서 돈을 받는 것이 전혀 이상하지 않음을 발견하는 것은 놀라운 일이다. 이것은 보편적인 경험이다. 1965년에 정부보조를 일부라도 받는 가구는 1,950만 가구였다고 보고 되었다. 노인의 경우에는 주로 사회보장이었고 젊은 가족, 특히 모자가족에게는 주로 공적 부조였다. 이런 프로그램은 많은 한계에도 불구하고 빈곤의 외형을 상당히 변화

시켰다.

1966년에는 (가구로서의 가족들 뿐만 아니라 1명 단위로 계산하여) 1,090만 가구가 빈곤상태에 있었다. 1965년의 관련자료를 이용한다면, 소득유지프로그램이 없어서 1,600만 가구가 빈곤하다고 측정할 수도 있다. 달리 말하면, 5가구 중에 1가구가 빈곤한 것이며, 4명 중의 1명이 빈곤하다는 것이다.

공적 지원을 받지 않는 빈곤가구 중의 2/3만이 다른 어떤 도움을 받는다. 우리가 지금 빈민으로 간주한 사람 중에서 거의 절반이 공적 소득 포르그램으로 부터 전혀 도움을 받지 못한다. 공적 부조를 받는 사람들 중에서 5/6는 부조를 받은 후에도 여전히 빈곤하다. 반대로 사회보장은 절반 이상의 빈곤 가구를 그들의 지출이 없이 비빈민계층으로 이동시켰다. 그래서 비록 기존의 공공복지 프로그램이 빈민의 수를 삼소시키기 위해 많은 것을 받는 많은 도움이 빈곤을 면하게 하였다면 증가되어야 하지만, 그러나 새로운 프로그램이나 기존 프로그램의 확대는 지금 빈곤한 사람이나 전혀 도움받지 못하는 사람들을 위해 필요하다.

# 제 12장 한국 빈곤선의 동향과 과제**

## - 기초생활수급권을 중심으로 -

김 진 이*

## 1. 서 론

한국의 빈곤연구는 70~80년대에 생활보호대상자와 영세민촌의 생활실태에 관한 표본조사가 대부분이었고, 1990년대 이후 특히 2000년대의 경우 통계청의 가계표본조사의 생계비 또는 소득분석을 통하여 빈곤선과 빈곤율을 추계하였다.

이러한 추계결과로 많은 논문이 생산되고 있으나 기존의 연구들이 빈곤의 연구나 정책화에 있어서 얼마나 그 타당성과 실효성이 있는지 의문이 제기된다. 그러한 의문은 최저생계비와 절대적 상대적 빈곤율의 추계결과가 연구자에 따라 매우 상이하고, 또 빈곤정책을 위한 정부의 공식적 빈곤율과 상당한 차이가 있기 때문이다. 더욱이 소득표본조사에 의한 최저생계비 추계와 소득이 발생되지 않은 재산, 그리고 변화하는 가족관계와 기능을 무시한 가족부양에 기초하여 빈곤정책이 수립되는 것은 큰 문제가 되지 않을 수 없다. 그 뿐만 아니라 학문적으로 빈곤의 연구는 그것의 발생원인이 무엇이고 그들의 생활 상태(조건)가 어떠한 지를 밝히는 것이 매우 중요하고, 정책적으로는 그러한 빈곤의 예방과 해결책을 가장 효과적으로 강구하는 대안의 제시가 매우 중요하다고 생각하는데 우리나라 빈곤연구는 지나치게 가계소득조사에 의한 계량적 빈곤선과 빈곤율 추계에 집착하고 있는 것 같다.

---

* 백석대학교 사회복지학부 교수

** 이 논문은「사회정책연구」, 제 40집, 2010

그리하여 본 고에서는 그러한 문제를 이해하고, 그 대안을 모색하기 위하여 기존의 연구결과와 정부정책을 재검토하여 사회복지정책에서 주요시하는 빈민의 발생원인과 사회적 욕구를 보다 잘 파악하는 방법과 그 대안을 모색하여 본다.

## 2. 빈곤선의 이론적 배경

### 1) 빈곤의 최저 개념

오늘날 빈곤선은 최저생계비의 개념으로 절대적 빈곤을 측정하는 경향이 있다. 이러한 경향은 주로 경제학자들이 빈곤의 개념을 소득 또는 지출의 기준으로 파악하는데서 비롯된다. 그러나 사회학자와 사회복지학자들은 빈곤의 개념을 사회적 불평등 또는 박탈의 개념으로 이해하려고 한다.

종래의 빈곤 개념은 소득의 좁은 개념과 신체적 효율성의 유지라는 점에서 규정되었다. 그러나 오늘날의 경우는 상대적인 관점에서 규정하고, 또한 자원과 생활양식에 기초하여 규정하는 경향이 있다.

종래 빈곤 개념의 대표적인 예는 19세기 말 영국 라운트리의 초기 빈곤연구에서 찾아 볼 수 있다. 그는 가족 소득이 신체적 효율성을 유지하는데 필요한 최저수준을 획득하지 못할 때 빈곤이라고 말하였다. 이것을 1차적 빈곤이라고 한다. 이러한 빈곤 개념에 의하면 그 최저수준은 생계비 또는 영양에 의하여 측정하고, 이것을 절대적 빈곤이라 한다.

그러나, 빈곤의 개념을 상대적 관점이나 자원 및 생활양식에 의하여 규정한 것을 상대적 빈곤이라 한다. 다시 말하면 자기를 다른 사람에 비하여 주관적으로나 객관적으로 소득, 교육, 권력, 기회 등이 박탈되어 있을 때 상대적 빈곤 또는 박탈이라고 한다. 이러한 상대적 빈곤의 개념은 일반적으로 4가지의 관점에서 규정하는 경향이 있다.

첫째는 상대적 빈곤을 상대적 박탈의 개념으로 보고, 둘째는 사회적 불평등의 개념으로 보며, 셋째는 문화적 조건(빈곤문화론 등)에서 보며, 넷째는 노사간 착취 또는 노동소외에서 찾아 본다.[1)]

앞에서 볼 수 있는 바와 같이 라운트리는 1차적 빈곤의 개념을 전체 소득이 신체적 효율성을 유지하는데 필요한 최저 수준을 획득하지 못한 가족이라고 말하였다. 따라서 1차적 빈곤, 즉 절대적 빈곤은 신체적 효율성을 증진시킬 수 있는 최저 생활필수품의 결핍을 말하고, 이것을 구입 하는데 필요한 최저생계비 또는 최저임금이 필요하다고 하였다.

그러나, Townsend는 기존의 빈곤 개념이 협의의 소득 개념에 입각해 있다고 비판하고 모든 자원이나 생활양식을 포함한 상대적 박탈이라는 측면에서 빈곤을 연구할 것을 주장했다. 그는 박탈을 세가지 측면으로 구분하였는데 그것은 객관적 박탈과 규범적 박탈, 그리고 주관적 박탈이다. 여기에서 객관적 박탈은 의식주, 노동조건, 보건, 교육, 환경, 오락 등 박탈지표를 이용한 조사결과로 나타나는 것이고, 규범적 박탈이란 사회가 공식적으로 인정하는 빈곤선을 의미하며, 주관적 박탈은 한 집단이 다른 특정 집단과 비교하여 느끼는 주관적인 박탈의 느낌을 말한다.[2)]

여기에서 절대적 빈곤이나 규범적 박탈이 최저생계비나 빈곤선의 개념으로 파악할 수 있음을 알 수 있다.

한편, 사회정책에 있어서 최저의 개념은 1910년대 S. Webb이 노동조건을 입법으로 규제하기 위하여 '국민최저'의 개념을 주장하였고, 1942년 W. Beverdge의 보고서에서도 '국민최저'의 개념은 지도 원칙이 되었다. 또한 1970년 국제노동기구(ILO)가 간행한 「빈곤과 최저 생활수준」에서 인간의 최저욕구는 생활과 노동력을 유지하는데 필요한 신체적 욕구와 전통적 욕구 또는 사회적 욕구를 말한다고 하였다.[3)]

그리하여 국민생활의 최저수준 또는 최저생계비를 보장하는 것이 인간의 존엄성과 신체적 효율성을 증진시킨다고 하여 사회정책 및 공적 부조의 대상(빈민)을 선별하는 주요한 기준이 되었다.

---

1) 김영모 편, 「빈곤이론 · 빈곤정책」, 한국복지정책연구소 출판부, 1992, pp.4~6
2) P.Townsend, *Poverty in the United Kingdom*, Allen Lane and Penguin Books, Middlesex, 1979
3) 김영모, 「사회정책」, 한국복지정책연구소 출판부, 2005, p.83

이러한 최저기준은 영국에서 오랜 개혁적 투쟁을 통하여 사회정책(복지국가)의 기준이 되었지만, 이러한 기준(최저생계비와 빈곤선)이 나라의 이념적, 경제적 수준에 따라 변용되거나 악용되는 경우가 많았다. 그리하여 Henslin은 이러한 빈곤의 형태를 공식적 빈곤이라 하였다.[4]

### 2) 빈곤 원인의 이론적 관점

빈곤의 개념과 원인은 빈곤에 대한 이념적, 이론적 관점에 따라 상이할 수 있다.

오늘날 빈곤개념은 일반적으로 개인 및 가족이 일상생활을 유지하기 위하여, 그것이 필요한 의·식·주의 결핍 뿐만 아니라 그 밖에 욕구(의료·교통·오락 등)를 충족시킬 수 없는 자원의 결핍상태를 말한다.

이러한 기본적 욕구의 결핍이나 자원의 결핍 상태가 왜 일어나는 가를 빈곤의 원인에서 찾아 보기로 한다.

일반적으로 빈곤의 원인을 ① 개인의 동기부족이나 낮은 열망수준, 무절제, 나태, 의타심, 과다한 출산 등에서 찾거나, ② 가구주 또는 가구원의 사망, 질병, 불구, 노령, 저교육 등에서 찾는 경우가 있으며, 나아가 ③ 재산, 권력, 지식, 기술, 자원 등이 소유관계나 종속(착취)관계 그리고 노동소외(실업)에서 찾고 있다. 다시 말하면 ①의 경우는 대개 개인의 성격결함에서 찾는 상징적 상호작용주의, 즉 낙인이론에 근거하고 ②의 경우는 대개 개인 및 가족원의 기능적 부적응을 중요시 하는 행위이론 또는 기능이론에 근거하고 있으며 ③의 경우는 대개 사회적 조건(자원)의 구조적 결함에서 찾는 갈등이론 및 마르크스주의에 근거하고 있다.[5] 낙인이론은 빈곤의 원인을 주로 개인의 동기결여에서 찾고 기능이론의 경우 개인 및 가족의 기능 장애(부적응)에서 찾으며 갈등이론의 경우 사회자원의 소유관계(희소자원), 그리고 마르크스주의의 경우 노사간 착취 및 노동소외에서 찾고 있다.

이와 같이 빈곤이나 사회불평등의 원인은 상기한 이론에 따라 달리 설명할 수 있다. 다시 말하면 기능이론은 불평등이나 빈곤이 기능적 필요성(functional necessity)

---

4) James M.Henslin, *Social Problems*, Prentice Hall Inc., N.J, 2000, p.218
5) 김영모 편,「현대사회문제론」, 한국복지정책연구소 출판부, 1992, p.61

에 의하여 생기고 갈등론자는 희소자원의 결핍에서 생긴다고 한다. 마르크스주의는 생산관계에 있어서 노동자에 대한 잉여(노동)가치의 착취와 소외노동(alienated labor)에서 발생된다고 본다. 베버주의는 시장상황에서 교육과 기술과 같은 시장능력(market capacity)이 없기 때문에 불평등 또는 빈곤하게 된다고 본다. 그리고 신마르크스주의나 신베버주의는 생산관계와 시장상황 이와 노동상황, 즉 통제원의 유무에 따라 계급화 또는 빈곤의 원인을 찾고 있다.6)

이와 같이 빈곤의 원인은 이론적 관점에 따라 상이하며 동시에 빈곤정책도 달라질 수 있다.

영국에 있어서 Rowntree가 빈곤의 원인을 50년간(1901~1951) 조사한 결과에 의하면 주로 부적설한 임금과 노령이라고 하였다. Abel-Smith와 Townsend가 1970년 조사한 바에 의하면 부적절한 임금(40.0%)과 주소득자 사망(10.0%) 및 질병(10.0%)이라고 한다.7)

이것을 보면, 1901년 경에는 빈곤이 자본주의 제도의 결함, 즉 노동착취에서 볼 수 있는 저임금이 가장 중요하였지만 1951년에는 오히려 노령, 질병 등이 주요한 원인이라고 하였으며, 1970년 조사에서 다시금 저임금이 주요한 원인이 되어 있다.

여기에서 빈곤의 발생요인은 사회적 경제적 요인이 가장 중요하지만 개인의 신체적 요인도 중요하다는 것을 알 수 있다.

1994년 우리나라의 신규 생활보호대상의 발생원인을 보면, 질병(19.7%)과 노쇠·연소의 무의무탁자(17.6%)가 가장 많으며 나머지는 대부분 부양의무자의 부양 중단(10.1%)과 실직·사업 실패자(9.0%)이다. 그 밖에 상당수가 보호변동(22.1%)과 전입(6.9%)이 있으나 이들의 발생원인은 정부가 조사한 것에 준할 것이다.8) 그리고 정부의 지원, 즉 생활보호사업에 의하여 탈빈민이 된 자는 15.8%에 불과한 것으로 보아 빈민의 동기 부여와 기능 복원을 통하여

---

6) 전게서, p.62

7) Benjamin Rowntree, *Poverty and the Welfare state*, 1951, p.36
K. Coates and R. Silburn, *Poverty*, 1970,p.35

8) 보건복지부,「'94 생활보호대상자 현황 분석」, 1994, p.115

빈곤을 퇴치한다는 것은 매우 비효과적이다.

우리나라의 절대 빈곤과 빈민, 즉 공식적 빈곤은 마르크스가 말한 생산관계(노동착취)와 노동소외(실업)에서 주로 일어난 것이라기 보다는 생활보호대상자의 대부분을 차지하는 영세 농민, 일고, 임시고, 무직 등에서 볼 수 있는 바와 같이 오히려 공업화 과정에서 소외된 노동자들이 대부분이라 할 수 있다. 이들 중 대부분 노령·질병 그리고 가족해체에 의하여 요보호자, 즉 생활보호자와 시설수용보호자가 되었다. 또한 IMF 이후 신자유주의의 영향, 즉 노동의 유연성으로 많은 실업자와 비정규직이 발생되어 새로운 빈곤원인(구조조정과 정리해고 등)이 나타나고 있다.

2008년 기초생활수급권자는 대부분 비경제 활동인구(전체의 77.9%)이고 이들의 84.2%가 정규직 취업생활을 하기 어렵다. 사실 대부분 생계비의 개념으로 빈곤선 이하의 절대빈곤자이지만 이들은 사실 소득·보건·교육·주택 등의 기본 욕구에서 박탈되어 있는 폐질자이며, 동시에 대부분 가족부양에서 소외된 자들이다. 따라서 생계비 또는 소득 개념으로 우리나라 빈곤율을 측정하거나 빈민의 개념을 규정한다는 것은 매우 위험한 일이다. 이러한 문제를 지닌 빈민은 생계비 조사나 화폐적 물질적 지원으로 욕구가 충족되고 자활하기는 어렵다. 거기에 더하여 빈곤의 원인과 욕구가 상술한 ①과 ②의 경우 어느 정도 타당성이 있겠으나 ③의 경우 공적 부조의 주요 대상이 되기 어렵다. 따라서 빈곤의 원인이 다양할수록 비경제적 자산조사와 다양한 전문적 서비스가 제공되어야 할 것이다.

## 3. 빈곤선의 측정방법

빈곤 및 빈민을 측정할 때 빈곤선의 개념을 많이 사용하고 있다. 빈곤선은 절대적 빈곤을 파악하기 위하여 생계비와 같은 화폐소득 개념을 많이 활용하고 있으나 오늘날 이에 대한 비판이 많다. 예컨대 Townsend는 욕구지표를 중심으로 박탈 개념을 주장하면서 빈곤의 비경제적 요인을 강조하고 있다.

그러면, 오늘날 까지 제시된 빈곤선의 측정방법에 대한 학자들의 견해는 다음과 같다.9)

① 기본 욕구에 의한 접근방법(B. S. Rowntree와 M. Orshansky가 사용)
② 식품비율에 의한 접근방법(H. W. Walts의 제안)
③ 평균 소득 또는 중위 소득의 비율에 의한 접근방법(S. A. Stouffer외 Abel-Smith와 P. Townsend, Fuchs, M. Rein, S. Lansley의 사용)
④ 소득분포의 비율에 의한 접근방법(Gini 계수 등)
⑤ 상대적 박탈에 의한 접근방법(P. Townsend, J. Mark, Slansly의 사용)
⑥ 조사자료에 기초한 주관적 정의(T. Goodhardt, A. Hagenaars, L. Rainwater 등)
⑦ 법석 또는 공식적 빈곤선에 의한 접근 방법

이와 같이 빈곤선을 측정하는 방법은 여러 가지가 있으나 대개 소득개념에 의존하고 그 밖에 박탈개념 등에 의하여 접근하고 있다. 비록 소득개념에 의하여 빈곤선을 측정하더라도 그것의 추계방법은 최저 생계비 개념이나 소득비율에 의하여 절대적 빈곤 또는 상대적 빈곤을 추계하고 있다.

최근 통계청이 발표한 도시가계조사의 가계조사 자료를 재분석하여 지난 10여년 우리나라 빈곤율 변화는 표 1과 같다고 하였다.

<표 1> 도시빈곤율의 추이

(단위 : %)

| | 2000 | 2001 | 2002 | 2003 | 2004 | 2005 | 2006 | 2007 | 2008 |
|---|---|---|---|---|---|---|---|---|---|
| 절대적 빈곤율 | 7.6 | 6.5 | 5.2 | 6.1 | 6.1 | 6.5 | 5.7 | - | - |
| 상대적 빈곤율 | 9.8 | 10.6 | 10.3 | 11.3 | 12.0 | 12.3 | 12.5 | 13.0 | 12.6 |

(자료) 한국보건사회연구원,「빈곤통계연보」, 2007

표 1에 의하면, 2인 이상 도시근로자 가구를 기준으로 조사한 결과 절대적 빈곤율이 약 6%가 되고 상대적 빈곤율은 약 12%가 된다고 하였다. 다시

9) 김영모,「현대사회문제론」, 고헌출판부, 2007, p.65
Aldi J. M. Hagenaars, The Perception of Poverty, North Holland, Amsterdam, N.Y. Oxford, 1986, pp.26~42

말하면 상대적 빈곤율은 절대적 빈곤율의 2배가 되고 이것은 증가되고 있다. 특히 1998년 외환위기와 2008년 금융위기시 빈곤율이 증가되고 있다.

### 1) 절대적 빈곤

절대적 빈곤은 가계소득 또는 가계의 최저생계비로 많이 측정하고 있다.

최저생계의 개념은 '헌법'(제 34조, 사회보장기본법 제 2조)에서 모든 국민이 인간다운 최저생활을 보장하고, 매년 최저생계비를 공표하게 되어 있다. ('사회보장 기본법' 제 10조)

그리하여 정부는 1973년 부터 최저생계비를 발표하여 왔다. 정부가 발표한 최저생계비의 계측은 1970년대는 주로 엥겔방법을 사용하였고, 1990년대부터 전물량방법을 사용하였다.[10)]

1974년 이후 우리나라 최저생계비의 측정결과는 표 2와 3에서 보기로 한다.

표 2를 보면, 대부분의 생계비 조사연구가 통계청이 행한 도시가계조사 결과를 재분석하였고, 한국보건사회연구원의 경우 보건사회부의 연구 용역을 받아 실시한 표본 조사결과이다.

표 2를 보면 같은 연도의 자료와 동일한 방법에 의한 분석결과에서 최저생계비의 차이가 심한 것이 그 특징이다. 예컨대 1990년과 1999년에 발표된 관변 연구소와 노동계의 연구결과가 대단히 심하다. 1999년 한국노동연구원의 연구 결과는 한국노총 및 민주노총의 연구결과의 차이에 비교하면 각각 그것의 44.5%와 57.2%에 불과하다. 그리고 한국보건사회연구원의 연구결과는 한국노동연구원의 경우에 비하여 60.2%에 불과하다.

이와 같이 연구자에 따라 최저생계비의 차이가 심해서 정부의 절대 빈곤율(기초생활수급자)를 측정하는 기초자료로 사용하기가 매우 어려울 것이다.

---

10) 전물량 방법(Rowntree방식, Market basket방식)은 가계비를 품목별로 생활상 필요한 최저기준을 정하여 이를 화폐가치로 환산(가격×최저소비량)한 총합을 최저생활비로 계측하는 방식이고, Engel방법(반물량방식)은 최저 식료품비를 구하여 여기에 엥겔계수(식료품비/총소득)의 역수를 곱한 금액을 최저생활비로 본다.

<표 2> 최저생계비의 연구 현황

(단위 : 원)

| 연구자 | 기준연도 | 조사지역 | 조사대상 | 측정방식 | 최저생계비 |
|---|---|---|---|---|---|
| 사회보장심의위원회 | 1973 | 전국 | 1,162가구 | 엥겔방식 | 21,739 |
| 서상목 | 1973 | 전국 | 상동 | 엥겔방식 | 23,165 |
| 사회보장심의위원회 | 1978 | 대도시 | 통계청 가계조사 | 엥겔방식 | 168,240 |
| 윤석범 | 1981 | 전국 | 1,600가구 | 라이덴방식 | 145,105 |
| 장현준 | 1984 | 도시 | 열량조사 | 전물량방식 | 175,459 |
| 이중희 | 1985 | 도시 | 통계청 가계조사 | 라이덴방식 | 214,000 |
| 서울대경제연구소 | 1987 | 도시 | 공동 | 전물량방식 | 623,811 |
| 이충섭 | 1988 | | | 통계해석 | 323,592 |
| 이필도 | 1988 | 농촌 | | 반물량방식 | 352,937 |
| 한국보건사회연구원 | 1988 | 대도시 | 950가구 | 전물량방식 | 315,076 |
| 이정우 등 | 1989 | 도시 | 통계청 가계조사 | 라이덴방식 | 432,000 |
| 박태규 | 1989 | 서울 | | 라이덴방식 | 555,172 |
| 한국노총 | 1990 | 도시 | | 전물량방식 | 1,141,781 |
| 전국노동협의회 | 1990 | 도시 | | 전물량방식 | 909,238 |
| 안병근 | 1991 | 대구 | | 전물량방식 | 720,550 |
| 차홍봉 등 | 1993 | 춘천 | | 전물량방식 | 746,627 |
| 한국보건사회연구원 | 1994 | 지역별 | 600가구 | 전물량방식 | 736,817 |
| 한국노동연구원 | 1998 | 도시 | 통계청 가계조사 | 반물량방식 | 1,590,067 |
| 한국보건사회연구원 | 1999 | 전국 | 1,500가구 | 전물량방식 | 957,641 |
| 한국노총 | 1999 | 도시 | 상동 | 전물량방식 | 3,573,110 |
| 민주노총 | 1999 | 도시 | 상동 | 전물량방식 | 2,775,661 |
| 보건복지부 | 2007 | 한국 | 1,500가구 | 전물량방식 | 1,205,535 |

(자료) 허선, 한국 빈곤측정의 동향과 과제, 「빈곤이론 · 빈곤정책」, 한국복지정책연구소, 1992
김미곤 외, 「1999년 최저생계비 계층조사연구」, 한국보건사회연구원, 1999

한편, 2002년경 최저생계비에 의하여 측정하여 빈곤율을 연구한 결과가 10여편이 되는데 이것은 연구자들에 따라 그 결과가 매우 상이하게 나타났다. 이들은 통계청이 조사한 '도시가계조사' 또는 '가계조사', 그리고 '한국노동패널조사'의 결과를 재분석하여 5~20%의 절대적 빈곤율이 존재한다고 하였다.[11]

11) 신영석 외 5인, 「차상위계층 의료수요 등 실태조사 및 의료급여 확대 방안」, 한

최근 김태완 외는 통계청의 도시가계조사와 가계조사 자료를 재분석하여 절대적 빈곤율과 상대적 빈곤율을 같이 추계하고 있다.[12] 이들이 추계한 절대적 빈곤율은 표 3과 같다.

<표 3> 정부발표 최저생계비 기준 빈곤가구율(전가구기준, 연간)

| 연도 | 소득 | | | 지출 | |
|---|---|---|---|---|---|
| | 시장소득 | 경상소득 | 가처분소득 | 소비지출 | 가계지출 |
| 2003 | 13.3 | 11.2 | 12.3 | 12.3 | 9.1 |
| 2004 | 13.1 | 10.7 | 11.9 | 11.2 | 8.2 |
| 2005 | 14.3 | 11.7 | 12.8 | 13.4 | 10.0 |
| 2006 | 14.5 | 11.2 | 12.5 | 13.5 | 9.8 |
| 2007 | 14.4 | 11.0 | 12.3 | 13.3 | 9.8 |
| 2008 | 15.2 | 11.5 | 12.6 | 13.5 | 10.2 |
| 2006 | 18.1 | 14.2 | 15.4 | 16.1 | 12.4 |
| 2007 | 18.1 | 14.1 | 15.2 | 15.7 | 12.4 |
| 2008 | 19.9 | 15.3 | 16.4 | 16.6 | 13.4 |

(비고) 1) 4인가구, 농어가구 제외
2) 1인가구 포함, 농어가구 제외
(자료) 통계청, '도시가계조사', '가계조사' 원자료 각년도

표 3에 의하면 2003~2008년간 우리나라의 절대적 빈곤율이 소득이나 지출에 있어서 매년 증가되고 있음을 알 수 있다. 특히 2008년 경상소득의 절대적 빈곤율은 15.3%가 되고 가계지출의 경우 13.4%가 된다. 다시 말하면 소득에 있어서 절대적 빈곤율이 더욱 심함을 알 수 있다.

그러면, 2010년 보건복지부가 발표한 표준가구의 비목별 최저생계비를 표 4에서 보기로 하자. 이것은 2007년에 전물량방식(market basket)에 의하여 전국 일반가구(3만)와 저소득가구(1,500)을 대상으로 소득, 지출, 재산의 실태조사에 기초한 것이다.

표 4에 의하면, 식료품비가 전체의 37.6%를 차지하고 그 다음은 주거비(17.2%)와 교통통신비(10.5%)이다. 다시 말하면 엥겔계수 0.37이 되어 빈민은 주로 식(食), 주(住), 의(衣) 및 교통에 많은 지출을 하고 있음을 알 수 있다.

---

국보건사회연구원, 2004. 7, p.86

12) 김태완 외 5인, 「2009년 빈곤통계연보」, 한국보건사회연구원, 2009, p27

<표 4> 2010년 최저생계비 비목별 구성

| 비목 | 식료품비 | 주거비 | 광열수도 | 가구집기 | 피복신발 | 보건의료 | 교육 | 교양오락 | 교통통신 | 기타소비 | 비소비지출 | 합계 |
|---|---|---|---|---|---|---|---|---|---|---|---|---|
| 금액(원) | 498,502 | 228,794 | 88,633 | 39,529 | 52,494 | 58,006 | 59,521 | 25,898 | 139,138 | 81,002 | 55,092 | 1,326,609 |
| 비율(%) | 37.6 | 17.2 | 6.7 | 3.0 | 4.0 | 4.4 | 4.5 | 2.0 | 10.5 | 6.1 | 4.2 | 100.0 |

(자료) 보건복지부 기초생활 보장과

### 2) 상대적 빈곤

상대적 빈곤은 주로 저소득의 개념에서 파악하고, 이에 대한 비판으로서 박탈, 또는 불평등의 개념이 있다.

저소득의 개념에서 빈곤을 파악하는 방법은 일반적으로 중위 소득(OECD)이나 평균 소득(UE)의 50% 미만을 빈곤층이라 하고, 중위(또는 평균) 소득의 50~150%를 중소득층이라 하며, 그것의 150% 이상을 고소득층이라고 한다.

표 5를 보면, OECD는 중위 가구소득의 40%를 상대적 빈곤이라고 하고, 세계은행은 선진국의 경우 평균 가구소득의 50%, 후진국은 33% 이하라 하며, 일본의 경우 근로자 가구 소비지출의 68% 이하를 말한다.

<표 5> 주요기관 또는 국가들의 상대빈곤선

| | 빈곤선 기준 |
|---|---|
| OECD | 중위 소득의 40%, 50%, 60% |
| World Bank | 개발도상국은 평균소득의 1/3<br>선진국은 평균소득의 1/2 |
| 영국 | 평균 소득의 50% |
| 프랑스 | 중위 소득의 50% |
| 일본 | 평균 소비지출의 68% |

이에 따라 상대적 빈곤율을 측정한 연구논문은 2000년 경 7편이 된다. 이러한 논문도 통계청이 발행한 '도시가계조사'나 '가구소비실태조사' 또는 '한국노동채널 자료'를 재분석하여 빈곤율을 11~20%로 추정하고 있다. 이들이 추정한 빈곤율은 연구자에 따라 상당한 차이가 있다. 그리고 중위 소득

의 개념에 의한 빈곤율이 평균 소득의 개념에 의한 빈곤율 보다 약간 높이 나타나고 있다.[13)]

<표 6> 중위소득 기준 빈곤율(전가구기준, 연간)

| | 소득 | | | | | | | | | 소비 | | | | | |
|---|---|---|---|---|---|---|---|---|---|---|---|---|---|---|---|
| | 시장소득 | | | 경상소득 | | | 가처분소득 | | | 소비지출 | | | 가계지출 | | |
| | 중위 40% | 중위 50% | 중위 60% | 중위 40% | 중위 50% | 중위 60% | 중위 40% | 중위 50% | 중위 60% | 중위 40% | 중위 50% | 중위 60% | 중위 40% | 중위 50% | 중위 60% |
| 2003 | 11.3 | 16.1 | 21.2 | 9.9 | 14.7 | 20.1 | 10.1 | 14.6 | 20.2 | 4.2 | 8.4 | 14.5 | 4.7 | 9.2 | 15.4 |
| 2004 | 12.0 | 16.6 | 22.2 | 10.3 | 15.0 | 21.0 | 10.4 | 15.0 | 21.0 | 4.0 | 8.3 | 14.4 | 4.7 | 9.2 | 15.6 |
| 2005 | 12.0 | 16.9 | 22.6 | 10.8 | 15.3 | 21.4 | 10.8 | 15.2 | 21.2 | 4.4 | 8.8 | 14.9 | 5.1 | 9.9 | 16.4 |
| 2006 | 12.8 | 17.2 | 22.6 | 10.8 | 15.4 | 21.3 | 10.7 | 15.3 | 21.2 | 4.6 | 8.9 | 15.3 | 5.3 | 10.0 | 16.8 |
| 2007 | 13.0 | 17.3 | 23.0 | 10.5 | 15.3 | 21.1 | 10.5 | 15.2 | 20.7 | 4.5 | 9.0 | 15.5 | 5.3 | 10.2 | 16.9 |
| 2008 | 13.0 | 17.4 | 22.6 | 10.4 | 15.0 | 20.3 | 10.3 | 14.9 | 20.5 | 4.6 | 8.8 | 15.1 | 5.5 | 10.3 | 16.8 |
| 2006 | 14.2 | 18.4 | 23.9 | 11.8 | 16.5 | 22.1 | 11.9 | 16.4 | 22.2 | 5.6 | 10.0 | 16.3 | 6.4 | 11.2 | 17.9 |
| 2007 | 14.5 | 18.9 | 24.1 | 12.0 | 16.5 | 22.2 | 11.9 | 16.5 | 22.0 | 5.5 | 10.1 | 16.5 | 6.5 | 11.5 | 18.0 |
| 2008 | 15.0 | 19.1 | 24.2 | 12.2 | 16.9 | 22.2 | 12.1 | 16.6 | 22.0 | 5.8 | 10.2 | 16.5 | 6.9 | 11.8 | 18.2 |

(자료) 김태완 외, 「2009년 빈곤통계연보」, 한국보건사회연구원, 2009

한편, 중위소득개념에 기초한 상대적 빈곤율도 해마다 증가되고 있다.[14)]

표 6에 의하면, 중위소득 50% 이하인 상대적 빈곤율이 2008년 경상소득 분석에서는 16.9%가 되고 각 지출의 경우 11.8%가 된다. 우리나라의 상대적 빈곤율은 지출 보다도 소득에서 더 높다는 것을 알 수 있다.

이러한 연구결과에서 나타난 절대적, 상대적 빈곤율의 심한 차이에서 여러가지 의문과 불신이 간다.

첫째는 연구결과에 대한 신뢰성이 떨어진다는 것이다.

둘째는 연구절차가 정부가 발표한 3.2%의 빈곤율(공식적 빈곤)에 대한 불신이 나타난다.

셋째는 연구결과가 절대적 빈곤율과 상대적 빈곤율간에 그 차이가 심하다는 것이다.

이와 같이 가구의 소득 조사, 즉 가계조사를 통하여 빈곤선 및 최저생계

13) 전게서, p.87
14) 상게서, p.27

비를 추정하고, 그것에 따라 빈곤율을 추계한다는 것은 큰 문제가 아닐 수 없다.

<표 7> 빈곤층과 고소득층의 월 평균소득과 지출, 그리고 생활보호자의 최저생계비

(단위 ; 만원 / %)

| | 빈곤층 (2인 이상 가구) | | 고소득층 (2인 이상 가구) | | 생보자 (4인가구) | |
|---|---|---|---|---|---|---|
| 월 소득 | 92.5 | 100.0 | 705.3 | 100.0 | 금액(백만원) | 100.0 |
| -근로소득 | 42.5 | 45.9 | 484.5 | 68.7 | 무소득 | 12.6 |
| -사업소득 | 19.3 | 20.9 | 130.9 | 18.6 | 0~10만원 | 29.5 |
| -재산소득 | 0.7 | 0.8 | 3.4 | 0.5 | 10~30만원 | 32.0 |
| -이전소득 | 26.8 | 28.9 | 36.7 | 5.2 | 30~60만원 | 16.5 |
| -비경상소득 | 3.4 | 3.7 | 49.8 | 7.1 | 60만원 이상 | 9.4 |
| 소비지출 | 112.3 | 100.0 | 350.2 | 100.0 | 512.2 | 100.0 |
| -식료품 | 21.9 | 19.5 | 38.4 | 10.9 | | 37.6 |
| -주류, 담배 | 2.0 | 1.8 | 3.0 | 0.9 | | |
| -의류,신발 | 4.9 | 4.4 | 23.8 | 6.8 | 53.9 | 4.0 |
| -주거,수도,광열 | 17.3 | 15.4 | 26.0 | 7.4 | 131.6 | 23.9 |
| -가정용품,가사서비스 | 3.5 | 3.1 | 15.0 | 4.3 | | |
| -보건 | 10.6 | 9.4 | 20.4 | 5.8 | 59.6 | 4.4 |
| -교통 | 10.9 | 9.7 | 53.0 | 15.1 | 142.9 | 10.5 |
| -통신 | 8.3 | 7.4 | 16.7 | 4.8 | | |
| -오락문화 | 4.8 | 4.3 | 20.9 | 5.9 | 26.6 | 2.0 |
| -교육 | 9.2 | 8.2 | 52.9 | 15.1 | 61.1 | 4.5 |
| -음식,숙박 | 11.6 | 10.3 | 44.3 | 12.6 | | |
| -기타상품 | 7.3 | 6.5 | 35.9 | 10.3 | 83.2 | 6.1 |
| 비소비지출 | 21.1 | 18.8 | 129.5 | 36.9 | 56.6 | 4.2 |
| 흑자액 | -40.8 | | 225.5 | | 1,363.0 | 100.0 |
| 평균 소비성향 | 157.1 | | 60.8 | | | |

(비고) 1)빈곤층은 소득 하위 20%(1분위)이고 고소득층은 소득 상위 20%(5분위)임.
2) 최저생계비는 2007년 계측조사에 기초한 4인 가구의 자료임.
(자료) 통계청(2009) 자료에 보건복지부(2010) 자료의 보완

최근 통계청은 중위소득의 절반 미만인 빈곤층이 2006년 16.7%에서 2009년 전체 1천 619만가구의 18.1%로 증가되었다고 한다. 그리고 보건복지부는 공식적 빈곤층이 전체 가구의 3.2%라고 한다.

그러면, 통계청이 발표한 소득하위 20%인 빈곤층과 소득상위 20%인 고

소득층, 그리고 보건복지부가 발표한 공식적 빈곤층의 생계비의 비목별 구성내용을 표 7에서 고찰하여 본다.

월소득에 있어서 고소득층은 빈곤층에 비하여 근로소득과 비경상소득이 많고, 빈곤층은 상대적으로 이전소득율이 높다. 이러한 것은 다른 조사에서도 유사하게 나타나고 있다.[15]

소비지출비 중에서 식품비가 차지하는 비율인 엥겔계수를 보면, 빈곤층이 고소득층의 약 2배가 되고, 이것은 공식적 빈곤층의 경우에 비하면 또 약 2배가 된다. 따라서 정부의 지원을 받는 생활보호대상자는 빈곤층 중에서 더 가난한 궁민(paupers)이라 할 수 있다.

빈곤층의 증가는 중산층 붕괴와 맞물려 있다. 중산층 비중은 2006년 60.8%에서 지난해 58.7%로 불과 3년만에 2.1% 낮아졌다. 가구가 매년 동일했다고 가정했을 때 35만 가구가 중산층에서 이탈했으며, 이 중 상당수가 빈곤층으로 이동한 것으로 해석된다.

무엇보다 소득과 씀씀이에서 빈부간 격차가 더욱 확대되고 있다. 빈곤층은 소득보다 지출이 많기 때문에 2인 이상 기준 평균 소비성향이 157.1%에 달했다. 평균 소비성향은 통제 가능한 가처분 소득에서 소비지출 비중을 뜻한다. 이 때문에 빈곤층 가계적자는 고착화 됐다. 지난 해 적자 규모는 역대 최대인 월 40만 8000원으로 불어났다. 빈곤층 가계적자는 2003년 이후 34만~36만원을 오르내리다가 이번에 40만원을 처음으로 넘었다. 반면 고소득층 가구에서는 평균 월 225만원의 흑자를 올렸다.

한편, 계층별 소득불평등은 각종 지표에서도 명확히 들어난다. 소득분포 불균형을 나타내는 지니계수는 전국 가구 기준 2006년 0.331에서 지난해 0.345로 높아졌다. 지니계수는 0에서 1까지 수치로 나타나며 값이 커질수록 불평등이 심함을 뜻한다.

빈곤층의 씀씀이를 보면 생필품을 제외한 대부분 지출에서 고소득층의 20% 수준에 머물고 있다. 예를 들어 빈곤층의 월평균 의류, 신발 비용은 4만 9000원으로 고소득층(23만 8000원)의 5분의 1수준에 그쳤다. 또 빈곤층은 가정용품, 교통, 오락문화, 교육 등에서 고소득층의 20% 정도 쓰는 것으로 나타났다.

무엇 보다 교육비 격차가 크다는 점이 심각하다. 학원비 등 사교육에서 월소득

15) 노대명 외,「근로빈곤층 지원정책 개편방안 연구」, 한국보건사회연구원, 2009, p106

100만원 이하 가구는 학생 1인당 6만1000원을 쓰지만, 월소득 700만원 이상 가구는 51만 4000원에 달해 8.4배 차이를 보인다.

이 같은 열악한 환경에서 벗어나지 못하자 빈곤층은 근로의욕마저 꺾이고 있다. 과거 같이 교육을 통한 신분 상승도 기대하기 힘들다. 예를 들어 서울대에 입학하는 서울 지역 학생 가운데 40%는 부유층인 강남 3구(강남, 송파, 서초) 출신이다. 가난이 세대에 걸쳐 되물림되지 않도록 사회적인 배려와 정부의 체계적인 지원이 절실하다.[16)]

### 3) 빈곤과 박탈

박탈(deprivation)은 다수의 사회 성원이 누리는 생활수준 또는 사회적으로 인정된 생활수준의 결핍 및 소외를 말한다.

타운센드(P. Townsend)는 박탈의 개념을 개인, 가족 그리고 집단이 속한 지역공동체나 보다 넓은 사회나 국가에 관련된 관찰이 가능하고 증명이 가능한 불이익의 상태라고 말한다. 그는 박탈을 구체적으로 사람들이 자기가 속한 사회에서 관습적이거나 널리 권장되고 인정된 음식, 의복, 주택, 주거시설 그리고 활동과 시설 등이 결여되어 있을 때 박탈되어 있다고 본다.[17)]

그는 박탈은 빈곤과 구별되어야 한다고 주장한다. 사람들이 사회에서 일상적으로 사용할 수 있는 음식, 의복, 주택, 집안의 편의시설, 직업, 환경 및 지역조건과 시설 등 물질적 기준이 결여되어 있다면, 그리고 공통으로 경험하고 인정하는 고용, 직업, 교육, 가족 및 오락, 사회적 활동과 제반관계 등에 참여하지 못하고 기회를 갖지 못하면, 그 사람은 '박탈'된 것이라고 보았다. 그리고 이러한 생활조건들이 결여되어 있거나 그것을 획득하기 위한 자원이 없다거나 그렇기 때문에 사회구성원으로서의 자격을 충족하지 못한다면 그들은 '빈곤'한 것이라고 설명했다. 그래서 전자는 제 조건 혹은 경험적 활동의 수준에 의해 결정되며 후자는 직접 이용할 수 있는 소득과 자원에 의해서 결정된다는 것이다.[18)]

---

16) 「매일경제」, 2010년 3월 17일
17) P. Twonsend, *op.cit*, p.413
18) 전게서, p.82

그리하여 Townsend는 객관적 박탈을 측정하기 위하여 박탈지표(77개)를 개발하였고, 주관적 박탈을 측정하기 위해서는 사회가 인정하는 박탈기준(예컨대 빈곤선)이나 사회조사에 의한 개인적 박탈감을 측정할 수 있다.

이와 같이 3가지 방법 중에서 사회가 인정하는 박탈 기준은, 비록 우리나라에 있어서 박탈 유형에 따라 잘 개발되기 어려우나, 소득과 관련된 최저생계비(2인 가구의 월 8,055천원)와 최저임금(시간급 4,110원)이 있고 주택과 관련된 국민 주택규모(국민주택 1인 전용 12㎡), 노동조건(8시간 노동), 의무교육(9년)과 같은 박탈 기준이 개발되어 있다. 따라서 이러한 기준에 미달되는 생활조건 등은 박탈된 것이기 때문에 박탈된 사람(국민)을 기존 문헌조사에 의해서 파악하는 것은 어려운 것이 아니다.

그러나, 사회조사를 통하여 파악할 수 있는 객관적 박탈이나 주관적 박탈은 사회조사의 한계성, 즉 표본조사 또는 사례조사 등에 의존하여야 되기 때문에 정확한 측정이 매우 어려운 것이다.

그러면, 1992년 사회조사에 의한 박탈구조를 보면 다음과 같다.[19)]

9개의 박탈모형 중에서 현실 안주형(43.5%)과 현실 만족형(20.1%)이 가장 많았고, 나머지도 완전 비박탈형(13.8%)과 대자적 의식형(11.0%) 및 현실 낙관형(8.1%)이 많았으며 완전 박탈형은 1.7%에 불과하였음을 알 수 있었다. 따라서 한국사회는 비록 객관적 박탈층(약 3~4%)과 주관적 박탈층(약 8~45%)이 있으나 완전 박탈층이 극소수이기 때문에 비교적 안정된 사회라 볼 수 있다.

그러나, 박탈유형(지표)에 따라 박탈수준의 차이는 대단히 심하였다. 특히 의, 식의 박탈은 매우 낮으나(10% 미만) 주택, 소득, 직업의 경우 매우 높았다.(24% 이상)

이러한 박탈의 수준에 대한 응답자의 사회인구학적 특성에 따라 분석하여 보았더니 매우 상관성이 높았다. 다시 말하면 응답자의 저소득, 저학력, 생산직, 나쁜 주택조건 등에 따라 사회적 박탈이 더욱 심하였다. 특히 호남인과 농촌주민 일수록 다른 지방 및 지역에 비하여 좀 더 박탈되어 있었다.

한편, 박탈을 빈곤, 계층, 계급과 같은 사회불평등의 개념과 교차 분석하여 보았

---

19) P. Townsend의 박탈지표와 사회조사에 의한 박탈의 분석 모형은 김영모,「현대사회계층론」, 한복연 출판부, 1999, pp.348~352참조하기 바람.

더니, 그 상관성이 매우 높았다. 특히 계층과 계급의 개념이 빈곤의 경우와는 달리 상당히 포괄적인 불평등의 개념이라서 그런지 그 상관성이 뚜렷이 나타났다.20)

비록 Townsend가 말한 바와 같이 빈곤을 측정하는 주요한 수단인 소득보다도 인간의 복지욕구와 불평등을 이해하는데 큰 도움이 되는 박탈의 지표와 측정방법을 잘 개발하면 보다 효과적인 빈곤선을 측정할 수 있을 것이다.21) 한편, S. Ringen은 자원의 결핍에 의하여 사회적으로 배제된 사람을 발견하는 기준으로 소득과 박탈의 양 기준의 사용을 주장하고 있다.22)

## 4. 공식적 빈곤

공식적 빈곤은 법령 등에 기초한 규범적, 정책적 개념이다. 국민기초생활보장의 수급권자나 근로기준법에 의한 최저임금, 최저 주거조건, 최저 열량 등이 명시되어 있다. 헌법에 명시된 국민의 기본권(9개 조와 하위 법령)은

<표 8> 공식적 빈곤선

| 기본욕구 | 명칭 | 최저기준 | 실시연도 | 적용대상 | 적용율 | 관련법령 |
|---|---|---|---|---|---|---|
| 소득 | 기초생활수급권자<br>최저임금 | 최저생계비 1인가구 504천원/월<br>시간급 4천110원 | 2010<br>2010 | 152만 9천명<br>근로자 16,103명 | 3.2%<br>15.9% | 국민기초생활보장법<br>근로기준법 |
| 보건 | 최저열량 | 남자평균 2,200칼로리<br>여자평균 1,800칼로리 | | 남자 16~75세<br>여자 16~75세 | | 한국영양학회<br>2005년 조사 |
| 교육 | 의무교육 | 초·중 9년 | 2004 | 초·중학 9년<br>학령기 아동 | 초등 98.7%('93)<br>중학 99%('93) | 교육법 8조 |
| 주거 | 국민주택 | 1인전용 12㎡<br>4인전용 37㎡ | 2004 | 330만가구 | 20.9% | 건교부 고시 |

(자료) 각 관련 부처와 한국영양학회 자료임.

20) 전게서, p.372

21) 김미곤의 연구에서는 박탈지표 34개를 선정하여 박탈을 측정한 결과 박탈된 일반 가구는 전체의 2.4%에 불과하고, 노인, 장애인, 만성질환자 및 편부모 가구의 경우 각각 9.4%, 10.9%, 10.5%, 17.3%가 나타났다고 한다.(김미곤 외, 상게서, p.42)

22) Tim Callan, et. al., Resources, Deprivation and the Measurement of Poverty, *Journal of Social Policy*, Cambridge University Press, 1993, 22-2, pp.141

인간다운 문화적 최저생활을 유지할 수 있도록 명시하고 있다. 이에 따라 인간의 사회적 최저 욕구 조건이 하위 법령에 명시되어 있다.

표 8과 같이 우리나라의 공식적 빈곤기준은 규정되어 있지만, 그 기준이 제대로 지켜지지 않고 있다. 더욱이 이러한 기준이 비현실적이란 것이라고 비판을 받기도 한다.

그러면, 사회복지정책에서 중요시 하는 소득욕구의 공식적 빈곤선(기초생활수급자)과 차상위 계층에 대하여 고찰하여 본다.

### 1) 기초생활보장 수급권자

우리나라 빈민의 개념은 1980년대 까지만 하여도 주로 영세민, 준영세민이라는 개념으로 사용하였으나 1990년대 이후에는 주로 저소득층, 차상위계층이라고 말하였다.

이러한 빈곤의 개념이 법정 용어로서 생활보호대상자 또는 수급권자라고 불려지다가 2000년 이후 주로 기초생활수급권자로 사용되고 있다.

이러한 생활보호대상자를 책정하기 위하여 정부는 최저생계비 계측용역조사를 실시하였다. 이러한 조사결과 최저생계비가 너무 높이 나타났다고 발표를 보류한 적이 있었다.(1974년 사보심의 조사)

정부는 1980년대 까지도 생활보호대상자는 약 5.8% 정도였고, 의료급여대상자는 8.6% 수준으로 책정하였다. 그러나 각 시·도별 생활보호대상자의 신청자 중에서 예산 부족으로 약 3할을 탈락시켰으며, 후에 이들을 준영세민이라 하여 차등 지원(취로사업 등)을 하였다. 1998년에는 '생활보호법'을 전문개정하여 '국민기초생활보장법'으로 개칭하였다.[23] 종전의 생활보호대상자 약 5.8%에서 그 대상이 3.2%로 감소되었으며, 종전의 자활근로대상자(준영세민)를 교육·훈련을 시켜 자활시킨다고 하여 생산적 복지라고 부르고 있다.[24]

---

23) 생활보호사업은 공적부조인데 이것을 국민기초생활보장법이라고 개칭한 것은 잘못이다. 그리고 자활대상자로 차상위계층을 말하는데 이것도 과거의 준영세민의 자조근로사업과 큰 차이가 없다.

이와 같이 우리나라 빈곤·빈민의 책정이 생계비(소득) 조사에 기초하였지만 행정적 자의성이 크게 작용하였다. 심지어 그들의 수급내용은 최저생계비의 7할에 미달하였다. 그렇기 때문에 최저생계비 등에 의한 빈곤조사의 실효성과 신뢰성이 크게 의심되었다.

최근 기초생활수급권자에 대한 행정조사가 엄격해지고 수급권자의 개념이 주로 소득(생계비) 조사에 의하여 규정되고 있기 때문에 과연 이러한 대상자 선정의 타당성이 있는지, 그리고 빈민(수급권자)의 욕구가 소득, 재산 및 부양가족의 행정조사 결과로 충족될 수 있는지 의문이 가지 않을 수 없다. 빈민들의 기본욕구는 소득이 그 핵심이지만 그것 이외에도 건강, 교육, 주거, 교통, 여가선용 등이 존재할 수 있다. 따라서 지금처럼 획일적으로 화폐소득으로 지원할 것이 아니라 결핍된 욕구에 따른 서비스를 제공하는 것이 타당할 것 같다. 더욱이 이러한 욕구는 매우 다양하고, 또 차별적으로 존재할 수 있기 때문에 그러한 욕구를 현존 기초생활보장법에 따라 획일적으로 충족하기는 매우 어렵고, 또 비합리적인 것이 아닌가 생각한다.

정부는 기초생활보장 수급권자의 선정기준을 소득과 재산 및 부양가족의 생계비 이하를 말하고,[25] 재산은 일반재산(부동산 등)과 금융재산(유가증권 등)과 그 배우자가 없거나 있어도 부양능력이 없는 경우를 말한다.[26] 그리하여 수급권자는 비록 최저생계비 이하 일지라도 특히 부양가족이 있으면 그 적용대상이 불가능하다.

여기에서 소득이 없는 재산을 평가하여 소득의 평가액을 산정하거나 부양가족이 있어서 오늘날 가족관계와 가족기능이 급변하는 상황(예컨대 탈가족화)에서 가족의 전통적 부양기능(효도)을 매우 주요한 선정기준으로 삼은 것은 큰 문제이다.

---

24) 기초생활보장 대상자가 3%로 감소된 것은 과거 부정수급권자를 제외시킨 것도 있겠지만 수급권자 선정기준이 너무 엄격해서 그러한 것 같다.

25) 수급자의 선정기준을 2003년 부터 ① 소득인정액과, ② 부양의무자를 기준으로 한다. 소득인정액은 소득평가액(실제소득-가구특성별 지출비용-근로소득 공제)과 재산의 소득환산액((재산-기본재산액-부채)×소득환산율)을 말한다.

26) 보건복지가족부 홈페이지, 정책마당 참고

이와 같이 하여 정부의 공식적 빈곤율은 소득을 중심으로 학자들이 연구한 최저생계비에 의한 절대빈곤율의 절반(3.2%)에 불과하다. 이것을 공식적 또는 정책적 빈곤율이라 하는데 이들은 궁민(paupers)이다.

<표 9> 연도별 법정 최저생계비

(단위 : 천원/월)

| | 2000 | 2001 | 2002 | 2003 | 2004 | 2005 | 2006 | 2007 | 2008 | 2009 | 2010 |
|---|---|---|---|---|---|---|---|---|---|---|---|
| 1인가구 | 324 | 334 | 345 | 356 | 368 | 401 | 418 | 436 | 463 | 491 | 504 |
| 2인가구 | 537 | 553 | 572 | 589 | 610 | 669 | 701 | 734 | 784 | 836 | 858 |
| 3인가구 | 738 | 760 | 787 | 810 | 839 | 908 | 940 | 973 | 1,027 | 1,081 | 1,110 |
| 4인가구 | 928 | 956 | 990 | 1,019 | 1,055 | 1,136 | 1,170 | 1,206 | 1,266 | 1,327 | 1,363 |
| 5인가구 | 1,056 | 1,087 | 1,125 | 1,159 | 1,200 | 1,303 | 1,353 | 1,405 | 1,488 | 1,572 | 1,615 |
| 6인가구 | 1,191 | 1,227 | 1,270 | 1,308 | 1,354 | 1,478 | 1,542 | 1,610 | 1,712 | 1,817 | 1,867 |
| 인상율(%) | 3.0 | 3.0 | 3.5 | 3.0 | 3.5 | 7.2 | 3.0 | 3.0 | 5.0 | 4.8 | 2.7 |

(비고) 인상율은 4인 가구 기준임.
(자료) 보건복지가족부 기초생활보장과

정부가 제시한 공식적 빈곤선은 해마다 물가상승율 등을 고려하여 추정생계비를 발표하고 있다. 지난 10년간 발표된 최저생계비는 표 9와 같다. 표 9를 보면, 최저생계비는 해마다 약 3% 씩 인상되고 있다. 그런데 현실적 물가인상은 그 보다 더 많았다.

그러면, 정부가 선정한 기초생활 및 의료보호 수급권자가 얼마나 되고 가족형태별 수급권자는 얼마나 되는 가를 보도록 한.[27]

표 10을 보면, 2010년 기초생활수급자는 약 153만명이 되고, 이들은 전체 국민의 3.2%가 된다. 그리고 의료급여 수급자는 약 184만명이 되고, 이들은 전체 국민의 3.8%가 된다.[28]

한편, 기초생활수급자의 34.0%가 일반세대이고, 나머지는 노인세대

---

27) 1994년 전체 인구의 3.3%인 생활보호대상자(1,481,307명)의 약 82.5%가 시장, 군수가 인정한 요보호자이고, 나머지는 65세 이상과 18세 미만의 무의무탁하거나 폐질자이다.

28) 국민기초생활보장 수급자를 신청한 이유는 기본적인 생계문제의 해결(81.4%)과 의료급여의 수혜(9.5%)를 받기 위한 것이고, 그들의 탈락된 사유는 부양의무자의 소득과 재산이 기준보다 많거나(51.8%), 재산 또는 소득이 있어서 탈락되었다고 생각한다.(「2008년 한국복지패널기초분석 보고서」, p.331)

(34.0%), 장애인세대(14.4%), 모자세대(10.0%) 등이 가장 많다. 여기에서 일반세대는 약 3할이 되지만 나머지 약 7할은 결손가족이라 볼 수 있다. 이것은 능력이 없는 부양가족을 수급자 선정기준으로 하였기 때문에 나타난 현상으로 정상적인 가족관계와 가족기능을 복원 또는 대행할 수 있는 복지서비스가 요망된다.

<표 10> 기초생활보장 및 의료급여 수급권자

| | 2001 | 2002 | 2003 | 2004 | 2005 | 2006 | 2007 | 2008 |
|---|---|---|---|---|---|---|---|---|
| 기초생활수급자수 | 1,420 | 1,351 | 1,374 | 1,424 | 1,513 | 1,535 | 1,550 | 1,530 |
| 기초생활수급율 | 3.2 | 2.8 | 2.9 | 3.0 | 3.1 | 3.2 | 3.2 | 3.2 |
| 의료급여대상자 | 1,502,986 | 1,420,539 | 1,453,786 | 1,528,843 | 1,761,565 | 1,828,627 | 1,852,714 | 1,841,339 |
| 노인세대 | 237,443 | 235,893 | 238,790 | 240,030 | 244,565 | 242,470 | 245,935 | 243,132 |
| 소년소녀가장세대 | 13,613 | 13,638 | 13,932 | 14,387 | 14,823 | 14,713 | 14,475 | 14,276 |
| 모자세대 | 70,152 | 65,132 | 66,636 | 70,951 | 77,985 | 81,189 | 82,920 | 82,880 |
| 부자세대 | 19,128 | 17,289 | 17,158 | 17,916 | 19,450 | 19,963 | 19,934 | 19,744 |
| 장애인세대 | 100,313 | 104,009 | 112,987 | 123,418 | 136,892 | 144,747 | 154,066 | 162,527 |
| 일반세대 | 217,462 | 216,645 | 230,827 | 249,393 | 276,227 | 288,945 | 294,872 | 291,680 |
| 기 타 | 39,964 | 38,412 | 37,561 | 37,586 | 39,803 | 39,665 | 40,218 | 39,966 |
| 합 계 | 698,075 | 691,018 | 717,861 | 753,681 | 809,745 | 831,692 | 852,420 | 851,205 |

(비고) 기초생활수급자 중에 일반수급자는 2008년 전체의 99.4%이고 나머지는 시설수급자(85,929명) 임

(자료) 보건복지가족부, 「보건복지가족 통계연보」, 각 연도

2008년 기초수급권자, 즉 공식적 빈민의 생활 수준, 주거상태 및 가족부양의 특성은 다음과 같다.29)

첫째, 기초생활수급자의 연령은 40~64세 중년기가 가장 많고(33.3%) 그 다음은 65세 이상의 노년기가 26.5%, 10~19세의 청소년기가 21.3%이며, 나머지는 청년기(12.2%), 학령기(4.9%), 영유아기(1.9%)이다. 그리고 남자는 중년기(38.4%), 여자는 노년기(34.0%)가 많다.

둘째, 기초생활수급자 선정 가구의 소득 규모를 보면, 20만원 이하가 전체의 50.2%로 가장 많고, 그 다음은 20만원~40만원 이하가 18.3%, 40만원~60만원 이하가 9.5%로, 전체 수급자 가구의 약 50%를 차지하고 있다. 소

29) 보건복지가족부, 「2008년 국민기초생활보장수급자 현황」, 2009. 7

득이 전혀 없는 가구도 전체의 12.6%이다.

셋째, 기초생활수급자의 취업은 전체의 77.9%가 비경제활동인구이며 나머지 22.1%가 경제활동인구이다. 수급자의 경제활동인구는 고용이 불안정한 임시고와 일고, 실직 및 미취업자가 전체 18.6%이고 비록 경제활동을 할지라도 84.2%가 이에 속한다.

반면 임시고용 등에 비해 상대적으로 안정된 상시 고용이나 자영업 및 농수축산업 종사자는 전체 수급자의 3.5%이고, 경제활동 수급자의 15.8%가 된다.

넷째, 기초생활수급자의 가구원 수는 전체 61.5%가 1인 가구이고, 그 다음은 2인 가구(18.8%), 3인 가구(11.8%), 4인 가구(5.6%), 5인 이상 가구(2.3%)로 구성되어 있다. 수급자들의 34.1%가 일반세대이고 나머지는 노인세대(28.5%), 장애인세대(19.0%), 모자세대(9.7%), 부자세대(2.3%), 소년소녀가장세대(1.7%) 나머지는 자녀와 동거가구(30.9%), 부부가구(6.4%), 그 외 가족 동거(8.5%), 비혈연가구(1.2%), 기타(0.3%)로 되어 있다.

기초생활수급자 중에서 부양할 수 없는 사유는 전체의 45.1%가 행방불명이 된 상태이고 그 밖에 사실상 이혼(9.9%), 해외이주(11.1%), 복역(3.3%), 군복무(2.9%), 시설수급자(1.7%), 사망후 호적 정리(0.4%), 기타(25.7%)이다. 그리고 부양을 거부하거나 기피하는 경우는 양자, 양부, 서모, 서부가 전체의 19.6%이고 대부분 관계의 단절 등 미상(80.4%)이다.

다섯째 기초생활수급자의 자가주택 건축상태는 전체의 54.6%가 양호한 편이고 나머지 45.4%가 개선이 필요한 상태이다. 개선해야 할 내용은 기타(32.3%)가 가장 많고 그 다음 도배 등 환경개선(7.8%)이며, 나머지는 편의도모보수(4.5%), 긴급보수(0.4%), 개축(0.3%)이다.

이러한 기초생활수급자가 정부의 지원에 의하여 최근 탈빈곤화, 즉 자활자립이 된 자가 얼마인가를 정확히 알기 어려우나 1994년의 경우를 보면 생활보호대상자의 21.0%라고 한다. 이 중에서 거택보호자는 13.2%이고 자활보호자는 24.8%라고 한다. 탈빈곤자가 된 사람은 주로 자력에 의해서 가장 많이 자활자립 하였고(41.4%), 나머지는 사망 등 가구원 변동(10.5%)과 보호변경

(11.0%) 및 기타(2.2%)이다.[30)]

### 2) 차상위 계층

정부는 우리나라 빈곤의 사각 지대를 지원하기 위하여 차상위계층이라는 개념을 사용하였다. 차상위계층의 개념은 1960년대에서 1990년대 까지 생활보호사업의 자조근로사업, 즉 취로사업에 참여한 영세민 또는 준영세민의 개념과 매우 유사하다. 당시의 영세민 대책비는 1990년 보건사회부 예산의 34.5%가 생활보호사업비이고, 서울특별시의 영세민 대책비는 특별회계로 보건사회국 예산(주로 생계지원비)의 2배가 넘는 취로사업비가 책정되었다.[31)]

1999년에 생활보호사업을 국민기초생활보장법으로 개칭한 후 자활사업의 주요대상은 차상위계층과 기초생활수급자이다 이들은 과거의 영세민과 준영세민이고, 이들을 위한 자활사업의 내용노 취로사업, 취입일선, 기능훈련 등이다. 이러한 차상위계층을 정부는 최저생계비의 120%이내 소득자를 말하고 있다.

차상위계층의 개념은 워래 학문적 개념이 아니기 때문에 많은 연구자들은 이에 대하여 자의적인 해석을 하고 있다.[32)] 차상위계층에 대한 연구는 2003년 김미곤, 노대명 외, 박능후의 논문이 있다. 김미곤은 가구 소비실태조사자료를 분석하여 최저생계비 이하의 빈곤계층은 전 인구의 약 7.4%(351만명)로 추계하고 이 중에서 기초생활보장제도의 수급을 받지 못하는 사람(최저생계비의 100%~120%)은 약 4.3%(202만명)라고 하였다.

노대명 외는 2002년 저소득층의 자활사업 실태조사를 분석하면서 최저생계비 이하의 가구는 전체의 15.1%이고 최저생계비의 100~120%의 가구는 3.8%, 그리고 중위소득의 60% 이하인 저소득가구는 전가구의 20.7%라고 하였다.

그리고 박능후 외는 가구 소비 실태조사 자료를 분석하여 1996년에 최

---

30) 보건복지부, 「'94 생활보호대상자 현황 분석」, 1994, p.115
31) 김영모, 「한국사회보장개혁론」, 중앙대 출판부, 1995, pp.186~193
32) 신영석 외 5명, 상게서, pp.88~89

저생계비 이하인 절대 빈곤층이 전체 가구의 3.8%이고, 120% 이하인 가구는 2.2%이며, 2000년에는 절대 빈곤가구가 전체의 10.2%이고 최저생계비의 120% 이하인 가구는 전체의 4.0%라고 하였다. 그는 2000년 소득과 재산의 기준을 적용하였을 때, 절대 빈곤가구는 6.4%, 차상위 계층가구는 3.1%로 추계하였다.

## 5. 결 론

일반적으로 빈곤선 또는 빈곤율은 주로 소득 또는 박탈에 의하여 추계하고 있다. 소득에 의한 빈곤선과 빈곤율은 주로 최저생계비의 계측에 의하여 파악한다. 그런데 빈곤의 원인이 무엇이고, 이에 따른 빈곤정책을 효과적으로 강구하려면 이론적 관점에 따라 다양한 서비스가 존재해야 할 것이다.

우리나라의 빈곤선과 빈곤율의 계측은 주로 생계비 계측(3종)에 의존하고 있다. 과거에는 표본조사에 의존하였지만 최근에는 주로 통계청이 조사한 도시가계 또는 가계조사 자료를 재분석하여 발표하고 있다. 그럼에도 불구하고 연구자에 따라 빈곤선(최저생계비)과 빈곤율(절대적 및 상대적 빈곤율)의 차이가 심하여 우리나라 빈곤선과 빈곤율에 대한 불신을 자아내고 있다. 즉 절대적 빈곤율과 공식적 빈곤율의 차이와 상대적 빈곤율과 사회계층조사 결과(약 40%의 하층율)와의 차이가 심하다. 더욱이 정부의 공식적 빈곤선과 빈곤율이 이것에 크게 의존하기 때문에 빈곤정책(협의로 공적 부조)의 선정대상에 대한 불신이 생긴다.

정부는 이러한 불신을 해소하기 위한 빈곤자(기초생보자)의 선정기준으로 가족 부양의 개념을 도입하였으나, 이것은 현대 가족관계와 가족기능의 변화에 부응하지 못하고 있는 실정이다. 쉽게 말하면 부양할 자식을 잘 못 둔 죄라 하면서 국가를 원망한다. 따라서 부양능력이 있는 자식을 징벌하는 법령을 제정하거나 그것을 폐지해야 한다. 빈민들은 대부분 가난하고 결손가정이라서 자식의 부양능력(교육, 취업, 효도 등)을 제대로 갖추게 하지 못하였다.

정부의 공식적 빈곤율은 본론에서 지적한 바와 같이 각 연구자들이 조사한 절대적 빈곤율의 약 절반에 불과하고 이들은 빈민이라기 보다 오히려 궁민이라 할 수 있다. 우리나라의 빈민은 소득인정액과 가족부양의 기준으로 선별된 것이며, 이들 빈민(기초생보자)에 대한 화폐소득의 획일적인 서비스가 제공되고 있다. 그러나, 빈곤(궁민)은 다양한 요인에 의하여 발생되고 그들의 결핍된 욕구도 다양하기 때문에 법령에 명시된 대로 다양한 서비스(생계급여, 의료급여, 주거급여, 교육급여, 자활급여 등 7종)가 제공되어야 한다. 다시 말하면 최근 정부가 말하는, 개별화된 맞춤형 서비스가 필요한 것이다. 이러한 것은 빈곤선과 빈곤율의 계측에 최저생계비와 중위소득의 1/2과 같은 소득개념에 의하여 파악할 것이 아니라 다양한 욕구를 알 수 있는 박탈개념에 의하여 접근하는 것이 효과적이다. 박탈개념에 의한 빈곤계측은 아직도 미발달된 상태이지만 맞춤형 서비스, 즉 개별화된 욕구서비스를 위하여 적극 도입할 필요성이 있을 것 같다.

<참고 문헌>

김영모, 「사회정책」, 한국복지정책연구소 출판부, 2005

「빈곤이론 · 빈곤정책」, 한국복지정책연구소 출판부, 1992

「한국빈곤연구」, 한국복지정책연구소 출판부

「현대사회계층론」, 한국복지정책연구소 출판부, 1999

「한국사회보장개혁론」, 중앙대학교 출판부, 1995

김태성, 「빈곤과 사회복지정책」, 청목출판사, 2004

보건복지부, 「'94 생활보호대상자 현황 분석」, 1994

「보건복지백서」, 2007

「보건복지통계연보」, 2009

신영석 외, 「차상위계층 의료수요 등 실태조사 및 의료급여 확대방안」 한국보건사회연구원, 2004

김미곤 외, 「1999년 최저생계비 계측조사연구」, 한국보건사회연구원, 1999

김태완 외, 「2009년 빈곤통계연보」, 한국보건사회연구원, 2009

노대명 외, 「근로빈곤층 지원정책 개편방안연구」, 한국보건사회연구원, 2009

이두호 외, 「빈곤론」, 나남, 1991

이현주 외, 「우리나라 빈곤실태와 정책적 함의, -구조적 분석을 중심으로」, 2006

통계청, 「한국의 사회지표」, 2009

한국사회학회 편, 「현대 한국사회문제론」, 한국복지정책연구소 출판부, 1991

Benjamin Rowntree, K. Coates and R. Silburn, *Poverty*, 1970

James M. Henslin, *Social Problems*, Prentice Hall Inc., N. J, 2000

Peter. Townsend, *Poverty in the United Kingdom*, Allen Lane and Penguin Books, Middlesex, 1979

# 제 Ⅲ 부 빈곤정책

제 Ⅲ부의 내용은 빈곤정책에 관한 것이다. 14장은 영국에서 빈곤정책의 발달에 영향을 끼친 주요 요인들을 검토한 논문인데 필자는 이러한 논의를 통해 복지국가의 현 상태를 평가하고 있다. 15장과 16장은 미국의 빈곤정책을 검토한 것이다. 15장에서는 미국의 광범위한 빈곤정책에 관한 문헌조사를 통하여 매우 세밀한 정보를 제공하고 있다. 특히 그들은 빈곤정책의 소득이전과 민간자본 프로그램은 빈곤 감소에 크게 기여하였지만 그 효과는 의문시 된다고 한다. 16장에서 필자는 빈곤정책이 비빈민에게 부담만 줄 뿐이지 혜택을 주지 않는다는 일반적은 인식이 결코 사실이 아님을 주장하고 있다. 즉 빈곤정책은 비빈민에게도 혜택을 준다는 것이다. 16장에서 필자는 빈곤정책을 어떻게 평가할 것인지에 대해 논의하고 있는데, 빈곤의 정의 및 측정방법에 따라 빈곤정책에 대한 평가가 다양해진다는 것을 많은 문헌들을 비교하면서 설명하였다. 17장은 최근 개정된, 미국의 노동연계복지정책(TNFT)의 긍정적인 점도 있지만 부정적인 점이 많음을 지적하고, 우리나라의 생산적 복지에 있어서 그 함의를 지적한다. 그리고 18장은 우리나라 빈곤정책의 정책 내용과 그 문제점을 밝히고 있다.

# 제 13장 영국 빈곤정책의 발달요인 ; 1950~1960

R. Berthoud & J. Brown*

영국은 오랜 전통의 사회조사와 사회개혁의 역사를 지니고 있으며 어떤 정책 분야는 수백년을 거슬러 올라간다. 19세기와 20세기 전반기 동안 수많은 왕립위원회와 특별조사위원회는 주요 사회문제들을 조사하여 보고했다. 영향력 있는 개별적인 사회조사들로는 1862년 Henry Mayhew의 '런던 빈민의 생활과 노동', 19887년에 Charles Booth의 '런던 빈곤연구', 1899, 1936, 1950년에 Seebohm Rowntree의 '요오크시의 빈곤연구' 등이 있다. 19세기와 20세기의 전반기에는 많은 사회입법이 제정되었다. 1940년대에 일련의 주요 사회입법들이 제정되었다. 그것은 교육제도의 개혁(1944), NHS의 확립, 베버리지 보고서에 기초한 가족수당, 국가보험 및 국가부조 입법(1945~1948), 신아동법(1948) 등이다 그리고(비록 획기적인 입법은 없었지만) 정부가 국민의 주택을 재건축할 우선적인 책임이 있음을 인정하게 되었다. 복지국가를 창출하기 위한 이러한 사회 프로그램들의 완전한 개정은 결핍, 나태, 질병, 불결, 무지의 5대악에 대한 포괄적인 공격을 목표로 하였다.

복지국가는 사회를 통해 풍부한 급여를 제공하며, 일반적인 경제번영은 사람들의 생활수준을 향상시켜 왔다. 그러나 1960년대 중반부터 빈곤과 불평등이 잔존하고 있음이 분명하게 드러났다. 복지국가의 결점 중의 일부는 처음부터 존재했던 것으로 보여진다. 불평등에 대해서는 적절한 공격이 전개되지 못했다. 수십년 동안 인구통계학적 및 경제적 변동은 일부의 사회급

---

* 이 글은 R. Berthoud, J. C. Brown, S. Cooper, *Poverty and Development of Anti-Poverty Policy in the United Kingdom*, Heinmann Educational Books, 1981의 제 1장이다.

여에 대해서 예상하지 못했던 긴장을 발생시켰다. 이러한 새로운 문제들은 복지국가의 구조변경을 요구하게 되었다. 한편으로는 실패한 부분을 보완하기 위해 복지국가를 확대시키라는 요구가 제기되었고, 다른 한편으로는 민간시장을 발달시키기 위해 국가개입의 범위를 축소시키라는 요구가 제기되었다.

비록 이 글이 1950년 이후의 전체 역사를 설명하려는 것은 아니지만 이 시기 이후 반빈곤정책의 발달을 검토하고 복지국가의 현재 상태를 평가하고자 한다.

이 글의 도입부에서는 지난 30년간 정책에 대한 논의들이 기초로 삼았던 인과적 및 분석적 요소들을 설명하겠다. 2장에서는 오늘날 정책결정자들이 직면하고 있는 과업들을 설명하기 위해서 저소득의 비율과 불평등의 정도를 분석한다. 그 다음 장들에서는 소득 빈곤과 가장 밀접하게 관련되는 세분야(저임금, 실업, 사회보장)에서의 정책발달을 검토한다. 그리고 6, 7, 8장은 다른 세 분야(주택, 보건, 교육)에 있어서 빈곤과 정책들간의 관련성을 다룬다. 이들 6개 장에서의 정책분석을 통해 특정한 문제의 본질을 서술하고 그 문제를 해결하기 위한 정책들을 평가해 보았다. 그런데 1940년대 이후 빈곤과 불평등에 대한 전반적인 정책체계를 구성하기 위한 체계적인 노력은 거의 없었다. 각 프로그램의 장점과 단점이 무엇인든지 간에 정책발달의 일관성이 결여 되었고, 그래서 한 프로그램이 다른 것에 미치는 효과는 분석되지 않았다. 마지막 장에서는 각 시기에 그리고 각 분야에서 사용된 다양한 접근방법들을 검토한다. 정부는 지난 30년간 빈곤, 불이익, 불평등을 감소시키기 위해 활동해 왔다. 현재는 반빈곤 정책이 강조되지는 않지만 과거의 정책들에 대한 이러한 분석은 미래의 프로그램들이 지향할 방향을 제시해 줄 것이다.

## 1. 1950~1980년의 사회경제적 상황

전후 영국 인구구조의 변화 중에서 몇가지 요소는 복지국가의 필요성을 더욱 증가시켰다. 1950년대와 1960년대 아동의 수는 18% 증가해서 1971년에는 노동연령에 속한 성인 100명당 15세 미만의 아동은 40명이었다.[1] 그러나 이러한 추세는 1970년대에 역전되어서 현재의 아동부양 비율은 전쟁 직후보다 높다. 다른 한편으로 공식적인 퇴직연령을 넘은 사람들은 1950년과 1980년 사이에 44% 정도 증가했다.[2] 비록 전체 노인 수의 급증은 완화되었지만 고령노인들은 계속 증가할 것이다.

또한 전후 시기에 어떤 형태이든 불이익을 경험하기 쉬운 새로운 인구집단이 증가되고 있다. 이들은 이주민들로서 처음에는 서인도로 부터 나중에는 동아프리카로 부터 이민해 왔는데, 영국에는 소수 인종이 175만명, 즉 전인구의 3%를 차지하고 있다.[3] 비록 이민의 주요 단계는 지난 것으로 보이지만, 소수 인종의 수는 자연증가로 인해 계속 증가할 것으로 예상된다. 소수 인종은 주로 도시지역에 집중되어 있는데, 그 지역 인구의 약 20%를 차지한다.

빈곤에 영향을 미치는 인구변화의 세 번째 부분은 자녀를 부양하고 있는 부모(대부분 여성임)의 수가 급증하고 있는 점이다. 모든 가구의 5% 그리고 자녀를 둔 가족의 9%는 가구주가 편부모이다.[4] 이 집단은 빈곤에 처할 위험이 매우 크며 초기의 사회보장계획에서 이들을 위한 급여는 거의 없었다.

현재 발생하고 있는 변화들의 일반적인 특징은 기혼 취업여성의 수가 증가한다는 점이다.[5] 그들의 임금은 가족소득에 큰 기여를 하며, 소득원이 2명인 가족과 전혀 없는 가족간에 차이가 커지고 있다. 주로 여성의 경제활동 비율이 증가함에 따라 노동할 수 있는 사람의 수는 1950년 이후 약 3백만명 정도 증가했지만[6] 경제는 그 만큼의 직업을 제공하지 못했다. 1950년

---

1) 인구통계조사국, *Population Projections*, 1977~2017(HMSO, London, 1978)
2) *Ibid.*
3) 인구통계조사국, *Population Trends*, No.20, Summer, 1980(HMSO, London)
4) 인구통계조사국, General Household Survey, 1978(HMSO, London, 1980)
5) Department of Employment Gazette(HMSO, London)
6) *Ibid*

대와 1960년대를 통해서 실업의 증가가 두드러졌다.[7] 1970년대 실업은 보다 극적으로 증가했고 1980년 8월에는 2백만명을 초과했다. 산업의 구조적 변화는 어떤 특정 분야의 실업을 특히 심화 시켰다.

그럼에도 불구하고 전후 기간에 영국은 다른 나라보다 더 발전하였고 1920년대와 1930년대의 경제불황에 비해서는 획기적인 발전을 성취했다. 예를 들어 '(실질적인)가처분 소득지표'에 따르면 1950년대에는 생활수준이 39% 향상되었고, 60년대와 70년대에는 31% 향상되었다.[8] 또한 자가주택, 자가용차, 내구성 소비재의 소유 등과 같은 척도를 보더라도 생활향상이 나타난다.[9] 사회보장 및 사회부조 급여가 처음 도입되었을 때는 임금에 비해 매우 낮은 수준이었으나 임금 증가에 따라 이러한 급여도 점차 높아졌다.[10] 그러나 2장에서 제시되듯이 만약 불평등이 증가하지 않았다면 불평등을 감소시키는 제도들도 발전되지 않았을 것이다. 사치품으로 생각되었던 항목들이 필수품으로 인식됨에 따라 기준과 기대감이 높아지고 있지만 적절한 생활기준에 대한 인식이 바뀌는 상황 속에서도 여전히 빈곤은 존재한다.

1970년대 GNP의 지속적 성장은 대부분 북해의 유전개발에 따른 것이었고 50년대와 60년대의 석유부문 이외의 경제에 있어서 자연적 성장은 유지되지 못했다. 어쨌든 가장 심각한 문제는 인플레이션이다. 1953년과 1967년 사이에 연평균 인플레율은 단 2번만 5%였다.[11] 1967년에서 1973년까지 매년 5%를 넘어 10%에 이르게 되었다. 1973년의 석유파동은 심각한 경제위기를 초래했고 75년에는 인플레가 25%를 넘어섰다. 이것은 1978년에 10%로 감소되었다가 1980년대 중반에 20%로 상승했으며, 현재는 다시 감소되고 있다.

복지국가의 급여는 대부분 이전지출(transfer payments)이나 서비스급여를 통한 중앙 및 지방정부의 지출을 필요로 한다. 공공지출이 절정을 이루었던 1975년에 5대 국가지출 중 4가지가 사회부문에 해당되는 것이었는데, 그것

7) *Ibid.*
8) 통계청, *Economic Trends*, (HMSO, London), 매월
9) 통계청, *Social Trends*,(HMSO, London), 각 년도
10) DHHS, *Social Security Statistics*,(MNSO, London), 각 년도
11) *Economic Trends, op. cit.*

들은 사회보장, 교육, 보건, 주택이었다.[12] 사회적 욕구를 충족시키기 위한 급여가 모든 공공지출의 1/2이상을 그리고 GNP의 1/4을 차지하였다. 그러므로 반빈곤 정책은 공공예산에 민감하다. 1950년 이후 세 단계가 나타났다. 처음 10년 동안에 전체 공공지출은 GNP의 증가 보다 약간 낮은 20% 정도(불변가격으로) 증가하였고 따라서 GNP 대비 공공지출 비율은 약간 감소되었다. 1960년과 1975년 사이에 불변가격으로 공공지출 비율은 약간 감소되었다. 1960년대에 GNP의 37%에서 1975년에는 55.5%로 증가했다. 1970년대 초기에 공공지출은 2번 억제되었는데, 비록 흔히 '삭감'이라고 말하지만, 이것은 계획된 지출 증가율이 감소된 것일 뿐이다.

1975년 이후 국가경제의 생산감소에 따라 공공지출 계획도 재 검토될 수 밖에 없었다. 노동당 정부는 적어도 부분적으로는 IMF의 재정지원을 조건으로 공공지출을 삭감했다. 1975년과 1978년 사이에 공공지출은 불면가격으로 2.25% 삭감되어 GNP의 50% 수준으로 하락했다. 노동당은 지출의 억제를 강요 받은 느낌이 드는데 비해 1979년 5월 집권한 보수당 정부는 주요 경세정책의 하나로써 긴축예산을 채택하였다. 1979년과 1980년에 6.75%가 감소되었고 1983년과 1984년에 전체 지출의 5%가 추가로 감소되어 1980년대 중반의 총지출 수준은 60년대 보다 결코 높지 않은 GNP의 39%로 하락했다.[13] 구호신청이 증가될 것으로 예상됨에 따라 이 기간 사회보장지출은 계속 상승하리라고 기대되지만 교육과 보건서비스는 감소할 것으로 보여 진다. 주택 지출은 이미 크게 삭감되었는데 1983~1984년에는 최고 수준이었던 1974년의 1/3에 불과했다.

요약하면, 전후의 인구학적 추세는 복지국가에 대한 수요를 증폭시켜 왔다. 이 시기 경제는 욕구를 지닌 사람들에게 급여를 제공하기에 충분할 만큼 발전되었지만, 그 자체가 불평등을 뚜렷하게 감소시키지는 못했다. 최근 경제는 성장이 둔화되고 있으며 그에 따라 사회정책도 어려움을 겪고 있다.

---

12) 통계청, *National income and Expenditure*(HMSO, London), 각 년도

13) *The Government's Expenditure Planes* 1980~1981 to 1983~1984, Cmnd, 7841(HMSO, London,1980)

## 2. 정치적 상황

제 2차대전 이후 전개된 반빈곤정책의 발달은 또한 정치적 배경 및 여론과 관련시켜 검토되어야 한다. 전쟁기간과 전후시기의 주요 사회개혁들은 3개 정당들(보수당, 노동당, 자유당)간의 합의에 의해서 그리고 전후의 보다 나은 사회를 위한 계획 및 일련의 사회입법들에 대한 국민과 정부간의 합의에 의해서 성립되었다. 이러한 합의는 전시에 공통적으로 느꼈던 위험과 곤경에서 비롯된 사회적 연대감으로 부터 도출된 것이며, 대량실업, 좌절, 절망, 인적 자원의 낭비를 겪었던 전쟁전의 경제 불황기와 같이 불평등하고 불연된 사회로 되돌아 가지 않겠다는 결정으로부터 도출된 것이다. 일련의 보고서와 백서에서 나타난 전후의 새로운 사회는 보다 공정하고 평등한 사회였다. 이것은 인간의 존엄성을 지켜주기 위해 만들어진 고안된 제도들에 의해 가장 나약한 사회성원들이 원조 받고 보호 받는 복지국가이며, 실업이나 질병과 같은 공통된 위험을(사회보험과 조세제도를 통해) 분산시키고 의료서비스, 좋은 교육, 적절한 주택에 대한 접근이 소득이나 계층에 따라 결정되지 않고 능력과 욕구에 따라 결정되는 복지국가이다.

새로운 세대가 성장하고 경제불황기와 전쟁기간의 경험에 대한 기억이 희미해짐에 따라 사회개혁에 대한 열정도 상당히 수그러 들었다. 그럼에도 불구하고 1950년대 복지국가와 평등향상에 대한 합의는 계속 유지되었다. 번영은 불이익을 겪는 자들에게도 분배되어야 한다는 생각이 정치적으로 및 대중적으로 수용될 수 있었고, 1951~1964년의 보수당 정부는 사회 프로그램들을 유지하고 확대 시켰다.

사회개혁을 위한 새로운 추진력은 1960년대 중반 일련의 보고서 등에 나타난 ‘빈곤의 재발견’을 통해서 그리고 서인도와 아시아로 부터 이민의 유입에 따른 인종화합에 대한 관심에 의해서 형성되었다. 그러나, 또한 1960년대 중반에는 지속적인 경제불황이 시작되었는데 이에 따라 빈곤과 불평등에 대한 대책수립의 필요성은 번영을 공유한다는 측면 보다는 경기 후퇴기에 자원을 발견할 필요성에서 고려되었다. 한편, 복지에 대한 정치적 합의는 1870년대 초반까지 유지되었으나 그 이후 점차 무너지기 시작했다.

현재 상태에는 사회정책의 발달을 고려할 때에 합의라는 용어는 쉽게 떠오르는 말이 아니다. 노동당은 복지국가를 공약했으며 보다 큰 평등을 향해 전진을 계속했다.(자유당은 주로 이러한 입장을 지지했다.) 다른 한편으로 보수당은 공식적으로 복지국가의 범위를 축소시키고 사조정신을 확산시키려고 했다. 더구나 경제적 동기를 고취시키는 '필수적인 수단'으로서 불평등을 보다 증대시키려고 했다. 비록 양당 정부가 모두 사회프로그램을 광범위하게 삭감시킨 경제정책을 채택했지만, 노동당은 이것을 어쩔 수 없는 경제적 필요라고 표현한, 반면에 보수당은 지나치게 광범위한 프로그램들을 적절히 후퇴시킨 것이라고 보았다.

공식적인 노동당 및 보수당의 정책이 전부는 아니다. 보수당 내부에서 정치적으로 영향력 있는 소수집단들은 여전히 복지합의를 고수하였고(특히 가장 약한 자들을 보호할 필요성에 대하여) 사회적 응집을 유지할 수단들을 주장하였다. 노동운동세력 내부에서도 일부 노조위원들은 노조 및 정당의 공식적 대변인들 보다 평등을 상당히 꺼려하였다. 1960년대 중반 이후 여성, 소수인종, 저소득층의 생활향상을 위하여 일부 노동자들에 대한 억제조치가 포함되었던 평등화 프로그램들은(때로는 적극적으로 때로는 소극적으로) 저항을 받아왔다. 경제상태가 악화됨에 따라 각 집단들은 자기 이익만을 중시하고 타인들은 스스로 생활하게 방치해 두려는 경향이 생겨났다. 서비스 삭감에 대한 대중의 반응은 복합적이었다. 노인서비스나 의료서비스의 삭감에 대한 우려, 교육예산 삭감에 대한 저항, 공공주택 축소에 대한 소극적 저항, 실업자에 대한 냉혹함 등이 혼재되어 나타났다.

실업이 2백만명을 넘고 서비스 삭감이 더 확대되면서 상황이 다시 바뀌었다. 웨일스와 스코틀랜드 그리고 북잉글랜드에서 노동계급의 연대가 재형성 되고 정부 지지자들도 현재의 정책에 대한 불만을 표명하기 시작했다. 북아일랜드에서는 분리주의와 통상적인 사회적 구분간에 분쟁이 있었으니 하나의 공통된 현상은 심화되는 실업과 빈곤에 대해 깊이 우려하고 있다는 점이다. 현재로서는 빈곤을 퇴치하는 데에 필요한 프로그램에 대한 정치적 입장 및 대중의 생각들이 앞으로 어떻게 될런지 자신있게 예견할 수 없다.

## 3. 빈곤이론과 정책에 대한 그 영향

### 1) 개인과 집단의 결함

산업화 초기 영국의 이론가들은 빈곤의 원인에 대해서 거의 의문시하지 않았다. 한편으로 근면, 검약, 절제, 검소, 노력의 덕목들을 실천하는 것이 풍요로 가는 길이며, 다른 한편으로 빈곤을 개인이 극복할 수 있는 나태, 낭비, 과음, 성격결함에 의해 초래된다는 것이다. 개인이 생활상의 어떤 위험(실업, 질병, 노령, 소득원의 사망)이 존재한다는 것을 깨닫고, 이러한 위험을 극복하기 위해 별도로 저축을 한다는 것은 그가 검소한 사람임을 보여주는 징표이다.

이러한 빈곤관에 따른 결과는, 비록 완전히 궁핍한 사람들을 내버려 둘 수는 없지만, 구호제는 절대적 필수품에 한정되어야 하고, 수혜자들이 계속 구호에 의존하지 않도록 해야 하며, 그들이 궁핍을 초래하는 행위를 하지 못하게 해야 한다는 것이다. 또한 가난하기 때문에 구호를 받는 사람들의 생활수준과 도움 없이 자립하는 사람들의 생활수준 간에는 반드시 차별이 있어야 한다. 최하 자격의 원칙으로 알려진 1832년 구빈법위원회의 표현에 의하면 '모든 조건 중에서 최우선의 그리고 가장 필수적인 것은 피원조자의 상태와 최하층의 자립노동자의 상태가 거의 같아서는 안된다'는 것이다.[14)]

19세기가 지나면서 이러한 논리는 빈민들 중에서 노력했음에도 불구하고 어쩔 수 없이 장기적이고 연속적인 위기에 처해 있는 근면하고 검소한 사람들이 있다는 인식에 의해서 수정되었다. Rowntree는 1899년 York시의 빈곤에 대한 연구[15)]에서 빈곤의 주기가 있음을 이론화 하였는데, 한 가족에

---

14) George Victor, *Social Security and Society*(Routledge and Kegan Paul, London,1973)에서 인용

서 자녀의 수가 많아지면 빈곤하게 되며 그 자녀가 성장하여 소득을 얻게 되면 생활이 향상되다가 그들이 집을 떠나고 부모가 늙어서 일할 수 없게 되면 다시 빈곤하게 된다는 것이다. 사망, (나태나 노령으로 인한) 무능력, 주요 소득원의 실업이나 불규칙한 취업(또는 정상적인 취업을 꺼려함), 저임금과 대가족의 중복 등은 일차적 빈곤을 낳게 된다. 또한 Rowntree는 소득관리의 부실로 인한, 예를 들어 음주나 도박 혹은 부실한 가사관리로 인한 이차적 빈곤도 정의하였다.

이러한 분석을 기초로 빈민은 '가치 있는 자'와 '가치 없는 자'로 구분될 수 있는데, 전자는 자신의 결점이 없음에도 빈곤한 것이고 후자는 성격결함 특히 나태, 음주, 비도덕 등으로 인해 빈곤한 것이다. 이러한 평가에 따라서 일할 수 있는 실업자는 불편을 겪어야 하며, 가치가 있든지 없든지 빈곤의 고통을 느낄 필요가 있으며 가능한 한 빨리 일하도록 하기 위해서 구호에는 낙인이 수반되어야 한다고 주장한다.

이러한 강조점의 전환을 빈곤이 성격결함에서 비롯된다는 이론에 손상을 입혔는데, 그것은 새로운 이론에서는 빈곤이 주로 경제제도의 기능에 따른 결과라고 인식하는 데에 비해 기존의 이론에서는 불황에도 대량실업이나 빈곤과 같은 현상은 발생될 수 없다고 생각하기 때문이다. 그런데 성격결함 접근방식은 최근 풍요한 사회에서 빈곤이 지속되는 것을 설명하는 수단으로서 새롭게 재 출현하고 있다. 이러한 이론 중의 하나는 대부분의 지역이 발전되어 있는 사회에서 어떤 빈민지역은 사회의 다른 문화와는 틀린 고유한 문화를 발전시켜 주는 빈곤의 하위문화가 존재한다고 단정한다.

Oscar Lewis는 1965년 멕시코에 대한 연구[16]를 토대로 이 이론을 주장했는데, 그는 이러한 하위문화는 일단 형성되면 아동의 사회화를 통해 영속화되며, 성인과 아동 모두가 향상된 사회경제적 조건의 혜택을 받지 못하며 변화된 조건이나 기회를 이용하려는 심리적 반응도 일어나지 않는다고 하였다.

---

15) Rowntree, Seebohn, *Poverty : A Study of Town Life*(Macmillan, London,1901)
16) Lewis, Oscar, *The Children of Sanchez*(Penguin Books, Harmondsworth, 1965)

이 이론의 변형으로서, 1972년 영국에서 K. Joseph경은 박탈이나 빈곤은 가족내에서 세대간에 전승된다는 박탈의 순환이론을 주장하여 각광을 받았다.[17] 박탈된 부모들은 자녀를 적절히 사회화 시키지 못하며, 따라서 자녀들은 교육 및 취업기회를 이용하는 데에 필요한 동기와 기술 및 능력을 획득하지 못한다. 그들은 이런 조건들을 갖추었다면 자신들에게 풍요를 제공해 줄 사회에서 빈곤한 채로 남게 된다.

이러한 두 이론을 기초로 형성된 정책들은 지역 또는 개인 단위에서 '문화'의 이전을 방지하는 것을 목표로 한다. 두 이론에 대해서 상당히 포괄적인 연구들이 시도 되었지만 대부분은 이 이론들의 기본 가정의 타당성을 문제시 하였고 빈곤의 원인을 확인하는 과정에서 이 이론들을 부차적인 것으로 간주하였다

### 2) 빈곤의 원인으로서의 경제 및 계급요인

다른 이론체계로서 빈곤은 자본주의 경제체계에 본질적으로 내재한다는 가정을 토대로 한 것이 있는데, 이것은 자본주의의 옹호자이든지 반대자이든지 모두 공유하고 있다.[18]

자유시장경제의 옹호자들은 시장경제가, 만약 간섭받지 않고 가능할 수 있다면, 다수를 위한 번영을 창출하는 가장 효율적인 방식이라고 주장한다. 이들은 자본주의의 기능은 일부에게 어려움을 겪게 할 수 있음을 알고 있다. 즉 예를 들어 필수적인 기술변화 혹은 수요변화로 노동자들이 해고될 수도 있다. 더구나 자본주의는 제대로 기능하자면 불평등을 필요로 한다. 여러 직종들 간에 기술수준이 크게 차이나더라도 그 직종들은 반드시 충원이 되어야 하며 정교한 기술을 보유한 인력을 유인하기 위해서는 보상수준에 차이가 있어야 한다. 어떤 경우이든지 일부 사람들은 다른 사람 보다 유능

---

17) Holman, Robert, Poverty: Concensus and Alterative, in Fitzgerald, M(ed) *Welfare in Action*(Open University, London, 1977)에서 논의되었다.

18) 이에 대한 자세한 논의는 Townsend, Peter, *Poverty in the United Kingdom*,(Penguin Books, Harmondsworth, 1979): and George, Victor, *Social Security and Society*(Penguin Books, Harmondsworth, 1979)를 보라.

하며 능력과 생산성에 따라서 임금을 받는다. 자선단체의 도움을 받지 못한 사람들은 그 사회체계가 창출한 부를 통해서 도움받을 수 있으며, 공공 부문이나 산업부문에 대한 지나친 투자나 체계의 원활한 작동을 방해하는 의욕 저하(예를 들어 저임노동을 하지 않으려 함)를 초래함으로써 체계의 기능을 방해하는 일이 없는 원조 혜택을 받을 수 있다. 이러한 규칙들을 파악하지 못하는 것은 빈민이나 대다수의 부유층 모두에게 비생산적이다. 이러한 이론은 빈곤의 원인이 개인에게 있다는 견해를 보완한다. 저임금이나 실업으로 빈곤하게 되는 사람은 능력이 부족하고 근면하지 않는 사람이다.

자유 시장체계의 임금 및 고용제도에 대한 다소 비판적인 설명은 이중 노동시장이론(the dual labor market)의 옹호자들에 의해 제시되고 있다. 이 이론은 능력과 생산성을 토대로 공정한 배분방식으로 보상을 제공하는 단일한 노동시장은 없으며 2개의 분리된 노동시장이 있다고 주장한다. 즉, 고용이 안정되고 임금이 적절하며 조건이 좋은 필수적인 직업들로 구성된 일차 노동시장과 경제의 변동에 따라 취업여부가 결정되는 노동력의 집결지인 이차 노동시장이 있다는 것이다. 이차 시장에서는 고용이 불안정하고 임금이 낮고 승진 전망이 불투명하고 노동조건도 불만족스럽다. 빈민들은 주로 이차 시장에서 발견되며 본질적으로 조합이 형성된 일차 시장에는 적으며 따라서 약간의 상쇄력을 갖는다.

이 보다 더 발전된 이론(소위 급진적 경제이론)은 전적으로 경제체계에 기초한 이론과 계급구조에 기초한 이론들 간에 교량을 형성하고 있다. 급진경제이론가들은 임금은 시장체계에 의해서 그리고 능력에 의해서 결정되며, 동시에 사회의 계급분화 및 계급들간의 사회적 투자(예를 들어, 교육)의 상대적 분배에 의해서 결정된다고 주장한다. 더구나 노동시장은 일차, 이차시장으로 구분되는 것이 아니라 숙련공과 비숙련공으로 층화 되며, 이들 집단내에서 기술수준과 자격을 포함한 보다 세부적인 계층으로 분화된다. 고용주는 임금과 서비스 조건을 결정함에 있어서 각 계층과 개별적으로 협상하며, 그 과정에서 자신의 권한을 유지하며 일부 노동자 집단들은 다른 노동자들의 희생을 바탕으로 양보를 얻어 낸다.

계급에 기초한 이론들은 원래 마르크스주의 분석에서 파생된 것인데, 이 이론들은 계급불평등을 생산수단의 통제 결과라고 설명한다. 한편에는 기업가, 은행가, 지주, 주주 및 관련이익 집단들이 있고 다른 한편에는 자본을 소유하지 못하고 임금에 의존하고 있는 노동자들이 있다. 전자는 후자에 대해 상당한 권력을 지니고 있으며, 자본가 계급의 이익을 위해 활동하며 노동자에게 손해를 끼친다. 이 두 계급사이에 있으면서 어느 쪽에도 소속되지 않은 집단들은 경제적으로나 사회적으로 자본가계급 보다 아래에 있으며 노동자 보다는 자본가 계급과 제휴하는 경향이 있다. 그 후 나온 계급이론들은 자본의 소유에 수반되는 권력에 대해서 뿐만 아니라 금전, 신분, 정치권력, 영향력 등과 같은 자원들에 행사되는 포괄적인 통제력에 대해서도 관심을 가지고 있다. 이런 자원들을 소유한 계급은 유리한 지위를 유지하기 위해 그리고 자원분배가 보다 평등하게 되는 것을 막기 위해 자신의 권력을 행사한다. 다른 집단들이 유산계급을 위협하기에 충분할 정도로 권력을 획득하는 경우, 예를 들어 선거권의 확대나 노동조합의 증가가 나타난다면, 양보가 이루어질 수 있다. 그러한 경우 조차도 유산계급은 양보를 통해 기본적으로 현상유지를 피하려고 하며 소유계급의 권력상실을 최소화 하려고 한다.

이러한 경제적 및 계급토대 이론과는 약간 다르게 빈곤은 자본주의의 균형에 필수적인 요소라고 하는 견해도 있다. 이에 따르면 다른 사람이 부유하기 위해서는 누군가 반드시 빈곤해야 하며, 다른 사람이 권력을 갖기 위해서는 누군가 반드시 권력을 갖지 말아야 한다. 또한 부와 권력이 가치가 있고 꼭 보호되어야 하는 한 빈곤과 무권력은 지속될 것이라고 한다.

빈곤에 대한 이러한 경제 및 계급이론들에 따라 다양한 정책들이 나오게 되었는데, 이것들은 기존의 경제체계내에서 바람직하다고 생각되는 변화의 범위에 의해 결정된다. 이러한 정책들의 예를 들자면 '경제 상층부'의 국영화, 산업부문의 의사결정에 대한 국가개입, 보건, 교육, 주택에서의 계급차별을 인정하고 급여기회를 증가시키려는 정책들 등이 있다. 더욱이 노동력에 포함되지 않은 집단들은 경제적 및 계급권력의 균형이 가장 조화롭게 되더라도 빈곤하게 되기 쉬우며 사회보장의 형태를 통해 반드시 보호받아야 한다.

### 3) 빈곤이론과 정책에 대한 그 영향

이러한 빈곤이론들은 모두가 빈곤에 대한 완전한 설명이나 반빈곤정책의 만족스러운 근거를 제공한다고 볼 수 없다. 개인이나 집단의 결함에 근거한 이론들은 경제 및 계급체계의 작동과 사회적 투자의 분배를 명확하게 설명하지 못했다. 자발적 요인에 근거한 빈곤이론들에 대해서는 언제나 일화적 증거들이 따라 붙지만, 이에 비해 경제 및 계급요인에 근거한 이론들은 보다 포괄적이고 확실한 설명을 제시한다. 그럼에도 불구하고, 이 이론들도 약점을 지니고 있다. 순수한 시장이나 자본주의 체제는 어디에도 존재하지 않으며 설령 있나해도 계급요인에 의해 상당히 수정될 것이다. 임금 및 고용이론 중에서 일부만이 성차별, 저임금, 여성노인의 빈곤에 대한 설명을 제시하며, 능력있는 장애인이나 소수 민족에 대한 편견이나 노동시장 외부의 빈곤 등에 대해서는 거의 논의하지 않는다. 계급 및 권력 이론들은 잘 계획된 많은 반빈곤정책들의 실패에 대해 합리적인 설명을 제시하고는 있으나, 사회 내에서 '가진 자'와 '못가진 자'라는 구분을 피할 수 있는 효과적인 방법을 제안하지는 못했으며, 가진 자들의 자기 보호 노력을 제지할 방법을 거의 찾지 못했다.

Townsend는 최근 연구에서 불평등과 빈곤의 복합적인 원인들을 파악할 수 있는 이론을 개발하기 시작했다.[19] 그는 빈곤을 '사회에 의해 공통적으로 인정된 행위, 관습, 식사를 하는 데에 필요한 자원의 결핍'으로 정의하고 여러 가지 자원들(자본과 임금 뿐만 아니라)을 검토하면서 자원의 분배 및 재분배를 조정하는 각 제도의 분배 원칙 및 그 방법을 분석하였다. 또한 그는 사회에 의해 일시적으로 혹은 영원히 일정 수준의 자원을 제공받는 노인, 장애인, 편부모, 이주민 등과 같은 '소수집단'이라는 개념을 검토한다. 인간

19) Townsend, Peter, *op.cit.*

의 상태와 밀접히 관련된 수 많은 요인들을 고려한 이러한 포괄적인 접근방법은 단일한 요인을 주장하는 접근방법 보다 효과적일 것으로 보인다. 남은 문제는 그것이 정책형성에 얼마나 영향을 줄 수 있는 가이다.

한편, 정책입안가들도 인론에 영향을 미쳐 왔다. 이론이 지닌 분석력이 약한 경우에도 여론과 정책에 대한 그것의 영향이 반드시 소멸되지는 않는다. 가족적 혹은 개인적인 특성에 의한 빈곤에 근거한 이론들 및 최하자격원칙을 고수하는 이론들은 지속적이고 중요한 영향을 미친 것으로 보여진다. 동시에 경제 및 사회제도로 인한 빈곤문제들은 좌파 및 우파 정당들에 의해서 다양한 방식으로 그리고 다양한 정도로 인식되고 있다. 흔히 정책분야에는 여러 가지 유형의 이론들이 존재하며 정부가 바뀌고 정치가들이 경제적, 사회적, 정치적 압력에 반응하는 것에 따라 강조점이 변화 한다.

## 4. 빈곤의 정의

비록 '빈곤'이라는 용어가 일반적으로 불평등 및 그 다양한 증후군들에 대해 사용되지만 이 용어는 흔히 저소득 문제와 관련되어 있다. 사람들은 자신의 소득이 참을 수 없을 정도로 낮으면 빈곤하다고 생각한다. 빈곤 정의의 문제는 참을 수 없다고 생각되는 것이 무엇이라고 생각하는지에 달려 있다. 비록 어떤 사람이 보기에는 빈곤이 굶주림을 겪을 만큼 저소득을 의미한다고 하더라도 영국의 사회분석가들은 대부분 상대적 빈곤관을 채택할 것이다. 부적절한 소득은 사회의 현재 기준에서 견딜 수 없는 생활수준을 강요한다. 상대적 빈곤을 단순히 불평등을 측정하는 것 이상으로 정의하면 어려움이 따른다.

이상적인 빈곤정의는 불평등이 있음에도 불구하고 빈곤은 존재하지 않는 사회에 적용될 수 있어야 하며, 전체 인구의 절반 이상이 상대적 측면에서 빈곤하다고 규정되는 사회에도 마찬가지로 적용될 수 있어야 한다. 영국에서는 빈곤선을 정의하는 것에 대해서 다양한 의견들이 제기되었지만 그 어떤 것도 상대적 빈곤과 불평등을 명확히 구분하지는 않았다.

조사연구와 정책에 있어서 빈곤선은 기본적으로 빈곤의 규모를 평가하는 수단을 제공하며 매년 발생되는 변화를 파악하는 확실한 기초를 제공해 준다. 사실 후자의 기준은 적절한 소득수준을 어떻게 규정하느냐 라는 기본적 문제 만큼이나 해결하기 어렵다. 2가지 측정 유형들은 비교를 위해서는 적합하지만 빈곤선을 구성하지는 않는다. 분배적(distributional) 빈곤선은 소득계층에서 최하위 1/10이나 1/4에 초점을 맞춘다. 이러한 측정도구는 일정시기에 한 국가내에서 경제적 혹은 인구통계학적 집단들 간에 상대적인 저소득비율을 비교하는 데에 사용될 수 있지만 빈곤의 범위를 측정하지는 못한다.

보다 유용한 측정도구는 소득분배상의 어떤 표준(즉, 중간, 평균)재산과 관련된 불평등 빈곤선이다. 여기에서 표준은 남성 육체노동자들의 평균소득과 관련지어 결정될 수도 있다. 이것은 이론상으로는 다소 덜 만족스럽지만 실제에 있어서 유용하다. 왜냐하면 흔히 소득 보다도 임금에 관한 자료가 확실하고 이용하기 쉽기 때문이다. 이러한 측정도구는 그 자체가 부적절한 소득수준을 규정하는 것은 아니지만, 적어도 단기간 동안 연간 비교나 국가별 비교에는 이상적이다. 일단 빈곤선이 확정되면 불평등 측정은 빈곤의 범위를 감소시키려는 목적이 달성되었는 지를 결정할 수 있도록 자동적인 재측정을 해 준다.

영국에서 최저생활 수준으로서의 빈곤선을 정의하는 데 4가지 접근방법이 있다. 이것들이 매우 다르기는 하지만 그 중의 3가지는 유사한 결론을 제시하는 것으로 보인다. 첫째는 흔히 생계 빈곤선으로 불리는데 이것은 오해이며 최저소비 빈곤선이라고 하는 편이 더 적절하다.

1899년 요오크시의 빈곤을 조사하기 위하여 Seebohm Rowntree는 첫 번째 조사에서 생계 개념이라고 할 수 있는 최저소비 척도를 이용했다.[20] 그는 당시의 의학적 견해에 따라 단순히 신체적 효율성을 유지하는 데 필요한 최저 영양을 기준으로 식사를 구성했는데 이것은 빈민이 실제로 먹는 음식

20) Rowntree, Seebohm, *Poverty: A Study of Town Life*, *op.cit.*

을 거의 혹은 전혀 고려하지 않았다. 이러한 식사비용에 주거비와 한 두벌의 옷을 합친 것이 Rowntree의 빈곤선이다. 생존을 위해 절대적으로 필요한 것 이외에 어떠한 것(신문 등)도 포함되지 않았다. 그러나 그가 1936년에 다시 연구했을 때에 그는 자신의 빈곤선을 상당히 변경시켰다.[21] 이것은 여전히 최저소비 접근방법이었으나 기초적인 생계가 아니라 주로 현행의 관습을 토대로 하였다. 수정된 식사에는 여러 가지 고기들도 포함되어 있는데 고기가 가장 싼 단백질 공급원은 아니며 모든 고기의 가격이 같은 것도 아니다. 역사적으로 이것은 20세기 관습을 토대로 한 것이다. 그래서 식사에 차가 포함되었는데 이것은 전혀 영양이 없는 것이다. 의복은 빈민의 구매 형태를 관찰하여 배정되었다. 이것은 논리적으로 다소 이상한 결과라고 생각되지만 그는 분명히 관습적 요소를 포함한 것이다. 이때에 Rowntree는 신문과 같은 비필수품들도 일부 포함하였다.

1936년의 빈곤선은 사회적 관습에 근거하였으며 그러므로 상대적 빈곤의 척도였다. 기본적인 약점은 Rowntree가 기존의 관습에 대한 객관적 척도를 갖지 못했다는 것과, 관습을 유지할 수 없는 수준을 결정하는 객관적 척도를 갖지 못했다는 것이다. 빈곤선은 그의 개인적 판단에 따른 것이었다. 둘째로는 최저 소비척도가 관습의 변화에 맞추어 변경되지 않았다는 것이다. 어쨌든 만약 관습이 원래의 개념을 규정했다면 그것은 또한 그 수정도 결정할 수 있다. Rowntree는 1950년의 연구에서도,[22] 여전히 주로 자신의 판단에 의존하였다. 그의 '바스켓'의 실제 가치는 1936년 이후 5.5% 증가되었다. 남성 육체노동자가 받는 임금의 실제 가치는 1936년과 1950년 사이에 4.5% 증가된 것으로 추정되기 때문에, 두 빈곤선은 비슷한 가격을 지닌 것으로 볼 수 있다. 결국 Rowntree의 방법이 지닌 약점은 그것이 개인적 판단에 의존하고 있다는 것이다. 그럼에도 불구하고 그의 빈곤선은 널리 인정되

---

21) Rowntree, Seebohm, *Poverty and Progress*(Longmans Green, London, 1941)

22) Rowntree, Seebohm & Lavers, G. R., *Poverty and the Welfare State : A Third Social Survey of York, Dealing only with Economic Question*(Longmans Grees. London, 1951)

었고 공식적인 정책에 상당한 영향을 미쳤다.

그 연구 이후 30년이 지난 현재 빈곤선을 정의하기 위해 그의 연구를 모방한다는 것은 불가능하다. 물가상승만을 고려한다면 그가 제시한 5파운드의 상품바스켓(주거비 제외)은 현재에는 주당 37.65파운드가 된다. 그러나 남성 육체노동자의 임금 상승에 따라 가격을 연동시켜서 관습적 요소를 반영한다면 그의 빈곤선은 현재 68.78파운드가 된다.[23] 1950년 국가부조에서 제공되는 최저 생계수준은 3.67파운드였다.(Rowntree의 기준과 동일하게 구성된 가족에 있어서) 1980년에는 동일하게 구성된 가족이 받는 보충급여는 52.10파운드였다. 국가의 최저수준은 뒤에서 논의될 것이지만, 1950년에 Rowntree가 제시한 빈곤선 보다 낮았다는 점을 반드시 알아야 한다.

이와 다른 또 하나의 빈곤선은 각 자가 살고 있는 사회의 관습을 유지할 수 없을 정도로 낮은 소득수준에 대한 경험적 조사를 근거로 하고 있다. Townsend는 상대적 박탈을 빈곤선으로 정의하려고 시도했는데[24] 이것은 하나의 표본적인 관습적 행위에 대한 평균 참여율은 불평등을 겪는 대부분의 소득집단들 간에는 거의 차이가 나지 않으나, 어떤 소득 수준 이하로 내려가면 참여율이 급격히 저하된다는 자신의 관찰을 근거로 하였다. 그는 상대적 박탈 개념에 따라 이러한 집단을 빈곤하다고 정의하였다. Townsend의 자료에 의하면 정상적인 참여와 낮은 참여 간의 이러한 분기점은 보충급여율(주거비 제외)을 상회하는 약 38%이다.

이러한 주장에 대해서 관습적 행위들 내의 각 항목들이 신뢰성 있는 빈곤지표를 제시하지 못한다는 비판이 제기되었다. 그러한 비판들에도 잘못된 점이 있지만, 그 항목 전체가 타당한 행위 표본인 것은 아니다. 설령 방법론상의 문제들이 해결된다 하더라도, 상당히 복잡한 그의 분석이 대중들에게 빈곤 척도로서 광범위하게 인정될 수 있을지 의문스럽다.

23) Upton, Michael, 'Reviewing Rowntree : Poverty lines and Levels of Social Security benefits for the Unemployment 1950~1978', *Social Policy and Administration* Vol. 14, No.1, 1980

24) Townsend, Peter, *Poverty in the United Kingdom, op.cit.*

그러나 그 분석에서 입증하고자 한 것은 저소득층이 참여할 수 없는 사회적 행위에 관한 규범적 관습이 존재한다는 점이다. 아마도 가장 중요한 결론은 상대적 박탈의 시발점이 보충급여 수준 보다 높기 때문에 국가의 사회보장급여는 가족들로 하여금 빈곤한 상태로 그럭저럭 살게 해 준다는 것이다.

세 번째 접근방법은 영국에서 거의 주목받지 못했다. 대중이 인식하는 빈곤선은 일반 대중에게 사회적 관습에 대한 최저 참여수준을 규정하도록 요청함으로써 얻어질 수 있다. 이에 관한 유일한 자료는 유럽공동체 EEC가 실시한 유럽의 빈곤인식에 관한 국제조사로 부터 수집될 수 있다.[25] 1976년에 영국인들은 2명의 성인과 2명의 아동으로 구성된 가족의 경우 수입과 지출이 균형을 이룰 수 있는 절대적 최저소득은 주당 55파운드라고 응답했다. 이것은 당시의 보충급여 수준 보다 78% 정도 많은 것이다. 일반인들은 국가가 피보호자들에게 수지균형을 유지할 수 없는 수준의 보호를 제공하기로 결정한 것으로 인식하고 있었다. 이러한 접근방법은 보다 철저히 조사된다면 가치있는 것일 수도 있다.

영국에서 빈곤을 정의하는 가장 보편적인 접근방법은 흔히 '공식적' 빈곤선으로 불리는 국가의 최저 빈곤선이다. 가구주가 전업 직업을 갖지 못한 가족은 보충급여를 신청할 수 있다. '욕구'는 가족성원의 수와 연령에 따른 등급비율에 의해 산정된다. 주거비는 대개 전액 반영된다. 만약에 가족의 소득이 보충급여 보다 적다면, 보충급여는 차별적으로 산출된다. 이러한 욕구의 산출수준이 국가의 최저 빈곤선으로 되는데, 국가는 등급비율이 정함에 있어서 참을 수 있는 최저한의 소득수준에 대한 현재의 국민적 관습을 근거로 한다.

이러한 정의와 관련된 몇가지 문제점은 특별한 욕구를 충족시키기 위해 주기적 혹은 임시적 지출이 필요하기 때문에, 보충급여 그 자체가 등급비율 보다 약간 높다는 것이다. 비록 이러한 추가지출이 자주 발생된다 하더라도

---

25) EC위원회, *The Perception pf Poverty in Europe*(Brussels, The Commission, 1977)

그 양은 전체 욕구 규모에 비해 매우 작으며,[26] 이 문제는 큰 결점은 아니며 빈곤선으로서 등급비율을 이용함에 있어 나타나는 하나의 오점이다.

빈곤선의 근본적인 문제점은 국가가 결정한 등급비율의 수준과 관련된 것인데, 이 문제는 이 방법을 사용하는 연구자들에게는 흔히 무시되어 왔다. 이 빈곤선은 피보호자들이 빈곤하게 살아야 하는지 빈곤하지 않게 살아야 하는지를 국가가 결정해 왔다는 문제를 완전히 회피하고 있다. 이 문제는 하나가 아닌 두 개의 등급비율이 개발됨에 따라 보다 깊에 검토되고 있다.[27] 기본등급은 1966년 이전의 국가부조 등급의 직접적인 후속물이다. 여러 해 동안 이 등급은 남성 육체노동자의 임금과 계속 관련되어 왔다.[28] 장기적 등급은 노인들에게 유용한 것이며 기본등급에 있어서 1년이 경과한 다른 신청자들(실업자는 제외)에게 유용한 것이다. 5장에서 설명하겠지만, 이러한 차이는 원래 환자와 노인 등의 몇몇 예외적 욕구를 충족시키려는 의도에서 나온 것이다. 그러나 1966년 이후 두 등급은 점차 분화 되었고, 1980년에는 장기등급은 기본등급 보다 27% 많았다.

2가지 국가 최저기준 간의 이러한 분화를 설명한 것은 빈곤 분석에 있어서 필수적이다. 어떤 유형의 사람들이 타인 보다 27% 많은 '욕구'를 갖고 있다는 주장을 뒷받침할 증거나 논리는 없다. 기본등급이 빈곤선이라고 설명할 수도 있다. 이 경우 국가는 피보험자들 중의 일부를 빈곤선 보다 잘 살게 해야 한다. 또 다른 설명으로서 기본등급은 항상 빈곤선 보다 낮으며 장기적 등급이 한 가족의 최저 욕구량을 더 잘 표현한다고 볼 수도 있다. 이 경우 장기적 등급은 실업자와 일시적 요구호자만 빈곤하게 남겨둔 채 피보호자들의 일부를 빈곤선 위로 끌어 올리려는 국가의 시책으로 파악될 수 있다. 다음에 제시되는 증거는 기본등급이 빈곤선 보다 낮음을 보여 준다.

(a) (보충급여의 기본등급의 전단계인) 국가부조가 1948년에 도입되었을 때

---

26) DHSS, *Social Security Statistics* 1977(HMSO,London, 1979)

27) 1966년부터 기본등급에 대한 '장기적 추가'가 있었으며, 1973년에 이것이 '장기적 등급'으로 정착되었다. 제 5장을 보라.

28) *Social Security Statistics, Ibid*

그 등급은 Rowntree의 1936년 연구와 연관되어 결정되었으나 그의 빈곤선보다는 의도적으로 낮게 설정되었다. 현재의 기본등급은 1948년에 비해 임금 보다 결코 높지 않다.

(b) 적절한 식사비에 대한 의학적 산출에 따르면 의복이나 다른 항목의 비용을 고려하지 않더라도 대부분의 아동에게는 그것 보다는 더 많은 지출이 필요하며,[29] 아동의 필요한 비용에 대한 한 연구는 그것이 불충분함을 지적하고 있다.[30]

(c) 보충급여위원회는 최근 기본등급은 요구호자들을 계속 빈곤하게 만든다고 주장하였다.[31]

(d) 상대적 박탈에 대한 Townsend의 연구는 기본등급에 가까운 생활을 하고 있는 사람들의 참여 부족을 명확히 지적한 바 있다.[32]

기본등급의 틀 내에는 4가지의 가능한 빈곤선이 있다. 가구주의 소득은 기본등급 '잠재적' 등급(즉 노인에게는 장기적 등급, 다른 사람에게는 기본등급), 실제적인 장기적 등급, 아동의 욕구에 맞춰 조정된 장기적 등급과 비교될 수 있다.[33]

표 1은 서로 다른 결과들을 보여 준다. 그러므로 본 연구를 위해 쓰일 빈곤선을 선택해야 한다. 현재의 증거를 볼 때 기본적인 보충 급여등급은 너무 낮아서 거부될 수도 있다. '잠재적' 등급과 실제적인 장기적 보충급여 등급은 모두 기본등급의 요소들을 보유하고 있으며 조정된 장기적인 등급에

---

29) Walker, C. L. and Church, M., 'Poverty by Administration: A Review of Supplementary Benefits, Nutrition and Scale Rates', *Journal of Human Nutrition,* Vol.32, No.1, 1978, 5~18

30) Piachaud, D., *The Cost of a Child : A modern Minimum*(Child Poverty Action Group, London, 1979)

31) 보충급여위원회, *Annual Reports* 1976, 1978(HMSO, London)

32) Townsend, Peter, *op. cit.*

33) 기본등급에서 생활하는 사람들의 빈곤에 대한 많은 증거들은 아동양육의 어려움을 보여 주고 있다. 그러나 장기적 등급이 도입되었을 때 그것은 성인에게만 적용되었으며 아동은 여전히 기본등급이 적용되었다. 아동의 욕구에 맞춰 조정된 장기적 등급은 아동의 기본등급을 기혼부부의 장기등급과 비슷한 수준으로 상승시켜 준다.

주목하는 것이 보다 적절하다. 이것은 Rowntree의 최저 소비 빈곤선(임금증가를 반영한 것)보다 4% 낮으며 Townsend의 상대적 박탈 빈곤선 보다 8% 낮음을 의미한다. 세가지 빈곤선은 서로가 매우 밀접하지만 특히 조정된 장기적 국가 최저수준이 가장 보수적이다.

<표 1> 보충급여 빈곤선의 연속적인 변수들에 따른 빈곤의 범위 : 1975년 영국의 가구수

(단위 : 천가구, %)

| | 이 수준보다 낮은 가구수 | 이 수준보다 낮은 가구의 비율 |
|---|---|---|
| 기본등급 | 880 | 4.4 |
| 잠재적 등급 | 2,220 | 11.1 |
| 실제적 장기적 등급 | 2,560 | 12.9 |
| 아동의 욕구를 반영한 장기적 등급 | 2,890 | 14.6 |

보충급여 등급이 개별적으로 결정된 빈곤선과 어떻게 관련되는지를 판단하는 근본적인 문제는 사용될 등급의 선택을 어렵게 만들었다. 또한, 향상이나 타락에 대한 측정도 필수적이다. 만약 그러한 등급비율이 빈곤선을 정의하는 데 쓰인다면, 그 상대적 가치를 개선시키려는 정부의 어떠한 노력도 빈곤을 증가시킬 것이다. 그리고 그 반대로 되기도 한다. 이것은 이론적으로 예측 가능하며 실세로노 관찰 가능하다. 그러나 등급비율은 시간에 따른 변화를 측정하는 수단으로는 매우 쓸모 없는 것이다. 유일한 해결책은 일정한 시기마다(조정된) 장기적 등급의 상대적 가치를 파악하는 것이며 그래서 그 상대적 가치에 관한 소득분배의 변화를 측정하는 것이다. 다음 장에서는 빈곤을 조정된 장기적 보충급여 등급의 측면에서 정의하였는데 최근의 변화에 대한 분석은 그러한 정의로 부터 나온 불평등 척도를 이용할 것이다.

빈곤에 대한 이러한 정의는 개인주택에 살지 않는 사람들에게는 적절하게 적용될 수 없다. 어떤 경우이든 비가구주의 소득에 관한 정부는 없으며 2장의 분석은 개인 주택에만 한정된다. 1971년의 인구조사에서 병원, 어린이의 집, 노인의 집, 교도소에 수용된 552,000명을 포함하여 시설수용자가 910,000명으로 밝혀졌는데,[34] 이들 대부분은 현금소득이 거의 없지만 적어도 현물 소득은 상당히 갖고 있었다. 무주택자에 대한 적절한 자료는 없지만 그 수는 수천명이며 거기에는 가장 가난한 빈민이 포함되어 있음은 의심의 여지가 없다.

34) 소득과 부의 분배에 관한 왕립위원회 *Report No.6, Lower Income*, Cmnd 7175,(HMSO, London, 1978)

# 제 14장 미국 빈곤정책의 실태와 효과

Isabel V. Sawhill*

## 1. 서 론

1960년대 중반 미국은 빈곤과의 전쟁에 착수했다. 그 전쟁의 전략가들은 빈곤을 정의 및 측정하는 데 주력하거나, 프로그램들을 기획하거나, 평가하고 성취된 진척 정도를 조사하기 위하여 경제학자와 다른 사회학자들에게 협력을 구했다. 그 결과 이에 대한 상당히 방대한 저술이 나오게 되었다. 1960년대 말경 일반 경제학 교재에 빈곤에 관한 장과 절들이 실리기 시작했으며, 현재 많은 학교에서 빈곤에 관한 전체 과정들을 가르치고 있다. 1966년에 설립된 위스콘신대학의 빈곤연구소는 빈곤에 관한 40권 이상의 저서와 800편 이상의 논문을 출간했다. R. Haveman(1987)은 빈곤전쟁이 빈곤연구에 미치는 영향을 검토하면서 투입량(연구경비)과 산출량(정기간행 논문)으로 보아 빈곤관계 연구는 1960년대 중반 이후 상당히 성장해 왔다고 결론짓고 있다.1)

그 동안 이러한 모든 양상들이 그 열기를 식히지 못하였다. 빈곤에 대한 논의는 보다 이념화 되었다. 보수주의자들은 빈곤정책이 실효를 거두고 있

---

* 이 글은 *Journal of Economic Literature*, Vol.XXVI에 실린 'Poverty in the U. S: Why is it so persistent?'를 번역한 것이다.

1) 그는 반빈곤정책에서의 R & D 지출은 1965년에는 3백만달러 미만이었으나 1980년에는 약 2억달러로 증가했으며, 주요한 경제학 저널에서 이 주제와 관련된 지면은 동 기간에 1%에서 4%로 증가했다고 추정했다.

다거나(Martin Anderson, 1984) 혹은 오히려 그것이 빈곤을 증가시켰다고(M. Anderson, 1978) 주장한다. 자유주의자들은 프로그램들이 대부분 성공적이었지만, 보다 많이 실시될 필요가 있다고 주장한다.(Sar Levitan, 1985) 빈곤의 개선에 대한 이러한 상반된 주장들을 어떻게 평가해야 하는가? 특히

첫째, 개선을 어떤 기준에 의하여 측정하는가? 즉 빈곤을 어떻게 정의하고 측정하는가?

둘째, 미국의 전체 인구 및 하위집단들 사이에서 빈곤율은 어느 정도 감소되었는가?

셋째, 이러한 개선의 이유는 무엇이며, 당초 예상했던 것보다 빈곤을 감소시키기가 더 어려운 이유는 무엇인가?

이 논문의 구성은 다음과 같다. 제 2절은 빈곤의 정의와 측정을 다루고 있다. 이것은 가장 중요한 것이다. 왜냐하면 우리가 변화를 측정하는 척도에 동의할 수 없는 한 무엇이 발생되는지 말할 수 없기 때문이다. 이러한 측정 문제를 검토하고서, 제 3절은 과거 수십년 동안 빈곤의 수준과 내용의 경향에 관한 가장 명백한 사실들을 검토한다. 그 자료에는 적어도 1960년대 중반 이후(그리고 현물이전의 증대를 무시한다면) 전체 인구에서의 빈곤율은 거의 감소되지 않은 것으로 나타났다. 이러한 부진한 개선을 설명하기 위하여 많은 가설들이 나타났다. 이들 중 주요한 것은 ① 인구학적 변화가 이러한 현상의 많은 부분을 설명해 준다. ② 거시경제는 불완전하게 시도되어 왔다. ③ 빈민들의 교육과 훈련에 대한 인간자본 투자는 불충분하거나 비효율적이거나, 또는 양자 모두이었다. ④ 소득이전이 빈곤 감소 효과를 상쇄시켜 온 빈민의 노동 및 그 가족행위는 소득 이전이 증대됨으로써 변화가 일어나게 되었다. ⑤ 도시지역에는 전통적인 방법으로는 해결할 수 없는 문제들을 지닌 하위계층이 증가하고 있다.

본 논문의 나머지 부분은 이러한 가설들에 관한 경험적인 증거를 다루고 있다. 제 4절은 인구통계학적 변화를, 제 5절은 경제적 실행을, 제 6절은 인간자본투자를, 제 7절은 소득이전을, 제 8절은 '하위계층'의 증가를 검토한다. 제 9절은 빈곤이 왜 그대로 지속되는가 라는 전반적인 질문으로 되돌

아 가고, 제 10절은 요약과 결론을 제시한다. 필자는 미국에서 빈곤이 지속하는 이유들을 평가하는 데에 초점을 두겠다. 왜냐하면 이러한 평가는 한편의 논문으로는 적절히 다룰 수 없는 분야인 빈곤에 관한 방대한 저술들을 분류하는 수단을 제공해 주기 때문이다. 본 논문이 비록 관점을 제시하기는 했지만, 많은 주요 주제들의 요점을 살펴 보는 것만으로도 이 글은 상당히 광범위하다.(그 대신에 독자들은 가장 적절한 저술을 참조할 것) 더욱이 전혀 다루지 않는 문제들도 많이 있다. 첫째, 다른 나라 보다 미국에 초점을 두고 있다. 비록 비교적 관점이 분명히 가치가 있을지라도 그것은 일을 대단히 복잡하게 만든다. 둘째, 필자는 2차 대전 이후의 시기 특히, 빈곤이 최초로 공식적으로 정의된 1960년대 중반 이후에 초점을 두고 있다. 이러한 선택은 자료의 입수 가능성 때문에, 그리고 이 시기에 시작된 주요한 탈빈곤 노력들을 평가하는 데에 관심을 갖고 있기 때문이다. 셋째, 조사는 주로 경험적인 방향에서 시도되었다. 그것은 적절한 조세 및 소득 이전에 대한 공공재정이나 공공선택 관련 문헌들은 검토하지 않으며 개인 혹은 사회전체로 하여금 이타주의적으로 행동하도록 동기화 시키는 요인들도 검토하지는 않는다.(이러한 주제에 관한 최근의 조사로는 A. B. Atkinson, 1987을 보라.) 또한 빈곤과 명백히 관련되어 있는 소득분배 이론이나 인간자본 및 소득결정요인에 관한 방대한 저술도 검토하지 않는다.(Gian Sahota, 1978, Jacob Mincer, 1970, Glen Cain 1976)

## 2. 정의 및 측정

빈곤에 관한 사실들을 연구하기 이전에 우리는 우선 정의에 대하여 의견을 일치시켜야 한다. 이것은 쉽고도 어려운 일이다. 쉬운 이유는 널리 활용되고 있는 공식적인 빈곤의 정의가 존재하고 있기 때문이며, 어려운 이유는 공식적인 정의가 단지 그 문제에 대한 많은 가능한 정의들 중의 하나일 뿐이며 다른 것에 비해 분명히 뛰어난 정의가 없기 때문이다. 이 절에서는 우선 공식적인 정의를 기술하고 대안적인 개념과 척도를 고찰하며, 정의 및 측정의 선택에 따른 빈곤율의 변화를 검토한다.

### 1) 공식적인 정의

빈곤의 공식적인 정의는 1965년 Mollie Orshansky가 사회보장청을 위해 개발한 것이다.(Orshansky, 1965) 빈곤선이나 가족 소득욕구는 일정한 규모의 가구가 영양상으로 적절한 식사(농무성의 소위 경제식품계획)를 하는 데 필요한 비용의 3배수를 토대로 하였다.[2] 그 배수는 평균적으로 3인 이상 가족이 납세후 소득의 35%를 식품비로 지출한다는 1955년의 조사에서 도출된 것이다. 따라서 여러 세대들을 위한 빈곤선은 빈민들의 경우에 소득 중에서 식품비가 차지하는 비율이 비빈민 보다 높아서는 안된다고 암묵적으로 가정하고 있다. 욕구의 수준이나 빈곤 시발점은 소비자 물가지수 CPI를 이용한 가격변동에 기초하여 그것들을 지표화 함으로써 다양하게 계측되고 있다.[3] 1986년의 경우 그 시발점은 독신노인은 5,255달러이고, 4인 가족은 11,203달러이며, 9인 가족은 전체 현금소득(납세전에 그리고 소득이전 후의 소득)이 그와 관련된 빈곤선 이하로 떨어진다면 그 가족구성원 모두는 빈민으로 간주된다. 1986년에 그러한 사람은 전 인구의 13.6%인 3,240만명이었다. 소위 빈곤격차, 즉 모든 빈민들을 빈곤선 위로 끌어 올리는데 필요한 추가소득의 합계는 1986년에 492억달러(GNP의 1.2%)였다.

### 2) 개념상의 문제들

공식적인 자료 및 이에 기초한 빈곤 논의는 수많은 논쟁의 주제가 되어 왔다. 이러한 논쟁은 빈민을 정의하고 그 수를 파악하는데 반드시 해결해야만 하는 어려운 개념상의 문제들을 거론하고 있다.[4] 이러한 문제에는 ① 욕

2) 크기가 적을수록 비경제적임을 감안하여 1인 및 2인 가구에는 약간 높은 배수를 사용하였다.

3) 1969년 이전 농무성이 제시한 경제식품계획의 1인당 비용 변동이 사용되었다. 그 이후로는 모든 상품과 서비스에 대하여 사용되어 왔다. J. Weicher(1987)는 빈곤율은 사용된 조정변수에 매우 민감함을 보여 주었다. 그는 CPI는 1970년대 후반에는 주거비용을 과다하게 잡았으나 이 부분에 대한 조정을 거친 후 1980년대는 빈곤율이 약 2% 정도 감소하였다고 지적했다.

구를 어떤 방법으로 정의할 것인가(절대적 또는 상대적 측면에서 그리고 가족의 규모 또는 환경의 변화에 따라), ② 그러한 욕구를 만족시키기 위해 유용하다고 생각되는 자원에 대한 조사에는 어떤 것이 포함되어야 하는가(예를 들면, 현물 이전 및 재산의 처리), ③ 적절한 소득분배 단위(예를 들면, 개인, 가구, 확대가족), ④ 소득 또는 소비를 측정하기 위한 적절한 산정기간(예를 들면, 1개월, 1년, 평생) 등이 포함된다.

이러한 4가지 차원의 문제들은 조세에 관한 문헌에서도 종종 논의된 것들인데, 두 분야 사이의 비교는 도움이 되는 점이 있다. 조세분야에서의 욕구는 납세능력이 없는 것으로 추정되는 면세 및 공제수준을 이용하여 측정된다. 빈곤선도 동일한 방법으로 정의할 수 있다. 즉 그것은 가족 규모에 따라서 뿐만 아니라 특별한 의료욕구, 생계비의 지역적 차이, 노동관련비용 및 그 밖의 요인들에 따라서 변동될 수 있다.[5] 마찬가지로 조세분야에 있어서 과세할 수 있는 소득에 대한 보다 포괄적인 정의에 관한 논의는(사용자가 제공하는 건강보험과 같은 현물이전을 포함하여) 흔히 볼 수 있는 것이며, 가족에 대한 과세 그리고 소득 및 소비의 변동사항에 대한 적절한 과세는 끊임없이 문제로 제기된다. 빈곤 분야에서 이러한 문제들에 대한 해결책을 찾는 방안에는 소득을 규정하고 이전 수급자격 또는 조세부담액을 책정하는데 있어서 빈민과 비빈민을 동등하게 취급하는 일관성이 요구된다. 물론 우리가 조세부과를 위한 경우 보다 전체 인구의 일반적인 경제적 복지를 위한 경우에 훨씬 덜 세련된 소득 척도를 채택하는 것처럼, 우리는 프로그램 적격여부를 결정하기 위해 이용하려는 경우 보다는 빈곤의 경향을 조사하기 위한 경우에는 덜 세련된 빈곤 척도를 사용할 수 있다. 실제로 대부분의 분야에서 처럼, 가장 많이 사용하는 최상의 개념이나 척도는 그 의도하는 목적에 달려

4) 이 글에서 논의는 미국의 빈곤논쟁에서 가장 주목을 받았던 주제에 집중한다. 그러나 다른 나라들도 비슷한 문제에 직면해 있으며 이 문제에 대하나 가장 훌륭한 이론연구들 중의 일부는 영국의 경제학자들, 특히, A.B. Atkinson과 Amartya Sen에 의해서 수행되었다는 점을 주목해야 한다.

5) 다른 방법으로서 이 항목들이 몇 개는 중간생산물로서 간주되거나 임금소득비용의 일부로서 총소득에서 제외시킬 수도 있다.

있는 것으로 밝혀졌다.

### (1) 욕구의 정의

빈곤은 절대적 또는 상대적 측면에서 정의할 수 있다. Orshansky 지표와 같은 절대적인 척도는 최소한의 생필품이라고 생각되는 재화와 서비스로 구성된 고정적인 마켓 바스켓이라는 아이디어에 기초하고 있다. 이러한 필수품을 구입할 능력이 없을 정도의 소득을 가진 모든 가구는 빈곤하다고 간주된다. 그러나 최저생계소득을 구성하는 것은 명백히 사회적으로 규정되며, 그러므로 문화의 시대에 따라 서로 다를 것이다.[6]

이러한 이유 때문에 몇몇 경제학자들은 빈곤 시발점이 단지 중간소득과 같은 일반적인 생활척도와 관련지어 정의될 수 있으며, 그러한 척도의 변화에 따라 지표화 되어야 한다고 주장한다. V. Fuchs가 최초로 제안한 바에 의하면 중간소득의 1/2 보다 적은 소득을 가진 모든 사람들은 빈곤하다고 규정된다.(Funchs, 1967) 1965년 미국의 공식적인 빈곤이 최초로 도입되었을 때, 그것은 4인 가족의 중간소득이 46%였고 1986년에는 32%로 떨어졌다.

실제로 상대적 빈곤에 대한 관심은 점차 소득분배에 대한 관심으로 전환되는 경향이 있다. 소득분배에 있어서 평등을 향한 현저한 변화가 없을 경우에 상대적 의미에서 빈민들은 항상 우리와 함께 존재할 것이다.[7] 이와 반대로 소득분배의 변화 없이도 절대적 빈곤에 대해서는 실질적인 개선이 가능하다. 경제성장이 전체적으로 분배를 향상시킴에 따라, 절대적 빈곤에는 어떤 일정한 소득수준 이하의 극히 일부 인구만 남게 될 것이다. 빈곤의 개선에 따라 그리고 공식적인 자료를 가지고 우리가 할 일을 생각해 보아야 한다. 최하층의 사람들은 과거 보다 덜 빈곤해 질 것이다. 그들의 건강, 주

---

6) 이 점은 적어도 아담 스미스 이후로 뚜렷해 졌는데 그는 "나는 생명의 유지에 필수적인 상품 뿐만 아니라 품위있는 사람이 관습상 없으면 체면이 손상되는 상품도 알고 있다"고 하였다.(1976, p.691)

7) 중간소득의 일정비율 이하의 소득을 갖는 사람을 빈민으로 규정하는 것과 인구중의 하위집단을 빈민으로 규정하는 것은 동일한 것이 아니다. 왜냐하면 이론상으로 전자는 없앨 수 있으나 후자는 없앨 수 없기 때문이다.

택 및 영양은 보다 좋아질 것이다. 더욱이 Robert Lampman이 주장한 것처럼, 만일 누구든 빈곤전쟁을 치르고자 한다면, 그는 소득 변동에 따라 목표를 수시로 재규정하기 보다는 상대적으로 고정된 목표를 얼마나 잘 충족시키는지를 추적하기를 원할 것이다.(Lampman, 1971) 결국 절대적 또는 상대적 빈곤 중 어느 것이 더욱 적절한 개념인가를 말하기란 어렵다. 여론조사에서, 4인 가족이 지역사회에서 살아가는 데 매주 필요로 하는 최소한 금액은 얼마인가라는 질문에 사람들은 그것이 평균 소득만큼 빨리 증가하지는 않았다고 대답한다. 이러한 응답은 일반 대중이 복합적인 개념으로 생각한다는 것을 시사하고 있다.(William Birdsall, 1984)

절대적으로 정의하든지 상대적으로 정의하든지 간에 빈곤을 측정함에 있어서 두 번째 중요한 문제는 욕구가 가족 규모, 구성, 지역 또는 다른 환경에 따라 어떻게 변화하는지를 결정하는 것이다.(소위 동등화 지수의 문제)[8] 이 문제는 가족규모와 구성에 따른 영양욕구의 변화에 관한 전문가의 판단을 기초를 한 공식적인 빈곤지표로 해결된다. 또 하나의 조금 더 객관적인 접근방법에는 소득 중에서 다양한 상품들에 대한 지출비가 차지하는 비율이 동일한 가족들은 모두 똑 같이 빈곤하다고 가정한다.(Harold Watts, 1967, Edward Lazear and Robert Michael 1980, Jacques van der Gaag and Eugene Smolensky 1982, Robert Pollak and Terence Wales, 1979) 이러한 접근방법은 가족규모(또는 다른 특성)에 따른 지출형태의 변화가 취향의 차이를 반영하기도 한다는 사실을 무시하는 경향이 있다. 대가족들은 그 규모가 크기 때문만이 아니라 자녀를 둔 경우에는 소득이 많은 부분을 야외 바비큐 파티에 지출하고 나이트 클럽에는 거의 지출하지 않을 것이기 때문에, 이들은 소득이 많은 부분을 식품이나 주택에 소비할 것이다. 더욱이 만일 아동들 스스로가 소비주체라면, 가족이 더 커지는 경우에 동일한 효용 수준을 유지하자면 더 많은 소득이 필요한지는 분명하지 않다. 따라서 가족규모나 다른 주위환경이 달라지더라도 빈곤 시발점을 적용시킬 수 있다. 완전히 만족스러운 방법

8) 동등화 지수에 관한 문헌들은 많다. 예를 들어, A. S. Danton & J. Muellbauer, 1980을 보라.

이 없다. 흥미있게도 그것을 주택 또는 교통수단의 경우 보다 규모의 경제가 더 줄어드는 식품지출에 기초하고 있기 때문에 공식적인 빈곤 시발점에 내재된 동등화 지수는 대부분의 가계조사연구가 제시하는 것 이상으로 가족 규모에 따라 욕구가 다양해 진다고 가정한다. 따라서 공식적인 자료는 빈곤한 핵가족의 수를 축소시키고 빈곤한 확대가족의 수를 과장시킬 수도 있다.

**(2)** 자원의 정의

어떤 욕구기준을 채택하든지, 우리는 다음으로 그 욕구가 충족되었는지 또는 어느 정도 충족되었는지를 판단하기 위해 자원의 유용성을 측정할 방법을 결정해야 한다. 그 가능성은 소비나 소득에 대한 조사를 포함하게 되는데, 이것은 넓게 정의될 수 있고 좁게 정의될 수도 있다. 이러한 척도는 빈곤한 사람들의 수를 조사할 간단한 여론조사를 하는 데 쓰이는 빈곤 시발점과 비교될 수 있다. 혹은 그것은 박탈정도에 대한 척도(소위 빈곤격차)를 얻기 위하여 그 분기점으로 부터 제외될 수 있다.

금전소득(과세전 소득)은 관습적인 척도이며, 인구통계국이 공식적인 빈곤 통계의 기초자료로 이용하고 있다. 그러나 최근 현물 이전이 증가하고 납세해야 하는 빈민들이 더 많아지고 자신의 처리 및 비시장 시간(nomarket time)의 가치와 같은 다른 곤란한 문제들이 점차 주위를 끌게 되면서, 금전소득을 척도로 삼는 것에 대해 많은 비판이 제기되고 있다. 주요 논쟁점은 비현금급여를(만일 있다면) 소득에 포함할 것인가 그리고 그것을 어떻게 평가해야 하는지에 관한 것이다. 1970년과 1986년 동안 식권, 의료부조, 주거비 보조 및 학교급식 등과 같이 자산조사를 거친 후 받는 비현금급여에 대한 직접적인 지출은 실제적으로 2배 이상 늘었다. 이러한 비용은 현재 빈민들에 대한 전체 원조의 거의 2/3에 이른다.(미국 인구통계국, 1987c) 이러한 발전에 비추어 현금소득만을 고찰한다는 것은 더 이상 의미가 없으며, 따라서 많은 연구들이 빈곤실태를 재조사하는 데 착수해야 한다는 것이 거론되고 있다.(Smolensky 외, 1977, Timothy Smeeding 1977, 1982a, 미국인구통계국, Morton Paglin 1980, 미국 의회예산국, 1977, 1985, William Hoaglans, 1982) 의회의 지시에 따라 인구통계국을 위해 실시 Smeeding의 연구는 통계국이 매년 출간한 일련의 대안적인 빈곤평가의 기초자료로 사용되고 있다.(미국인구통계국, 1987c) 그 결과 현재 10개의 모형이 있는데, 이것은 비현금급여를 소득에 포함시킬 것인가와 그들을 어떻게 평가할 것인가에 대한 서로 다른 선택방안들을 포함한 9가지 대안과 공식적인 것을 합한 것이다.

가장 포괄적인 척도(금전소득, 식품, 주택 및 시장가격으로 계산되지 않는 의료급여)로는 1986년에 전체 빈곤율이 1/3정도 감소되며, 따라서 빈곤율이 13.6%에 의해 산출하지 않고 수혜자들이 느끼는 가치에 따라 평가할 때, 빈곤율의 감소는 앞의 경우 보다 절반 이하로(13.6%에서 11.6%로) 줄어든다. 그 차이는 강제적인 소비와 관련된 유용성의 상실을 반영한 것이다.

어떤 현물이전을 소득에 포함시킬 것인가라는 문제에 있어서, 의료급여는 특히 다루기 힘들며 완전히 만족스런 해결책을 제시하기는 어렵다.(더 상세한 논의는 Smeeding과 Marilyn Moon, 1980을 보라) 실제로 받은 의료급여를 포함한다는 것은 다른 사항들이 동일하다면 건강이 더 나쁜 사람들의 생활수준이 더 높음을 의미한다. 실제 지출 대신에 보험가격을 이용한다면 어느 정도는 이러한 문제를 피할 수 있게 된다. 그러나 대부분의 사람들이 의료보험의 혜택을 받거나 무료 혹은 보조금이 지급되는 보호를 받기 때문에 그 급여의 가치에 대한 공정한 평가를 얻기는 어렵다. 비록 의료보험의 가치를 평가하는 것이 어려울지라도, 시간의 경과에 따른 그 적용범위의 확대 및 그에 따른 실제적인 급여를 무시하는 것 역시 어리석은 일일 것이다. 이러한 문제를 직면할 경우, 하나의 해결책은 의료보험의 적용범위에 포함되는 저소득층과 포함되지 않는 저소득층을 구분시킨 이중적인 빈곤척도를 고안하는 것이다.(Henry Aaron, 1985, Gary Burtless 근간)

물론 음식, 주택 및 의료서비스는 사람들이 소득이나 자원 유용성에 대한 적절한 척도내에 포함시키기를 원하는 소중한 재화와 서비스 목록의 첫 부분일 뿐이다. 예를 들면, 교육과 치안유지와 같은 공공재에 대한 접근 역시 중요하지만 이러한 급여를 소득에 포함시키는 데 따르는 실제적인 어려움은 의료서비스의 경우 보다 더 크다고 말할 수 있다.

현재 빈민들에 대한 현물급여 - 특히 총 규모가 매우 큰 의료급여- 를 처리하는 방법에 관한 합의는 없지만, 소득과 봉급세(payroll tax)를 합친 총소득이 과세전 소득보다 재화와 서비스를 측정하는 더 나은 척도라는 점은 대체로 인정되고 있다. 만약 移轉의 유용성이 경제적 복지를 증진시킨다면 납세의 필요성은 복지를 감소시킨다. 비록 많은 경제학자들이 이러한 사실들과 공식적인 빈곤모형을 조정하려고 시도했었지만(Seeding 1982a, Paglin 1980) 인구통계국은 과세전 소득을 계속 사용하고 있다. 전통적으로 개인소득세는 개인 면세와 기본 공제를 통하여 빈곤가족의 납세를 면제해 왔다. 그러나 실제적으로 빈곤선 보다 훨씬 낮은 소득수준에서 부터 과세하는 경우에 인플레이션이 이러한 적절한 면세와 공제의 가치를 부식하는 경우도 있었다. 더구나 봉급세의 증가는 많은 빈곤한 노동자 가족에게 악영향을 미치고 있다. 1975년 의회는 자녀가 있는 빈곤가족의 이러한 봉급세 부담을 상쇄시키기 위해 근로소득세 대부(Earned Income Tax Credit)를 법률로 규정하였다. 그러나 거기에 인플레이션에 대한 항목을 명시하지 않았기 때문에 10년후에는 무의미하게 되었다. 1984년에 빈곤선 수준의 소득을 가진 4인 가족이 납부한 소득세와 특별세는 전체 소득의 10.1%를 차지하였다. 이러한 현상은 1986년에 조세개혁법이 제정되어 1988년이면 2.2%로 떨어질 것으로 예상된다. 이 법은 빈곤가족의 연방소득세 및 봉급세 납부의무를 면제시키는 방법으로 기본공제, 개인면세, 근로소득세 대부를 조정하였다. 1985년의 경우 만약 소득을 연방세 납부 이후에 측정한다면 빈곤율은 1%가 더 높았을 것이다.(1987년 미국하원의 세입예산위원회 및 필자의 추정)

경제적 복지를 측정하는 데에 있어서 자산으르 어떻게 처리할 것인지의 문제가 여전히 남아 있다. 여러 가지 형태의 부로 부터 발생되는 소득은 공개된 지표에 포함되지만, 자가 주택 및 내구 소비재 등과 같은 잠재적인 것은 그렇지가 않다. 더구나 저축과 영업상의 손실까지 감안하여 매년 보고되는 소득보다 소비가 더 많을지도 모른다. 1983년의 소비자 가계조사에 기초한 빈민들의 재산소유에 관한 최근의 한 연구는 빈민의 31%는 자가주택을, 48%는 자가용을 소유하고 있으며 빈곤가족의 평균 총 재산이 3만달러라고 지적하고 있다. 즉 빈민들의 평균 소득이 비빈민 평균 소득의 17%이지만, 그들의 평균 총 재산은 빈민들의 28%이다.(Edward Wolff, 근간) 다른 연구도 유사한 결과를 제시하였다.(Robert Abery, Gregory Elliehausen 및 Gless Canner, 1984, 미국통계국, 1986a) 따라서 만일 소비(또는 잠재적 소비)가 소득보다 경제적 복지에 대한 더 좋은 척도라면, 이러한 자료는 보고된 소득자료를 이용했을 경우 보다 절대적 및 상대적 빈민이 더 적을 것이라는 것을 임시하고 있다. 빈곤 측정에 있어서 부를 포함시키는 하나의 방법은 가족의 경제적 지위를 연간 소득의 합계액과 1년 동안의 연금액으로 파악하는 것이다.(Burton Weisbrod와 Lee Hansen 1968) 이러한 조정은 노인들에게 상당히 큰 효과를 마치므로 빈곤을 조금 하락시킬 수 있다.(Weisbrod and Hansen 1968, Marilyn Moon 1977)

많은 논의 대상 중 최종적인 문제는 여가 및 비시장기간의 가치에 관한 것이다. 시장에서 일하는 시간과 직장이 선택변수이므로 사람들은 빈곤통계에서 저소득자들을 제외시키기를 원할 것이다. 왜냐하면 저소득자들은 스스로 능력이하로 일하기 때문이다.(Irwin Garfinkel과 Haveman 1977, Michael Hurd와 Pencavel 1981) 달리 말하자면, 동일한 금전소늑을 가지고 있는 가족이라고 해서 반드시 그 소득을 벌기 위해 동일한 노력을 기울이는 것은 아니다. 혹은 여가와 가사를 위해 남겨둔 시간이 동일한 것도 아니다.(Clair Vickery 1977) 예를 들면 노동에 종사하는 편부모 가족은 소득원이 1인인 부부가족과 비교해 보면 이러한 목적을 위해 갖는 시간은 상대적으로 적을 것이다. 그러나 만일 두 가족이 모두 동일한(크기가 조정된) 소득을 가진다면 우리는 그들을 동등하게 빈곤하거나 부유하다고 간주한다.

### (3) 적절한 수혜자 단위

소득이나 자원분배는 가족내에서 많이 이루어진다. 이러한 자원분배는 전통적으로 부양인구를 보호하는 사회의 주요 메카니즘이었다. 그리고 우리가 가족들(빈곤에 관한 공식적인 자료에서 사용되는 기초적인 단위) 중에 이러한 소득이전에 접근할 수 있는 사람들은 빈민으로 간주하지 않는 것은 아주 적절한 것처럼 보인다. 그러나 아래에서 더 상세히 논의되는 바와 같이 2차 대선 이후 가구구성에 큰 변화가 나타났는데, 이 변화는 적절한 소득을 가진 사람들(전형적으로 장년기 남성)과 소득이 없는 사람들(전형적으로 부녀자, 아동 및 고령자) 사이의 자원분배의 양을 축소 시켰고, 그래서 빈곤율이 증가하였다. 가구를 더 작게 분화시키게 된 것은 적어도 부분적으로는 자발적이었다. 여가와 같은 사생활 및 자율성은 보편적인 재화이다. 아마도 전보다 독신이나 핵가족이 많아진 오늘날의 빈민들은 이러한 이유 하나만으로 전보다 더 잘 살고 있다. 달리 표현한다면, 만일 우리가 그들의 보다 잘 사는 친척들의 소득에 대한 잠재적인 접근방법을 포함시킨다면, 그들은 빈민으로 간주되지는 않을 것이다. '사생활과 자율성'과 같은 무형의 요소들을 소득추정에 포함시키기 위해 그러한 생활상의 변화들에 맞춰 조정하는 것이 실질적인지는 증명되지 않았지만, 또한 그것들을 전혀 무시하는 것도 잘못된 것이다.

**(4) 기간의 산정**

소득과 소비의 흐름이 균일하지 않기 때문에, 영구적으로 만성적으로 빈곤한 사람들 보다는 일시적으로 빈곤을 겪는 사람들이 훨씬 더 많다. 예를 들면, 소득 역동의 모형연구 PSID에서 제시된 자료에 의하면 1969년와 1978년 사이의 10년 중에서 8년 동안 빈곤한 사람들은 전체 인구의 2.6%에 불과하지만 그 기간 중 1년 동안 빈곤한 사람들은 24.4%로 상대적으로 더 많다. 소득을 월별로 조사한 인구통계국의 소득 및 프로그램 참여조사 SIPP에 따르면 인구의 11%가 연간 소득의 빈곤선 이하이지만, 인구의 26%는 적어도 1개월 동안 빈곤했다는 것이다.(Robert Williams 1986, Patricia Ruggles and Williams 1986) 따라서 빈곤의 평가는 기간 산정에 따라 매우 민감하게 변한다. 오랫동안 계속 빈곤한 사람 보다는 짧은 기간 동안 일시적으로 빈곤을 경험하는 사람이 훨씬 많다. 이러한 사실이 현실화 됨으로써 빈곤의 지속성을 평가하는 데 많은 관심을 기울이게 되었는데, 이것은 Mary jo Mane과 David Ellwood(1986)의 최근 연구에서 논의된 주제이다. PSID자료를 이용하여

Bane과 Ellwood는 노인을 제외한 인구집단의 빈곤기간을 완전히 산출하기 위하여 빈곤시기와 비빈곤시기간의 변동을 검토한 바 있다. 1년을 기준으로 빈곤을 경험한 사람들 중에서 빈곤지속기간의 약 45%가 1년 이내였고, 70%는 3년 이내였다. 단지 13%만이 8년 이상이었다. 특정 기간 동안 빈곤한 사람들 중에서(장기적으로 빈곤한 많은 사람들도 포함) 지속기간 1년 이하가 11%, 3년 이하가 1/4, 8년 이상이 1/2였다.(Bene and Ellwood 1986) 이 마지막 부뷴을 인구통계국의 산출방식에 적용해 보면, 아마도 인구의 6% 내지 7%가 만성적으로 빈곤한 것으로 나타난다. 여기에서 '만성적'이라는 것은 8년 이상 동안 빈곤한 것을 말한다. Bane과 Ellwood는 우리가 일시적인 것과 만성적인 것의 범위를 이해하도록 도와 줄 뿐만 아니라, 사람들의 빈곤에 빠지거나 빈곤에서 벗어나게 되는 몇가지 이유를 정확하게 지적하고 있다. 비노령층 중에서 일정기간 빈곤을 겪는 것은 주로 세대주의 소득감소 때문이거나(38%) 이혼이나 자녀출생 또는 가구분리 때문이다.(43%) 비록 근로소득과 불로소득의 변화(예를 들면 이전)가 진입과정에서 보다 탈출구에서 상대적으로 더 중요한 역할을 수행할지라도 위와 유사한 사건들이 오히려 반대로 사람들을 빈곤에서 벗어나게 하는 원인이 된다.(Bene and Ellwood 1986)

빈곤하게 태어나 결코 헤어나지 못하는 사람들이 분명히 있다. 이와 같이 일생동안 빈곤한 것은 기존의 자료로는 증명할 수 없지만, 우리는 Bane과 Ellwood의 연구에서 영구적인 빈민들은 아마도 소수일 것으로 추리할 수 있다. 실제로 미국 인구내에서 상당한 세대간의 이동이 나타나고 있다는 것으로 보인다.(Otis Duncan, David Featherman, Beverly Duncan 1972, William Sewell과 Robert Hauser 1975, Paul Taubman 1978과 Haveman 1987) 저소득 가족의 아동들은 고소득 가족의 아동들 보다 성인이 될 때까지 빈곤을 지속하기 쉽다. 그러나 10대일 때 자신의 가족이 욕구에 비하여 소득이 낮은 사람들의 반 이상은 자신의 독립된 가족을 형성한 후 더 높은 수준이 된다.(Martha Hill 1985) 요약하자면 비록 다소 많은 인구가 확실히 인생의 대부분을 빈곤선에 근접한 상태로 지낸다 하더라도, 산정기간을 평생 동안으로 정한다면 아마도 매우 소수만이 빈곤한 것으로 나타날 것이다.

### 3) 측정문제

다양한 빈곤지표들을 작성하게 해주는 기초적인 조사자료에 관하여 언급하고자 한다. 하나의 문제는 이러한 가구 중심의 조사들이 여러 집단을 빠뜨리거나 과소 평가한다는 것이다. 개념상으로 이런 조사들은 집없는 사람이나 시설수용자들을 포함하지 않는다. 최근 미국에서 무주택자는 25만명에서부터 2백만명 이상까지 다양하게 추산되고 있다.(예를 들면, Richard Freeman과 Brian Hall 1987은 2백만명 이하로 추산하였다.) 더욱이 인구조사는 매우 가난한 소수 민족이나 기타 집단들의 규모를 과소 평가하는 경향이 있다.

이와 다른 측면에서의 또 다른 문제는 조사대상자들이 소득을 줄여서 표현한다는 것이다. 인구통계국은 다양한 소득유형에 대한 별개의 자료들과의 비교를 토대로 상주 인구조사 CPS에서는 전체 소득의 약 10%가 포착되지 않는다고 평가했다.

소득기록은 소득과 프로그램 참여조사 SIPP 및 소득역학 모형인구 PSID에서 더욱 완벽하게 나타난다고 생각된다. 따라서 이러한 조사에서는 CPS보다 빈곤율이 더 낮게 나타나는 경향이 있다. 측정에 관련된 이러한 문제들 때문에 빈곤 관련 자료들이 불완전한 채로 있는 한, 그에 따른 편견들은 많은 시간이 흘러도 변화될 것 같지 않다. 따라서 사람들은 어느 한 해 동안의 도표 보다는 추세의 측정에 더욱 확신을 가질 수 있다.

### 4) 요약 : 빈곤의 개념에 따른 빈곤율의 변화

빈곤이 보는 사람의 눈에 따라 다르며, 통계학자의 관점에 영향을 받는다는 사실은 이미 명백해졌다. Harold Watts(1986, p.52)가 기록한 것처럼, '우리의(공식적인) 척도는 어떤 자명한 원리 또는 전문가의 합의에 기초하지 않고 다소 임의적이며 뚜렷한 약점을 지닌 규정들을 단순히 수집해 놓은 것이다. 그 가장 현저한 특징은 그것이 일반 국민과 공공정책을 입안하거나 비평하는 사람들에 의하여 널리 그리고 지속적으로 수용된다는 점이다.'

<표 1> 개념의 차이에 따른 빈곤율(1984)

(단위 : %)

| | |
|---|---|
| 상대적 빈곤율 | 18.6 |
| 공식적 빈곤율(PS) | 14.4 |
| 공식적 빈곤율(SIPP) 연간 비율 | 11.0 |
| 12개월 동안 빈곤 | 5.9 |
| 몇 개월 동안 빈곤 | 26.2 |
| 비현금급여의 시장가치를 포함한 빈곤율 | 9.7 |

(비고) S. Danziger 1987, 미국 인구통계국 1987c, 1987d, Wollams 1986

표 1은 1984년의 빈곤율에 대한 여러 조사결과를 보여 준다. 그것은 최고 18.6%- 1960년대 중반에 확립된 상대적인 소득기준(중간소득의 46%)에 의한 것-에서 부터 5.9%- 공식적인 빈곤 시발점과 소득의 정의를 사용하여 1984년에 매달 빈곤했던 사람의 비율을 나타낸 것 - 까지 다양하다. 개념과 자료 출처의 순열과 조합은 다른 방식으로도 가능하다. 어떤 숫자를 선택하느냐 하는 것은 그 사람의 목적, 주관적인 선택 및 자료의 이용가능성 등의 문제이다. 대부분의 문헌들은 주로 공식적인 정의와 CPS에서 추출한 자료에 의존하고 있으며, 다음 절에서 필자도 이러한 관례를 따를 것이다.

## 3. 빈곤의 수준 및 구성의 추세

이 절은 빈곤의 범위와 구성의 추세에 관한 기본적인 사실을 다루고 있다. 절대적인 면에서 측정한다면 빈곤은 과거 20~25년 동안 감소해 왔지만, 1970년대 이후 그 개선은 다소 정체 되었다. 구성면에서는 빈민들은 예전보다 노인들이 줄어 들었고 친척이 없는 사람들이 많아졌다.

### 1) 수준

공식적인 자료에 의하면 빈곤율은 1960년에 22.2%에서 1986년에 13.6%로 떨어졌다.(그림 1)[9] 이러한 개선은 대부분 1960년대에 일어났다. 1969년까지 그 비율은 12.1%로 떨어졌다. 1970년대에는 계속 11~13% 사이에 머물

9) 이 절의 모든 도표는 가구나 가족 보다는 개인을 단위로 작성 되었다.

러 있었으며, 1980년대 초기에 다시 증가했다. 전체적으로 1986년의 빈곤은 1960년 보다는 상당히 낮고, 1960년대 중반과 거의 비슷하지만 1960년대 후반 보다는 더 높다. 만일 우리가 기존의 다소 덜 완전한 소득척도를 이용하여 더 오랜 기간을 분석한다면(왜냐하면 그것이 이용할 수 있는 전부이기 때문이다) 개선을 입증하는 증거를 더 많이 발견할 것이다. 예를 들면, 오늘날 공식적인 기준에 의하면 1939년에는 인구의 2/3 이상이 빈곤하였다.(Chistine Ross, Sheldon Danziger 및 Smolensky 1985)[10] 따라서 얼마나 개선되었는지를 결정짓는 것은 시기에 따라 매우 가변적이다. 또한 현물이전의 증대에 따라 공식적인 측정을 조정하는 것도 개선결과에 영향을 미칠 수 있다. 소득에 그러한 이전을 포함시키면 1965~1985년의 20년 동안 빈곤율은 약 30% 정도 감소하게(즉 16.8%에서 11.8%로) 된다.(Danziger, Haveman 및 Plotnick 1986, 미국인구통계 1987c) 이전을 제외한다면 같은 기간 동안 20%가(17.3%에서 14.0%로) 감소된다. 상대적인 면에서, 빈곤의 개선은 훨씬 더 불문명하다. 상대적 빈곤- 중간소득의 1/2 보다 소득이 적은 것을 말함- 은 1939년 이후 아주 조금 감소하였으며, 1965년 이후 실제로 증가하였다.(Chirstine Ross, Danziger 및 Smolensky 1985, Danzigar, Haveman 및 Plotnick 1986)[11] 빈곤의 추세에 관한 어떤 결론이든지 분명히 그 측정기간에 의해 영향을 받으며, 소득에 있어서 현물이전의 포함여부에 의해서도 다소 영향을 받을 것이다. 빈곤전쟁이 시작된 1960년대 중반 이후(공식적으로 규정된) 빈곤율의 변화에 초점을 맞춘다면, 그 결론은 단지 약간의 개선이 있었다는 것이다.

---

10) 이러한 평가는 10년 주기의 센서스 자료를 토대로 한 것이며, 소득만을 포함하고 있다. 따라서 공식적인 빈곤자료와는 비교할 수 없다.

11) 미국의 공식적인 빈곤선이 도입된 1965년에는 4인 가족의 빈곤선은 중간소득의 46%로 설정되었다. 만약에 상대적 빈곤선이 채택되었다면 빈곤율은 1965년과 1983년 사이에 17.3%에서 15.2%로 감소되기 보다는 17.3%에서 18.6%로 상승했을 것이다.

<그림 1> 공식적 빈곤율의 추세 1960~1986

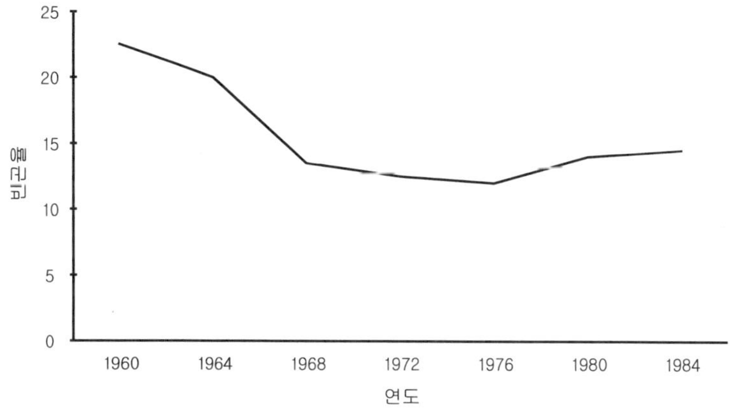


(출처) 미국 인구통계국, 1987d

### 2) 구성

표 2는 1960년 이후 특정한 연도의 여러 하위집단들의 빈곤율과 빈곤인구의 구성에 관한 자료이다. 노인의 빈곤율은 1959년 35.2%에서 1986년에 2.4%로 급격히 감소했다. 그 결과 현재 이 집단은 다른 빈곤인구 집단 보다 더 적다. 아동의 빈곤율도 역시 1959년 이후 감소했으나, 1986년에 21%로 다른 연령층보다 훨씬 높은 비율을 나타내고 있다.(1969년 이후 증가되어 왔다.) 장년층은 아동이나 노인 보다 빈곤율이 더 낮지만, 이들의 경우 빈민의 60%가 여성으로 구성되어 있다. 비록 성인 여성이 남성보다 빈곤하게 되기가 쉬울지라도 빈곤의 여성화란 말은 여성의 빈곤율을 가르키기 위한 것이 아니라, 여성세대주 가족에서 사는 인구의 빈곤율 증가를 말하는 것인데, 이 비율은 1959년에 18%에서 1986년에는 38%로 증가하였다. 빈곤율의 감소에도 불구하고 이 집단의 빈곤율은 증가되고 있는데, 이것은 전체 인구 중에서 여성세대주 가족이 증가되었기 때문이다.(Fuchs, 1986) 빈곤인구 중에 혈연이 없는 사람의 비율도 유사한 이유 때문에 13%에서 22%로 증가했다. 전형

적으로 이들은 자립을 시작한 젊은이거나 독신 노인이다. 백인은 1959년 이후 적어도 빈민의 2/3를 차지했고 빈민 중의 흑인의 비율은 조금만 증가하였다. 동시에 빈곤율을 늘 백인보다 흑인과 스페인인 사이에서 더 높았다.

<표 2> 빈곤인구의 특성과 특정 인구집단의 빈곤율

(단위 : %)

| | 인구분포 | | | | 빈곤율 | | | |
|---|---|---|---|---|---|---|---|---|
| | 1959 | 1969 | 1979 | 1986 | 1959 | 1969 | 1979 | 1986 |
| 연령 | | | | | | | | |
| 노인 | 13.9 | 19.8 | 14.1 | 10.7 | 35.2 | 25.3 | 15.2 | 12.4 |
| 성인 | 41.7 | 40.0 | 46.1 | 49.5 | 17.1 | 8.7 | 8.9 | 10.8 |
| 아동 | 44.4 | 40.1 | 39.8 | 27.3 | 14.0 | 16.4 | 16.4 | 20.5 |
| 가구주의 지위 | | | | | | | | |
| 여성가구주 가족 | 17.8 | 28.5 | 36.6 | 37.8 | 49.4 | 38.2 | 34.9 | 38.3 |
| 기타가구주 가족 | 69.8 | 50.9 | 41.1 | 40.5 | 18.2 | 7.4 | 6.3 | 7.3 |
| 혈연이 없는 개인 | 12.5 | 20.6 | 22.3 | 21.7 | 46.1 | 34.0 | 21.9 | 21.6 |
| 인종 | | | | | | | | |
| 백인 | 72.1 | 69.0 | 66.0 | 68.5 | 18.1 | 9.5 | 9.0 | 11.1 |
| 흑인 | 25.1 | 29.4 | 30.9 | 27.8 | 55.1 | 32.2 | 31.0 | 31.3 |
| 기타 | 2.7 | 1.6 | 3.1 | 3.7 | NA | NA | NA | NA |
| 스페인계 | NA | NA | 11.2 | 15.8 | NA | NA | 21.8 | 27.3 |
| 합 계 | 100.0 | 100.0 | 100.0 | 100.0 | 100.0 | 100.0 | 100.0 | 100.0 |

(출처) 상주인구조사자료, U.S. Bureau of Census(1987d, p.23) 및 필자의 계산

### 3) 빈곤의 지속성에 대한 설명

1970년대의 전체적인 빈곤율 감소의 실패 및 그에 따른 1980년대 초기의 상승은 빈곤전쟁에서 빈곤이 승리했음을 시사한다. 1980년대 중반의 소득빈곤은 1960년대 중반과 거의 같은 정도로 높다. 확실히 비현금 급여- 특히 의료서비스- 에 대한 접근을 소득에 포함시킬 경우 빈민들은 과거 보다 생활이 향상되었으나, 단지 현금소득만을 볼 때는 예상했던 것 보다 더 적게 개선되었다. 이와 같이 개선이 부족한 것에 대한 가능한 설명들이 많이 있는데, 필자는 이 논문의 나머지 부분에서 그 중의 5가지에 초점을 맞추겠다. 다음 절(제 4절)은 인구학적 변화가 빈곤을 증가시킨 정도에 대해서 간단히 고찰한다. 제 5절은 과거 20년 동안 빈곤을 감소시키기 어려웠던 것은

경제성장이 부실했기 때문이라는 가설을 검토한다. 제 6절은 빈민들이 빈곤을 벗어나지 못하는 이유를 파악하기 위하여 정부가 빈민의 인적 자본을 증가시키기 위해 기울인 노력들을 분석한다. 제 7절은 빈곤을 감소시키는 데 있어서 소득이전의 역할과 그것이 빈민들의 행동에 미치는 반대적인 피드백 효과를 검토한다. 그리고 제 8절은 대부분의 개입형태를 거부할 뿐만 아니라 최근 미국에서 '하위계층'의 성장의 원인이 되는 '빈곤문화'가 존재한다는 가설을 간단히 검토한다. 제 9절은 이러한 다양한 논제에 관한 문헌으로부터 유용한 증거를 수집하고 미국에서 빈곤이 왜 그대로 지속되는가라는 문제를 다시 검토한다.

이러한 주제들을 검토하기 이전에, 많은 문헌들이 나타나게 된 배경은 방법론적 문제에 관한 몇가지 평가가 선행되어야 한다. 극소수의 연구자들만이 소득발생과정에 관한 전체적으로 일관된 모델에 기초하여 상이한 변수들이 빈곤율에 미치는 효과를 분석하고 있다. 비록 경제학자들이 경험한 정보를 희생하면서 까지 이론에 너무 많은 시간을 투여한다고 종종 비판을 받지만(Wassily Leontief 1971) 소득분배 및 빈곤과 관련된 분야에서는 오히려 이것과 정반대라고 생각된다. 우리는 최하층의 수와 구성 및 소득에 관한 사실들에 관심이 집중되어 있을 뿐, 이러한 결과를 낳는 과정에 대해서는 많은 것을 알지 못한다.[12)]

산술적 의미에서도 빈곤율은 마찬가지로 복잡한 종속변수이다. 이러한 변수의 전반적인 동향은 가족소득 및 욕구변화의 분포에 의해 결정된다. 결국 가족의 소득은 노동공급결정(가구당 소득원의 수와 노동시간), 임금 베이스 및 불로소득 총액(재산소득, 정부 급여 및 사적 급여)에 의해 결정된다. 미시 모의실험 모형은 이러한 변수들(보통 하나의 정책변수)에서의 여러가지 변화들이 전체적으로 빈곤율에 미치는 효과를 추적하는 데 이용된다. 그리고 이러한

12) 이 과정을 모델화 하기 위한 2가지 흥미있는 시도에 대해서는 Alan Bilnder(1974)와 Baker(1981)의 7장을 보라. 소득분배가 정부 및 개인적 이전에 의해 조절되는 방식을 평가하기 위한 보다 상세하고 유용한 분석틀은 Lampman(1984)에서 찾아볼 수 있다. 소득분배를 이해하는 데에 있어서 경제학자들의 공론에 대한 일반적인 논평은 Alice Rivlin's Richard t. Elylecture(1975)를 보라.

접근방법은 빈곤율을 나타내는 데 많이 쓰인다. 그러나 이러한 모형의 대부분은 실행적인 내용이 거의 없는 일련의 정적인 계산등식과 프로그램 규칙이다.[13] 물론 실행상의 어려운 문제들은 때때로 미시경제학 이론과 계량경제학의 기술을 사용하거나 실험적인 기술을 이용하면서 언급되어 왔다. 다른 관련성들은 비논리적인 모형들 또는 기술들을 이용하여 평가되고 있는데 이것들은 하나의 변수와 또 다른 변수간에 상호관련성이 있다는 것, 또는 어떤 특수한 거시적 시계열은 기계적으로 둘 또는 그 이상의 구성요소로 분화될 수 있다는 것 이상으로는 거의 확립되지 않은 기초적인 미시경제학적인 연구가 세밀하게 실행되었을 때 조차도 탄력성의 범위는 넓으며, 여러 평가들 사이의 선택(즉 소득이전이 가족구성에 미치는 영향이나 교육이 소득에 미치는 영향)과 일관된 미시적 분석틀 내에서 단편적 연구들을 통합시키는 것은 앞으로 완수해야 될 과업이다.

아래에서 검토된 연구가 이러한 절실한 요구와 일치되지 않을 경우에는 간략하게 다룰 것이다. 이러한 불일치 중의 일부는 검토가 이루어 지는 과정에서 명백해 질 것이며, 제 9절에서 필자는 더욱 일반적인 문제로 되돌아가겠다. 즉, 여러 문헌으로 부터 다양한 사실들을 수집하거나 이 절에서 제기된 근본적인 의문들을 해결할 수 있는 일반적인 이론적 준거틀의 부족이라는 문제로 되돌아 갈 것이다.

## 4. 인구통계학적 변화와 빈곤

우리가 아는 바와 같이, 제 2차 대전 이후의 인구통계학적인 변화는 장년 남성 세대주가구의 비율에 비하여 여성과 혈연이 없는 사람이 세대주로 하는 가구의 비율이 증가되었다는 점이다. 이들은 빈곤에 가장 민감한 집단들이기 때문에, 이러한 인구통계학적인 변화는 전체적인 빈곤율을 증가시켰

13) 예외들도 있는데, 예를 들면 Guy Orcutt; Steven Caldwell, Richard Weatheimer Ⅱ (1976)이 고안한 DYNAMISM 모델이 있다. 미시 모의실험 모델 및 이것에 의해 조사와 정책형성이 이루어지는 방법에 대한 검토는 Haveman(1987)을 보라.

다. 많은 저자들은 초기부터 인구통계학적 중요성을 감안하여 빈곤율을 재계산함으로써 이러한 가족구성의 변화가 빈곤율에 미치는 효과를 측정하려고 시도했다.(Ross, Danziger 및 Smolensky 1985, Peter Gottshalk와 Danziger 1984, Gordon Green과 Edward Welniak 1982) 어떤 표준화 절차를 지니고 있다면, 연구자는 채택된 인구통계학적 범주와 분석기간에 따라 서로 다른 다양한 대답을 얻을 수 있다. 더구나 이들이 사용한 기술로는 무엇이 인구통계학적 변화를 야기시켰는가 그리고 상대적으로 그 수가 증가한 집단들의 임금베이스를 하락시킴으로써 이러한 변화가 집단별 빈곤율에 영향을 미치고 있는지의 여부 등에 대해서 알 수 없다. 그럼에도 불구하고 이러한 계산의 결과는 빈곤의 지속을 설명하는 데 인구변동이 얼마나 중요한 지를 대강이나마 알게 해 준다.

일반적인 결과로서 인구통계학적 변화는 1950년대 이후 전체적인 빈곤율을 상승시켰으며, 70년대에는 여성세대주 가족의 급속한 증가 때문에 이 변화가 미치는 영향은 더 커졌다. 만일 1980년의 세대주의 연령, 인종 및 성별 구성이 1950년의 경우와 같았다면, 10년 주기별 인구조사자료에 의하면 빈곤율이 1980년 말경 23% 정도 하락했을 것이다. 이러한 변화를 평균적으로 빈곤율을 10년에 약 1% 또는 매년 0.1%씩 증가시켜 왔다.[14] 그림 2는 1967년 이후 인구통계학적 변화가 빈곤율에 미치는 효과를 보여 주는 것인데, 이것은 또 다른 자료 CPS와 인구통계학적 범주체계(노인세대주, 자녀를 둔 장년 남성세대주 및 여성세대주, 기타 세대주)를 이용하여 작성한 것이다. 여기에서 1967년 이후 인구상의 변화가 없는 가운데 빈곤율이 1985년에 1.3%정도 하락된 것으로 나타났다. 실제적으로 이러한 효과는 모두 자녀를 둔 여성세대주 가족의 증가에 기인한다.

비록 인구통계학적 변화가 빈곤율에 미치는 효과에 대한 이러한 평가가 매우 기계적이라 할지라도, 그것은 여러 가지 이유에서 가치가 있다.

첫째, 그것은 빈곤을 이해함에 있어서 생활시설의 중요성을 강조하고 있

14) 이것은 Ross, Danziger, Smolensky(1985)에서 제기된 것이지만, Gottschalk & Danziger 1984도 유사한 결과를 제시한다.

으며, 이러한 선택에 영향을 미치는 요소들에 대한 이론적이고 실험적인 연구를 싹트게 해 준다. 다음의 7장에서 이러한 연구들을 살펴 보겠다. 둘째, 그것은 빈곤에 대하여 다양한 견해를 갖게 해 주는데 이런 견해는 저소득의 주된 이유가 모든 집단에 동일한 것으로 가정하지는 않는다. 예를 들면 노인의 빈곤은 노동시장의 상황에는 거의 영향을 받지 않고, 사회보장과 같은 소득이전에는 아주 민간하다. 따라서 빈곤의 구조적인 모형은 다른 집단의 소득에 영향을 미치는 다양한 기초적인 과정들을 반영한 인구의 구분에서 시작해야 한다.

<그림 2> 인구통계학적 변화가 공식적 빈곤율의 추세에 미치는 효과

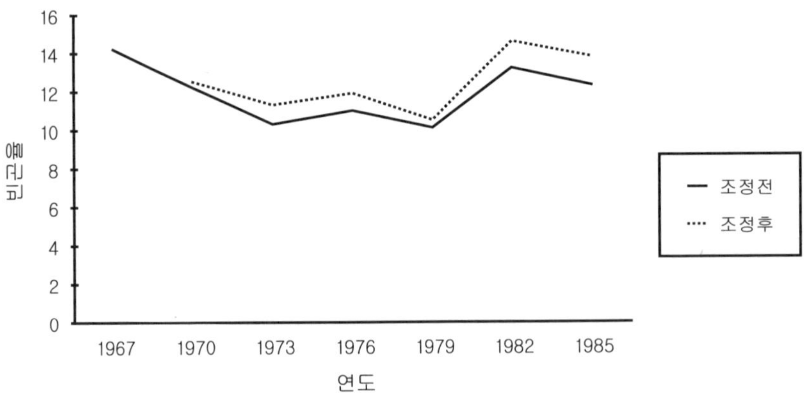


(출처) Ross 1985(revised by Slotsve 1987)

## 5. 경제적 성취

비록 빈곤전쟁의 전략가들이 경제성장과 낮은 수준의 실업이 빈민들의 소득을 증가시킬 것이라고 기대했을 지라도, 그들 역시 그 문제가 본질적으로 구조적이라고 생각하였다. 즉 그것은 번영만으로는 치유할 수 없는 낮은 교육수준, 건강, 인종차별, 가정불화 및 기타 요소들과 관련되어 있다고 생각했다. 그러나 처음부터 경제성장이 빈민들의 소득을 증대시키기 위한 전쟁에서 가장 강력하고 유일한 무기라고 주장하는 사람들도 있으며(Lowell Gallaway 1965) 성장의 혜택이 빈민들에게 어느 정도 제공되었는지에 관해서는 계속 논의되고 있다. 가장 최근에는 David Ellwood와 Lawrence Summers(1986)가 '경제성장이 빈곤율의 주된 결정요인'이라고 주장한 바 있다.(p.79)

경제성장이 큰 효과가 있다고 생각하는 데는 충분한 이유가 있다. 빈민들에게도 임금은 소득의 주요한 원천이다. 모든 빈곤가족의 거의 1/2 그리고 비노인 빈민들의 2/3가 1980년에 약간의 임금소득이 있었다.(미국 인구조사국 1982) 그리고 빈곤이 절대적 용어로 정의된 한, 1960년대 후반 이후에 발생한 것과 같은 실질소득상의 약간의 변화들은 시간의 흐름에 따라 소득분배가 변동할 때에 빈곤율을 하락시키는 원인이 되고 있다.15) 이러한 중요성에 비추어 노동에 종사하는 인구중에서 이전전 빈곤율(즉 현금급여를 받기 전에 측정된 빈곤)이 1970년대 또는 1960년대 후반의 어느 때 보다도 1985년에 더 높았다는 것은 놀랍게 보일 수도 있다.(그림 3) 더구나 앞절에서 논의된 인구통계학적 변화가 이러한 결과를 초래하지 않는다는 것을 시사하고 있다면, 남성세대주 가족의 경향은 모든 노인가족의 경향과 기의 비슷할 정도로 강력하다. 그림 3의 자료를 설명하기 위하여, 우선 경기순환에 있어서 소득변동이 갖는 효과로 부터 평균소득의 꾸준한 성장이 갖는 효과를 구별해야 하며, 두가지가 개별적으로 발생되는 것처럼 보이는 임금소득의 분배효과를 분류해야만 한다. 지금부터 이들 각자의 관계에 관련된 증거를 검토하겠다.

### 1) 경제성장

이 논제에 관한 많은 문헌들(William Henry, Locke Anderson 1964 : Gallaway 1965: Aaron 1967: Lewis Perl, Loren Solnick 1971; James Thornton, Richard Agnello, Charles Link 1978; Barry Hirsch 1980)은 전체 인구 또는 다양한 하위집단들이 빈곤율을 GNP의 성장률, 몇가지 이전 수단들 및 주기적인 지표와 연결시키기 위해 시계열 회귀분석(time series regression)을 이용하였다. 이러한 회귀분석

15) 실제로 중간가족소득은 1967년에 25,560불이었고, 1985년에 27,735불이었다.

은 경제성장이 백인이나 남성세대주 가족의 빈곤율에는 중요한 영향을 미치나, 노인이나 여성세대주 가족에게는 그렇지 않다는 것을 보여 준다. 그러나, 그 결과는 이러한 회귀분석이 이해관계의 독립변수들에 관한 일련의 교정된 계수를 산출하지 못하기 때문에 다소 확실하지 못하고 만족스럽지 못하다.

<그림 3> 비노인 가구원들에 있어서 소득이전 전의 빈곤율 추이

(비고) Ross 1985(revised by Slotsve 1987)

이런 문제 때문에 Gottshalk와 Danziger(1984)는 소득분배 규모를 설명하기 위해서 수학적 함수를 이용하여 빈곤율의 경향을 분석하는 것이 포함된 대안적인 접근방법을 제시하고 있다.[16] 그들은 지속적인 성장이 비곤을 감소시키는 중요한 요소이지만 그 효과는 상대적으로 적으며, 그래서 다른 요소들에 의해 쉽게 침식된다는 것을 깨달았다. 이러한 요소들 중에 2가지, 즉

16) 특히 그들의 방법론은 빈곤율의 변동을 평균 시장소득, 평균 이전소득, 그리고 불평등의 변동에 따른 것으로 분해한다. 이것은 대체된 표준분산에 의해 소득분포를 표현함으로써 그리고 시장 및 이전소득의 분배형태와 위치에서의 변동에 따른 하위층의 비율 변화들간에 관계를 분석함으로써 완성된다. 그리고 시장소득의 증가효과를 검토하기 위해 시뮬레이션이 사용된다.

주기적 조건과 대규모의 임금소득 불평등은 더 폭넓게 논의할 가치가 있다.

### 2) 순환적 효과

경기후퇴가 빈민들에게는 큰 영향을 미치며 소득분배를 확대시킨다는 상당히 강력하고 일관된 증거가 존재한다.(Charles Metcalf 1969, Lester Thurow 1970, Thad Mier 1973, Edward Gramlich 1974, Charles Beach 1977, Blinder & Howard Esaki 1978, Gramlich and Deborah Laren 1987 등이며 이것은 Rebecca Blank and Blinder 1986에 요약되어 있음) 수요의 감소는 실업증가 뿐만 아니라 가족소득에 악영향을 미치는 모든 것, 즉 노동시간의 감소, 노동력 참여의 저하 및 실질임금의 증가 둔화를 발생시킨다. 전체적 자료와 미시적 자료를 모두 이용한 연구조사에 의하면 이러한 영향이 여러 소득집단들에 고르게 미치지 않는다고 한다. 예를 들면, Gramlich와 Laren(1984)은 PSID로 부터 미시적 자료를 이용하여, 전체 실업률이 상승할 때 빈곤가족의 노동사 세대주가 겪는 상대적인 소득상실은 중간소득가족(가족은 그들의 장기적인 평가소득에 의해 분류된다)이 겪는 것의 약 3배 라는 사실을 발견하였다. 그리고 Blank와 Blindr(1986)는 집합적 시계열 회귀를 이용하여 중간소득 이전 및 인플레율을 배제한 상태에서 장년남성의 실업률이 1% 증가하면, 빈곤은 0.7% 증가한다는 사실을 발견하였다. 따라서 경제성장에도 불구하고, 실업율이 평균 8.2%였던 1980년대 초반의 빈곤은 실업이 평균 3.7%였던 1960년대 후반 만큼이나 높았다는 것은 크게 놀랄 일이 아니다.

인플레이션에 대한 걱정 때문에 정책결정자들이 실업율을 낮추기 위한 점진적인 조치를 취할수 없지만, 위기적 경제는 탈빈곤 전략으로써 그것을 권고하고 있다. 확실히 인플레이션은 부유층이나 빈곤층에게 똑같이 고통을 주지만, 부유층에게 더 많은 손상을 입히며 그것이 빈민들에게 입히는 손해는 실업의 효과와 비교하여 적은 편이다.(Joseph Minarick 1979, John Palmer 1973, Blinder 1986) 물론 일부의 제안자들은 위기적 경제의 추진으로 빈곤이 감소되더라도 그것은 아주 일시적이며 오히려 지속적으로 더 높은 인플레이션을 초래할 위험이 있다고 주장한다.

### 3) 불평등

주기적인 조건과 더불어 빈곤율에 영향을 미치는 또 다른 요소는 임금소득의 분배경향이다. 경제성장은 만일 그것이 평균 수준에서 임금소득을 분산시켜 놓았다면 빈곤의 감소를 유도할 필요는 없다. 그리고 모든 증거는 이러한 현상들이 발생되고 있음을 보여준다. 연봉과 주급의 불평등은 수십 년 동안 심화되어 왔다.(Beneett Harrison, Chris Tilly, Barry Bluestone 1986, W. Norton Grubb and Roberter Wilson 1987, Danziger and Gottschalk 1986, Martine Dooley and Gottschalk 1984, 1985, Plotnick 1982, Peter Henle and Paul Ryscavage 1980) 1950년대부터 1970년대 중반까지의 전체적인 소득 분배에서 흔히 나타나는 일관성은(소득이전의 평등화 효과에 의해서 완화되었던) 임금소득의 불평등이 증대된 데 따른 총체적 결과로 보여진다.(Joseph Pechman 1985, Blinder 1980, Morgan Reynolds and Smolensky 1977) 또한 1970년대 중반 이후 소득불평등도 심화되고 있다.

지난 20년 동안 소득불평등의 증가에 대한 일반적인 설명은 인구통계학적 변화(베이비붐과 여성노동력의 증가), 비주기적 요인(실업률의 상승경향), 산업 및 직업구조의 변화(열악한 직업의 증가)를 포함하고 있다. 그러나 이러한 모든 가정들은 검증되어 왔으며 부족한 면이 발견되고 있다. 비록 이러한 몇 가지 변수들이 중요한 역할을 했다 하더라도 불평등은 거의 모든 인구통계학적 집단과 직업 및 산업분야에서 심화되어 왔다. 그 경향은 시간제 노동의 증가를 반영하는 포괄적인 지표에서 뿐만 아니라 전임노동자의 주급에서도 나타난다. 따라서 지금까지의 연구 중 어느 것이든 비판을 받게 될테지만, 그 결과는 인상적이다. 서로 다른 자료원, 기간, 불평등의 지표 및 설명변수를 이용해서 그들 모두가 소득분배에서 무엇인가 중요한 것이 발생되고 있으며, 가장 확실한 설명이라 하더라도 기껏해야 부분적으로 밖에 인정받지 못할 것임을 알고 있다. 그 비밀을 풀자면 더 많은 연구가 필요할 것이다.

<표 3> 소득불평등 관련문헌에 제시된 주요 결과들

| 연구자 | 자료 | 종속변수 | 기간 | 불평등지표 | 방법 | 주요결과 |
|---|---|---|---|---|---|---|
| Grubb and Wilsin (1987) | Census | 모든 노동자의 연봉 | 1960~1980 | theil's T=351<br>1960년의 .361<br>1970년의 .374<br>1980년의 .392 | 직위별 영향, 집단내 불평등과 집단간 불평등에서 T의 분해 | 1.인종,성,지역변수는 불평등을 확대시키지 않으며, 부분적 변동은 확대시킴<br>2. 불평등은 거의 모든 부문에서 증가한다. |
| Dooley and Gottschalk (1985) | CPS | 주요 연령층의 연간 및 주간 임금소득 | 1967~1978 | 저소득 출발점(주간) 이하 비율<br>=1967년의 13.5<br>1978년의 15.2 | 로짓분석에 의한 교육, 경험주기, coho 크기 등에 기초한 저소득의 추계확율 | 1. Cohort크기는 주산 소득에 영향을 줌<br>2.실업은 연간소득에 영향을 줌<br>3.각 변수들은 일정 부분 설명하지 못함 |
| Harrison, Tilly, amd Bluestone (1986) | CPS | 모든 노동자의 연봉 | 1963~1983 | 소득 불일치 | 회귀분석에 의한 실업, 노동분담의 영향에 대한 계산 | 1.모든 하위집단들의 불평등 증가를 검토<br>2.세 변수를 통제한 후에 추세기 유지됨 |
| Patrick Mcmehon and John Tschetter (1986) | CPS | 전임노동자의 주간 임금소득 | 1973~1985 | a) 주간 중간소득의 고용분포(소득접근법) 또는<br>b) 1985년 직업서열에 따른 직업별 임금수준(직업접근법) | 직업구성의 변화에 대한 표준화 | 1.저임금 직종에서는 취업률이 감소<br>2.저임금 직업에서는 취업률이 증가<br>3.위 사항들의 조합, 직송 내에서 임금소득의 분배는 하향하고 있음. |

### 4) 결 론

본 절에서 언급한 보다 큰 문제들을 되돌아 보면, 전체적으로 최상의 결론은 다음과 같다. 경제성장은 다른 변수들이 통제된다면 비노인들의 빈곤을(약간) 감소시킨다. 그러나, 다른 변수들이 경제성장의 효과를 상쇄시켜 왔다. 이러한 변수 중의 하나가 실업율이다. 빈곤율은 실업수준에 극히 민감하며 그것은 최근에 상향 추세를 보이고 있다. 또 하나의 중대한 변수는 불평등인데, 과거 수십년 동안 소득불평등의 증가는 경제성장이나 다른 요인들이 빈곤율을 감소시켰을 때에 조차도 빈곤율을 상승시켜 왔다. 일단 사람들이 이러한 사실들을 알게 된다면 그림 3에 제시된 결과는 더 이상 신비로운 것이 아닐 것이다.

동시에 기존의 조사는 위의 결론 이상으로 우리에게 분명한 구도를 제시하지 못한다는 점이 강조되어야 한다. 첫째, 주기적 효과로부터 연속적인 것을 분류해 내기 위해 사용된 시계열 회귀는 확실한 결과를 제시하지 못했다. 변수들 사이에는 상당한 공통성이 존재하며, Gottschalk와 Danziger(1984)가 제시한 바와 같이 함수의 형태나 내용상의 미세한 변화는 서로 다른 결론을 낳을 수 있다. 둘째, 이러한 문제들을 극복하기 위한 시도 속에서 그들의 연구는 단순히 어떤 하나의 문제를 다른 또 하나의 문제로 변형시켜 놓았다. 그 연구에 따르면 빈곤이 감소되지 않는 하나의 이유는 소득분배가 더욱 불평등하기 때문이라고 하는데, 그러나 우리는 왜 소득분배가 불평등하게 되는지를 알지 못한다. 그들의 분석에서 불평등의 증가에 기인한 빈곤의 증가는 그들의 방법론에서 제시되었듯이 일종의 보완적인 것이거나, Moses Abramovitz의 말처럼 '우리의 무지에 대한 척도'이다. 대체로 여기에서 검토한 문헌에 대한 필자의 소감은 가장 확실하고 명백한 사실은 빈곤율이 실업율에 매우 민감하다는 것이다. 이것은 그림 3의 인과적 설명에 의해 뒷받침된다.

## 6. 교육, 훈련 및 기타 인간자본 투자

빈곤전쟁의 주요 목적은 빈곤을 단순히 완화 하는 것이 아니라 퇴치하는 것이며 구호품을 제공하는 것이 아니라 인도하는 것이다. 미국 경제자문위원회의 1964년 보고서에 있는 다음과 같은 기록을 보자.

> 빈곤퇴치는 우리들의 힘으로 가능하다. 모든 빈곤가족들이 우리가 부끄럽지 않는 생활을 영위하기 위한 최저수준이라고 인정한 3천 달러의 소득을 가질 수 있도록 매년 110억 달러가 제공된다. 대부분의 국민들은 보다 덜 행복한 시민들에게 필수적인 소득보조를 제공하기에 충분할 정도로 세금을 납부할 수 있다. 그러나 이러한 해결책은 빈곤의 근원에는 거의 접근하지 못한다. 미국인들은 자신의 노력과 기여로

미국인 표준생활을 확보하고 싶어한다. 더 힘들겠지만, 빈민들로 하여금 추가적으로 110억 달러를 벌게 하는 것이 훨씬 좋을 것이다.(p.77)

이 보고서의 끝에서 위원회는 교육과 훈련의 기회를 확대하고 국민건강을 향상시킬 것을 권고했다. 이 위원회의 경제학자들은 생산성과 소득의 차이에 대한 주요한 설명으로서 1950년대와 1960년대에 나타난 인간자본이론에 확실히 영향을 받았다. 이 이론은 학술지에서 논의되고 정교화 됨과 동시에, Head Start(1965), 초등 및 중등교육법(1965), 기초교육기회(1972), 지역사회청년회(1964), 직업공단(1964), 인력개발 및 훈련법(1962), 지역사회건강센터(1966) 및 Medicaid(1966)와 같은 프로그램의 일부로서 실제분야에서 시험되었다. 이러한 법인들이 실질적인 수정을 거치고 여러 해에 걸쳐 예산이 증감되는 동안 이 법안들은 비록 예산이 줄기도 하고, 명칭이 바뀌기는 했지만 그 대부분은 오늘날 까지 존속되고 있다.(예를 들면, Pell 보조금은 기초 교육기회 보조금을 대체하였고 직업훈련 참여법은 종합고용 및 훈련법으로 대체 되었는데, 이것은 초기의 인력개발 및 훈련과 기타의 인력 프로그램을 대체한 것이었다.) 전체적으로 연방정부는 1963년에서 1985년 사이에 교육과 훈련 프로그램에 대략 2,820억 달러(1986년의 가치)를 지출했다.(Gary Burtless 1986a, p.35)[17] 만일 건강프로그램을 포함시킨다면 그 규모는 더 커질 것이다. Medicaid에 대한 지출만 보더라도 1966년에서 1985년 사이의 합계가 약 4,690억 달러(1986년의 가치)였다.

### 1) 전체적인 결과

대체로 위의 프로그램들은 빈민들의 생산성과 소득을 증대시키기 위한 것이었다. 그런데도 우리가 본 바와 같이 이전전 빈곤(pretransfer poverty)이 지속되고 있을 뿐만 아니라 소득분배가 증대되기는 했지만 불평등은 감소되지

---

17) 이 그림은 취학전에서부터 대학까지 경제적으로 불이익을 받는 학생들을 대상으로 한 교육프로그램에 대한 지출과 직업훈련 및 취업에 대한 지출도 포함하고 있다. 여기에서 이들을 대상으로 하지 않는 보증이 필요한 장학금 대출이나 공공취업 프로그램은 포함되지 않는다.

않았다. 따라서 현재의 증거로는 이러한 프로그램들이 실패했다고 보여진다. 물론 그러한 증거들만으로 공정한 검증이 이루어 지는 것은 아니다. 그 프로그램들은 성공했지만 효과는 앞에서 논의한 인구통계학적 경향 또는 실업율의 상승과 같은 요인들에 의하셔 은폐되었을 가능성도 매우 높다. 실제로 만약 빈곤율이 1967년 이후 발생된 인구통계학적 변화와 실업률의 상승에 따라 조정된다면, 조정된 비율은 하향 추세를 보일 것이다.[18] 또하나의 가능성은 예산투자가 너무 적기 때문에 많은 차이를 초래하지 못했다는 것이다. 문헌에 종종 나타나는 주장은 비록 모든 프로그램이 효과적이었을지라도(손익율이 1%를 넘었을지라도) 총 지출은 빈곤율에 뚜렷한 영향을 미칠 만큼 충분하지 못했다. 하나의 실증적인 산출을 해보면 이러한 주장느 그 근거가 불확실함을 알 수 있다. 교육과 훈련에 투자한 2,820억 달러에 대한 회귀율이 30년 동안 고르게 10%였다고 가정해 보자. 이것은 1980년대 중반까지 빈민들의 근로소득에 매년 약 300억 달러를 보태주었을 것이다. (그들 중 대부분은 그들이 상대적으로 젊고 아직도 노동력이 있다고 추정될 때 이러한 투자로부터 이익을 얻었다.)[19] 이것은 사실상 1986년에 빈곤격차의 60%를 해소할 만큼 충분한 규모였다. 그러나 이러한 산술은 모든 지출이 투자의 성격을 지니며, 그것은 빈민들을 목표로 하여 어느 것도 빈곤선 이상으로 빈민의 소득을 향상시키지 않으며, 그것은 지금 까지 제공된 투자를 대체하기 보다는 오히려 보충하는 것이며, 모든 프로그램이 효과적임을(적정한 회귀율이 있음을) 가정하고 있다. 물론 이러한 무리한 가정들 중의 일부를 완화했다면 다소 덜 낙관적으로 예측됐을 것이다.

현실적으로는 생산성과 소득을 증대시키기 위한 이러한 인간자본 프로그램들의 위력은 분명히 가변적이다. 그 효과를 평가한 많은 문헌들이 있지

18) 이러한 계산은 4종류의 인구집단(노인, 자녀를 둔 남성가구주, 자녀를 둔 여성가구주, 기타 모든 가구)에 있엉서 실업이 소득이전 전의 빈곤율에 미치는 효과를 평가하기 위한 회귀분석을 이용함으로써, 실업율이 일정한 각 집단에 있어서 빈곤율의 추세를 시뮬레이트하기 위해 회귀시킴으로써, 그리고 각 집단에 대해서 인구변동을 일정하게 하고 base-year weights를 이용함으로써 나온 것이다.

19) 이 문제를 해결하는 데에는 Gary Burtless Charles Stone의 도움이 컸다.

만, 불행히도 그 대부분은 비통제 집단과의 전후 비교에 기초하고 있으며, 작위적으로 선택된 통제집단과 소규모의 모집단 및 부적절한 추적조사기간 등으로 인해 그 가치가 의문시 된다.[20] 따라서 우리는 이 프로그램들을 효과적인 것, 비효과적인 것, 그리고 적절히 평가할 수 없기 때문에 우리가 판단할 수 없는 것 등으로 구분할 필요가 있다. 대부분의 인간자본 프로그램은 아마도 세 번째 범주로 분류되어야 한다. 또한 어떤 프로그램이 실행되고 있음을 알았을 때 조차도 우리는 그것이 왜 실행되었는 가를 거의 모를 것이라는 인식이 확산되고 있다. 교육 및 훈련이 실질적으로 생산성을 증대시키는가? 또는 그것을 단순히 사람들이 취업할 노동시장의 참여자격이나 접근기회를 제공하는 것인가? 불우한 젊은이들을 위한 대규모 숙박훈련 프로그램인 직업공단은 그것이 이러한 젊은이들을 도시의 빈민지역으로 부터 격리시키기 때문에 성공적이었거나 혹은 그것이 제공하는 서비스 때문에 성공적이었는가? 만일 후자라면, 어떤 서비스가 결정적인 것이었는가? 정부로부터 보조금을 받는 모자가정의 어머니들이 취업했을 경우(그들의 임금은 통제 집단내의 사람들이 받는 임금 보다 상대적으로 증가되는 경우에) 누군가 다른 사람(아마도 또 다른 빈민)이 실직하게 되는가 아니면 순수히 전체 고용이 증가하는가? 우리는 이러한 질문에 결코 대답할 수 없으며, 이 분야에서 대부분의 경제학자들의 일반적인 견해는 보다 많고 보다 엄격한 조사가 필요하다는 것이다.[21]

---

20) 통계적 조작집단을 만들려는 시도들은 잘못된 결과를 초래한다는 증거를 통해서 (Robert Lalonde 1986: T. Fraker, R. Maynard & L. Nelson 1984) 실험을 거치지 않은 결과는 타당성이 적으며 임의적인 할당은 미래의 평가를 위한 필수조건이라는 점에 합의하게 되었다.(C. Betsey, R. Hollister & Papageorgiou 1985 : M. Borus 1986 : L. Bassi & O. Ashenfelter 1986)

21) 물론 조사가 더 필요하다는 것에 대한 반대 의견들도 있다. 예를 들어, 프로그램 모델은 결코 표준화 될 수 없으며 행정적 및 조직적 능력도 중요하고, 학습과 변화도 그 과정의 일부라는 주장이 제기되고 있다. 이러한 이유로 프로그램모델에 따른 변화만큼이나 위치와 시간간격에 따라 많은 변화가 생길 수도 있으며, 우리는 무엇이 작용하는지 결코 알 수 없다.(Richard Elmore in Betsey, Hollister & Papageorigiou 1985) 또한 조사와 평가는 궁극적으로 보수적 편견을 내포하고 있다고 언급되는데, 왜냐하면 항상 반대되는 결과가 존재하기 때문이다.(자료의 부적절함 뿐

이러한 방법론적 문제를 염두에 두고 ① 보충교육 프로그램, ② 교육과 직업훈련 프로그램, ③ 빈민들을 위한 건강 프로그램 등의 효과에 관한 뛰어난 주요 논문들을 심도있게 고찰하면서 최소한 그 문헌의 핵심사항들을 검토한다는 것은 아마도 가치가 있을 것이다.

### 2) 보충교육

보충교육은 4~5세 어린이의 취학준비를 목표로 하는 Head Start와 같은 것을 포함하며, 초등교육 및 그 이상에 대해서는 불우한 아동들의 학업을 증진시키기 위해서 계획된 1965년의 초중등교육법 제 Ⅰ조를 포함한다. 두 가지 경우 모두 본질적으로 지역사회 집단과 교육기관에 상당한 프로그램상의 재량권을 부여하는 재정지원 제도였다. 보충교육에 대한 기대는 인지능력의 향상(표준화된 시험점수로 측정)과 그에 따른 노동시장에서의 보다 큰 성공이었다. 1970년대 중반에는 프로그램들이 시험점수에 영향을 미치지 못했고, 설령 그들이 영향을 미쳤다 하더라도 임금소득에는 큰 영향을 주지 못할 것이라는 합의가 존재했다. 왜냐하면 임금소득은 학업성취 보다는 학업기간과 사회경제적 배경에 의해 결정되기 때문이다.(Henry Levin 1977) 시간이 경과함에 따라 보충교육에 관한 의견은 다소 우호적으로 바뀌었다. 초기의 비관론은 부분적으로는 무의미한 결과와 부정적인 결과를 구별하지 못했기 때문에 나타난 것이다. 그러나 Stephen Mullin과 Anita Summers(1986)는 47개의 연구들을 조심스럽게 검토한 후에 그 프로그램들은 '비록 불우한 학생들의 성적 향상에 미치는 영향은 적었지만 긍정적인 면을 지니고 있다.'고 결론 지었다. 동시에 그들은 초기의 효과는 지속되지 않으며, 이 프로그램의

---

만 아니라 이론이 다른 데서 비롯됨) 그리고 Aaron(1978, p.159)이 지적했듯이 '마법사가 동의하지 않을 때는 부족한 평범한 주민은 무엇을 하게 되는가?' 그의 대답은 그들이 그 증거를 무시할 만큼 열성을 느끼지 못한다면 끝나지 않을지도 모를 논쟁이 식어질 때까지 행동을 연기할 것이다. 더구나 사회가 빈민과 비빈민을 위한 프로그램의 검증을 동등하게 주장하지 않는다면, 반빈곤 프로그램은 중산층을 위한 프로그램에는 없는 실행기준을 따르게 될 수도 있다.(Burtless & Haveman in Thayne Robson, p.128)

지출수준과 성취수준 간에도 의미있는 관련성이 존재하지 않았다고 지적하였다.

취학전 단계에서 실시되는 보충교육 프로그램들에 대한 최근의 평가는 더 낙관적인데, 이러한 평가는 초기개입이 단기적으로 뿐만 아니라 장기적으로 많은 긍정적인 효과가 있었음을 지적하고 있다. 이러한 증거는 1960년대 시작된 많은 취학적 프로그램들의 결과를 추적 평가하는 데서 나온 것이다.(그중 4개는 실험적인 계획을 지니고 있었으며, 이것들은 모두 연구에 참여하지 않았던 조사가들에 의해 세밀하게 재평가되었다.) 그 내용을 요약하면 다음과 같다. (1) IQ 습득은 후속되는 프로그램 기간에는 크지만 시간이 경과함에 따라 사라진다. (2) 정상적인 진학이나 특수반 교육의 불필요 등과 같은 학업성공의 척도는 다음 시기에 까지 매우 긍정적으로 존속한다. (3) 학업성취를 나타내는 다른 지표에 관한 증거는 복합적이다. (4) 오랜기간에 걸친 하나의 실험적 연구에서만 유일하게 참여자들은 흔히 19세에 고등학교 졸업하며 취업을 하고 진학을 하거나 직업훈련에 등록하며, 기능적인 능력검사에서 좋은 점수를 받으며, 임신율과 범죄율이 낮다고 밝히고 있다.(이 내용은 John Berrueta- Climent 외 1984, Richard Darlington 외 1980, Nathan Glazer 1986에서 검토되었다.)

### 3) 고용과 직업훈련

고용과 직업훈련 프로그램의 기록은 비록 있더라도 보충교육 프로그램의 기록 보다 평가하기가 훨씬 더 어렵다. 왜냐하면 다른 목적을 지닌 채 시도된 것이 많았기 때문이다. 최근 Bassi와 Ashenfelter(1986)은 고용과 훈련 프로그램은 불우한 노동자들로 하여금 장기적인 고용과 소득을 증가시키기는 능력을 배양시킨다는 측면에서는 크게 성공하지 못했지만 완전히 실패한 것도 아니라고 결론 짓고 있다.(p.149) 다른 학자들도 이와 유사하게 온건한 결론을 내리고 있다. 성인여성들에 대한 연구결과는 대부분 긍정적이었는데, 이들은 훈련, 노동경험 및 취업알선 지원과 같은 다양한 서비스로 부터 도움을 받은 것으로 보인다. 그 프로그램들이 단순히 여성의 노동시장 참여를 돕기 위한 것이라는 점에서 그 이익은 주로 시간당 임금이 더 많아 진 것이 아니라 노동시간이 더 많아진 것이다.[22)]

성인 남성들에게 큰 효과가 있었는지에 대해서는 결론이 일치되지 않고 있다.(그리고 비용이 많이 드는) 교정교육과 직업훈련을 제공하는 직업공단과 같은 프로그램들은 젊은이들에게 상당히 효과적이며, 종종 손익율이 1보다 훨씬 크다는 것을 보여주는 증거들이 있다. 불우한 청년들에게 시간제 노동과 하계노동- 학교에 복귀하거나 계속 남아 있는 것을 조건으로 함- 을 복합적으로 제공했던 하나의 거대하고 세밀한 시범사업은 그 실시기간에는 이러한 젊은이들의 고용율을 극적으로 증대 시켰다. 그러나 프로그램 실시 후의 고용과 소득에 대한 효과는 작았고, 미시시피의 한 농촌지역에서만 긍정적인 결과를 나타내었다. 학업 완료율에 미치는 효과는 거의 없었다.[23)]

#### 4) 건강

지난 20년 동안 빈민들에 대한 지출 증가의 대부분을 차지하는 건강프로그램에 대한 일반적인 결론을 Medicaid와 Medicare 및 다른 건강 프로그램들이 빈민들의 의료서비스 접근을 향상 시켰으며 질병 발생율과 사망률을 감소시켰다는 것이다. 빈민들의 건강문제 발생율을 낮추기 위해 이들에게는 실제로 비빈민들 보다 더 많은 의학적인 관심(입원, 의사, 방문)이 집중되지만, 빈민들은 아직도 동등하게 접근할 수 없다. 건강에 미치는 긍정적인 효과를 입증하는 주요 증거로서는 1960년대 후반 이후 특히 흑인들에게서 전체 사망률 및 유아사망율이 급격히 하락했다는 것을 들 수 있다. 기대수명(life expectancy)의 증가가 의료서비스의 향상 때문인지 또는 단순히 생활양식이나 환경의 변화 때문인지를 확실하지 않다. 비록 최근의 한 연구(Jack Handly 1982)가 긍정적인 상호관계가 존재한다고 보고하였지만, 기존의 연구자들은

---

22) 여성들을 위한 최근의 고용 및 직업훈련 프로그램들이 복지에 미치는 효과에 대한 문헌들로는 미국 의회 예산국 1987과 Judith Gueron(1987) 등을 보라.

23) 청년의 실업 및 그들을 위한 프로그램에 대해서는 Betsey, Hollister, Papageorgiou 1985, Freeman과 Wise 1982, A. Rees 1986을 보라.

의료지출과 건강 사이에 긍정적인 상호관계를 발견할 수 없었다고 주장하였다.24)

### 5) 결론

전반적으로 빈민들에 대한 인간자본의 투자 결과는 복합적인 결론을 낳았다. 아직까지 실시되고 있는 프로그램도 있을 것이지만, 현재까지 실시된 모든 것들이 반드시 성공을 거두지는 못했다. 이러한 모든 활동의 전반적인 효과를 확인하려는 조사는 거의 또는 전혀 없었다. 사실 이러한 프로그램들은 대부분 여러 해 동안 효과를 나타내지 못했기 때문에 그 효과가 어떻게 나타났을지는 확실하지 않다. 프로그램들을 개별적으로 평가하더라도 장기간의 영향을 적절히 측정하기란 어려운 일이다. 그래서 이러한 평가들은 참여자들이 프로그램을 중지한 이후 5년 중에서 최초 3년 동안의 임금수입의 추정치에 의존하여 실시한다.

우리에게는 개별 프로그램에 대한 몇가지 긍정적인 사실과 이전전 빈곤율에 관한 몇가지 부정적인 통계들이 있다. 이 통계들은 가족구성 및 실업의 추세에 맞추어 약간의 조정을 거친 후에는 다소 널 부정적으로 보인다. 따라서 회의론자나 진실한 신념을 지닌 자나 모두 자신들의 입장을 뒷받침할 증거를 찾아낼 수 있다. 하나의 가능성은 이 프로그램에 의한 지출이 대부분이 사람들이 소득확보 능력을 향상시키려는 목적에 충실하지 못했다는 것이다. 이러한 점에서 결함이 있더라도 실행에 옮기는 것은 인간자본 투자의 기본전략이 아니다. 즉 이러한 경우의 해결책은 프로그램을 보다 적절하게 기획하고 관리하는 것이다. 또 하나의 가능성은 전략 자체가 잘못 유도되었으며, 증가된 생산성이 빈민들의 임금소득을 향상시키기에는 불충분하거나 아마도 전혀 필요하지 않다는 것이다. 인간자본 접근방법에 대한 비판에 의하면, 교육과 훈련은 일자리를 창출하지 않으며, 이것은 개인이 어디에서 노동시장에 참여할 지를 결정함에 있어서 인종, 성, 가족배경, 행운과 같

24) 건강프로그램들이 빈민에게 미치는 효과에 대해서는 P. Starr 1986, K. David in Haveman 1977을 보라.

은 요소들보다 덜 중요할 수도 있다고 한다.(Thurow 1975, Samuer Bowles and Herbert Gintis 1976, Christoper Jencks 1972) 이러한 경우의 해결책은 논동시장의 수요측면이나 경제적 보상을 분배하는 기본적인 제도를 재구성하는 데에 더욱 집중하는 것이다. 비록 다양한 수요 측면의 개입 - 긍정적인 활동과 직접적인 고용창출 프로그램의 형태로- 을 시도했지만, 그것은 결코 빈곤전쟁에 있어서 인간자본 투자만큼 중요하지 않았으며, 여기에서 논의하지 않을 것이다.

또 다른 하나의 가능성은 많은 인간자본 투자가 가족내에서 이루어지며, 학교와 같은 시설들이 가정환경이 갖는 막대한 영향력을 상쇄시키리라고는 전혀 기대할 수 없다는 것이다. 아동의 미래의 경제적 성공을 결정하는 데에 미치는 가족배경의 역할에 대해서는 많은 문헌들이 있는데 우리가 여기에서 그 전부를 검토할 수는 없다.(훌륭한 개설서로는 Tauban 1987, Haveman 1987) 일반적인 결론은 가족배경이 아동의 미래의 경제적 성공에 미치는 효과는 상당하다는 것이다. 이러한 사실은 성인의 지위성취를 설명하는 모형의 독립변수로서 부모의 직업 및 교육과 같은 척도가 포함된 연구에서 도출된 것이다.(Otis Duncan, Featherman & Beverly Duncan 1972, Sewell & Hauser 1978) 그것은 또한 유전적 요소와 환경적 요소를 구분하는 데에 사용된(다소 논쟁이 되겠지만) 형제와 쌍둥이의 연구에서도 나타난다.(Taubman 1977)[25)]

## 7. 소득이전과 빈곤

빈곤전쟁이 사람들에게 구호품을 제공하지 않고 소득을 갖게 해 줌으로써 승리할 것이라고 처음부터 생각하였지만,[26)] 한편으로 1960년대 중반 이

25) 비록 이 문헌들에서 가정환경과 유전적 요소가 경제적 성공에 영향을 준다고 제시되고 있지만 가장 중요한 가정환경에 관해서는 불명확하다. 가족배경이 미치는 효과들 중의 일부는 가정내의 비공식 교육과 관련될 수 있으며 학교교육 및 취업의 기회와도 약간 관련이 있으며 가치 및 태도의 전수에도 약간의 관련이 있을 수 있다.

26) 이것은 1964년의 대통령 경제보고서 내의 11가지 계획에서 나타난 것인데, 여기

후 소득유지 프로그램에 대한 비용이 급증한 것도 사실이다. 이 절은 먼저 이러한 증가를 검토하고자 한다. 그리고 이러한 증가가 빈곤율에 미친 영향을 분석한다. 이것은 이러한 이전이 갖는 직접적인 효과와 빈민들의 행동에 미치는 간접적인 효과에 의해 결정되는데 이 두가지를 모두 조사할 필요가 있다.

### 1) 소득이전의 증가

소득이전 프로그램들은 전통적으로 두가지 범주, 즉 사회보험 프로그램과 공적부조 프로그램으로 나뉜다. 사회보험 프로그램들- 그 대부분이 사회보장법(여러 해에 걸쳐 개정됨)에 의해서 재원이 마련된다.- 의 주요 목적은 실업, 무능력, 퇴직 또는 가족소득원의 사망으로 인한 소득상실을 보충함으로써 빈곤을 방지하려는 것이다. 공적 부조 또는 자산조사 프로그램들 - AFDC, 식품권 및 저소득 노인, 맹인, 무능력자를 위한 SSI- 의 주요 목적은 이미 빈곤한 처지에 놓은 사람들을 원조하는 것이다. 사회보장 급여는 일반적으로 봉급세를 통하여 재원을 조달하며 저소득을 조건으로 한다.(즉 자산조사를 통한다) 두가지 모두 급여는 현금의 형태나 의료부조, 식품 또는 주택과 같은 현물 및 서비스의 형태를 취한다.

1984년 주요 소득이전 프로그램들에 대한 총 지출은 4,760억달러였다. 이 중에서 79%는 사회보험에 지급되었으며 21%는 자산조사에 의한 공적부조 프로그램에 지급되었다. 급여의 대부분은 현금으로 제공되었지만 전체의 28%는 건강이나 주택 또는 영양을 위한 현물이전의 형태를 취한다.(표 4를 보라) 현물이전에는 자산조사에 의한 급여(691%)가 사회보험급여 보다(18%) 훨씬 많은데, 아마도 이것은 일반인들에 대해서 제공되는 것만큼 빈민들에게 무조건의 원조를 제공하기를 꺼려하는 대중들의 생각을 반영한 것이다.

표 4에서 나타난 것처럼 절대규모로나 GNP에서 차지하는 비율을 보나 급여 총액은 1960년대 중반 이후 상당히 증가해 왔다. 지출의 증가 이유로

---

에서 소득이전은 간단하게 언급되어 있을 뿐이다.(미국 경제자문위원회 1964, L. Lynnin Haveman 1977, Aaron 1978을 보라)

는 새로운 프로그램 도입(1965년에는 Medicare와 Medicaid, 1964년에는 식품권, 1974년에는 SST) 적용범위의 확대 또는 기존 프로그램에 대한 참여율 상승, 그리고 특히 사회보장에서의 급여조건 완화 등을 들 수 있다.(Smeeding 1985, James Patterson 1981)

<표 4> 사회복지 지출 ; 1960~1984

| | 십억 달러(1986년 가치) | | | | | | 비율변동 | 비율변동 |
|---|---|---|---|---|---|---|---|---|
| | 1960 | 1965 | 1970 | 1975 | 1980 | 1984 | 1960~1984 | 1975~1984 |
| 자산조사 소계 | 16 | 22 | 45 | 84 | 93 | 100 | 521 | 19 |
| 현금 a) | 13 | 16 | 24 | 35 | 31 | 30 | 132 | -14 |
| 현물 b) | 3 | 7 | 21 | 49 | 62 | 70 | 2,173 | 43 |
| 사회보험 소계 | 82 | 110 | 167 | 264 | 320 | 375 | 359 | 42 |
| 현금 a) | 82 | 110 | 147 | 234 | 273 | 309 | 278 | 32 |
| 현물 b) | 0 | 0 | 20 | 30 | 47 | 66 | 229 | 120 |
| 총계 | 98 | 132 | 212 | 348 | 413 | 476 | 386 | 37 |
| 현금 | 95 | 125 | 171 | 269 | 304 | 340 | 258 | 26 |
| 현물 | 3 | 7 | 41 | 79 | 109 | 135 | 4,324 | 73 |
| 1인당 액수(달러) | 542 | 681 | 1,035 | 1,610 | 1,814 | 2,007 | 270 | 25 |
| GNP 대비 | 5.2 | 5.5 | 7.6 | 11.0 | 11.8 | 13.4 | 157.1 | 21.5 |

(비고) a는 Aid to Families with Dependent Children, General Assistance and Sipplemental Security Income을 포함
b는 Medicaid, Food stamps, school lunch, public housing, and social serviece를 포함
c는 Old-age, Survivers and Disability Insurance(OASDI), Retirement, Unemployment, Insurence, Worker's Compensation, Government Employment Pension, Veterans' Pension and Compensation를 포함
d는 Medicare를 포함
(자료) U. S. Department of Health and Human Services 1987, U. S. Department of Agriculture 1987

또한 표 4에서 보듯이, 그 증가는 대부분 1960년대 후반과 1970년대 초반에 발생했다. 현물급여, 특히 의료서비스의 현물급여는 현금부조에 비해 훨씬 급격히 증가하였으며, 식품권이나 의료부조 혹은 공공주택과 같은 프로그램의 팽창은 사회보험 프로그램 보다 자산조사에 의한 프로그램을 더욱 급격히 증가시키는 원인이 되었다. 다른 한편으로 자산조사에 의한 현금부조(AFDC, SSI 및 일반부조) 지출은 전체 기간 동안 약간 증가하였고 1970년대 중반 이후에는 크게 감소했다. 예를 들면 AFDC는 1960년대에는 팽창했으나 1970년대는 인플레이션에 의해 실제적인 급여수준은 감소되었다. 결과적으

로(다른 소득이 없는) 4인 가족의 실제 평균 급여수준은 1970년과 1987년 사이에 1/3 정도 떨어졌다.(미하원 세입위원회 1987) 1984년 사회보험 프로그램의 현금지출에는 노인을 위한 막대한 사회보장기금이 포함되어 있기 때문에 그 규모가 공적 부조 지출의 거의 10배나 된다는 점은 강조할 가치가 있다. 그리고 가장 중요한 현물 사회보장 프로그램인 Medicare 지출은 1984년 자산조사에 의한 모든 현물급여(Medicaid, 식품권, 학교급식 및 공공주택)를 합한 것과 거의 같다. 이러한 사실은(표 2에서 나타난 것처럼) 왜 빈곤이 다른 집단들보다 노인들에게서 더욱 감소했는 가를 설명하는 데 도움이 된다.

### 2) 빈곤에 대한 영향 : 직접적인 효과

이 글의 앞부분에서 보았듯이 Danziger, Haveman 및 Plotnick(1981)은 당시까지의 모든 연구를 검토하여 '소득이전은 빈곤을 상당히 감소시키고 이러한 재분배적 효과는 이전의 규모가 늘어남에 따라 계속 확대된다'고 결론을 내렸다. 필자는 이와 동일한 방식의 접근 보다는 요점을 제시하고 초기분석에서는 사용할 수 없었던 몇가지 증거들도 포함시켜 분석하겠다.

소득이전의 탈빈곤 효과는 전형적으로 이전전 소득이 빈곤선 이하였던 사람이 소득이전을 받음으로써 빈곤에서 벗어나게 된 비율로 측정된다.(여기에서 소득이전은 앞절에서 논의된 여러 급여들을 포함하기 위해 다양하게 정의되고 있다.)[27] 표 5에 나타난 것처럼, 현금이전은 이전전 빈민의 35%를 빈곤선 이상으로 이동시키고 있다. 이러한 효과는 주로 자산조사에 의한 프로그램 보다는 오히려 사회보험 프로그램 때문에 나타났다. 비노인들의 경우에도 빈곤감소 효과는 사회보험 프로그램(무능력, 실업 및 유족급여)이 자산조사에 의한 현금이전 보다 두세배 정도 많다.[28]

---

27) 여러 가지 효과의 측정방법에 대한 논의에 대해서는 Plotnick & Skidmore(1975)를 보라.

28) 사회보험 지출은 매우 크고 노인을 위한 사회보장 급여에 의해 결정되기 때문에 이전의 반빈곤 효과는 다른 집단 보다도 노인에게서 크게 나타난다. 예를 들어 1984년 총현금급여(자산조사 프로그램과 사회보험프로그램)는 노인가구의 빈곤율58%에서 17%로 하락시켰다. 같은 해 비노인가구의 빈곤율은 12%에서 10%로 감소되

<표 5> 주요 소득이전정책의 반빈곤 효과

| 연도 | 현금사회보장 | 현금자산조사 | 모든현금이전 | 현물이전 | 소득이전 합계 |
|---|---|---|---|---|---|
| 다양한 이전에 의해 빈곤을 탈피한 빈민의 비율 | | | | | |
| 1967 | 22.7 | 4.7 | 27.3 | | |
| 1979 | 33.2 | 6.3 | 39.6 | 10.2 | 49.8 |
| 1985 | 30.3 | 4.2 | 34.5 | 7.1 | |
| 다양한 이전에 의해 빈곤을 탈피할 노인의 비율 | | | | | |
| 1967 | 44.9 | 6.3 | 51.3 | NA | NA |
| 1979 | 66.9 | 13.9 | 83.6 | NA | NA |
| 1985 | 71.3 | 14.0 | 85.3 | NA | NA |
| 다양한 이전에 의해 빈곤을 탈피한 비노인의 비율 | | | | | |
| 1967 | 11.0 | 4.7 | 15.7 | NA | NA |
| 1979 | 18.1 | 9.0 | 27.1 | NA | NA |
| 1985 | 15.4 | 4.1 | 19.5 | NA | NA |

(자료) Data for 1967 : Ross 1985(revised by Slotsve 1987) U. S. Comon House of Representatives, Committee on Ways and Means 1987, p.641

현물이전을 포함하면 탈빈곤율은 더 늘어난다. 이 경우의 효과는 현물이전에 어떤 것이 포함되는가 그리고 그들이 어느 정도 가치가 있는가에 달려있다. 표 5의 수치에 식품 및 주택급여(시장가격으로 평가)는 포함되어 있으나 의료서비스는 포함되지 않았다.(2절에서 논의된 이유 때문에) 어떻게 규정되든지 간에 이전의 탈빈곤 효과는 1975년과 1980년 사이에 절정을 이룬 것으로 보인다.[29] 1970년대 중반 이후 개인당 실질적인 현금 및 현물이전의 증가는 완만하였고 1980년대 초에 이르러 이전전 빈곤은 두 개의 상반된 경기후퇴에 대한 반응으로 증가했다. 실제 지출은 훨씬 더 느리게 증가하고 욕구는 보다 커짐에 따라, 1980년대는 소득이전 프로그램을 통한 탈빈곤 인구의 비율이 감소했다. 1967년에서 1985년까지 전 기간에 걸쳐 빈곤은 현금이전의 증가에 따라 약 3% 정도 감소 되었다.(그리고 만일 현물이전을 포함한다면 이

었다.(Weinberg 1987)

29) 이 기간 이전에 의한 탈빈곤인구의 추계는 44%에서 78%로 제시되었는데, 이것은 소득이전의 개념, 그 평가방법, 자료원, 방법론, 연도 등이 다양하기 때문이다. 현금과는 현물급여를 합한 경우의 효과는 Hoagland(1982)에 의하면 78%였고 Weinberg(1985)는 60%, Danziger 외(1986)는 68%라고 평가했다. 현금급여만 고려하면 그 효과는 더 낮아질 것이다.

보다 많이 감소됨) 그것은 주로 노인의 빈곤율에 영향을 미쳤다. 소득이전의 형태에 따라 빈곤율은 약 12% 정도 감소했다. 이러한 개선은 대부분 자산조사 프로그램에 의한 것이 아니라 사회보험 비용의 증가에 기인한 것이었다.

상대적으로 소규모이고 최근의 삭감에도 불구하고, 어떤 사람은 여전히 자산조사 프로그램의 효과가 더 적은지에 대해 의문을 가질 것이다. 1983년 자산조사에 의한 현금부조 비용은 총 310억 달러로서, 결코 적은 금액이 아니었다. 같은 해 자산조사 급여를 전혀 받지 않은 상태에서 측정된 빈곤 격차는 630억 달러였다. 모든 지출이 빈민을 대상으로 했다면 이 격차는 630억 달러였다. 모든 지출이 빈민을 대상으로 했다면 이 격차는 그 절반인 320억달러 까지 줄어들었을 것이다. 소득이전 후에 빈곤격차는 470억 달러였는데 이것은 빈민들에게 실제로 제공된 것은 160억 달러 뿐임을 의미한다. 동시에 다른 연구들은 자산조사에 의한 소득이전의 80% 이상이 이전진에 빈민이었던 자에게 제공되었음을 입증하고 있는데, 이것은 지출의 대부분이 올바르게 제공되었지만 지출된 금액 만큼 빈곤격차를 감소시키지 못했음을 의미한다.(Plotnick 1979, Weinberg 1985, Burtless 1986a) 그 이유는 (1) 예산이 행정비로 유출됨, (2) 빈곤격치를 산출하는 가구조사 자료에 이전 받은 소득- 그리고 시설수용자들에게 지출되는 비용- 이 기록되지 않음. (3) 몇몇 소득이전들(특히 중복되는 경우)은 빈민을 빈곤선에서 매우 멀리 벗어나게 한다는 사실, (4) 산정기간에는 빈곤하지 않았던 일부 사람들도 만약 단기적으로 소득이 낮아진다면 급여를 받을 자격이 있다는 사실 등이다.

요약하자면, 소득이전이 빈곤에 미치는 직접적인 효과에 대한 지금까지의 검토로부터 세가지 결론을 얻을 수 있다. 첫째, 빈곤은 소득이전 프로그램이 없었다면 더 심화되었을 것이다. 소득이전의 증가는 1960년대 중반과 1970년대 후반 사이에 빈곤의 감소 특히 노인의 빈곤을 감소시킨 주된 요인이었다. 둘째, 사회보험 프로그램은 공적부조 프로그램 보다 빈곤율(비노인들의 빈곤을 포함)에 더 큰 영향을 미쳤다. 셋째, 소득관련 이전들은 주로 정부원조를 전혀 받지 않은 빈민들에게 제공되었지만, 그것으로 인해 빈곤격차가 감소되기를 기대한다는 것은 여러 가지 이유로 비현실적이다.

이러한 결론들은 특히 첫째로 가설적인 것으로 간주되어야 한다. 그것은 우리가 아직 소득이전이 노동의욕, 저축, 가족구성 그리고 이전전 빈곤율에 미치는 가능한 피드백 효과들을 검토하지 않았기 때문이다.

### 3) 빈곤에 대한 영향 : 간접적 효과

만약 소득이전, 교육 및 훈련 혹은 다른 방법들을 통하여 빈곤을 감소시키려는 노력들이 수혜자의 행위에 대해서든지 비수혜자의 행위에 대해서든지 간에 피드백 효과를 갖는다면, 그 노력들의 전부 또는 일부가 저절로 실패할 가능성도 존재한다. 실제로 빈곤전쟁에 대한 비판에 의하면 이러한 도덕적 위험이라는 문제는 심각한 것이며 그렇기 때문에 복지제도가 빈곤의 치료수단이기 보다는 빈곤의 원인이 될 수도 있다고 한다.(Charlse Murray 1984) 이러한 견해를 강조하는 연구들을 보면 경제성장을, 빈민의 노동의욕, 교육 및 훈련에 대한 빈민들의 투자성향, 가족형성 및 생활시설에 관한 결정, 문화적 규범 혹은 태도 등과 같이 초기에는 외래적인 변수로 간주되었던 요인들이 지금은 내재적 변수로 바뀌고 있다.

문제는 그러한 유인효과들의 성격 및 중요성이다. 특히 관심을 기울이게 되는 것은 소득이전이 ① 저축, ② 노동공급, ③ 가족구성, ④ (앞의 것보다는 미미하지만) 태도 등에 미치는 효과이다.30)

다른 한 논문에서 Danziger, Haveman, Plotnick(1981)은 앞의 두가지 문제들에 관한 문헌들을 검토한 바 있다. 그래서 필자는 이 글에는 그 두가지 문제들의 요점만을 살펴 보고 가족구성과 태도에 대해서 논의하겠다. 비록 가족구성과 태도에 관한 문헌들이 저축과 노동동기에 관한 문헌들 보다 훨씬 적지만, 가족구성과 태도는 최초의 정책 논의에서 많이 언급되고 있다. 기타의 주요 주제로는 소득이전의 재정이 비빈민의 행위에 미치는 효과를 들 수 있다. 이것은 여기에서 자세하게 검토하지 않겠다.

---

30) 원칙적으로 다양한 정부부조가 인간자본에 대한 사적인 투자, 사적인 이전의 정도, 소비형태 등에 미치는 효과를 검토해야 한다. 그러나 본 논문에서는 거의 혹은 전혀 관심을 쏟지 않았다.

(1) 저축 : 저축에 영향을 준다고 생각되는 주요한 소득이전 프로그램은 사회보장이며 대부분의 경험적 연구들은 생활주기의 틀 내에서 사회보장이 미치는 영향에 초점을 두어 왔다. 다른 소득대체 프로그램들이 저축을 감소시키는 정도에 대해서는 거의 혹은 전혀 증거가 없다.31)

Danziger, Haveman, Plotnick(1981)은 사회보장이 저축에 미치는 효과에 관한 문헌들을 검토한 후에 다음과 같이 주장했다. '소득이전 프로그램들이 저축을 상당히 감소시키고 그에 따라 GNP의 성장률을 감소시킨 사례는 많지 않다. 또한 대부분의 연구들에서 사회보장 변수에 대한 부정적인 징후를 발견했기 때문에, 아마도 정확히 조사되지는 않았으나 약간의 부정적인 효과가 있을 것이다. 저축에 미치는 영향은 서로 다르게 평가되고 있는데, 우리는 소득이전 프로그램들이 개인의 저출울 0~20% 정도 삭감시켰다는 실험적인 결론을 과감히 제시한다.(p.1006)'

(2) 노동공급 : 소득이전이 노동공급에 미치는 효과는 이들에 의해서도 검토 되었고 최근에는 Mark Killingsworth(1983), Pencavel(1986), Jerry Hausman(1987), Burtless(1986b)에 의해서 검토되었다. 실증적 및 비실증적 자료에 근거한 이러한 문헌들은 일반적으로 노동공급은 소득이전에 의해 감소된다는 가설을 확신하고 있다. 그것은 불로소득이 증가하기 때문에 그리고 많은 프로그램에서 급여가 감소함으로써 순임금이 줄어들기 때문이다. 요약하자면 이 사례에서 소득 및 대체효과는 동일한 방향으로 작용한다는 것이다.32) Danziger, Haveman, Plotnick은 사회보장, 장애보험, 실업보험, AFDC 등이 노동공급에 미치는 효과에 관한 문헌들을 각각 고찰한 후에, 만약 모든 소득이전 프로그램들이 없어진다면 소득이전 수혜자들이 얼마나 많은 시간

---

31) 부의 소득세 실험으로 부터 저소득가족에 대한 급여가 그들의 저축율에 영향을 주는 정도에 관한 증거들을 약간 얻을 수 있지만 이것들은 그 결과가 서로 일치하지 않았다.(SRI, International 1983)

32) 보다 정확하게는 더 낮은 총 임금은 노동의욕을 증가시키는 소득 효과와 그것을 감소시키는 대체 효과를 상쇄시킨다. 남성에게 미치는 전체적인 효과는 다소 부정적이지만, 여성에게는 긍정적이다. 그러나 임금율 효과가 부정적인 경우에도 그것은 거의 노동의욕의 감소에 의해 좌우된다.

을 더 일해야 할지를 '추정하여' 제시하였는데 약 4.8%로 나타났다.(이 중 3.8%는 사회보험프로그램의 효과였고 1%는 자산조사 프로그램의 효과였다.) Arthur Okun(1975)의 표현에 의하면, 이러한 평가는 1달러의 소득이전 지출은 빈민들의 노동의욕이 감소됨에 따라 빈민들의 노동소득은 약 23센트 정도가 감소시킴을 의미한다. 달리 말하자면(여가의 증가나 비시장 시간의 증가 가치를 고려하지 않은 상태에서) 그러하나 1달러 지출로 부터 빈민들에게 주어지는 순소득은 약 77센트인 것이다. 이와는 달리 Plotnick(1984)은 순이익을 29~42센트로, Burtless(1986b)는 (여성 가구주에게는) 38~84센트 사이로, Edgar Browning과 William Johnson(1984)은 (세금이 비빈민의 노동공급에 대해 미치는 효과를 포함하여) 11센트라고 제시하였다. 이와 같이 평가결과가 서로 다른 것은 불확실한 노동공급 탄력, 방법상의 차이, 분석된 프로그램이나 정책의 차이 때문이다. 그러나 결과들은 소득이전의 반빈곤 효과가 직접적인 효과에 관한 문헌들이 제시하는 것보다 적음을 보여주고 있다.33)

(3) 가족 구성: 4절에서 설명했듯이 인구학적 추세는 1950년 이후 빈곤율율을 상승시켜 온 한 요인이다. 여기에서의 쟁점은 이러한 추세에 기여하는 소득 이전의 가능한 역할이며 복지가 여성가구주 가족의 증가에 미치는 효과에 초점이 모아진다. 왜냐하면 가장 주목받아 왔고 빈곤율의 주요 상승요인이 되었던 것은 다른 어떤 형태의 인구변동 보다도 바로 이러한 증가이기

---

33) Danziger, Haveman, Plotnick(1981)은 아마도 문헌을 검토하는 작업을 가장 철저하게 하였는데, 거기에는 다른 것 보다도 프로그램에 관한 것이 많이 포함되어 있다. 그들은 노동공급에서의 4.8% 감소는 빈민의 소득이 3.5% 감소되는 것이다. Plotnick의 수치는 시애틀- 덴버 실험에서 나온 노동공급 결과들을 이용하여 비노인 가족들에 대한 6대 현급이전 프로그램의 효과를 시뮬레이션한 것을 토대로 하고 있다. 그는 이 결과가 한정적이기 보다는 시사적이라고 생각하였다.(p.29) Burtless의 결과는 시애틀-덴버 자료를 이용하여 여러 가지 부의 소득세 계획의 시뮬레이션을 기초로 한 것인데, 그는 부부 및 여성가구주 가족에 대해 별도의 산출을 하였다.(필자는 후자를 이용하였는데 그 이유는 기존의 자산조사 이전이 주로 이 집단들을 대상으로 하기 때문이다.) Browning과 Johnson의 수치는 예산에 영향을 미치지 않는 수당을 통하여 소득의 평준화가 한계효과의 시뮬레이션을 기초로 한 것이다. 그래서 빈민과 비빈민 모두에 대한 한도세율 및 평균세율의 변화가 미치는 노동공급 효과도 포함하고 있다.

때문이다.34) 이에 관한 문헌은 현재 굉장히 많다.(M. Macdnld & Sawhill 1978, J, Bilshop 1980, W. Wilson & Neckerman 1986, Garfinkel & S. Mclanahan 1986) 이러한 연구는 대부분 복지가 여성가구주 가족의 확산에 끼친 영향을 평가하기 위해 각 주마다의 복지급여 수준의 차이에 의존하고 있다. 급여수준의 차이가 매우 크기 때문에- 1986년에 4인 가족의 AFDC급여 최대치는 미시시피에는 한달에 144달러이고 캘리포니아에서는 698달러였다.- 어떤 효과든지 가주별 비교분석을 통해 조사될 수 있다. 가장 믿을 만한 조사연구는 복지급여의 수준과 급여의 수혜 가능성을 상호작용시켜 분석한 것인데, 이것은 효과가 가장 클 것으로 보이는 지역이나 하위집단(예를 들어 저소득 여성이나 저소득지역)만을 대상으로 표본추출을 한 것이며 여성들이 다른 경제적 기회를 가질 수 있음을 잘 인식하고 있는 모델로 평가된다.

주요 연구들은 표 6의 A에 요약되어 있다. 대부분의 연구들은 복지제도의 관대함과 여성가구주 가족의 비율간에 긍정적 관계가 있음을 발견했다. Ellwood와 Bane(1984)의 가장 최근 조사에 의하면 4인 가족의 한달 최대 AFDC급여가 100달러 증가하면 여성가구주 가족의 수를 15% 정도 증가시킨다고 한다. 그러나 그 결과는 매우 다양하며 이 점에 대해서는 다음과 같은 이유로 설명하기가 곤란하다. 첫째, 긍정적 관계는 여성가구주들이 관대한 급여를 제공하는 주로 이동하려는 경향이나 여성가구주 가족의 증가에 따라 급여를 증가시키게 되는 경향이나 여성가구주 가족의 증가에 따라 급여를 증가시키게 되는 경향과 같은 몇몇 빠트린 변수들 때문일 수도 있다.

34) 여성가구주 가족의 비율은 1960년에 9.3%에서 1986년에는 16.2%로 증가했다. 백인의 경우 8.1%에서 13.0%로 흑인은 20.9%에서 41.8%로 증가했다. 백인의 경우 이러한 증가는 기본적으로 이혼률이 증가함 때문이며 최근 재혼률이 낮아졌기 때문이다. 흑인의 경우 초기에 여성가구주 가족이 증가한 것은 급속히 감소했기 때문이다. 이러한 결혼율의 감소는 사생아의 출산을 증가시켰다.(Bane & Ellwood 1984: Garfinkel & Sara Mclanahan 1986) 출생률은 흑인과 백인 여성 모두에게서 상당히 감소해 왔지만 결혼률은 급속히 하락하고 있는데 이것이 사생아의 출생율을 높여주었다.

<표 6> 소득이전 및 가족구조에 관한 문헌들의 주요 내용

| 연구 | 표본 및 자료 | 결과 |
|---|---|---|
| **A. 소득이전 및 여성가구주에 관한 연구** | | |
| Honig (1974) | 1960 and 1970 센서스 자료 (44개 대규모 SMSA) | ADFDC가 10% 증가하면 1960년에는 백인여성 가구주를 2.6%, 흑인여성 가구주를 3.9% 증가시ᄎ 1970년에는 각각 0.9%씩 증가시켰다. |
| Minarik and Goldfarb (1976) | 1970년 센서스 자료 (50개주와 워싱턴DC센서스자료) | AFDC가 10% 증가하면 여성가구주는 1.1% 감소한다 |
| Ross and Sawhill (1975) | 1970년 센서스 자료 (저소득 도시지역) | 남성소득자의 AFDC 및 Food stamp 급여가 10% 가하면 백인여성가구주는 1.1% 감소하고 흑인ᄋ 가구주는 2.1% 증가한다. |
| Daziger *et al.* (1982) | 1975년 인구조사 | AFDC가 없다고 가정할 경우 백인은 8.3%, 비백인은 2.3%가 여성 가구주를 선택할 것이다. |
| Ellwood and O Bane (1984) | 1876년 소득 및 교육조사 | 월급여가 100불 증가하면 여성가구주는 15% 늘ᄋ 난다. |
| **B. 소득이전이 여성가구주화에 미치는 효과에 관한 연구** | | |
| Swhill *et, al* (1975) | 1968~1972년 소득동태패널조사 | ADFC는 기혼부부의 별거 가능성에 큰 영향을 ᄆ 지 못한다.(1968~1972) |
| Swhill *et, al* (1975) | 상동 | AFDC의 수혜는 그 양이 적당하더라도 여성가구ᄌ 들의 결혼 및 재혼 가능성을 감소시켰다.(1968~19 |
| Hitchens (1979) | 상동 (AFDC 인구가 많은 20개 주) | AFDC의 실제급여와 예상급여 수준은 여성가구ᄌ 2년내에 재혼할 가능성을 감소시켰다. |
| Hoffman and Duncan(1987) | 패널조사 1969~1983년 소득동태 | AFDC가 1,000불 증가하면(6년 후에) 재혼하는 ᄇ 여성은 4%, 흑인여성은 7.9% 증가한다. |
| Ellwood and Bane(1984) | 1976년 소득 및 교육조사 | 예상된 급여액이 매월 100불 증가하면(4인가족) 별거하는 여성 가구주는 11% 증가한다. |
| Ellwood and Bane(1984) | 상동 | 예상된 급여액이 매월 100불 증가하면 이혼 및 별거하는 여성가구주를 10% 증가시킨다. |
| Ellwood and Bane(1984) | 상동 | 예상된 급여액이 미혼여성의 존재여부에 큰 영향 못 준다 |
| Ellwood and Bane(1984) | 상동 | 예상된 급여액이 매월 100불 증가하면 편모의 수 5% 증가시킨다. |
| Groeneveld Hannan, and Tuma(1983) | Seattle- Denver 소득유지경험 참여자 | 5년간 NIT계획에 참여하면 기혼여성 중에서 흑인 57%, 백인은 53%의 해체율을 보였다. |
| Cain and Wissoker(1988) | 상동 | 5년간 NIT계획에 참여하는 것은 자녀를 둔 기혼 성의 해체율에 큰 영향을 미치지 않았다. |

(비고) 이 표에 사용된 약어는 다음과 같다.
SMSA: Standard Metropolotan Statistical Area
AFDC; Aid to Families with Dpendent Children
NIT; Negative Income Tax

둘째, 더 중요한 것으로, 복지와 가족구조간의 긍정적 상호관계는 공동생활에 대한 근원적인 이유들을 밝히지 못한 축소된 형식관계이다. 이러한 이유 때문에 이 지역에서의 조사는 복지가 여성가구주 가족의 형성이나 해체를 초래하는 사건들에 미치는 효과에 대해 점차 중점을 두게 되었다. 그 사건들은 庶子의 임신, 이혼이나 별거, 결혼과 재혼 그리고 미혼모들이 친척과 동거하지 않고 독립해서 생활하려는 의사 등이다. 이러한 맥락의 대표적 연구들은 표 6의 B에 제시되어 있다. 일반적인 결과는 다음과 같다. (1) 복지가 서자를 조장시킨다는 증거는 거의 혹은 전혀 없다.(Ellwood & Bane 1984, K. More & S. Caldwell 1976, 1977, Moor & M. Burt 1982) (2) (비록 완전히 일치되는 것은 아니지만) 복지가 이혼율을 증가시키고 재혼을 방해한다는 부분적인 증거도 약간이나마 있다.(Ellwood & Bane 1984, Sawhill, G. Peabody, C. Jones, Caldwell 1975, R. Hutchens 1979, S. Hoffman, G. Duncan 1987) (3) 복지가 젊은 편모들로 하여금 단독가구를 형성하도록 도와줌으로써 그들의 생활에 큰 영향을 끼쳤음을 보여 주는 증거도 있다.(Ellwood & Bane 1984)[35]

소득유지 실험으로 부터는 이와 전혀 다른 결과가 제시되었다. 재정지원이 더 이상 AFDC에서와 같이 부모중 한 사람이 가정에 없다는 조건에 구애받지 않기 때문에 기혼부부에게 급여를 제공하는 것은 가족을 안정시킬 것이라고 예상되었다. 그러나 다양한 소득유지 실험으루 부터 얻은 자료로 분석한 결과 이러한 안정화 효과를 입증할 증거가 나타나지 않았는데, 시애클과 덴버지역의 조사에 근거한 L. Groeneveld, M. Hannan, N. Tuma(1983)의 연구는 실험대상 가족들이 통제집단보다 50% 이상의 결혼해체율을 보였음을 발견했다. 저자들은 이것이 '독립효과'를 나타내는 것이라고 설명했다. 즉 여성들로 하여금 남편의 소득에 보다 덜 의존하게 함으로써 실험적 급여가 별거 비용을 감소시켰다는 것이다. 최근에 Cain과 D. Wissdker(1988)는 이와 똑같은 자료를 가지고 재분석한 바 있다.[36] 그들이 발견한 기본적인 사

35) 부모와 살고 있는 10대 부인은 센서스에서 독립된 가구가 아니라 하부가족으로 분류된다. 그러나 그녀가 독립된 주거지로 옮겨간다면 새로운 여성가구주에 포함된다. 이러한 효과는 Bane과 Ellwood가 보고한 복지가 여성가구주 가족의 확대에 미치는 모든 영향의 3/4을 설명해 준다.

36) 초기의 연구와는 달리 그들은 '순수한' 부의 소득세 계획과 실행을 구분하였고

실은 실험집단의 부의 소득세가 자녀를 둔 기혼부부의 결혼에 대해 통계적으로 의미있는 불안정 효과를 갖지 못한다는 것이었다.

비록 조사연구가 이 분야의 모든 쟁점들을 해결하지는 못하였지만 복지가 여성가구주 가족을 증가시킨 주요 요인이 아니라는 점은 분명해졌다고 생각된다.37) 첫째, 앞에서 설명했듯이 다른 소득이 전혀 없는 가족의 실제 평균 급여수준은 적어도 1970년 이후부터 감소해 왔다는 점이다. 그러나 자녀를 둔 모든 여성가구주 가족의 비율은 계속 증가해 왔다. 둘째, Garfinkel과 Mclanhan은 Ellwood와 Bane(1984)과 Danziger(1982)의 연구로부터 얻은 계수들을 이용하여 복지는 1960~1975년 사이에 편모였던 여성의 비율 증가 중에서 1/10~1/7 밖에 설명하지 못한다고 평가했다.(여성가구주의 비율은 또한 그들이 혼자서 살기로 결정했는지의 여부에 의해서도 영향을 받기 때문에 여성가구주 비율의 증가 중에서 약간 더 많은 부분을 설명할 수도 있다.) 끝으로 영속적인 빈곤은 주로 흑인 여성가구주 가족들에게서 나타나며, 최근의 흑인 지역사회에서 이러한 여성가구주가 증가하게 된 주요 원인은 서자의 출생이 증가한데 있다. 그러나 어떠한 연구도 이러한 경향과 복지제도 간의 관계를 명확하게 밝히지 못하였다. 비록 경제학자들이 그러한 가족에 대한 이론화 및 경험적 연구에 있어서 두각을 나타내 왔지만, 저소득지역의 생활에 대한 민속학적인 설명이나 언론매체의 설명에 따르면 청소년기의 임신과 출산은 경제학적 모델로는 결코 파악될 수 없는 복합적인 요인들에 의해 발생된다고 한다.

(4) 태도 : 또 다른 가설은 복지제도가 ‘의존’을 낳는다는 것이다. 즉, 복지제도는 그것을 접하는 사람들의 가치와 태도를 변화시키다는 것이다. 이 가설은 검증하기가 매우 어렵다. 우리는 일생동안 소득의 상당부분을 복지제도로부터 얻는다는 의미에서 복지수혜자 중의 극히 일부는 ‘복지 의존자’

---

시험적인 표본들은 모두 이용하였고 결혼안정에 미치는 일시적 효과가 장기적 효과를 분리하였다.

37) 영향을 미치는 다른 요인들- 여성의 취업기회 증가, 이혼에 대한 태도의 변화, 남성의 취업기회 감소- 에 대해서는 H. Ross & Sawhill 1975 : Garfinkel & Mclanhan 1986; W. Wilson & Neckerman 1986

일수도 있음을 우리는 알고 있다. 예를 들어 Ellwood(1986)는 복지혜택을 받는 모든 사람들 중에서 약 30%가 8년 이상 동안 복지급여를 받는다고 추정했다. 복지제도 자체가 태도나 가치의 변화를 조장시킴으로써 이러한 의존심을 일으키는지는 불분명하며 장기적인 급여혜택이 개인 자신의 성격과 그가 이용할 수 있는 기회들에 영향을 미치는지도 불분명하다. 현재 이용가능한 증거들이 서로 일치되지는 않지만 국가의존 명제 보다는 이질성을 지지하는 것으로 보인다.(M. Plant, 1984, J. O'Neill 1984, G. Dundcan과 Hoffman 미간행, Blank 1986)

## 8. 하류계층은 증가하는가?

비록 빈민의 행동에 소득이전이 중요한 영향을 미쳤다는 증거는 없지만, 최근의 조사연구들에 의하면 어떤 역기능적 행위들이 소득이전 이외의 다른 이유들로 인해 더 보편화 되고 있다고 한다. 이런 현상은 도심의 빈민지역에 거주하는 하층민들을 증가시키게 한다. 이러한 주제에 대해 특히 많은 기여를 한 W. Willson(1987)에 의하면 전체적인 빈곤은 감소되었지만 동시에 범죄, 복지의존, 만성적 실업, 여성가구주 가족의 확산 등과 같은 사회문제들은 도심의 빈민지역에서 보다 현저해 졌다고 한다. 그는 이것은 시민권 혁명이 점점 불우해지는 사람들을 뒤에 남겨둔 채 흑인들로 하여금 게토지역에서 벗어나도록 상승시켜 준 사실을 반영하는 것으로 가정했다. 그가 보기에는 이러한 외부로의 이주는 시설(교회, 학교 등)의 지원과 빈민들을 위한 중류층이나 노동계층의 역할모델로 더 위축시켜 왔다.

이러한 영역에서의 조사연구는 일반적으로 문제가 되는 하위집단에 대한 일치된 개념이 부족하기 때문에 실패해 왔다. 최근에 많은 연구자들이 하위계층을 정의하면서 계속 빈곤하거나 도심 빈민지역에 거주하거나 반사회적이고 역기능적인 행위(복지의존, 퇴학, 노동동기 부족, 어릴때의 임신, 범죄)를 하는 집단을 강조하고 있다. 크게 놀랄 사실은 아니지만 하위계층의 규모와 특성에 관한 평가들은 표 7에서 보듯이 채택된 개념에 따라 매우 다양하다. 하위계층을 확정하는 주요 기준으로서 빈곤의 지속기간을 채택한 개념들은 일반적으로 빈곤의 공간적 집결을 채택한 경우 보다 그 규모를 크게 평가한다. 그러나 일반적으로 내려질 수 있는 하나의 결론은 어떤 개념을 선택하든지 하위계층은 상대적으로 소규모라는 점이다. 예를 들어 전체 빈민의 7%만이 흑인이지만 이런 저소득지역에 사는 흑인들은 흑인인구의 5% 또는 흑인빈민의 15%도 되지 않는다.(미국 통계국 1985) 그래서 흑인을 포함한 미국 빈민의 대부분은 게토지역에서는 발견되지 않는다. 동시에 하위계층은 점차 증가하고 있는 것으로 보인다. 예를 들어 1970년과 80년 사이에 빈곤인구는 8% 증가했으나, 집단거주 지역에 사는 빈민의 수는 36% 증가했다.(E. Ricketts와 R. Mincy 1988, Denziger와 Gottschalk, Band과 Jargowsky 미간행, R. Reischauer 1987)[38]

<표 7> 하위계층의 규모 추정

| 출처 | 정의 | 연도 | 수 | 미국의 빈곤인구율 | 미국의 인구율 |
|---|---|---|---|---|---|
| Ruggles and Marton(1986) | 노인이나 장애인이 아니면서 계속 빈곤한 자 | 1985 | 800만명 | 23.5 | 3.5 |
| Sawhill(1987) | 빈곤지역에서 사는 빈민 | 1979 | 180만명 | 7.1 | 0.8 |
| Levy(1977) | 1967~1976년 사이에 적어도 5년간 빈곤한 자 | 1967 | 1,000만~1,100만명 | 37.5 | 5.3 |
| Danziger and Gottschalk (1987) | 상한: 빈곤지역에 사는 모든 인구<br>하한: 빈곤지역에 살면서 오랫동안 AFDC를 받아온자 | 1979<br>1984 | 370만명<br>100만명 | 14.2 | 1.6 |
| Nathan (1987) | 빈곤지역에 사는 흑인 및 스페인계 빈민 | 1979 | 410만명 | 15.7 | 1.8 |
| Ricketts and Swhill(1988) | 하위계층지역에 사는 전체 인구 | 1979 | 250만명 | 5.0 | 1.0 |

이러한 추세를 보이는 이유는 잘 알 수 없으며, 논쟁거리로 남아 있다. 하나의 가능한 설명으로서 '빈곤문화'를 공식화한 문헌을 들 수 있다. 이것은 경제학적 시각을 탈피한 것인데, 여기에서는 그것을 자세히 설명하지 않

38) 미국의 5대 도시의 경우 빈곤인구는 22% 증가했고, 저소득지역 거주자는 161% 증가했다.(Wilson 1987)

겠다.(M. Harrington 1962, O.Lewis 1968, E. Banfield 1970) 이 이론의 가장 기본적인 가정은 빈민 혹은 최소한 그들 중의 일부는 가치, 태도, 열망의 측면에서 비빈민과 다르며 이러한 성격 특성으로 인해 장기적인 빈곤에 빠지게 된다는 것이다.[39] 이러한 가설 보다 약간 온건한 설명도 있는데 그것은 원인이 무엇이든지 간에 태도와 행동은 기회가 더 많아짐에 따라 아주 느리게 변화하며, 이에 따라 빈곤의 영속화에 도움을 준다는 것이다. 실제로 만약 역기능적 대도와 행위가 사회규범으로 될 정도로 보편화된 지역사회에 있어서 그러한 태도와 행위가 '전염될' 가능성을 인정한다면 하위계층과 빈민들은 이 이유만으로도 증가할 것이다. 또 다른 가설도 있는데 그것을 도시지역에서 구할수 있는 직업의 종류와 이 지역에 거주하는 더 불우한 사람들의 기술수준이 제대로 일치되지 않는 현상이 증가하고 있다는 것이다.[40] 경제학자 및 기타 사회과학자들은 지금에서야 이러한 사실 및 하위계층이 증가하는 여타의 요인들을 진지하게 언급하기 시작했지만, 그것은 더 많은 조사를 통해 입증되어야 할 것이다.

## 9. 왜 빈곤은 계속되고 있는가?

앞 절에서 지닌 수십년 동안 빈곤율의 추세에 영향을 준 많은 요인들을 검토하였다. 본 절에서는 이런 추세가 왜 이룹지 못한가에 대한 전체적인 평가를 제시하기 위해 '그 결과'들을 서술하겠다.

표 8은 이 논문의 앞부분에서 토의된 모든 주요 요인들의 효과에 대한

39) 많은 횡적인 자료들은 빈곤의 열망이나 기타의 태도요인들의 부족에 따른 것이라는 가설을 검증할 수 있게 한 태도와 동기에 대한 의문을 표하고 있다. PSID를 포함한 대부분의 연구들은 빈곤가구의 가구주는 성취동기, 개인적 효율성, 미래지향성의 측정에서 점수가 낮게 나타났고, 실패에 대한 두려움에서는 높게 나타났다. 이러한 차이점들이 빈곤의 원인인지 아니면 빈민이 처한 객관적 환경을 반영한 것인지는 분명하지 않다. PSID에 기초한 조사는 태도는 경제적 지위의 변화에 의해 영향을 받으며, 태도는 장래의 변화에 대한 희미한 지표이다.(Mary Corcoran *et al*, 1985)

40) 이러한 추세의 증거는 J. D. Kasarda 1988에서 찾아볼 수 있다.

아주 개략적인 평가를 보여 주는 것이다. 필자는 1967~1985년 동안을 검토했는데 그 이유는 여러 요인들에 관해서 가장 완벽한 자료들을 얻을 수 있었기 때문이다. 최근 실시된 몇몇 연구에 의하면 소득불평등이 점차 증가하고 있는데, 그렇다고 하더라도 필자는 위의 표에서 그것을 별도의 변수로서 포함하지는 않았다. 그 이유는 필자의 생각에는 그것이 중요하지 않거나 혹은 '우리들의 무지의 척도'이기 때문이다. 즉, 불평등이 증가하기 때문에 빈곤이 증가한다고 말하는 것은 어떤 한 문제를 다른 문제로 바꿔 놓은 것에 불과하다. 필자는 경제의 성과를 지속적인 성장요소와 주기적인 요소로 분류하였다. 전자는 잠재적인 GNP의 장기적인 증가가 실제 소득과 빈곤에 미치는 효과를 측정하기 위한 것이고, 후자는 잠재력을 다 발휘하지 못하고 불경기에 빠진 노동시장과 높은 실업율을 지닌 경제가 미치는 효과를 측정하기 위한 것이다.

이러한 평가들을 내리기 위해 설정된 구체적인 가설은 표의 주에 설명되어 있다. 이러한 평가 자체는 빈곤과정에 대한 일치된 모델에 근거한 일련의 문헌들로 부터 나온 결과라기 보다는 축적된 지식에 의한 추측으로 간주될 수 있다. 특히 두가지 변수(성장과 실업)를 제외하고는 이 평가들은 중복적인 혹은 구조적인 모델로 부터 도출된 것이 아니다. 예를 들어 소득이전의 증가가(노동공급 효과를 통해) 경제성장을 감소시켰거나(가구구조 효과를 통해) 인구변동율을 증가시켰다면, 소득이전의 빈곤율에 미치는 순효과는 위 표의 칼럼 1에서 나타난 효과 보다 작게 되며 이에 따라 성장과 인구변동이 갖는 순효과는 각각 더 크고 작게 된다. 이것이 지난 중요성 때문에 많은 연구자들은 이러한 피드백 효과에 관심을 두고 있는데, 필자는 그 문헌들에 나타난 보다 큰 효과들 중의 일부를 반영하도록 위 표의 칼럼 2에서 그것들을 약간 조정해 보았다. 그러나 이 문헌들에 다양한 평가들이 제시되어 있기 때문에 이런 조정결과는 예시적인 것으로 파악될 수 있다. 더구나 변수들간에 성립될 수 있는 모든 가능한 관계에 맞추어 조정한다는 것은 불가능하다. 예를 들어 인구변동이나 소득이전이 높은 구조적 실업을 초래한다면 전자의 영향이 크고 후자는 적다. 이러한 사례들 및 기타 이용가능한 것들은 빈곤조사가 지난 근본적 문제를 강조한다. 그것은 연구자들이 기존의 다양한 결과들을 통합시키고 보다 일관성 있고 향상된 평가를 이끌어 낼 수 있는 소득형성 과정에 대한 기본적인 구조적 모델이 부족하다는 것이다. 더 심각한 것은 연구자들이 다양한 모델들과 그 결과들 중에서 선택하는 데 도움을 받을 수 있는 널리 인정된 소득분배 이론이 부족하다는 것이다.

이러한 모델과 이론이 부족함에도 불구하고 표 8에서는 빈곤의 지속성에 관한 여러 가시 시험적인 결론이 제시되고 있다. 그 중의 하나는 지난 20년간 빈곤율을 감소시킨 주요 요인들은 소득이전과 인간자본 투자였다는 것이다. 소득이전과 관련하여, 만약 소득이전의 절반만이 저소득층에 흘러들어간다고 가정하는 경우 조차도 이러한 이전은 빈곤은 감소시킨 주요 요인으로 고려되어야 할 것이다. 인간자본 투자와 관련하여서는 그 결과가 훨씬 불투명하다. 어쨌든 표 8의 가정들은 상당히 보수적이다. 더구나 그것들은 이 기간 동안 교육수준의 일반적인 증가가 갖는 효과를 고려하지 못했다. 1970년 25세 이상 인구의 48%는 고졸 이하였으나, 1985년에는 26%로 낮아졌다. 확실히 이것은 빈곤을 감소시키는 효과를 발휘했다.

<표 8> 빈곤이 계속되는 이유

| | 빈곤율의 변화 추정치 1967~1985 | 성장 및 인구에 대한 이전의 피드백 효과에 관한 실증적인 조정 |
|---|---|---|
| 실제의 변동 원인: | -0.2 | |
| 1. 인구변동 | +1.3에서 +1.9 | +.0.9에서 +1.5 |
| 2. 지속적인 성장 | -0.1에서 -0.4 | -1.3에서 -1.6 |
| 3. 높은 실업 | +2.4에서 +4.0 | |
| 4. 인간자본 투자 | -0.4에서 -2.2 | |
| 5. 현금이전 | -3.3 | -1.7 |
| 6. 하층의 증가 | 0에서 +1.0 | |

이러한 빈곤의 감소에 역작용을 하는 주요 요인들은 최근의 인구학적 변동과 높은 실업율이다. 필자는 주기적 조건들이 갖는 효과에 대한 결론은 아주 확고하다고 생각한다. 빈곤선을 가구 평균 소득에 따라 조정하는 경우에 조차도 실업이 미치는 효과는 매우 크고 중요하다.(Blank와 Blinder 1986)

어떤 사람은 이 실업이 구조적이냐 주기적이냐를 논의하겠지만, 그 관계는 전체 실업 대신에 남성의 실업으로 대치시킨다고 하더라도 거의 변하지 않기 때문에 필자는 이것이 주기적 효과를 갖는다고 추측한다. 불황기의 노동시간과 빈곤은 밀접한 관계가 있다.

인구학적 추세는 설명하기가 어렵다. 이러한 추세를 설명함에 있어서 복지제도의 역할은 별로 크지 않다. 문화적 요인이나 변화된 사회규범도 마찬다지이다. 어쨌든 복지제도와 변화된 사회규범은 아마도 여성들의 취업기회와 소득을 향상시키기는 역할을 약간을 하고 있다. 이것은 성인여성 뿐만 아니라 노인과 청년들의 과거 보다 독립적으로 생활할 수 있게 해 주었다.

## 10. 요약 및 결론

이 논문에서는 지난 20년간 미국의 빈곤율의 추세 뿐만 아니라 빈곤인구에 관한 몇가지 기본적 사실을 검토하였다. 그 결론은 다음과 같다.

1) 결점이 있음에도 불구하고 미국에서 기존의 '공식적' 빈곤 측정은 정책입안가와 조사 연구자들 모두에게 매우 유용한 것으로 입증되었다.

2) 빈민은 매우 다양한 집단으로 구성되어 있지만, 종적으로 횡적인 세밀한 자료들이 개발됨으로써 빈곤에 대해 과거 보다 많은 평가가 내려지고 있다. 예를 들어 우리는 다음의 사실들을 알고 있다. (a) 흑인이거나 여성가구주 가족이거나 18세 미만의 아동이면 빈민이 될 가능성이 매우 높다. (b) 비록 어떤 시기에 빈민으로 간주된 많은 사람들이 오랫동안 빈곤하게 될지라도 대부분의 소득빈곤은 일시적이다. (c) 비록 전체 빈민 중 소수가 도시게토지역에 살거나 하위계층이라고 하더라도 빈곤은 점차 도시의 저소득지역에 집중되고 있다.

3) 소득빈곤은 1960년대 중반 이후 약간 감소했을 뿐 상대적 측면에서는 급증했다. 그러나 몇가지 기본적 욕구 - 특히 의료- 는 과거 보다 많이 충족되고 있는데 이것을 빈곤에 대한 최선의 척도로 볼 수 없다.

4) 빈민에 대한 소득이전과 인간자본 프로그램의 확대에도 불구하고 빈

곤이 크게 감소되지 않은 것은 설명하기가 어렵다. 이 논문을 통해서 볼 때 그것은 부분적으로 지난 20년간 실질적인 평균소득이 많이 증가하지 못했기 때문일 수도 있다. 보다 중요한 것은 1960년대 후반에 비해 1980년대 초반에는 실업율이 매우 높았다는 점이다. 또한 역진적인 인구 추세도 한몫을 했다.

5) 빈곤율을 추방하지 못한 것은 반빈곤 프로그램들 자체의 실패 때문은 아니다. 그러나 표 8의 수치가 보여 주는 것처럼 이 프로그램이 얼마나 효과적이었는지는 확실하지 않다. 간단히 말해 이 프로그램들이 빈곤을 감소시키기는 했으나 어느 정도인지는 말하기 어렵다.

6) 정책적 견해에서 보면 사회보험 프로그램의 확대로 인해 노인들의 빈곤이 감소한 것은 큰 성공이다. 비노인들을 위한 자산조사 현금지원은 비교적 소규모였으며 최근에는 인플레이션에 맞춰 조정되지도 않았다. 너구나 비노인층 내에서 임금소득의 분배는 보다 불평등해 지고 있으며 소득이전 전의 빈곤율은 증가하고 있다.

7) 보다 과학적인 입장에서 보면, 우리는 빈곤의 기본적인 원인에 관해서 거의 모르고 있다. 즉 그것이 유전학적인지 문화적 유산인지, 인간자본의 부족 때문인지, 노동과 가족의사 결정에 관련된 선택 때문인지, 거시경제적 실패 혹은 인종, 성, 가족배경에 따른 사회계층화의 결과 때문인지 잘 알지 못한다.

본 논문이 이러한 보다 상세한 문제들을 해결하지 못했지만 소득이 생성되고 분배되는 과정에 관한 보다 완전한 이론과 모델이 개발되고 검증될 때 까지 본 논문에서 제시된 몇가지 문제들에 대한 해답은 부분적이며 시험적일 수 밖에 없다.

<참고 문헌>

Aaron, Henry, 'The Foundation of the 'War on Poverty Reexamined', *American, Economic,*

*Review,* Dec, 1967, 57(5), pp.1229~1240

Aaron, Henry, *Politics and the Professors : The Great Soceity in Perspective, Washington*, DC: Brookings Institution, 1978

Aaron, Henry, "Comments on 'Evaluation of Census Bureau Procedures for the Measurement of Noncash Benefits and the Incidence of Poverty' by Barry Chiswick", *in Conference on the Measurement of Noncash Benehits, proceeding*, vol. 1, U.S. Bureu of the Cwnsus, Washington, DC: U. S. Dept. of Commerce, 1985, pp.57~62

Annderson, Bernard E. and Sawhill, Isabel V., eds. *Youth Empolyment and Public Policy*, Englewood Cliffs, NJ: American Assembly, Pretice-Hall, 1980

Annderson, William Henry Locke, "Trickling Down: The Relationship Between Economic Growth and the Extent of Poverty Among American Families", *Quart, J. Econ.,* Nov. 1964, 78(4), pp.511~524

Atkinson, A. B. "Income Maintenance and Social Insurance: A Survey", *in Handbook of Public Economics,* vol.3 Eds : Alan Auerbach and Martin Feldstein, Amsterdam and NY: North Holland, 1987, ch. 13, pp.779~889

Avery, Roberty B: Elliehausen, Gregory E. and Canner, Glenn B. "Survey of Consumer Finances, 1983", *Fed. Res. Bull.*, Sept, 1984, 70(9), pp.679~692

Bane, Mary Jo and Ellwood, David "Single Mother and Their Living Arrangements", Contract No. 100-82-0038, U.S. Dept. of Health and Human Services, 1984

_____, "Slipping into and out of Poverty: The Dynamics of Spells", *J. Human Res*, Winter 1986, 21(1), pp.1~23

Bane, Mary Joe and Jargowsky, Paul A. "Urban Poverty Areas: Basic Questions Concerning Prevalence, Growth and Dynamics", *in Inner City Poverty in America*, Eds. : Michael Mcgreary & Lawrence Lynn, Washington, D. C.: National Academy Press, 1988

Banfield, Edward, *The Unheavenly City*, Boston: Little, Brown, 1970

Bassi, Lauris and Ashenfelter, Orley, "The Effect of Direct Job Creation and Traning Programs on Low-Skilled Workers", in Sheldon Danziger and Daniel Weinberg, 1986, pp.133~151

Beach, Charles, "Cyclical Sensitivity of Aggregate Incom Inequality", *Rev. Econ. Statist* Feb. 1977, 59(1), pp.56~66

Becker, Gray, A *Treatise on the Family*, Cambridge Cambridge and London : Harvard Univ.

Press, 1981

Berrueta-Clement, John R. et al., *Change lives: The Effect of the Perry preschcool program of youth through age 19,* Ypsilanti, MI. The High/Scope Press, 1984

Betsey, Charles L. : Hollister, Robinson G., Jr. and Papageorgiou, Mary R., eds. *Youth Employment and Training progrmas: The YEDPA years,* Washington, DC: National Academy Press, 1985

Birdsall, William, "The Value of the official Poverty Statistics" Paper for the Association for Public Policy and Management, New Orleans, 1984

Bishop, John, "Jobs, Cash Transfers and Marital Instability: A Review and Synthesis of the Evidence", *J. Human Res.*, Summer 1980, 15(3), pp.301~334

Blank, Rercca, "How Important is Welfare Dependence?" Working Paper No. 2026 NBER, Cambridge, MA, Sept. 1986

Blank, Rercca and Bijnder, Alan, "Macroeconmics, Income Distribution, and Poverty", in Sheldon Danziger and Daniel Weinberg, 1986, pp.180~208

Blinder, Alan, Toward an Economic Theory of Income distribution, Cambridge and London : MIT Press, 1974

______, "The Level and Distribution of Economic Well-Being", in the *American Economy in Transition,* Ed,: Martin Feldstein, Chicago: U. of Chicago Press, 1980, pp.415~479

Blinder, Alen and Esaki, Howard, "Macroeconomic Activity and Income Distribution In the Poster United States", *Rev. Econ. Statist.*, Nov. 1978, 60(4), pp.604~609

Borus, Michael E. "Why Do We Learn So little from Impact Evaluations of Employment and Training Program?" Proceeding of the 39th Annual Meeting of the Industrial Relation Research Association, Medison, WI, Dec, 28~30, 1986

Bowles, Samuel and Gintis, Herbert, *Schooling in Capitalist America*, NY: Basic Books, 1976

Burtless, Edgar K. and Johnson, William R. "The Trade-off between Equality and Efficiency", *J. Polit. Econ.*, 1984, 92(2), pp.175~203

Burtless, Gray, "Public Spending for the Poor : Trends, Prospects and Economic Limits", in Sheldon Danziger & Daniel Weinberg, 1986a, pp.14~49

______, “The Work Response to a Guaranteed Income: A Survey of Experimental Evidence”, *in Lessons from the Income Maintenance Expreiments,* Proceedings of a Conference held in Sept. 1986, Ed: Alicia H. Munnell, Boston, MA: Federal Reserve Bank of

Boston, 1986b

______, "In- Kind Transfers and the Trend in Poverty", *in Understanding Poverty and Dependence, Eds.* : Douglas J. Besharov and Les Lenkowsky, NY: Free Press, forthcoming

Burtless, Gray and Haveman, Robert, "Policy Lessons from Three Labor Market Experiments", *in Employment and Training R&D: Lessons learned and furture directions,* Ed: R. Thayne Robson, Kalamazoo, MI: W. E. Upjohn Institute for Employment Research, 1984, pp.105~1303

______, "Taxes, Transfers and Labor Supply: The Evolving Views of U. S. Economists", *in The Relevance of Public Finance for Policy making,* Eds, : Hans van de Kar and Barbara Wolfe, Detroit: Wayne State U. Press, 1987, pp.127~146

Cain, Glen C. "The Challenge of Segmented Labor Market Theories to Orthodox Theory: A Survey", *J. Econ, Lit.*, Dec. 1976, 14(4), pp.1215~1257

Cain, Glen C. and Wissoker, Douglas A. "A Reanalysis of Marital Stability in the Seattle-Denver Income Maintence Experiment", Discussion Paper #857~88, Institute for Research on Poverty, U. of Wisconsin, Madison, Jan, 1988

Corcoran, Mary et al, "Myth and Reality: The Causes and Persistance of Poverty", *J. Social Anal. Manage*, Summer 1985, 4(4), pp.516~536

Danziger, Sheldon, "Recent Trends on Poverty and the Antipoverty Effectiveness of Income Transfers", *in The Distributional Impacts of Public Policy*, Eds,: Sheldon Danziger and Kent Portney, London: Macmillan Press, 1987, pp.33~45

______, "Earning Inequality, the Sptial Concentration, amd the Under Class", *Amer, Econ, Rev.*, May 1987, 77(2), pp.211~215

Danziger, Sheldon: Havemen, Roberty and Plotnick, Roberty, "How Income Transfer Programs Affect Work, Saving, and the Income Distribution: A Critical Review", *J. Econ, Lit.*, Sept. 1981, 19(3), pp.975~1028

______, "Antipoverty Policy : Effect on the Poor and the Nonpoor", in Sheldon Danziger and Daniel Weinberf, 1986, pp.50~77

Danziger, Sheldon et al., "Work and Welfare as Determinants of Female Poverty and Household Headship", *Quart. J. Econ.*, Aug, 1982, 97(3), pp.519~534

Danziger, Sheldon and Plotnick, Roberty, "The War on Income Poverty: Achivements and

Failures", *in Welfare Reform in America*, Ed: Paul, Sommers, Boston and The Hague: Kluwer-Nijhoff, 1982, pp.31~52

Danziger, Sheldon and Weinberg, Daniel, *Fighting Poverty: What workers and what doesn't Dambridge*: Harvard U. Press, 1986

Darlington, Richard B. et al., Preschool Programs and Later School Competence of Children from Low-Income Families, *Sience*, Apr. 1980, 208(4440), pp.202~204

Davids, Karen, "A Decade of Policy Developments on Providing Health Care for low- Income Families", *in A Decade Federal Antipoverty Programs : Achivements, Failurew, and lessons, Ed.* : Roberty H. Havemen, NY: Academic press, 1977, pp.197~231

Deaton, Angus S. and Muellbauer, John, *Economics and Consumer Behavior*, Cambridge: Cambridge U. Press, 1980

Dooley, Martin and Gottschalk, Peter, "Earnings Inequality Among Males in the Unites States: Trends and Effect of Labor Force Growth", *J. Polit. Econ.* Feb. 1985, 82(1), pp.59~89

_______, "The Increasing Proportion of Men with Low Earningin the United States", Demography, Feb. 1985, 22(1), pp.25~34

Duncan, Greg, *Years of Poverty, Years of Plenty*, Ann Arbor: U. of Michigan, 1984

Duncan, Greg and Hoffman, Saul D. "The Use and Effects of Welfare: A Survey of Recent Evidence", *Social Service Rev.*, forthcoming

Duncan, Otis: Featherman, David and Duncan, Beverly, *Socioeconomic Background and Achievement*, Seminar Press, 1972

Ellwood, David T. Targeting *'Would Be' Long-Term Recipients of AFDC*, Report prepared for U.S. Dept of Health and Human Services by Mathematica Policy Research, Inc., Princeton, NJ. Jan, 1986

Ellwood, David T. and Bane, Mary Jo. *The Impact of AFDC on Family Structure and living Arrangements*, Grant 92A~82, Dept. of Health and Human Services, Washington DC. 1984

Ellwood, David and Summers, Lawrence, "Poverty in America: Is Welfare the Answer or the Problem?" in Sheldon Danziger and Daniel Weinberg, 1986, pp.78~105

Elmore, Richard, "Knowledge Development Under the Youth Employment and Demonstration projects Act. 1977~1981", *in Youth Employment and Traning Programs : The YEDPA years, Eds.*: Charles Betsey, Robinson Hollisterm and Mary Papageorgiou, Washington,

DC; National Academy Press, 1985

Featherman, David L. and Hauser, Robert M. *Opportunity and Change*, NY: Academic Press, 1978

Fraker. T.: Maynard R. and Nelson, L. *An Assesment of Alternative Comparison Group Methodolgices for Evaluating Employment and Training Programs*, Final Report, Mathematica Policy Research, Princeton, NJ. 1984

Freeman, Richard and Hall, Brain, "Permanent Homelessness in America?" *Pop. Res. Policy Rev.*, 1987, 6, pp.3~27

Freeman, Richard B. and Wiae, David A., eds. "The Youth Labor Market Problem: Its Nature, Causes and Consequences", *NBER Conference Report*, U. of Chicago Press, Chicago, IL, 1982

Fuchs, Victor, "Redefining Poverty and Redistributing Income", *The Public Interest,* Summer 1967, 8, pp.88~95

_____, "The Feminization of Poverty?" *Working Paper* No. 1934, NBER, Cambridge, MA, May 1986

Van Der Gaag, Jacques and Smolensky, Eugene, "True Household Equivalence Scales and Characteristics of the Poor in the United States", *Rev. Income Wealth*, Mar. 1982, 28(1), pp.17~28

Gallaway, Lowell, "The Foundation of the 'War onPoverty'", *Ame. Econ. Rev.*, Mar. 1965, 55(1), pp.122~131

Garfinkel, Irwin and Haveman, Robert, *Earnings Capacity, Poverty, and Inequality*, NY: Academic Press, 1977

Garfinkel, Irwin and McLanahan, Sara, *Single Mothers and their Children: American Dilemma*, Washington, DC: Urban Institute press, 1986

Glazer, Hathan, "Education and Traning Programs and Poverty", in Sheldon Danziger and Daniel Weinberg, Cambridge: Harvard U. Press, 1986, pp.152~173

Gottschalk, Peter and Danziger, Sheldon, "Macroeconmic Conditions, Income Transfers, and the Trend in Poverty" *in the Social Contract revisited, Ed* : D. Lee Bawden, Washington, DC: Urban Institute Press, 1984, pp.185~215

_____, "A Framework for Evaluation the Effect of Economic Growth and Transfers on Poverty", *Amer. Econ. Rev.* Mar. 1985, 75(1), pp.153~161

Gramlich, Edward M. "The Distributional Effects of Higher Unemployment", *Brookings Pap. Econ. Act.* 1974, 2. pp.293~336

Gramlich, Edward M. and Lauren, Deborah S. "How Widespread are Income Losses in a Recession", *in The Social Contract resivited, Ed.*: D. Lee Bawden, Washington, DC: Urban Institute Press, 1984, pp.157~180

Green, Gordon and Welniak, Edward, "Changing Family Composition and Income Differentials", *Special Demographic Analyses*, CDS-80-7, U.S. Bureau of the Census, Washington, DC: GPO, 1982

Groeneveld, Lyle P: Hannan, Michael T. and Tuma, Nancy Brandon, "Marital Stability", *in Final report of the Seattle-Denver Income Maintenance Experiment,* Vol. 1, Part. V. "Design and Results "Menlo Park, CA: SRI International, May 1983, pp.259~383

Grubb, W. Norton and Wilson, Robert H. "The Distribution of Wages and Salaries, 1960~1980: The Contributions of Gender, Race, Sectoral Shifts and Regional Shifts", *Working* Paper No. 39, The Lyndon B. Johnson School of Public Affairs, U. of Texas, Agust in,1987

Gueron, Judith M. "Reforming Welfare With Work", *Occassional paper* No. 2, Ford Foundation Project on Social Welfare and the American Future, NY. Ford Foundation, 1987

Hadley, Jack, *More Medical Care, better Health?* Washington, DC.: Urban Institute Press, 1982

Harrington Michael, *The Other America*, Rev. ed, NY: Macmillan, 1962

Harrison, Bennett and Bluestone, Barry, *The great U-Turn : Corporate Restructuring and the Polarization of America*, NY: Basic Sooks, forthcoming

Harrison, Bennett: Tilly, Chris and Bluestone, Barry, "Wage Inequality Takes a Great U-Turn", *Challenge*, Mar,-Apr, 1986, pp.26~32

Hausman, Jerry A. "Taxes and Labor Supply", in *Hanbook of Publci Econoomics,* Eds. : Alan Aeuerbach and Martin Feldstein, NY: Elsevier Science, 1987

Haveman, Robert, ed, A Decade of Federal Antipoverty Programs : *Achievements, failures, amd lessons*, NY: Academic Press, 1977

_______, *Poverty Policy and poverty research : The Great Society and the Social Science*, Madison, WI: U. of Wisconsin Press, 1987

Henle, Peter and Ryscavage, Paul, "The Distribution of Earned Income among Men and Women, 1958~77", *Mon. Lab. Rev.*, Apr. 1980,, 103(4), pp.3~10

Hill, Martha et al. "Motivation and Economic Mobility", Research Report Series, Inst. *for Soc. Res.,* U. of Michigan, Ann Arbor, 1985

Hirsch, Barry, "Poverty and Economic Growth: Has Trickle Down Petered out?" *Econ. Inquiry*, Jan. 1980, 18(1), pp,.151~158

Hoagland, William, "The Effectiveness of Current Transfer Programs in Reducing Poverty", in *Welfare Reform in America, Ed.*: Paul Sommers, Boston and The Hague: Kluwer-Nijhoff, 1982, pp.53~75

Hoffman, Saul and Duncan, Greg, "Remarriage and Welfare Choices of Divorced Women", Unpub. ms., U. of Delaware, Dept. of Economics, 1987

Honig, Marjorie, "AFDC Income, Recipient Rates, and Family Dissolution", *J. Human Res.*, Summer 1974, 9(3), pp.303~322

Hurd, Michael D. and Pencavel, John H. "A Utility-Based Analysis of the Wege Subsidy Program", *J. Public Econ.*, Apr. 1981, 15(2), pp. 185~201

Hutchens, Robert, "Welfare, Remarriage and Marital Search", *Amer. Econ. Rev.* June 1979, 69(3), pp.369~379

Jencks, Christopher ed. *Inequlity*, NY: Basic Books, 1972

Kasarda, J. D. "Jobs, Migration and Emerging Urban Mismatches", in *Urban Change and Poverty*, eds,: michael G. McGeary and Laurence E. Lynn, Jr. Washington, DC: National Academic Press, 1988

Lalonde, Robert J. "Evaluating the Econometric Evalutions of Tranning Programs with Experimental Data", *Amer. Econ. Rev.*, Sept. 1986, 76(4), pp.604~620

Lampman, Robert, *Ends and Means of Reducing Income Poverty*, NY: Academic Press, 1971

________, *Social Welfare Spending: Accounting for Change from 1950 to 1978*, NY: Academic Institute Press, 1984

Lampman, Robert and Smeeding, Timothy, "Interfamilly Transfers as Alternatives to Government Transfers to Persons", *Rev.* Mar. 1980, 70(1), pp.91~107

Lazear, Edward and Michael, Robert, "Family Size and the Distribution of Real Per Capital Income", Amer. Econ. *Rev.* Mar, 1971, 61(1), pp.1~7

Leontief, Wassily, "Theoretical Assumptions and Nonobserved Facts", *Amer. Econ. Rev.*, Mar, 1971, 61(1), pp.1~7

Levin, Henry M. "A Decade of Policy Developments in Improving Education and Training for

Low- Income populations", in *A Decade of Federal Antipoverty programs : Achievement, Failures, and Lessons,* Ed, : Robert Haveman, NY: Academic Press, 1977, pp. 123~196

Levitan, Sar, *Programs in Aid of the Poor,* 5th ed, Baltimore and London: Johns Hopkins U. Press, 1985

Levy, Frank, "How Big Is the American Underclass?" *Working Paper* No. 0090~1, Washington, DC: Urban Institute, 1977

Lewis, Oscar, *La Vida, a Puerto Rican family in the culture of poverty- San Juan and New York*, London, Panther Books, 1968

Lynn, Laurence, Jr., "A Dacade of Policy Development in the Income Maintenance System", in *A decade of federal antipoverty programs: Achievements, failures, and lessons*, Ed,: Robert Haveman, NY: Academic Press, 1977, pp.55~121

MacDonald, Maurice and Sawhill, isabel "Welfare Policy and the Family", *Public Policy*, Winter 1978, 26(1), pp.89~119

Mcmahon, Patrick J. and Tschetter, John H. "The Declining Middle Class : A Futher Analysis", *Mon, Lab, Rev.*, Sept, 1986, 109(9), pp.22~27

Metcalf, Charles, "The Size Distribution of Personal Income during the Business Cycle", *Amer, Econ,* Rev, Sept, 1969, pp.657~668

Minarik, Joseph, "The Size Distribution of Income during Inflation", *Rev. Income Wealth,* Dec. 1979, 25(4), pp.377~392

Minarik, Joseph and Goldfarb, Robert, "AFDC Income, Recipient Rates, and Family Dissolution: A Comment" *J. Human Res*, Spring 1976, 11(2), pp.243~250

Mingerm Jacob, "The Distribution of Labor Incomes: A Survey with Special Reference to the Human Capital Approach", *J. Econ. Lit.,* Mar. 1976, 11(2), pp.243~250

Mirer, Thad, "The Effects of Macroeconomic Fluctuations on the Distribution of Income", *Rev. Income Wealth*, Dec. 1973, 19(4), pp.385~406

Moon, Marilyn, ed. *The Measurement of Economic Welfare: Application to the Aged,* NY: Academic Press, 1977

Moore, Kirstin and Burt, Martham *Private Crisis, Public Cost: Policy Perspectives on Teenage Childbearing*, Washington, DC: Urban Institute Press, 1982

______, "The Effect of Government Policies on Out-of-Wedlock Sex and Pregnancy", *Family*

*Planning Perspectives*, 1977, 9(4), pp.164~169

Mullin Stephen P. and Summers, Anita A. "Is More Better? The Effectiveness of Spending on Compensatory Education" *Phi Delta Kappan*, Jan. 1983, 64(5), pp.339~349

Murry, Chatles, *Losting Ground: American Social Policy,* 1950~1080, NY: Basic Books, 1984

Nathan, Richars, "Will the Underclass Always be with Us?" *Society*, Mar.~Apr. 1987, pp.57~62

Okun, Arthur M. *Equality and Efficiensy,* The Big tradeoff, Washinton, DC: Brooking Institution, 1975

O'Neill, June *et al. An Anlysis of Time on Welfare*, Urban Institute, Washington, DC, June 1984

Orcutt, Guy: Caldwell, Steven and Wertheimer, Richard, H. *Policy Explorating through Microanalytic Simulation,* Washington DC: Urban Institute, 1976

Orshansky, Mollie, "Counting the Poor : Another Look at the Poverty Profile", *Soc. Sec, Bull.*, Jam. 1965, 28(1), pp.3~29

Paglin, Morton, *Poverty and Transfers in-kind,* Stanford, CA: Hoover Institution, 1980

Palmer, Johm L. *Inflation, Unemployment and Poverty,* Lexington, MA: DC. Health, 1973

Patterson, James, *America's Struggle against Poverty, 1900~1980.* Cambridge, MA: Havard U. Press, 1981

Peachman, Joseph, *Who Paid the Taxes,* 1966~1985? Washington, DC: Brookings Institution, 1985

Pencavel, John, "Labor Supply of Men: A Survey", in *Handbook in Labor Economics*, Vol.1, Ed: Orley Ashenfelter and Richard Layard, Amsterdam and NY: North-Holland, 1986, pp.3~102

Perl Lewis and Solnick, Loren, "A Note on 'Trickling Down'" *Quart. J. Econ*, Feb. 1971, 85(1), pp.171~178

Plant, Mark, "An Empirical Analysis of Welfare Dependence" *Amer. Econ. Rev.*, Sept. 1984, 74(4), pp.673~684

Plotnick, Robert, "Social Welfare Expenditures: How Much Help for the Poor?" *Policy Anal,* Summer 1979, 53, pp.271~289

______, "Trend in Male Earning Inequality", *Southern Econ. J.*, Jan 1982, 48(3), pp.724~732

______, "The Redistributive Impact of Cash Transfers", *Public Finance Quart.*, Jan. 1984, 12(1), pp.27~50

Plotnick, Robert and Skidmore, Felicity, *Prograss against Poverty : A Review of the 1964~1974 decade*, NY: Academic Press, 1975

Pollack, Robert A. and Walse, Ternce J. "Welfare Comparison and Equivalence Scales", *Amer. Econ, Rev,* Mat 1979, 69(2), pp.216~221

Rees, Albert, "An Essay on Your Joblessness", *J. Econ, Lit*, June 1986, 24(2), pp.613~628

Resichauer Robert D. *The Size and Characteristics of the Underclass*, Washington DC: Brookings Institution, 1987

Reynolds, Morgen and Smolensky, Eugene, Public Expenditures, Taxes and the Distribution of income: The United States, 1950, 1961, 1970, NY: Academic Press, 1977

Ricketts, Erol R. and Mincy, Ronald, *Growth of the Underclass: 1970~1980*, Wshington DC: Urban Institute, Feb, 1988

Ricketts, Erol R. and Swhill, Isabel V. "Defining and Measuring the Underclass", *J. Policy Anal.* Manage, 7(2), Winter 1988, pp.316~325

Rivin, Alice, "Income Distribution- Can Economists Help?" *Amer. Econ. Rev.* May 1975, 65(2), pp.1~15

Robson, Thayne R. ed Empolyment and Training R & D: *Lessons Learned and Future directions,* Kalamazoo, MI: W. E. Upjohn Institute for Empolyment Research, 1984

Ross, Christine, *The Trend in Poverty, 1965~1984*, Institute for Research on Poverty, U. of Wisconsin, Madison, Sept. 1985(Revised by George Slotsve, Feb. 1987)

Ross, Christine: Danziger, Sheldon and Smolensky, Eugene, *The Level and Trend in Poverty, 1939~1979*, Inst. for research on Poverty, U. of Wisconsin, Madison, June 1985

Ross, Heather and Sawhil, Isabel. *Time of Transition : The Growth of Families headed by Women,* Washington, DC: Urban Institute, 1975

Ruggles, Patricia and Marton, William P, "Measuring the Size and Charateristics of the Underclass : How Much Do We Know?" Washington, DC: Urban Institute, 1975

Ruggles, Patricia and Williams, Roberton, "Transition In and Out of Poverty: New Data from the Survey of Income and Program Participation", Presented at the Annual Meetings of the Allied Social Science Associations, New Orleans, LA, DEC. 1986

Sahota, Gian Singh, "Theories of Personal Income Distributin : A Survey ", *J. Econ. Lit*, Mar. 1978, 16(1), pp.1~55

Sawhill, Isabel V. et al. *Income Transfers and Family Structure*, Urban Institute, Washington,

DC, 1975

Sewell, William and Hauser, Robert, *Education, occupation, and Carinings: Achievements in the early Career*, NY: Academic Press, 1975

Smeeding, Timothy, "The Antipoverty Effectiveness of In-Kind Transfers", *J. Human Res.*, Summer 1977, 127(3), pp,360~378

________, "An Anti-Poverty Effect of In-Kind Transfer: A 'Good Idea' Gone Too Far?" *Policy Studies J.*, 1982b, 10(3), pp.499~522

________, "Is the Safety Net still Intact?" in *The Social Contract revisited*, Ed: D. Lee Brwden, Washington, DC: Urban Institute Press, 1984, pp.69~120

Smeeding, Timothy, and Moon, Marilyn, "Valuing Government Expenditures: The Case of Medical Care Transfers and Poverty", *Rev. Income Welth*, Sept. 1980, 26(3), pp.305~324

Smith, Adam, *Wealth of Nations*, *Vol. 2*, London: Everyman;s Library, 1976

Smolensky, Eugene et al, "In-Kind Transfers and the Size Distribution of Income", in *Improving Mearsures of Economic Well-being*, Eds. : Marilyn Moon and Eugene Smolensky, NY: Academic Press, 1977, pp,131~153

SRI International, "Final Report pf the Seatle-Denver Income Maintenance Experiment: Design and Results", Vol. 1, Stanford Research Institute, Menol Park, CA, May 1983

Taudman, Paul, *Income Distribution and Redistribution*, Reading, MA: Addison- Wesley, 1978

Thurow, Lester, "Analysing the American Income Distribution ", *Amer. Econ. Rev.,* May 1970, 60(2), pp.261~269

______, *Generating Inequality Mechanisms of Distribution in the U.S. economy,* NY: Basic Books, 1975

U. S. Bureau of the Census, "Charcteristics of the Population Below the Poverty Level : 1980", *Current Population Reports,* Series, P-60, No. 133, Washington DC: US. GPO, 1982

______, Poverty areas in Large Cities, Vol. 2, *Subject Reports*, PC80-2-8D, Washington, DC: US. GPO, 1986a

______, Statistical Abstract of the United States: 1987, 107th ed. Washington, DC: US. GPO, 1986b

______, "After Tax Money Income Estimates of Households, 1985", *Series* P-23, N.151, Washington, D.C: US. GPO, 1987a

______, "Child Support and Alimony: 1985", *Current Population Reports*, Series P. 23, No. 152, Washington DC: U.S. GPO, 1987b

______, "Estimates of Poverty Including the Value of Noncash Benefits: 1986", *Technical Paper 57*, Washington, DC: U. S. GPO, 1987c

______, "Money Income and Poverty Status of Familes and Persons in the United States: 1986", *Current Population Reports*, Series P-60, No.157, Washington, DC: US. GPO, 1987d

U. S. Congress, Congressional Budget Office, "Poverty States of Families Under Alternative Definitions on Poverty", *Background Paper* No. 17, rev(Jun), Washington, DC: U.S. GPO, 1977

______, "Reducing-Related Programs for Welfare Recipients", Washington, DC: US. GPO, Apr, 1987

______, Working-Related Programs for Welfare Recipiects, Washington DC: U.S. GPO, Apr. 1987

U.S. Congress House of Represantatives, Committee on Ways and Means, *Background Material and Data on Programs with in the Jurisdiction of the Committe on Ways and means*, Washington, DC: US. GPO, 1987

U. S. Council of Economic Advisors, *Economic Report of the President*, 1964, Washington, DC: U.S. GPO, ,1964

______, *Economic Report of the President*, 1987, Washington, DC: U.S. GPO, 1987

U.S. Department of Agriculture, Office of Government Affairs, "Imformation Package", Washington, DC: U.S. GPO. Apr 1987(revised)

U. S. Department of health and Human Series, Social Security Administration, "Public Social Welfare Expenditures, FY 1986", *Social Security Bulletin* 50, No. 6, Washington, DC: U.S. GPO, Jun 1987

Vickery, Clair, "The Time-Poor: A New Look at Poverty", *J. Human Res.* Winter 1977, 12(1), pp.27~48

Ward, Michael, "The Statistical Measurement of Poverty", Paper for the Bureau of the Census Conference on the Measurement of Noncash Benefits, Williamnburg, VA. Dec. 1985

Watts, Harold, "The Iso-Prop Index: An Approach to the Determination of Differencial Poverty Income Thresholds", *J. Human Res.*, Winter 1967, 2(1), pp.3~18

______, "Have Our Measures of Poverty Become Poorer?" in *Focus*(Inst for Research on Poverty), Summer 1986, 9(2), pp.18~23

Weicher, John C. "Mismeasuring Poverty and Progress", *Cata J.* Winter 1987, 6(3), pp.715~730

Weinberg, Daniel, "Filling the 'Poverty Gap', Multiple Transfer Program Participation", *J. Human Res,m* Winter 1985, 20(1),pp.64~89

______, "Filling the 'Poverty Gap', Multiple Transfer Program Participation", *J. Human Res,* 1987, 22(4), pp.563~573

Weisrrod, Burton A. and Hansen, Lee W. "An Income-Net Woth Approach to Measuring Economic Welfare", *Amer. Econ. Rev.*, Dec. 1968, 58(5), pp.1315~1329

Williams, Roberton, "Poverty Rates and Program Participation in the Survey of Income and Program Participation and the Current Population Survey", paper prepared for the Americas Statistical Association Annual Meetings, Aug. 18~24, 1986

Willson, Willam Julius, *The truly Disadvantaged: Th Iinner City, the Underclass, and Public policy,* Chicago,, U. of Chicago Press, 1987

Willson, William Julius and Neckerman, Kathyn, "Poverty and Family Structure: The Widening Gap Between Evidence and Public Policy Issues", in Sheldon Danziger and Daniel, Weinberg, 1986, pp.262~259

Wolfe, Edward, "Welth Holding and Poverty Status in the United States", *Rev. Income Wealth,* Forthcoming

# 제 15장 미국의 빈곤정책과 비빈민

R. H. Haveman*

## 1. 서 론

1960년대 초기에 미국인들은 흑인과 백인, 노인과 젊은이, 도시와 농촌, 환자와 정상인, 그리고 남부과 북부간의 빈곤과 불균형 문제에 갑작스럽게 많은 관심을 가졌다. Michael Harrington과 John Kenneth Galbraith의 저서에서 자극 받은 케네디 대통령은 빈곤을 퇴치하고, '위대한 사회'를 만들기 위한 법률을 제안했고 존슨 대통령은 이것을 시행했다. 이런 노력의 결과로써, 빈민을 대상으로 한 새로운 프로그램들이 시행되었다. 즉 기존의 사회복지 프로그램이 확대되었고 빈민에게 관심이 더 집중되었다. Robert Lampman이 적절히 지적했듯이, 1965년 이후의 국가정책은 '빈민들을 위해 무엇을 할 것인가?'라는 질문에 크게 영향을 받았다.1)

이런 노력들은 빈곤의 감소, 인종적 불평등의 제거 및 인간의 생산력에 대한 효율적 투자가 가능하리라는 낙관주의와 함께 시작되었다. 그 후 20년이 지난 현재 그런 낙관주의는 사라지고 있다. 현재의 분위기는 과거의 노력에 대한 실망, 기존의 프로그램을 축소하려는 의도 및 새로운 사회적 노력들에 대한 거부 등으로 특징 지워진다. 현재의 분위기가 근거가 없는 것은 분명히 아니다. 빈곤에 관련된 교육과 직업훈련이 '훌륭한' 점수를 받을

---

* 이 글은 R. E. Goodin & J. Legrand, *Not Only The Poor : The Middle Classese and the Welfare State*, Allen & Unwin, 1987의 제 4장을 번역한 것이다.

1) Lampman(1974)

수는 없으며 가장 좋게 표현한다면 '선한 빛에 대한 만족'이라고 하겠다. 빈민들을 위한 건강보호와 교육기회가 개선되어 왔으며 고용 및 주택의 차별이 감소된 것도 거의 의문시 되지 않는다. 1960년대에 비해 주요 도시들은 개선 중의 일부는 일반적인 경제성장 및 기타의 경제적 · 인구학적 요인에서 비롯된 것이기 때문에, 많은 사람들은 이러한 이득 중에서 어느 정도가 위대한 사회를 창출하기 위해 입안된 프로그램에 의해 얻어진 것인지 궁금하게 여긴다.

이런 정책들이 빈민들에게 미치는 효과에 관한 연구는 많다. 소득이전과 현물급여가 빈민에게 흘러 들어갔음을 증명되었고, 반빈곤 프로그램은 저소득 가족들의 복지를 위해 실질적으로 기여했음이 인정되고 있다.[2] 소득이전 정책들이 빈민들의 의사결정과 기회에 대해 - 노동의 공급, 저축, 이주, 가족의 크기와 구조 등에 대해- 미치는 영향의 중요성이 폭넓게 검토되고 있다.[3] 반면, 이러한 정책들이 급여대상에 해당되지 않는 대다수의 국민들, 즉 비빈민들에게 미치는 전체적인 영향에 대해서는 상대적으로 거의 무관심하다.[4] 이런 검토 없이 사회정책에 대해 계속 논쟁하는 것은 불균형적이며 부정확하다. 그것은 증거 대신에 편견과 선입관에 지나치게 의존하는 것이다. 그러나 이에 대한 전반적인 평가를 내리는 일은 어렵다. 몇가지 빈곤 정책들이 수혜자에게 미치는 영향은 직접 확인할 수 있다. 복지급여 혹은 식권을 예로 들수 있다. 이러한 정책들의 또 다른 효과는 주로 부가세의 형태에서 나타나는데 특정한 개인에게 세금 증가를 할당하는 것은 어렵다. 또한 비시장 형태 혹은 과잉 효과의 형태를 띠기도 한다. 복지급여, 교육프로그램, 혹은 의료부조에 의한 건강 증진과 수명 연장 등의 그 실례이다.

---

2) Haveman(1977) and Danziger and Weinberg(1986)을 보라.

3) Danziger, Haveman, and Plotnick(1981)을 보라.

4) 확실히 Piven과 Cloward(1971)는 빈곤정책과 위대한 사회계획의 정치적 기능을 강조하였는데, 이것은 비빈민이 저소득 지역에서의 정치적 · 사회적 안정을 얻는 대가로 지불한 것으로 보았다. 그리고 Anderson(1978), Gilder(1981), Murray(1984)를 보라. 그러나 이들 중 누구도 이 정책의 긍정적 · 부정적 효과를 체계적으로 분석하고 측정하려고 시도하지 않았다.

이 장에서 필자는 빈곤정책으로 인해 반대의 영향을 받을 것이라고 예상되는 사람들, 즉 비빈민에 대한 빈곤정책의 다양한 효과를 확인하려고 한다. 몇몇 경우에는 수리학적 평가도 제시된다. 이론적이기는 하지만, 이러한 평가는 비빈민에 대한 친빈곤적 개입의 결과를 의미한다. 최근의 공공선택 관련 문헌에서 이런 분배문제의 중요성이 주장되고는 있으나, 그 효과를 포괄적으로 꾸준히 분석할 수 있는 틀은 제시되지 않고 있으며 경험적인 평가도 전혀 없다.5)

## 2. 영향을 미치는 경로

빈곤정책들이- 그리고 보다 일반적으로는 사회복지제도들- 비빈민들에게 미치는 영향은 많은 경로를 통해 나타난다.6) 이것은 다음과 같다.

(1) 비빈민의 세금부담 증가 : 위대한 사회를 이룩하기 위한 정책변화는 지출을 위한 달러를 다른 목적으로 쓸수 없기 때문에 총 공공지출과 세금은 그렇지 않았을 때보다 어느 정도 높아진다. 세금의 증가 크기는 비민민에 의해 결정된다. 증가된 세금부담으로 인해서 비민민의 경제적 복지의 확대는 그렇지 않았을 경우 보다 지체된다.

(2) 비빈민에 대한 사회적 급여의 과잉 : 빈곤정책으로 인한 현금 및 현물급여를 위한 공공지출의 증가분 중에서 일부는 직접 비빈민에게 제공된다. 예를 들어 교육지출의 증가는 비빈민의 자녀에게도 이익이 된다.

(3) 비빈민의 소득감소 : 반빈곤 예산의 증가로 인하여 비빈민이 겪는 높은 세율과 급여 감소는 비빈민의 노동공급을 조금 감소시키는 원인이 되며, 따라서 그들의

5) Le Grand(1982b) and Olson(1982)

6) 정책의 영향에 대한 측정을 검토하는 데서 나타나는 어려움은 누가 비빈민인지를 확정하는 것이다. 어떤 해에는 쉬울 수도 있다. 예를 들어 공식적 빈곤측정은 일정한 시기에 전체 인구를 이전 전빈민과 비빈민 집단으로 구분하는데 쓰일 수 있다. 그러나 시간이 지나면서 빈곤을 벗어났다가도 다시 빈곤해 지는 경우가 많이 있다. 즉 첫째 연도에 비빈민이었던 가족이 둘째 연도에 빈곤가족으로 분류될 수 있다. 더구나 출생, 사망, 이민 등으로 인구전체의 구성이 해마다 매우 달라진다.

소득도 약간 감소된다.

(4) 높은 세금과 급여감소로 인해 노동의욕이 저하됨으로써- 3장에서 서술되었다.- 비빈민이 여가와 가사노동을 위해 이용할 수 있는 시간은 증가한다. 이 시간의 가치는 부분적으로 소득감소를 상쇄한다.

(5) 보다 급속한 경제성장으로 인한 비빈민의 소득향상 : 빈곤정책에 의한 교육, 직업훈련 및 사회보장의 향상은 보다 생산적인 노동력을 창출한다. 이런 생산성 증가는 GNP를 증가 시킨다. 이러한 경제성장은 더 큰 경제적 파이를 만들 것이고 그 일부를 빈민과 비빈민이 함께 소유하게 될 것이다.

(6) 직업 경쟁의 심화로 인한 비빈민의 소득 감소 : 반빈곤 교육과 직업훈련 정책들은 저소득 노동자들의 생산성을 증가시키며, 따라서 직업에 대한 경쟁이 심화되고 경쟁의 결과로 해직된 사람들의 임금비율과 소득이 감소된다. 이런 노동시장의 변화로 인한 부담은 주로 비빈민이 떠맡게 될 것이다.7)

(7) 빈민의 생활향상으로 인한 비빈민의 복지증가 : 빈곤정책은 빈민의 영양, 건강 및 주택을 개선시키고 빈민들이 소득상실이나 비정기적이고 특별한 지출 때문에 겪는 불안정을 감소시킨다. 비빈민들이 빈민들에 대한 이런 개선책들의 가치를 평가한 정도에 따라 그들 자신의 경제적 복지도 증가한다. 이런 결과를 '파레토의 최적 분배'에 따른 급여라고 한다.8)

(8) 비빈민의 '지위보상' 감소 : Chales Murray(1984)가 강조했듯이, 노동하지 않는 빈민에게 노동하여 확보한 것에 비교될 만한 생활수준을 보장하는 공적 급여를 이용하게 해 준다면 비빈민은 '바보'가 된 느낌을 가질 것이다. 그들이 노동을 통해 빈곤을 탈피하고 자립을 유지함으로써 얻어지는 만족감은 감소된다.

(9) 비빈민에 대한 사회보장의 증가 : 빈곤정책으로 인한 사회복지 지출의 확대에 따른 소득보장 증가는 빈민과 비빈민 모두를 보호하는 '안전망'을 제공한다. 비빈민은 그들 자신의 사회보장 증가를 위해 얼마 정도는 기꺼이 지불할 것이다. 또한 이런 지출은 범죄의 감소, 그리고 아마도 가장 중요하게 시민의 불안감 완화라는 형

---

7) Fuchs(1965)는 이러한 빈곤정책의 측면 효과를 다음과 같이 묘사했다.
'Harrington은 "미국의 소수인종을 위한 이득은 결국 모든 미숙련 노동자들을 위한 진보로 전환될 것이다. 누구든 모든 사람을 향상시키지 않은채 하류계층을 상승시킬 수는 없다"고 하였다. 이것은 완전히 틀린 것이다. 오히려 누구든 상층의 희생 없이 하층을 상승시킬 수는 없으며 하층에 인접한 사람들이 변화를 가장 예민하게 느낄 것이라고 말하는 것이 사실에 가깝다.'(pp.88~89)

8) Hochman and Rodgers(1969)

태로 비빈민에게 혜택을 준다.

## 3. 반대의 사실

1965~1980년 동안 비빈민들에 대한 이러한 영향력의 크기를 각각 평가하자면 먼저 사회복지 지출 SWE의 증가분 중에서 얼마만큼이 60년대에 시작된 빈곤정책 때문에 생겨난 것인지를 결정하는 것이 필요하다. 그 양은 분명히 SWE의 실질적 증가분 보다 적을 것이다. 실제로 1965년에서 1980년까지 SWE는 연평균 12.9%씩 증가되었다.(표 1을 보라)

<표 1> 공적 프로그램 하에서 총 사회복지 지출

| | 1965 | 1980 | 연평균 변동율(%) |
|---|---|---|---|
| 사회보험 | 28,123 | 229,552 | 14.8 |
| OASDI | 16,998 | 117,118 | 13.5 |
| Medicare | - | 34,992 | 16.8(1970~80) |
| 고용보험 | 3,003 | 18,326 | 12.6 |
| 노동자보상 | 1,859 | 13,253 | 13.7 |
| 기타 | 6,263 | 45,863 | 13.9 |
| 공적 부조 | 6,283 | 73,385 | 17.5 |
| 공적 부조 | 4,508 | 17,298 | 9.2 |
| Medicaid | 1,367 | 27,394 | 21.7 |
| SSI | - | 8,226 | 5.9(1975~80) |
| Food Stamps | 36 | 9,083 | 43.7 |
| 기타 | 373 | 9,601 | 23.7 |
| 보건프로그램 | 6,246 | 28,119 | 10.4 |
| 퇴역군인프로그램 | 6,031 | 21,466 | 8.7 |
| 교육 | 28,108 | 120,588 | 10.0 |
| 초중등 | 22,358 | 89,773 | 9.3 |
| 고등 | 4,826 | 26,091 | 11.7 |
| 직업/성인 | 854 | 7,375 | 15.2 |
| 주택 | 318 | 7,209 | 22.7 |
| 기타 사회복지 | 2,066 | 14,036 | 13.4 |
| 합 계 | 77,175 | 493,354 | 12.9 |

(비고) *Social Security Bulletin*에서 제표함

한가지 가능성- 이것을 시나리오 A라 부르자- 은 빈곤전쟁 즉 위대한 사회를 위한 노력이 없었을 경우, SWE는 1965년 이후 전기간 동안 경제규모

와 동일한 비율로 증가했을 것이라는 것이다. 이 경우의 증가율은 8.9%인데, 이것은 그 기간동안 GNP에 대한 SWE의 비율이 일정하게 유지된다는 것을 내포하고 있다. 12.9%와 8.9%간의 차이는 SWE의 증가에 대한 빈곤전쟁, 즉 위대한 사회를 위한 노력이 SWE의 증가에 미친 실질적인 영향을 의미한다. 이런 가정의 결과를 보기 위해 우리는 1980년 SWE의 실제 수준과 이 시나리오가 채택되었을 경우의 수준을 비교해 볼 수 있다. 표 1은 1965년에서 1980년 까지 실제의 SWE가 770억 달러에서 4,930억 달러로 증가했음을 보여 준다. 시나리오 A에 따른다면 SWE는 1965년에 770억 달러에서 2,870억 달러는 빈곤전쟁, 즉 위대한 사회를 위한 노력에 의해 증가된 것이라 볼 수 있다.

이보다 더 신중한 가능성은 1960년대 이전에 이미 입증된 인구통계학적 추세가 1965년 이후에 더 가속화 되었다고 전제하고 있다. 그래서 시나리오 B는 빈곤전쟁, 즉 위대한 사회를 위한 노력이 시도되지 않아도 1950~1965년 기간에 나타난 GNP에서 SWE가 차지하는 비율의 증가현상은 계속되었을 것이라고 가정한다. 이것은 SWE의 실제 증가율이 12.9%인데 비해 이 시나리오에 의하면 10.7%가 된다는 것을 암시하고 있다. 만약 시나리오 B를 취한다면 SWE는 1980년에 3,720억 달러가 되는데, 실제로는 1,930억 달러였다. 따라서 SWE의 4,930억 달러 중에서 1,210억 달러가 빈곤전쟁에 의한 증가분이라고 할 수 있다.

이러한 시나리오 A와 B의 비교는 빈곤정책들이 없었을 경우에 우리가 빈곤정책으로 인한 비빈민의 이득과 손실을 평가했던 1980년도에 SWE의 증가가 어떻게 되었을지를 보여 준다.[9)]

---

9) 다른 비교로서 이 정책들의 결과로서 1965~1980년 사이에 SWE가 얼마나 증가했는지를 알아보는 것도 있다. 이 기간의 SWE 총액은 28,910억 달러였다. 시나리오 A를 택하면 SWE는 총 33,710억 달러이고 시나리오 B를 택하면 35,970억 달러가 된다. 따라서 시나리오 A에서 빈곤정책은 5,170억달러 혹은 13% 만큼 증가했고 시나리오 B에서는 2,940억 달러로 약 8%가 증가했다.

## 4. 비빈민의 이득과 손실의 내용 - 대략적인 평가

표 2는 빈곤퇴치를 위한 사회복지 지출의 증가에 따른 비빈민들의 손익을 평가한 것이다. 이 평가는 필자의 분석에 포함된 마지막 시기인 1980년 한해 동안의 것이다. 먼저 항목 1은 빈곤전쟁 - 위대한 사회를 구현하기 위한 노력 - 때문에 비빈민이 떠맡은 세금의 증가를 나타낸다. 이런 추가적 조세가 어떻게 마련되는지를 정확하게 아는 것은 불가능하다.[10] 사회보험 지출의 증가 때문에 상당한 부분이 분명히 봉급세로 부터 발생된다. 일반 조세의 재원으로서 법인세의 중요성이 상대적으로 감소됨에 따라 또 다른 부분이 아마도 개인 소득세로 부터 나올 것이다.

1970년대 동안 비록 빈민들이 자신의 소득수준 보다 더 많은 판매세, 재산세, 그리고 소비세를 감당했다 하더라도 그들은 대개 연방 소득세가 면제되었다. 따라서 1980년 조세수입의 필요 증가분인 121억 달러(시나리오 A) 혹은 206억 달러(시나리오 B)의 95%를 비빈민에게 할당하는 것이 합리적인 것 같다.[11] 이런 평가- 115억 달러와 195억 달러-는 표 2의 1항목에 나타나 있다.

SWE 증가요인들 중의 상당부문이 '빈민을 위해 무엇을 할 것인가?'라는 질문에 의해 영향을 받기는 했지만, 지출 증가분이 모두 소득이전 전의 빈민을 위한 소득지원에 쓰인 것은 아니었다. Plotnick과 Skidmore(1975) 그리고 Plotnick(1979)은 1965~1974년 동안의 반빈곤 예산을 계산하여, 사회복지지출 총액의 약 41~45%가 빈민 가족에게 사용되었음을 발견했다.[12] 이들이 최근에 제시한 산출결과는 1980년 총 지출의 45%가 이전 전 빈민에게 주어졌음을 암시한다. 바꾸어 말하자면 이들 급여의 55%가 비빈민에게 흘러 들어갔다. 이 프로그램의 수혜자에 대한 급여가 예산상 그들이 부담하는 비용과

10) Hansen and Weisbord(1971)

11) Pechman(1985)

12) 이러한 예산은 SWE의 프로그램에서의 지출비율에 대한 상세한 평가를 제공해 준다.

비슷할 것이라고 가정한다면, 항목 2에서 보듯이 비빈민들은 시나리오 B에서는 630억 달러(0.55×1,210억달러)와 시나리오 A에서는 1,070억 달러(0.55×2,060억달러)를 유출로 인한 이득으로 얻게 된다.

<표 2> 미국의 반빈곤정책에 따른 비빈민의 이득 및 손실(1980)

(단위 : 십억달러)

| 항 목 | 이득 | | 손실 | |
|---|---|---|---|---|
| | 시나리오 A | 시나리오 B | 시나리오 A | 시나리오 B |
| 1.반빈곤정책에 따른 SWE의 재정조달을 위한 조세증가 | | | 195 | 115 |
| 2.반빈곤정책에 따른 SWE의 증가로 인하여 소득이전, 교육, 훈련, 의료서비스혜택을 받으므로 생겨나는 이득 | 107 | 93 | | |
| 3. 높은 조세와 급여감소에 따른 노동공급 저하로 인한 비빈민의 노동소득의 감소 | | | 37 | 27 |
| 4. 비빈민의 노동공급 저하로 인한 레저 및 가내생산성의 증가 | 28 | 20 | | |
| 5. 보다 생산적인 저소득 노동자들로부터 급속한 경제성장으로 인한 비빈민 소득의 증가 | 10 | 10 | | |
| 6. 보다 훈련받고 교육받은 불우한 노동자들에 따른 직업경쟁 증가로 인한 비빈민의 소득 감소 | | | × | × |
| 7.빈곤,불평등,비보장의 감소로 인한 비빈민의 이득 | × | × | | |
| 8. 신분보상의 감소로 인한 비빈민의 복리감소 | | | × | × |
| 9.예상치 않은 직업 혹은 소득 상실 혹은 갑작스런 지출로 인한 비빈민의 보장의 증가 | × | × | | |
| 합 계 | 149 | 93 | 232 | 142 |
| | (7,9항포함) | | (6,8항포함) | |

조세증가(1항)와 사회복지 급여증가(2항)는 노동공급을 감소시키기 쉬운 요소를 내포하고 있다. 최근의 한 연구는 1980년 사회복지 프로그램 지출의 감소 및 개인 소득세율의 감소가 전체 노동공급에 미치는 복합적인 효과를 검토하였다.[13] 여기에서 제기된 질문에 대해 이 연구의 결과르 ㄹ기초로 추

13) Haveman(1984)

정해 보면 1965년 이후의 빈곤정책과 그 재원조달을 위한 세금으로 인하여 1980년의 노동공급은 약 2.5%(시나리오 B)에서 3.5%(시나리오 A)가 감소된 것으로 나타난다. 이것은 3항에서 기록되었듯이, 370억 달러와 270억달러의 소득상실을 초래한 셈이다.[14)]

이런 노동시간과 소득의 손실은 최소한 가내생산, 학교교육, 혹은 여가와 같은 비시장적 시간의 이용 증가에 의해 부분적으로 보상된다. 그러나 개인들은 보다 높은 세율로 인한 노동의욕 감소 때문에 노동시간을 보다 줄이게 됨으로 여가와 가내 생산시간의 증가 가치가 과거의 소득과 같지는 않다. 기존의 세금 및 다른 노동시장의 왜곡에도 불구하고 최저 순임금율은 총 임금율 보다 적을 것이며, 비시장시간의 증가는 전자에서 적절하게 평가된다. 총 비율과 순 비율간에 25%의 차이를 가정한다면[15)] 비빈민에게 있어서 비시장시간의 증가 가치는 시나리오 A에서는 (소득손실액 370억달러의 75/100) 200억 달러로 평가된다. 이것은 4항에 나타나 있다.

수량화 할 수 있는 목록은 5항 까지이다. 1980년의 교육 및 훈련에 대한 실제 지출수준은 1,266억 달러였다. 빈곤대책- 위대한 사회를 위한 정책들이 없는 상태에서, 만약 이런 지출들이 이 기간에 GNP와의 일정비율을 유지할 수 있도록 증가했었다면, 그것들은 1980년에 약 15% 정도 낮아졌을 것이다. 이와 비슷한 계산을 해 본다면 1965~1980년 동안 교육 및 훈련에 대한 총 지출은 빈곤정책이 없었을 경우 보다 약 1,260억 달러 정도 증가했을 것으로 나타난다. 어쨌든 이런 직접적 공공지출은 1965년 이후의 빈곤정책에 따른 인간자원 투자비용의 전체 증가분 중에서 단지 일부만을 설명해 주는 것이다. 많은 연구들은 과거 학생(훈련생)들의 소득이 이 프로그램들에 대한 직접적인 지출과 거의 같고, 또한 이 과거의 소득은 이 프로그램들의 사회투자 총액의 한 부분으로 포함됨을 지적하고 있다. 1965년 이후 인간자본에

14) 우리는 1980년 전임 노동소득의 중간치를 12,904달러로 파악했다. 노동공급에서의 3.5%(2.5%) 감소는 연간 약 290만명(210만명)의 노동자에 해당되며, 시나리오A에서는 370억달러, B에서는 270억 달러의 소득상실을 의미한다.

15) Pechman(1985)

대한 약 2,520억 달러의 추가적 투자는 빈곤전쟁에 의한 것이었다. 이런 추가적 인간 자본 투자가 1980년에 이루어졌고 그로 인해 5%의 실제 반환율을 얻었다고 가정한다면 1980년의 개인소득은 이런 빈곤정책들로 인해 그 전보다 약 13억 달러 만큼 높아졌을 것이다.16) 이러한 소득증가의 80%를 비빈민이 갖게 됨으로써17) 100억 달러가 5항에 속하게 되었다.

6항은 빈곤전쟁 및 노동시장 차별을 감소시키기 위한 교육 및 훈련의 확대 및 신설이 임금율 및 노동시간에 미치는 효과에 관한 것이다. 인간자본투자와 기회평등의 증가는 대부분 생산성과 기회가 제고됨으로써 보다 나은 직업을 위해 숙련 노동자들과 경쟁할 수 있게 된 미숙련 노동자들에게 집중되었다. 이것의 효과를 단정하기는 어렵기 때문에 6항은 수량화 하지 않았고, 그것을 숙련 노동자를 포함한 비빈민들의 손실 항목으로 대치시켰다.

항목 7,8,9도 수량화 하지 않았다. 빈곤, 불평등, 불안정의 감소로부터 제3자가 얻는 이득(7항)은 상당히 많은 것으로 보이지만 믿을 만한 평가가 없다. 마찬가지로 어떤 사람은 빈곤정책으로 인해 비빈민이 겪는 신분상의 손실(8항)이 상당히 많다고 주장하지만 분명한 증거는 없다. 끝으로 사회적 안전망으로 인한 보장의 증가(9항)는 비빈민에게 도움이 되었으나 이것 역시 측정하기는 어렵다.18)

---

16) 두가지 이유에서, 이것은 매우 보수적 평가이다. 첫째는 60년대와 70년대 교육투자에 대한 연구에 따르면 이러한 지출은 민간자본의 투자와 비슷하다고 한다. 민간의 투자는 회귀율이 5%의 2배나 된다.(Hansen 1963, Mincer 1974, Levin 1977을 보라) 둘째, 이 연구들은 임금소득의 형태로 된 교육회귀만을 급여로 계산했다. 사실 교육급여는 많은 비시장 가치를 지니고 있는데 건강이 향상되고, 아동의 품성이 개선되고, 소비를 효율적으로 행하게 해주는 것 등이 포함된다. 이러한 급여는 5항에서 정책실시로 비빈민에게 주어지는 혜택을 배가시킬 것이다.

17) 1965~1980년 사이의 공공교육지출의 약 80%가 비빈민에게 제공되었다.(Plotnick, 1979) 따라서 우리는 빈곤전쟁으로 인한 교육지출 증가 중에서 20%가 빈민을 대상으로 한 것으로 보았다.

18) Aharoni(1981)를 보라.

## 5. 결 론

이러한 평가를 통해 우리는 무엇을 배웠고, 이것은 현재의 사회정책 논쟁에 어떤 도움을 줄 것인가? 아마도 과거와는 달리 연방의 사회복지정책에 대한 논쟁은 매우 양극화 될 것이다. 한편에서는 1965년 이후의 정책들은 소득빈곤을 퇴치했으면서도 흑인 청년의 실업, 가속해체, 경제적 의존성, 지위의 하락이라는 심각한 문제를 발생시켰고(Murray, 1984) 경제성장에 해로운 노동 동기 및 저축의 감소르르 초래했다.(Gilder 1980) 다른 사람들은 심화된 빈곤, 불평등, 곤경 등이 여전히 존재한다고 주장하고 역진적인 노동공급, 저축, 가족구조의 측면 효과는 흔히 언급되는 것 보다 덜 심각함을 보여 주고 있다.(Lampman 1984)

만약 첫째의 견해가 옳나면, 이것이 의미하는 바는 빈민은 빈곤정책으로 비빈민들의 희생을 통해 소득이 얻고 있으며, 이 정책이 경제성장을 지체시키고 자립심이라는 전통적 가치 파괴를 조장시키고, 자신의 노력으로 빈곤을 탈피하는 데에서 느끼는 만족감을 수멸시킴으로써 비빈민늘에게 해를 끼친다는 것이다. 이러한 효과를 인식한다면 비빈민들은 기존의 사회 정책을 지지하지 않을 것이며 사회적으로 보다 이익이 되는 행동, 자립심, 가족책임을 유발시키고자 할 것이며 빈민들의 행위를 정당화 할 것이다.

본 논문에서 제시된 분석틀과 산출결과는 이러한 견해가 비빈민에게 미치는 사회정책의 전체 영향 중에서 일부를 설명하는 것임을 보여 준다. 우리가 검토한 바에 의하면 빈곤전쟁이 비빈민에게 큰 손실을 초래한 것으로는 보이지 않는다. 1980년에 우리는 비빈민들이 빈곤전쟁으로 겪는 경제적 손실을 1,420억 달러(시나리오 B)에서 2,320억 달러(시나리오 A)로 산출하였다. 이러한 손실은 1980년에 비빈민이 얻은 930억 달러(시나리오B)에서 1,450억 달러(시나리오 A)에 이르는 이득과 7항 및 9항에 나타난 수량화될 수 없는 이득을 합한 것에 의해 상쇄되었다. 6항과 관련된 손실은 무시해도 된다고 가정한다면 490억 달러에서 870억 달러에 이르는 비빈민들의 순손실은 1980

년 개인소득의 2~3%에 해당된다. 더구나 이 규모-개인소득이 연간 성장률보다 적음- 는 손실으르 당한 자들이 겪는 곤경과 그들의 장기적인 불확실성(7, 9항목)이 빈곤정책을 통해 모두 감소됨으로써 비빈민들이 얻는 순이득이 신분상의 손실(8항)을 초과하는 정도까지 감소될 것이다.

그래서 이 분석 틀은 단일 영향설을 정착시키는데 기여한다. 만약 우리의 서투른 계산이 약간이라도 정확성을 지닌다면[19], 이를 통해 정치지도자들이 빈곤전쟁의 포기를 외치고 있음에도 불구하고 미국시민들 특히 비빈민들이 그것을 일괄적으로 축소시키는 것을 지지하지 않는 한 가지 이유를 알 수 있다. 또한 통합, 집행, 동기, 효율성을 제고시키기 위한 방향설정에 있어서도 기존의 사회정책이 빈민과 비빈민 모두에게 순이득을 창출시켜 주리라는 것을 알 수 있다.

<참고 문헌>


Aharoni. Y.(1981), *The No-Risk Society*(Charthan NJ: Chathan House)

Anderson, M.(1978), *Welfare: The Political Economy of Welfare Reform in the United States*(Stanford, Calif: Hoover Institution Press)

Beramann, B.(1971), 'The effect on White incomes of discrimination in employmenr', *Journal of Political Economy,* vol.79, pp,294~313

Danziger, S. Haveman, R. amd Plotnick, R.(1981), 'How income transfer progrand affect work, saving and the income distribution : a critical review', *Journal of Economic Literature*, vol.19, pp.975~1028

Fuchs, V.(1965), 'Towards a thoery of poverty' in *The Concept of Poverty*(Washington DC, Chamber of Commerce of the United States)

Gilder, G.(1980) *Wealth and Poverty*(New York : Basic Books)


---

19) 수량화 시킨 평가가 지닌 다소 서툴고 시험적인 성격을 다시 강조할 필요가 있다. 이것은 커다란 정책변화 스펙트럼에서 비빈민에게 미치는 크기에 따른 순차적인 영향을 나타내며 많은 경우에 있어서 복지경제학(비용-효과분석)의 원칙과 일치되는 결과를 보이지는 않는다. 또한 우리의 산출 분석틀에서는 빈곤전쟁이 비빈민에게 미치는 경제적 효과를 무시하였다는 점을 기억해야 한다.

Hanmsen. W. L(1963), 'Total and private rates of return to investment in schooling', *Journal of Political Economy,* vol.71, pp.128~140

Hanmsen. W. and Weisbord, B.(1971) 'Who pays for a public expenditure progran?' *National Tax Journal*, vol.24, pp.515~517

Haveman. R.(ed)(1977), *A Decade of Federal Anti-Poverty Programs : Achievements, Failures, Lessons*(New York: Academic Press)

Haveman, R. and Wolfe, B.(1984) 'Schooling and economic well being: The role of non-market effects', *Journal of Human Resources*, vol.19, pp.377~407

Hochman, H. M. and Rodfers, J. D(1969), 'Pareto optimal redistribution', *American Economic Review,* vol.59, pp.542~557

Lampman, R.(1974) 'What does it do for the poor? - A new test for national policy', *The Public Interst*, no.34, pp.66~82

Le Grand, J.(1982b), *The Strategy if Equality*(London: Allen & Unwin)

Levin, H.(1977), 'A decade of policy development on improving education and training for low-income populations', in Haveman(1977)

Mincer, J.(1974), *Schooling, Experience and Earning* (New York: Columbia University Press)

Murry, C.(1984), *Losing Ground* : *American Social Policy* 1950~1980(New York: Basic Books)

Olsen, M. Jr(1985), *The Rise and Decline of Nationsl*(New Haven, Conn: Yale University Press)

Pechman, J.(1985), *Who Paid the Taxes 1966~1986?*(Washington DC: Brooklings Institution)

Piven F. F and Cloward, R.A(1971), *Regulating the Poor*(New York: Panthcon)

Plotnick. R.(1979), 'Social Welfare Expenditures : How much help for the Poor?' *Policy Analysis,* vol.5, pp.261~289

# 제 16장 미국 노동연계 복지정책의 발달과 그 효과**

김 진 이*

## 1. 서 론

복지국가의 위기 이후 서구 국가들의 복지제도에 있어 주요한 변화 중의 하나는 노동연계복지(workfare) 정책의 도입 및 강조로 특징 지울 수 있다. 노동연계 복지정책은 자활자립(self-support)의 실현, 삶의 자율성 증진을 목표로 하는 적극적인 정책이라는 점에서 긍정적인 평가가 부여되기도 한다. 다른 한편에서는 노동연계 복지정책은, 근로활동 혹은 자활노력을 조건으로 한 생계지원이라는 측면에서 강제노동과 복지를 연계하는 구빈법의 부활과 같은 조치로서, 이는 신보수주의 혹은 신자유주의적 흐름이 산물로 부정적으로 평가되기도 한다.(Ellwood, 1988)

그러나, 이와 같은 노동연계복지에 대한 상반된 규범적 평가와는 별개로 노동연계복지는 시대적 대세로 자리잡고 있으며, 워크페어는 앞으로의 복지국가들의 대안적인 원리로 선호될 것으로 보여 앞으로 사회복지제도의 효율성과 효과성을 요청하고 있는 한국의 사회복지 상황에서도 어느 정도 부합되는 복지제도의 원리가 될 것으로 판단된다.

적극적으로 노동연계복지제도를 도입하고 있는 미국은 수급자들의 근로동기를 강화하는 전략을 내포한 노동연계복지 프로그램으로서 한시적 원조제도인 빈곤가정 일시부조(TANF, Tempory Assistance to Needy Families)를 운영

* 백석대 사회복지학부 교수, 미국 Pittsburg 사회복지대학원 Ph. D.
** 이 글은「사회정책연구」, 제 32집(2006)에 발표된 논문임.

하고 있으며 TANF 수급권자에게는 엄격한 근로의무가 주어진다. 사실 TANF의 주요한 목적은, 다른 미국 복지개혁의 노력과 같이, 공공부조에의 의존성을 취업으로 전환하는 것이었다. 자유주의자들은 복지개혁의 성과에 대한 평가에서 복지개혁은 빈민을 빈곤으로부터 구하지 못하였고, 복지수혜자들을 빈곤 노동자로 전환하는 것에 그쳤다고 비판하고 있다.

한국에서 '생산적 복지'라는 개념은 1995년 김영삼 대통령이 발표한 '삶의 질의 세계화를 위한 대통령의 복지구상'에서 처음으로 사용된 후, 생산적 복지 개념이 실질적인 사회복지정책의 수립 및 실시로 이어진 것은, 김대중 대통령의 '국민의 정부' 출범 이후이다. 이후 '생산적 복지'라는 개념에 대한 많은 정부 차원의 사회복지정책과 프로그램들이 진행되어 왔고, 현 노무현 정권도 자활사업을 저소득층의 자립기반 조성을 위한 빈곤정책으로 추진하고 있다.

미국의 복지개혁과 우리나라의 생산적 복지는 그 목적과 핵심적인 내용에 있어 공통점이 존재한다. 미국의 복지개혁에서 근로참여에 대한 강조와 한국 생산적 복지에서의 자활사업에 대한 강조가 그것이다. 한국의 생산적 복지정책은 본질상 서구에서 진행되는 노동연계의 복지개혁과 그 궤를 같이 하고 있다.

그러나, 노동연계적인 복지개혁의 가능성과 그 한계에 대한 우려의 목소리도 높다. 복지수혜자의 복지의존과 일반 국민의 근로의욕의 감소를 예방하기 위한 하나의 요소로서 근로연계복지에 대한 지나친 강조와 집착은 사회복지의 근본적인 목적과 이를 통한 사회복지 발달에 커다란 저해 요인이 될 수 있다. 특히, 우리나라는 복지관련 예산의 수준이 일반 국민의 근로의욕을 저해할 만한 수준이 아니고, 국민기초생활보장제도에 따른 급여의 수준도 최저 생계비의 생활 수준에 그치고 있다. 또한 과거 생활보호대상자의 거의 대부분은 노동능력과 노동의욕이 없으며 모자복지는 거의 없었던 상태이다. 그런데 '생산적 복지'라는 개념의 사용을 통하여 미국의 복지개혁을 우리가 나아갈 방향으로 잘못 인식하여 오히려 반복지적인 이데올로기와 이념으로 사용될 여지가 있는 것이다.

이런 의미에서 미국 복지개혁의 전개 과정에서 나타난 영향 요소들과 사회복지정책의 주요 원칙, 구체적인 프로그램의 내용, 그리고 노동연계 복지프로그램이 빈민들의 삶에 미친 영향들을 우리나라의 생산적 복지정책의 내용들과 비교, 분석하는 것은 워크페어 개념에 대한 올바른 이해와 그 문제점을 지적하고 한국 빈곤복지정책의 방향을 제시하는데 의의 있는 작업이 될 것이다.

## 2. 복지개혁 정책의 배경

1980년대에서 1990년대 초반의 미국사회의 경제적·사회적 문제들, 즉 경제침체와 가족윤리의 붕괴가 1990대 미국 복지개혁의 단초가 되었다.

1980년대 후반과 1990년대 초기의 경제적 후퇴는 1989년에서 1992년 사이의 빈민 비율의 증가에 영향을 미친다. 1992년 빈곤률은 1983년 이후로 가장 높은 수치를 보였고, 경제 불황 이후 복지수혜자의 수는 대폭 증가하여 AFDC 등록자는 14,00만명(25% 증가)에 이르렀다.(Patterson, 2000, p. 218, 221)

한편, 1993년 편부모가구는 전체가구의 25%를 구성하고[1](주로 여성가구주), 1993년 태어난 아동의 1/3이 결혼하지 않은 부모를 가졌으며, 그 중 흑인들의 비율이 높았다. 이는 흑인집단은 나머지 사회에 위험한 존재라는 사회적 인식이 확대되는 계기가 되었으며, 많은 미국인들은 도시빈민들이 일을 하는 대신 복지에 의존하려는 경향이 증가하고 있음을 우려하기 시작한다.

게다가, 1980년대에 가족구조의 변화, 결혼율의 감소, 편모가정의 증가, 혼외 출산, 동성애자 부모 등으로 인하여 가부장제의 근본을 재정비하여야 할 필요성이 제기된다. 정부는 복지수혜의 제거가 이성(異性)이 부모이면서 남성가구주인 가정을 재건하는데 도움이 되리라고 생각한다.(Abramovitz, 1996, p.350-351). 그리하여 복지개혁법이 빈곤문제와 가족윤리에 대한 국가적 논의

1) 이는 1960년의 9%와 대조되는 수치였다.

에 따라 입법되게 된다.

## 3. 노동연계 복지개혁의 발달

1935년에 형성된 공공부조제도인 부양어린이가 있는 가족에 대한 지원(AFDC, Aid to Families with Dependent Children)은 1960년대 후반과 1970년대 초반 "복지 폭발" 기간동안 수혜자수가 대폭적으로 증가하고 이는 대중의 프로그램에 대한 논의를 일으켰다. 1980년대 후반 이 프로그램은 다시 한번 증가하게 되고 이로 인하여 복지 비용에 대한 주정부의 우려가 시작된다. 아울러 AFDC 복지수혜자 가족형태에 변화가 일어나, 1940년대 주로 미망인들이 그 대상자였던 것에 비해 1960년대와 1970년대는 이혼여성과 별거여성들이, 1980년대와 1990년대는 결혼하지 않은 여성들이 주요 대상자로 등장하게 된다.(National Research Council, 2001, p. 16) 이는 의회와 상원 복지개혁가들이 혼외 출산을 장려하고 편모가정을 적절히 처벌하지 못하는 복지의 종식을 주장하는데 있어 주요한 근거 자료가 되었다.[2)]

AFDC 기능의 약화로 복지개혁 압력이 발생하였고, 레이건 행정부는 복지의 축소를 시작하였다. 이로 인해 정부는 총괄예산조정법(OBRA, Omnibus Budget Recounciliation Act of 1981), 가족지원법(Family Support Act of 1988), 그리고 1990년대의 복지개혁들에서 AFDC 수혜여성들의 결혼, 자녀 양육, 직업 선택을 변화시키려 한다. 표 1은 AFDC와 TANF 프로그램의 발달과정 중 주요한 법률들과 그 개요이다.

---

2) 1980년대 후반 미국 사회는 가족관 회복의 필요성이 증가한다. 보수적인 연구자들은 AFDC 프로그램이 여성들로 하여금 가부장제를 침해하도록 도와 주었다며, AFDC가 합법적인 독신 모성을 독려하고 남성없이 여성 혼자 아이들을 사회화 시킨다는 우려를 한다.(Abramovitz, 1996, p.352-353)

< 표 1 > AFDC와 TANF 프로그램의 주요 입법

| 연 도 | 법 령 | 주요 조항 |
|---|---|---|
| 1935 | 사회보장법 | 세대에 부모가 없는 저소득 아동을 위한 AFDC 프로그램 형성 |
| 1961 | 사회보장법 개정 | 주 소득자가 실업 상태인 두 부모 가정의 아동을 위한 AFDC-UP 프로그램 |
| 1967 | 사회보장법 개정 | 급여소거비율을 2/3로 낮춤; 근로유인 (WIN, Work Incentive) 프로그램 형성 |
| 1981 | 총괄예산조정법 | 급여소거비율을 1로 높임; 총 소득 부과; 의붓부모의 소득계산; 포기권 허용 |
| 1988 | 가족지원법 | 교육, 기술 훈련, 취업 알선, 그리고 다른 노동연계활동을 위한 JOBS 프로그램 형성; 과도기의 아동보육 및 저소득층 및 장애자 의료보호 제도 형성; 모든 주에서 AFDC-UP 의무적 시행 |
| 1996 | 개인의 책임 및 근로기회조정법 | AFDC 프로그램 폐지 및 TANF 프로그램 형성 |

(자료) National Research Council, 2001, p. 18.

AFDC는 1935년 제정된 이후 근본적 변화 없이 지속되다가 1961년에 자격 요건이 주 소득자가 미취업 상태인 두 부모 가정으로 확대된다.(AFDC-UP) 1967년 사회보장법 개정시 처음으로 AFDC 수혜자이 노동이 이슈가 되어, 급여감소율(benefit reduction rate)을 낮추고 근로유인프로그램(WIN, Work Incentive Program)으로 재정적 인센티브를 주었다. 근로에 대한 재정적 인센티브를 높인 방법은 유의한 만큼 고용을 증대하지 못하여, 1981년 총괄예산조정법(Omnibus Budget Reconciliation Act)은 이를 삭제하고 급여감소율을 순소득의 100%로 축소하였다. WIN 프로그램은 축소되었고 대부분의 AFDC 수혜자에게 훈련은 거의 제공되지 않았다. 그러나 1970년대와 1980년대에는 노동에 중점이 점점 주어져 대부분의 제 시안들이 교육과 훈련에 초점을 맞추었다. 이 경향은 1988년 가족지원법(Family Support Act)에서 정점을 이루어 기술 교육을 장려하기 위해 고용알선 및 기술교육제도(JOBS, JOB Oppotunities and basic Skills training) 프로그램이 만들어졌다. 이 경향은 1990년도의 복지개혁운동으로 반전되었는데, 1990년도의 운동은 조기의 직업소개 및 고용 프로그램을 선호하여, 비용이 많이 들고 성과가 매우 낮은 교육 및 훈련 프로그램을 지양하였다. 이러한 고용에 대한 철학의 변화를 반영하여 PRWORA 법(The Personal Responsibility and Work Opportunity Reconciliation Act of 1996) 은 취업요구를 거부하는 자에게 강력한 제제가 가해지는 '노동 우선(work first)' 접근법을 강조하게 된다.(National Research Council, 2001, p. 16)

## 4. 클린턴정부의 복지개혁 프로그램

클린턴 정부의 개인의 책임 및 근로기회 조정법(PRWORA, the Personal Responsibility and Work Opportunity Reconciliation Act)은 AFDC를 종식하였고, 주정부에 복지급여의 자격원칙에 대한 권한을 이양하였다. 클린턴 대통령은 더 많은 빈곤여성들을 저소득업에 내몰았고 복지수급기간의 제한을 AFDC 프로그램에 둠으로써 복지를 일보다 덜 매력적인 것으로 만들었다. 프로그램의 이름도 빈곤가정 일시부조(Temporary Assistance for Needy Families)로 바뀌었다. 그 주요한 특징은 다음과 같다.

**복지수급기간의 제한** ; 복지수혜자는 2년 후에는 (구직여부에 상관없이) 급여를 더 이상 받을 수 없으며, 평생 5년 동안 급여를 받을 수 있다. 의회는 5년의 복지수급기간 제한을 국가적 원칙으로 책정하였고, 이 복지수급기간 제한은 복지의존의 순환(반복)을 깨고자 하는 의도에서 고안되었다. 복지수급자는 2년 이내 노동과 관련된 활동(취업, 직업탐색, 교육 혹은 훈련)에 1주일 적어도 30시간 참여하여야 하며 노동요구조건에 부응하지 못한 수급자들은 급여삭감 등의 처벌을 받게 된다.(Schiller, 2004, p. 222 - 224)

**주정부에로의 권한이양** ; 주정부는 연방정부의 규제로부터 자유로워졌고, 기금도 개별 승인에서 정액교부금(block grant)으로 전환되어 수혜 정도, 자격 요건, 재정적 장려를 자유로이 결정할 수 있게 되고 원하는 대로 제재, 규약 전환, 다른 규칙이나 프로그램을 법제화 할 수 있게 되었다.(National

Research Council, 2001, p. 19) 보조금은 각 주정부가 1994년 이전에 AFDC에 기여한 정도에 따라 주어졌다. 연방정부의 규제는 감소하고 TANF는 욕구증가에 대응하는 주정부의 활동에 전적으로 의지하게 된다. 예전 개혁과 같이, 빈곤여성의 노동능력은 주로 지역노동시장의 조건에 의존하게 되었다.

**아동보호** ; 1996년 복지개혁은 근로활동을 촉진하고자 아동보호기금을 증가하여, 법안은 두가지 정액교부금을 만들도록 하였다. 그 중 하나는 복지급여를 위한 것이고 다른 하나는 아동보호를 위한 것이었다.[3] 이러한 기금하에서 주정부는 복지수급을 받는 자녀를 가진 부모들 중 희망자들에게 학교, 취업, 훈련과정에 참여할 수 있도록 보장할 수 있게 되었다.(Schiller, 2004, p.222-223)

개혁의 다른 경향은 아동보호지원(child support enforcement)의 중요성이 강조됐다는 점이다. PRWORA 뿐 아니라 1988년의 가족지원법도 이 전통을 따라 보호자가 아닌 부모(대부분 아버지)는 자녀양육비용을 지불해야 하도록 의무화함으로써, 복지 혜택을 받는 아동의 아버지가 자녀의 부양을 회피하기가 어렵게 되었다.(National Research Council, 2001, p. 18 - 19)

**비시민권자 자격제한** ; 또한, TANF는 비시민권자들에게 대한 복지수급을 제한하였다. 비합법적인 이민자들은 복지수급(TANF)의 자격이 없고 심지어 합법적인 이민자들도 제외시켰다.

무엇보다도 복지개혁의 주요한 특징은 주요 구조의 변화 및 복지수혜자수의 감소이다. 복지수혜자를 줄이기 위해 복지 수혜기간 제한을 비롯하여 새로 더욱 강화된 근로 참여의 요건, 규율 위반이나 근로 요구 거부에 대한 보다 철저한 재정적 제재, 수혜자인 상태에서 태어난 아이에 대한 급여를 제한하는 가족상한제도(family cap), 기타 다른 조항[4]들이 시행되었다. 몇몇

---

3) The Child Care and Development Block Grant (CCDBG) 는 1997～2002년동안 200억 달러의 연방정부의 지원 결과를 가져왔다.

4) 10대 미혼모들은 학교에 가도록 요구되었고, 결혼하지 않은 복지수급 어머니들은

주에서는 TANT에서 요구하는 것보다 엄격한 복지수급기간의 제한을, 어떤 주에서는 연방법에서 요구하는 것보다 철저한 제재를 부과하여 복지수혜자에게 제재는 흔한 일이 되었다. 이 외에도 가급적 신속히 수혜자를 취업시키려는 취업우선전략을 시행한 점도 복지수혜자수 감소에 크게 기여하였다.(National Research Council, 2001, p.19-20) 1994년부터 2002년에 걸쳐 AFDC 수혜자는 60% 감소하였으며 이는 1970년 수준으로 선례가 없는 감소하였다.(Besharov, 2003, p.1-2) 빈곤편모들의 취업률도 1994년 60%에서 1999년 72%로 상승하였다.(Moffitt, 2002, p. 80)

심지어, 클린턴은 주정부가 여성의 재생산기능을 조절할 수 있는 프로그램을 개발하도록 장려하였다. 이러한 결과, AFDC 프로그램하의 아동들 중 혼외 출산된 아동의 수는 1990년 이후 감소하게 된다.(Abramovitz, 1996, p.364) 몇몇 사람들이 지적하였듯이, 이러한 TANF는 1834년 영국 구빈법의 근본적인 주제, 즉 공정치 못하고 처벌적인 규정, 지역사회의 복지에 대한 책임, "이방인"에 대한 제한적인 지원 그리고 노동능력이 있는 자에게 "일 아니면 굶주림 선택의 강요" 사고방식의 부활로 평가받기도 하였다. (Trattner, 1999, p. 397)

## 5. 1996년 복지개혁법 전개과정의 영향 요인

1990년대 경제적 번영, 1980년대 실업율과 범죄율의 개선, 그리고 클린턴 행정부에 대한 정치적 압박이 1996년 복지개혁정책에 영향을 주었다.

PRWORA의 입법 이후, 2000년 초반은 미국 현대사에 있어 괄목한 만한 경제성장을 이룬 시기이다. 도시의 범죄는 감소하고 실업율은 1967년 이후 가장 낮은 수준인 4% 로 감소하였으며, 1992~1993년 15% 까지 올랐던 빈곤율은 1998년 12.7%로 감소한다.(U. S. Dept. of Commerce, Bureau of the Census, 1999) 1999년 미국인의 4% 이하가 복지의 혜택을 받았는데 이는 1970년 이래로 가장 낮은 수치였다. 경제적 성장과 함께 고용기회도 각 처

---

아버지를 밝혀 부권의 책임을 명시하였다.(Schiller, 2004, p. 223)

에서 증가한다.(Patterson, 2000, p.235,240) 이러한 비범한 성향은 낙관론자들에게 미국이 빈곤과의 투쟁에서 승리하였다는 신념을 가지게 하는데 큰 기여를 한다.5)

AFDC는 복지의존과 혼외 출산아의 임신을 예방하는데 실패하였다고 생각하는 보수주의자들이 1996년 승리하고 의회를 장악하게 된다. 클린턴은 제시하였던 공약("그동안 우리가 알고 있던 복지의 종식(to end welfare as we know it)") 을 준수해야 한다는 심리적 압박을 가진다. 그는 또한 다가오는 선거에서 온건한 선거인들로부터 득표하기를 갈망하였다. 비록 클린턴은 AFDC의 자격요건을 지속하고 최후의 보루로 공공고용서비스를 제공하는 온건한 정책을 선호하였지만, 그는 본인의 소속당원들인 자유주의자들의 의견을 무시하고 법안에 서명한다.(Patterson, 2000, p. 238 - 239)

더욱이 많은 미국인들은 혼외 출산아의 확산(특히 10대 미혼모들의)은 막아야 하며 그들을 지원하는 복지비용의 확산도 제거하여 "전통적 가족윤리"의 붕괴는 반드시 재건되어야 한다고 생각한다.6) 의회는 정치적으로 지배적인 세력인 중산층 유권자들의 감정을 손상시키려 하지 않았고 그들의 저항을 공감하였다. 이러한 정치적 현실은 클린턴 행정부가 진보적인 복지개혁을 수행하고자 하는 의지를 실현하기에 더욱 어렵게 하였다.(Patterson, 2000, p. 232- 233)

## 6. 복지개혁 발달의 이념체계

Katz(1996)에 의하면, 미국의 복지개혁은 시장모델을 근간으로 한다고 한

---

5) 그러나, 자유주의자들은 이러한 복지의 감소는 복지개혁의 시행결과가 아니고, 경제적 성장의 결과였다고 강조한다. 즉, 1996년 이후 빈곤의존자의 감소는 전적으로 복지개혁의 결과가 아니고, 절반은 TANF 가 기여하였고 다른 절반은 사회정책상의 변화(최저임금의 증가와 근로소득공제제도(EITC)의 실행)와 1990년대 후반 경제성장이 그 원인이었다는 것이다.(Jeucks, 1999)

6) 보수주의자 Charles Murray 는 모든 편모를 위한 공공지원들은 종식되어야 한다고 주장하였다. 보수주의자들은 사생아를 가진 여성들은 친지의 지원에 의지해야 하며, 아이는 양자결연하거나 고아원에 보내야 한다고 생각하였다.

다. 보수주의자들은 시장원칙이 다수에게 단기적으로는 고통을 주더라도, 장기적으로는 모든 이들이 경쟁과 새로운 유인으로부터 생기는 기회와 에너지로부터 혜택을 받으리라고 믿는다. 개인의 책임을 최대화 하고자 국가와 고용주들은 클라이언트들과 노동자들을 독립적 개체로서 재교육시키려고 노력하였다.(Katz, 1996, p.302) 그런 의미에서 복지프로그램의 수급은 시장논리에 모순되었다. 유인동기를 파괴하고 급여를 보장함으로써, 복지수급은 개인의 책임을 억제하고 경쟁적인 시장의 역동성보다는 큰 정부의 정체된 가장주의를 증진한다. 공화당원들은 PRWORA를 통해 미국사회는 의무를 공유하는 사회로 부터 소원해지고 개인간 생존과 자신의 성공을 위한 경쟁의 국가로 움직이도록 보장한다고 가정하였다.(Katz, 1996, p.328-329)

1996년 PRWORA는 복지개혁의 목표로서 자립자활(self-sufficiency)을 소개하였고, 그 이후로 자립자활은 빈곤과 관련한 윤리적·규범적 맥락에 자리잡고 있다. 이 법은 미국민들에게(특히 복지수혜를 받는 이들에게) 미국시민은 자신과 가족을 지원하기 위해 윤리적·기능적으로 일할 의무가 있음을 알리는 것이었다.

혹자는 자립자활은 이성적이고 경제적인 시각이므로, 인간복지기관을 대변하기에는 적절하지 못하고, 경제적 자기효율성을 추구하는 자유시장경제와 연결된 개념이라고 한다.(Handler and Hasenfeld, 1991) 이러한 개념 안에서는 자기효율성을 추구하지 못하는 이들은 자기효율적인 이들보다 가치가 없는 이들로 간주된다.

미국인들은 빈곤은 개인의 나태와 노동의지력의 결핍에 원인이 있다 생각한다. 미국사회는 사회적 진화주의(Social Darwinism)의 영향으로, 미국인들은 자격 없는 이들에 대한 도움을 부정함으로써 이들이 사회의 짐이 되는 것을 예방할 수 있다고 믿는다. 사회적 진화론은 전체적으로 받아 들여지지는 않았지만, 인간은 자신의 선택의 결과로 가치있는 삶을 산다는 개념은 대중적 지지를 얻게 된다.(Wolfe, 1989) 미국 사회에서 자립자활의 개념은 공론화 되고, 소위 미국의 생활방식을 구성하는 자유, 자기의존, 개인성의 가치를 증진하고 유지시킨다.(Cochran, 1985; Knowlton et al., Zeckhauser, 1986; Shain,

1994) 미국인들은 자신과 가족을 경제적으로 보호할 수 있는 능력에 높은 윤리성을 부여하기 때문에 인간은 자립자활로 나아갈 선택을 하기를 기대된다. 미국인들은 전형적으로 신체적 · 정신적으로 건강한 사람은 일을 하여야 한다는 생각이 지배적이며 그들은 이러한 경제에 기반을 둔 자립자활을 윤리적 · 존재론적 현실과 의무로서 간주한다.(Wolfe, 1989; Ciulla, 2000) 이러한 것들이 자립자활이 복지개혁의 성공을 진단하는 기준으로 등장하게 된 배경이다.(Bane and Ellwood, 1993; Gowdey and Perlmutter, 1993; Haskins, 1999)

1930년대 이후 공공의견 조사를 보면, 복지는 요보호자들에게 제공되어야 하나, 능력이 있는 자는 일하여야 하며 정부의 지원을 기대해서는 안 된다고 대중들은 지지하고 있으며, 복지혜택을 받는 이들은 일을 통하여 자기지지를 획득할 수 있으리라고 미국민들은 믿고 있다.(Lake Snell Perry & Associates, 2002) 빈곤을 요보자들의 통제 밖의 사회적 · 경제적 조건의 결과(직절한 일자리와 아동보호시설의 부족, 빈민교육, 나쁜 건강, 인종 등)로서 보는 대신 미국인들은 점차 빈민들의 문제로 빈민 자신과 국가의 공공복지 프로그램을 비난한다.

미국인들은 모든 빈민들은 자격 없는 계층에 속한다고 생각한다. 국가는 더 이상 소비할 여력이 없으며, 빈민들에게 더 이상의 돈을 소비하는 것은 미국사회에 해가 된다고 생각한다. 1980년대 보수적 사회정책이론가들은 의존은 사회정책과 복지시스템에 해로운 개념이라는 인식을 확장한다. 의존은 빈곤상황에서 유래되는 성향이 아니고, 정부의 정책에 의해 양성될 수 있는 성향으로 인식되기 시작한다.(Murray, 1984; Mead 1986) 이러한 미국민들의 신념체계는 보수적 사회정책이론가들이 지지하는 세 가지 공공정책 전제조건으로 발전한다.

① 개인의 윤리적 실패와 복지 정책의 혼합이 빈곤과 의존성의 원인이다.
② 진정한 자격있는 빈민의 수는 현 복지 비율이 제안하는 것보다 적다.
③ 가장 효과적인 공공정책과정은 근로능력이 있는 복지수혜자의 감소이다.

대부분의 미국인들은 정부는 정부 스스로 평등한 조건을 최대화 하는 것을 보장하는 것이 아닌, 기회의 평등을 증진하는데 제한하여야 한다고 생각한다. 그리하여 빈곤문제와 복지이용은 자유의지를 위해 감소되었고, 복지급여의 제거는 빈민의 자립자활 성취에 주요한 동기가 된다.(Murray, 1984; Mead, 1986; Payne, 1998 ; Haskins, 1999)

## 7. 노동연계 복지정책의 파급 효과

미국 노동연계복지 정책이 실제로 어떠한 성공과 실패를 경험하였는가에 관한 검토가 필요하다. 1996년 TANF가 시행된 이후로 노동연계복지 프로그램의 결과와 영향에 대한 많은 연구가 이루어지고 있다. 연방정부의 지원하에 이루어진 평가조사사업(monitoring research project)들과 주정부 수준의 복지개혁 프로그램에 대한 평가 등의 연구 결과들이 발표되고 있다. 노동강조복지가 빈곤자의 취업과 근로능력의 향상에 미친 영향, 빈곤가정의 아동과 가족에게 미친 영향, 빈곤 아동의 발달, 여성의 경제적 · 사회적 · 심리적 기능에 미친 영향, 가족의 결손과 기능 회복과 관련된 연구들이 주를 이루고 있다.

### 1) 빈곤자의 고용과 경제적 삶에 미친 영향

근로연계복지정책 결과에 대한 여러 가지 평가들에 의하면, PRWORA 시행 이후, 상당한 수의 수혜자들이 취업하게 되고 경제적 상황의 개선을 경험한 것으로 나타났다. 그러나, 일자리를 얻은 이들의 대부분이 빈곤으로부터 탈피할 정도의 임금수준의 안정적인 고용을 확보하지 못하고 있는 것으로 나타났다.(Bacarov, 1993; Bernstein, 1999; Burtless, 1999; Cancian et al, 2000) 조사결과들은 전형적으로 복지프로그램을 떠난 이들의 고용수준은 55~65% 수준이나, 복지프로그램을 떠난 1년 뒤 평균 수입은 빈곤선 이하인 것으로 나타났다.(Anderson et al, 2002)

기존 연구들은 취업과 그로 인한 소득증대가 복지수급 보다 경제적 복지에 기여하는 것으로 보고하고 있다. 적극적인 노동유인을 추구하는 프로그램을 운영한 주가 아닌 주보다 저소득 가족의 소득 감소율이 더 낮은 것으로 나타났다.(Blank, 2003) 노동요구와 복지수급기간 제한정책은 빈곤여성들이 취업상태를 유지하도록 압력을 넣은 셈이다. 그러나, 위스콘신(Wisconsin)주의 데이터에 의하면, 다른 프로그램에 비해 더 엄격한 TANF 프로그램의 후반 종료자들이 다소 고용률은 높았으나(복지프로그램을 떠난 이들의 4/5 취업, 다른 연구결과에서는 2/3가 취업) 여전히 소득은 낮은 것으로 나타났다.(연간소득 8,000~9,000달러, Loprest (2001) 월평균 가족소득 1.246~1.360달러) 그리고, 복지프로그램 종료 후 1년이 지난 뒤 조사한 결과, 실질적인 소득은 증가하였으나 복지급여의 감소로 소득의 증가에 영향을 주어, 총 순소득은 감소하는 것으로 나타났다. 그럼에도 불구하고, 이러한 결과를 토대로, 저자는 적극적인 노동강조의 복지개혁을 추구한 주는 대부분의 빈곤여성들이 노동하는 경향을 보였다고 주장한다.(Cancian et al., 2002)

복지를 떠난 이들의 경제적 개선이 충분하였는지, 혹은 최소한의 개선인지는 생각해 볼만한 문제이다. 경제적 개선(better off)이라는 용어는 상대적 의미를 담고 있지만, 이 경우는 최서한 소득증가의 의미이지 질적 의미에서 혹은 경제적/확대된 개념의 자립자활은 아니다.

그리고, TANF 수혜자의 대부분이 가족/친지 성원의 도움을 받은 것으로 나타났다. 즉, TANF 시행의 결과, 빈민에 대한 정부의 책임이 친구와 가족 성원에게로 이전되게 된 셈이다.(Lens, 2002, p. 286)

### 2) 빈곤여성의 삶에 미친 영향

자유주의자들은 복지수혜자들은 너무 늙고, 병들고 일자리를 지속하기에는 비기능적이라고 주장한다. 어린 자녀를 둔 많은 어머니들은 일하도록 강요당함으로써 고비용(예를 들면, 교통비와 아동보육비용)에 직면하게 되고 이는 여성들로 하여금 AFDC 하의 재정적 상태보다 나쁜 상태가 되도록 하였다.

실제로 공공부조를 떠난 대부분의 여성들은 불확실한 생활을 지속하며, 대부분은 미국사회의 저임금 노동자로 존재한다.(여성뿐만 아니라 남성들도) 많은 이들이 우울감을 경험하며, 의지하기 어려운 배우자와 살아 가거나, 약물과 알코올 남용의 유혹과 투쟁하여야 한다. 1999년 연구조사에 의하면, 이러한 여성들의 25% 는 일 혹은 취업상태의 배우자 둘 중 어느 하나도 가지고 있지 못하고 있는 것으로 나타났다. 복지수급을 종료한 후 1년 안에 복지를 떠난 이들의 1/3 이 일을 그만두거나 잃고 복지로 되돌아 온 것으로 나타났다. 그리고, 취업상태를 유지하는 이들도 복지수혜 상태와 다르지 않는 불확실한 삶을 유지하는 것으로 나타났다. 거의 모든 여성들이 밤에 일을 하면서 자녀보호를 병행해야 하는 심각한 문제를 가지는 것으로 나타났다.(Patterson, 2000, p. 241).

TANF는 빈곤여성과 아동에게 파급효과를 미쳐, 그들이 배고픔과 노숙으로 더 고통받게 하였다. 특히 이러한 결과는 TANF 시행 후 첫 몇 년 뒤에 심각해져, 위스콘신주의 경우, 이전 수혜자의 절반이 주택 대여와 식비 조달에 어려움을 호소하였으며(De Parle, 1999), 어떤 노숙자 쉼터에서는 전체 가족의 ½이 그들의 급여를 잃은 것으로 나타났다.(Children's Defense Fund, 1998) 많은 이전 수혜자들은 식량 공급의 어려움과 보건보호의 어려움을 경험하는 것으로 나타났다.(Acs et al, 2001)

### 3) 빈곤 아동·청소년에 미친 영향

의회 예산국은 복지개혁은 약 30 - 40% 의 복지등록자를 삭감하였다고 보고한다.(Pear, 1996, p.1) 복지혜택을 받는 아동 수의 감소(90% 이상)는 아동빈곤의 증가를 가져왔으며, 복지개혁의 결과 아동빈곤은 더 심화되었다고 연구결과들은 밝히고 있다.(Lindsey et al., 2003) 아이의 아버지를 밝히는데 협조하지 않은 어머니들은 그들의 급여의 적어도 25%를 잃는다. 어떤 집단은 식품권 지원을 감하거나 아예 받지도 못하는 경우도 생겼으며, 합법적인 이민자들은 급여를 잃었다. 저소득 가족의 장애아동들은 많은 이들이 엄격한 자격부여 기준으로 SSI로부터 제외되었다.(Pear, 1996b)

미국 TANF가 빈곤가정의 아동과 가족에게 미친 영향에 대해서는 상반된 결과에 대한 논의가 계속 이루어지고 있다. 빈곤가정의 아동과 가족에 위해한 영향을 미치지 않았다는 복지개혁정책의 긍정적 효과에 대한 연구결과들(Gennetian et al, 2003; Jackson, 2003; Gunnar Almgren, 2002)이 있다. 예를 들면, 어머니가 복지의존에서 복지-노동 혼합을 경험한 아동들이 문제행동(객관적/내면적)이 감소하고, 어머니들의 부모역할(parenting)도 증가하는 것으로 나타났으며(Dunifon et al., 2003), 고용된 어머니를 둔 빈곤가정의 아동들이 더 수학능력이 뛰어난 것으로 나타났다.(Jackson, 2003)

취업과 소득증가가 빈곤아동과 가족에게 모두는 아니며 빈곤아동과 편모들이 노동강조 원칙으로 학업유지, 정서적·경제적 삶에 어려움을 겪고 있다는 연구결과들도 있다.(Scott et al, 2001; Fuller et al, 2003; Crowell, 2001; Ariel Kalil et al., 2002) 복지개혁 프로그램에 할당된 가족들이 아동방임할 비율이 전통적인 AFDC 가족보다 높은 것으로 나타났다.7)(Fein et al., 2003) 아동들은 일과 가정을 병행해야 함으로써 어려운 부모들로부터 관심이 결핍될 가능성이 높은 것으로 나타났다.(Fuller, Kagan, & Loeb, 2002) 청소년들은 어머니가 일하는 동안 집에서의 더 많은 책임을 강요받았고, 방과후 시간은 지도감독이 소홀해 지기 쉽고, 학교생활에서 어려움을 경험하는 위험이 높은 것으로 나타났다.(Scott, Edin, London, & Kissane, 2001)

## 8. 복지개혁 경험의 의미

미국 복지개혁은 빈민들이 안락과 존엄을 가지고 생존하도록 돕기 보다는, 빈민 개인행동의 변화에 더 초점을 두고, 정부는 빈곤, 불평등, 실직, 임금에 있어서의 주류를 뒤엎는 프로그램을 고안하지는 않았다. 그 대신 연방정부와 주정부는 복지수혜자수를 줄이고 급여를 삭감하는데 초점을 둔다.

7) Maryland주의 복지종료 어머니의 7%가 복지수혜 종료 후 1년 이내에 아동학대 조사에 연루되었던 것으로 나타났다.(Frame et al., 2003) 또한, PROWORA의 시행 후에 복지프로그램을 떠난 가정의 아동이 초기에 떠난 가정의 아동보다 학대의 비율이 더 높은 것으로 나타났다. 능력있는 부모들은 복지의존을 빨리 극복하지만 복지의존자로 그 뒤에도 남는 부모들은 고용에 있어 다양한 장애를 가지고 있고 이러한 장애는 아동학대의 위험을 증가시키기도 한다.

TANF는 크게 다음의 3가지 문제를 담아내지 못하고 있다.

첫째, TANF 를 통하여 이전의 수혜자들이 자활자립성을 지속할 수 있는 충분한 수입이 보장되는가에 대한 것이다. 즉, 과연 TANF 는 복지수혜자들을 자활자립시킴으로써 수혜자 수를 감축하였는가? 수혜자들을 추적하는 각 주들의 조사연구들에 의하면, 이전 복지수혜자들이 복지프로그램을 종료한 후에도 여전히 저소득직에서 일하고 있으며 살아 가기에 충분한 소득을 유지하지 못하고 있는 것으로 나타났다. 일을 함으로써 생기는 심리적·사회적 이득이 있을 수 있고 이것은 고된 일로 인한 절망과 긴장을 상쇄할 수 있겠지만, 여전히 가족들의 기본생활을 보장하기에는 역부족이다.

둘째, TANF 는 취업우선 전략으로 빈민들의 고용안정, 소득안정에 필요한 고용의 질 향상을 위한 노력을 충분히 고려하지 않고 있다. TANF는 여성들이 저소득직에 머물도록 하였다. 이러한 것은 TANF의 핵심원칙(자활자립을 위한 방법으로 훈련과 교육이 아닌, 일을 고집하는)이 그 원인이다. 교육과 고숙련의 기술은 최근 경제에 있어 고소득을 의미한다. Harris(1996)는 종적 조사연구를 통하여, 복지수혜를 받는 어머니들 중 학력수준이 고졸의 어머니들은 복지로 되돌아 오는데 낮은 확률을 가지는 것으로 나타났다. 그러나, 더 고소득을 보장하는 장기 직업교육을 제공하는 대신 많은 복지사무소들은 "직업을 쉽게 찾는 훈련"으로 형태를 바꾸어 제공하고 있다.(GAO, 1999) TANF의 노동 우선의 전략은 빈민들을 일로 내몰았으나 자활자립으로는 아니었다. TANF는 자활자립으로의 중요한 연결고리, 일자리를 얻는 것 만큼 일자리 유지도 중요하다는 사실을 놓쳤다.

셋째, TANF 는 빈곤노동자들이 근로에 방해하는 요인들인 인간자본의 부족, 아동보육, 가족내 요보호자보호문제, 건강문제 등의 근로에 방해하는 요인들과 투쟁하며 노동요구조건을 충족시키도록 하였다. 일에 대한 장애물보다는 노동을 조건으로 요구하는데 초점을 맞춤으로써, TANF 는 아동들이 적절한 보호속에 집에 남겨져 있도록 보장해 주지 않으면서, 복지수혜 어머니들을 일하게끔 강요하였다.(Lens, 2002, p.281-282). 일부 복지수혜자는 일하는 능력을 방해하는 정신질환, 약물남용, 장애, 가정폭력 등을 경험한다.

(Johnson et al., 1998) 그러나, TANF는 여전히 수혜자들에게 비록 그들이 준비가 안 되어 있거나 능력이 없을지라도 고용시장에 진입하기를 요구한다.

이러한 한계에도 불구하고, TANF를 쉽게 중단하긴 어려운 듯 싶다. 복지등록자들의 막대한 감소, 복지수혜자들에 대한 부정적인 대중 정서의 확산, 복지개혁은 성공하였다는 민주당과 공화당의 선언 등으로 TANF의 폐지는 어려울 듯 싶다. 부시행정부는 2004년 3월 현재, 1996년 복지법의 재의결(reauthorization)을 앞두고 있다. 특히 노동요구조건을 확대하여야 할지 아니면 저소득가족들이 일하는데 필수적인 지지서비스(추가적인 아동보육기금, 의료보험 등)를 증가하여야 하는지, 양극의 논의가 한창이다.

## 9. 한국 자활사업에의 함의

전술한 미국 노동연계복지정책의 전개 과정에서도 볼 수 있었지만, 미국의 사회복지제도 발달과정에서는 복지 보다는 일을 중시하는 신념체계가 여실히 드러나며 기존의 복지제도가 사회발전을 저해한다는 부정적인 미국 대중의 정서는 우리의 것보다 크다. 우리 사회에도 복지국가 성장이 경제성장에 장애가 된다는 자유주의적 방식의 경제적 가치관이 주를 이루고 있다 그리고 우리나라 생산적 복지하의 자활사업은 근로능력이 있는 공공부조 수급자에게 근로 관련 활동에 대한 참여를 의무화하는 정책으로 정의하고, 국가로부터 일방적으로 급여를 받는 소극적이고 수동적인 삶의 방식을 지양하고 복지수급에 대해 자신의 노동력을 사회에 제공할 것을 요구하는 성격을 가진다. 저자의 견해로 우리나라의 생산적 복지정책은 자유주의 체제의 노동연계복지 정책의 원칙과 내용을 따르고 있다고 생각한다.

그러나, 미국의 복지개혁과 우리나라의 생산적 복지정책의 성격, 내용에 있어 차이점들이 존재하며 이러한 차이점을 비교·파악하는 작업은 한국 빈곤정책의 노동연계적인 복지정책이 한국 사회에 적합한 빈곤정책으로 자리를 매김하고 있는지 확인할 수 있는 계기가 될 것이다.

우선, 노동연계정책 도입의 동기와 그 사회적 배경이 다르다. 미국의 복지개혁은 AFDC 수급자의 수를 줄이고 급여를 삭감할 목적으로 제정된 법인 반면, 우리나라의 생산적 복지정책은 복지제도에 대한 국가의 책임이 강화·확대해야 하는 중요한 상황에서 시작하였다.

미국의 TANF 는 1980년대까지의 공적부조제도인 AFDC 의존자수의 대폭적인 증가와 편모가정의 증가를 우려한 정부와 대중의 반응으로 탄생한 제도로서, PRWORA의 주요한 목적은 다른 미국 복지개혁의 노력과 같이, 공공부조에의 의존성을 취업으로 전환하는 것이었다. 자녀를 가진 어머니들에게 복지수급기간을 제한하고 근로참여의 요건을 강요함으로써 그들로 하여금 노동인력화 하고 나아가 편모가정과 혼외 출산아의 출산을 예방하여 가부장제의 회복을 추구하고자 하였다.

우리의 경우 국민기초생활보장제도가 도입되고 이와 함께 근로연계복지로서 강제성을 갖는 자활사업이 도입된 시기는 1987년 말 금융위기와 IMF의 관리체제는 대량실업, 빈곤의 심화, 소득분배 등의 사회적 문제가 심각하였다. '누구라도 일할 의지만 있으면 취업할 수 있다'는 과거의 고도 성장기의 믿음이 더 이상 타당하지 않게 되었다. 여기에 복지에 대해 우호적인 '국민의 정부'의 특성과 국민 모두에게 최소한도의 생활을 보장할 수 있는 제도의 도입을 오랫동안 주장해 온 시민사회운동의 노력이 서로 결합된 결과이다. (황덕순, 2002, p.252-253)

미국의 복지개혁은 복지의존자 수를 감소하기 위하여 가혹한 처벌과 복지수급기간의 제한 방법을 사용하였으나 우리의 경우 복지의존을 우려해야 하는 상황이 아니므로 기초생활보장사업 시행에 있어 노동요구의 원칙, 강한 처벌 사용의 정도와 방법은 달라야 한다고 생각한다.

둘째, 노동연계정책 도입동기 뿐만 아니라 노동연계복지 프로그램 도입후의 제반 환경여건도 다르다. 다행히도 클린턴 정부의 TANF 프로그램의 실시 이후, 미국의 경제성장은 대규모의 고용창출을 낳았고, 연방정부의 근로소득공제제도(EITC, Earned Income Tax Credit)의 확대, 공적 의료보호제도 확대, 부가서비스로서 아동보육지원 확대와 같은 연방/주정부의 정책 변화들이 1999년 빈곤 의존자들을 감소시키는데 기여한다. 이러한 결과는 미국인들에게 노동연계복지를 선호하게 하였으며, 민간노동시장이 빈민들에게 사회적 일자리 창출 보다 더 좋은 직업을 공급할 수 있어 복지의존자들의 감소를 갖게 되었다는 낙관주의를 가지게도 하였다.

1990년대 후반의 미국 노동연계복지정책의 긍정적 결과가 우리 사회에도 그대로 재현되리라 기대하기는 어려울 듯 싶다. 우리나라는 특히 최근 경제사정의 악화 및 실업률의 재증가와 같은 사회경제적 현실과 맞물려 자활사업의 자활기능을 상대적으로 위축시킬 가능성이 크며, 취업유인체계와 근로에 대한 경제적 인센티브가 전무한 점도 제약요인이다.

세 번째 언급하고 싶은 차이점은, 노동연계복지 프로그램의 실제 운영과 관련된 내용이다. 한국의 복지개혁의 노동연계 원칙은 노동강요의 원칙은 아니라는 점과 미국 공공부조의 수급자 가운데 편부모의 비중이 높고 실업자의 비중이 적은 반면, 우리나라는 공공부조의 주된 수혜 대상자가 노동능력과 노동의욕이 없는 요보호자(특히 65세 이상의 노인)나 장기 실업자가 다수라는 점이다.

과연 이러한 수혜자들을 대상으로 자활자립의 효과를 기대할 수 있을 것인가? 정부 부처나 경제학자들이 상당수는 현재보다 강제로 부과되는 자활사업제도를 더 엄격하게 운용해야 한다고 주장하지만, 기초생활보장사업의 주대상자들의 특성상 미국의 TANF처럼 취업우선 전략을 요구하기는 어려운 실정이다. 자활자립을 강조하는 자활사업의 중심은 차상위계층을 비롯한 근로능력이 있는 저소득층으로 옮겨 가는 것이 바람직하다.

그럼, 과연 한국의 빈곤정책이 생산적 복지정책의 기본 내용을 지키려고 노력하였는가에 대해 검토하여 본다. 자활사업의 필요성에 대한 광범위한 동의에도 불구하고 생산적 복지라는 정책기조 속에서 빈곤정책으로서의 자활사업이 '자활을 통한 빈곤의 제거'라는 정책 목표를 과연 달성하고 있는가에 대한 의구심을 갖게 한다.

생산적 복지의 이념은 경제 위기와 함께 지금까지의 성장위주 정책과 사회보장제도의 미흡에 대한 반성에서 비롯되었다. '생산적 복지'의 이념은 평등성을 바탕으로 경제적 가치 창출을 통해 사회적 생산성을 높이려는 적극적인 복지원리로 요약된다.(정경배, 2001, p.6) 대통령비서실 삶의 질 향상기획단이 밝혔듯이, 생산적 복지정책은 사회적 시민권의 실현, 인간자본의 보존과 개선, 사회적 연대의 회복의 필요성에 의하여 균형적 복지, 인권적 복지, 투자적 복지의 추진 방향을 밝힌 바 있다.(이장원, 2000) 특히 생산적 복지는 '일을 통한 복지'를 중심 철학으로 두고 경제시장과 복지의 상호보완관계를 지향하는 이념이라고 할 수 있다. 김대중정부의 '생산적 복지'를 계승·발전시킬 것으로 예상되는 노무현정권의 '참여복지'는 국가, 기업, 종교, NGO, 개인이 다 함께 참여하는 복지다원주의적 해석을 아울러 담고 있다.

생산적 복지이념을 정의하고 그 원칙과 철학을 기술하는데 있어서는, 우리나라의 생산적 복지는 적극적인 노동시장정책을 지향하며 사회연대주의를 지향하고자 하여, 이러한 원칙은 사회민주의적 요소가 강조되고 있음을 알 수 있다. 그러나, 그 자활사업 실제 운영에 있어서는 조건부 수급요건의 원칙에서도 드러나듯이 복지프로그램을 실시하면서 노동을 조건으로 하는 등 근로동기를 강화하는 전략을 내포한 자유주의 복지체제의 노동연계복지정책의 내용을 담고 있어 빈곤의 문제를 개선하는데는 여전히 어느 정도의 한계가 있는 것으로 보인다. TANF 프로그램에서 보았듯이, 자유주의 복지체제의 프로그램의 기본적 목표는 자활성공률을 높이는 것이지, 수급자의 복지를 높이는 문제는 부차적인 것에 불과하였다.

현 자활사업은 저소득층에 대한 소극적인 사회통합형 프로그램이다. 과연 자활사업 수급자가 노동시장 재진입이 가능한가? 예를 들면, 업그레이드형 자활근로사업은 임금 보조형 자활지원사업으로 사회적 일자리를 제공하겠다는 의지의 단초를 보이고 있으나, 사회적 일자리 창출에 대한 정부의 분명한 지원전략이 가시화 되지 않고 있다.(이혜경, 2002, p. 221) 현 자활지원사업에서 근로능력과 의지가 강한 대상자가 아닌 이상 노동시장 진입에 성공하기가 어려운 실정이고, 이에 현재의 조건부 수급자를 중심으로 하는 자활지원사업은 그 실효를 거두기가 어렵다고 볼 수가 있다.

미국은 1981년 레이건이 집권한 이래 지금까지 여러 종류의 노동연계적인 복지개혁이 시도되었다. 그러나, 자유주의자들에 의하면, 미국의 복지개혁은 복지수급자를 노동빈곤층으로 바꾸어 놓는 것에 지나지 않는다며 비판을 하고 있다. 이러한 지적은 근로를 의무조건으로 하면서, 사회적 일자리 창출보다는 민간 노동시장에 의존하며 취업우선전략의 미국적 자활프로그램의 한계를 잘 보여 준다.8)

## 10. 결 론

미국은 복지개혁 과정에서 강압적인 노동연계 프로그램을 재도입하였던 OBRA나 FSA 프로그램의 시행결과, AFDC 수혜자수는 감소하였으나 복지수급자들은 빈곤으로부터 벗어나지도 못하고 많은 경우 복지수급자로 복귀하였다.

복지수혜기간 제한, 근로참여의 요건 강화, 철저한 제재, 처벌을 강조하였던 TANF도 AFDC 등록자를 삭감하였으며 혼외 출산아의 출산율을 감소시켰다. 그러나, TANF는 수혜자들을 자활·자립함으로써 수혜자의 수를 감축하였는가에 대해서는 의문이 제기되며, TANF의 취업 우선의 전략은 빈민들을 일로 내몰았으나 자활자립으로는 아니었다고 평가받고 있다. TANF 실시 후에도 복지수급자들은 빈곤노동사로 다시 노동시장에 내몰았으며, 아동의 빈곤은 심화되었고, 주에 따라 프로그램의 편차를 보이기도 하였다.

물론 이러한 미국의 워크페어적 정책의 한계가 자동적으로 우리나라 자활사업의 한계일 수는 없다. 그러나, 우리도 우리나라 사회복지발달의 역사성을 무시하고, 선진국의 신자유주의 이념을 무비판적으로 수용하면서, 공공부조에 노동의 의무를 강화하는 한편, 자활사업 참여의무를 생계급여와 결합함으로써 수급권을 제한하고 사회구성원의 안정된 삶을 보장하지 못하고

---

8) FSA 의 경험에서 보았듯이, 성의없는 훈련프로그램의 운영, 지역 노동시장 분석이나 노동부와의 협조체제 부재는 결국 실패의 원인이 되었다. TANF의 결과를 통해서도 알 수 있었지만, 취업을 하여 복지를 떠난 이들도 저임금직에 종사하는 빈곤노동층으로 머무는 가능성이 높았다. 이들이 취업하여도 빈곤층으로부터 탈출하지 못하고 있는 것이다.

있다.

기초생활보장제도는 빈곤계층과 실업자들에 대한 생활지원과 복지의 적용대상을 확대하여 빈곤을 축소하려고 하였다는 의미에서 생산적 복지에 기여한 주요한 정책 기조였다고 말할 수 있으나, 자활사업이 '수급자로 하여금 노동을 통해 빈곤에서 벗어나게 한다'는 생산적 복지 이념을 실현하기 위해서는, 수급자에게 자활사업 참여 의무만을 강조하기 보다는 ① 자활자립성을 지속할 수 있는 충분한 수입 보장, ② 자활자립을 위한 방법으로 취업우선 전략이 아닌 훈련과 교육프로그램의 시행, ③ 근로에 방해하는 요인을 제거하고 일하는데 필수적인 지지서비스(훈련과 서비스, 추가적인 아동보육기금, 의료보험의 공급, 교통수단 지원)를 확대하는 것, ④ 빈민들의 저임금을 최대화할 수 있는 정책도 함께 추구되어야 한다.(예를 들면, 근로소득공제제도와 최저임금의 향상 등)

## <참고 문헌>

대통령비서실 삶의질향상기획단. (1999).「새천년을 향한 생산적 복지의 길」.

이장원. (2000). "생산적 복지정책의 추진방향",「복지동향」17 (2000. 2).

_____. (2001). "생산적 복지정책의 추진방향",「한국사회복지학회 춘계학술대회 자료집」 한국사회복지학회.

이혜경. (2002). "자활지원사업의 현황과 문제점",「정책포럼」통권 제31호 (2002. 여름), 대통령자문정책기획위원회.

정경배. (2001). "생산적 복지의 균형모형",「보건복지포럼」통권 제60호 (2001. 10), 한국보건사회연구원.

한국사회복지정책학회. (2001).「생산적 복지정책의 재조명」, 한국사회복지정책학회 추계학술대회 자료집.

황덕순. (2002). "근로연계 복지의 내실화 방안",「정책포럼」통권 제31호 (2002. 여름), 대통령자문정책기획위원회.

Korea Institute for Health and Social Welfare. (2001). *The Report of international symposium for sharing Productive Welfare Experince*, September 6~7.

Abramovitz, M. (1996). Regulating (Revised ed.): The lives of women. MA: South End

Press.

Albert, V. N., & King, W. C. (2001). The impacts of economy and welfare policy on welfare accessions: Implications for future reforms. *Journal of Sociology and Social Welfare*, 28, 5 ~ 23.

Almgren, G., Yamashiro, G., & Ferguson, M. (2002). Beyond welfare or work: Teen mothers, household subsistence strategies, and child development outcomes. *Journal of Sociology and Social Welfare*, 29, 125 ~ 149.

Anderson, S. G., & Gryzlak, B. M. (2002). Social work advocacy in the post-TANF environment: Lessons from early TANF research studies. *Social Work*, 47, 301 ~ 315.

Besharov, D, J. (2003). The past and future of welfare reform. *The Public Interest*, Winter. From http://www.thepublicinterest.com/current/article.html

Cancian, M., Haveman, R. H., Meyer, D. R., & Wolfe, B. (2002). Before and After TANF: The economic well-being of women leaving welfare. *Social Service Review*, December, 603 ~ 641.

Crowell, L. F. (2001). Welfare reform: Reforming welfare or reforming families? *Journal of Contemporary Human Services*, 82, 157 ~ 175.

Daugherty, R. H., & Barber, G. M. (2001). Self-sufficiency, ecology of work, and welfare reform. *Social Service Review*, December, 662 ~ 675.

DiIulio, J. R., & Kettl, D. F. (March 1, 1995). Fine print: The contact with America, devolution, and the Administrative realities of American Federalism. (Center for Public Management Report CPM 95 1). Washington, DC: The Brookings Institution.

Frame, L., & Berrick, J. D. (2003). The effects of welfare reform on families involved with public child welfare services: Results from a Qualitative study. *Children and Youth Services Review*, 25, 113 ~ 138.

Fuller, B., Kagan, S., & Loeb, S. (2002). New lives for poor families? Mothers and young children move through welfare reform. The growing up in poverty project-wave 2 findings California, Connecticut and Florida. Berkeley: University of California and Columbia University.

Gennetian, L. A., & Morris, P. A. (2003). The effects of time limits and make-work-pay strategies on the well-being of children: Experimental evidence from two welfare reform programs. *Children and Youth Services Review*, 25, 17 ~ 54.

Jackson, A. P. (2000). Parenting stress and behavior among single mothers of preschoolers: The mediating role of self-efficacy. *Journal of Social Service Research*, 26, 29 ~ 42.

Jackson, A. P. (2000). Maternal self-efficacy and children's influence on stress and parenting among single black mothers in poverty. *Journal of Family Issues*, 21, 3 ~ 16.

Jackson, A. P. (2003). Mothers' employment and poor near-poor African-American children's development: A longitudinal study. *Social Service Review*, March, 93 ~ 109.

Kalil, A., Seefeldt, K., & Wang, H. (2002). Sanctions and material hardship under TANF. *Social Service Review*, December, 642 ~ 662.

Katz, M. B. (1996). *In the shadow of the poorhouse* (10th ed.): *A social history of Welfare in America*. New York: Basic Books.

Kunz, J., & Kalil, A. (1999). Self-esteem, self-efficacy, and welfare use. *Social Work Research*, 23, 119 ~ 133.

Lake Snell Perry & Associates. (2002). Public views on Welfare reform and children in the current economy. *The Future of Children*, 1-7. From http://www.futureofchildren.org/newsletter2861/newsletter.htm

Lens, V. (2002). What went wrong and what to do next. *Social Work*, 47, 279~291.

Lindsey, D., & Martin, S. K. (2003). Deepening child poverty: The not so good news about welfare reform. *Children and Youth Services Review*, 25, 165 ~ 173.

Metsch, L. R., Pereyra, M., Miles, C. C., & McCoy, C. B. (2003). Welfare and work outcomes after substance abuse treatment. Social Service Review, June, 238 ~254.

Moffitt, R, A. (2002a). From welfare to work: What the evidence shows. In Haskins, R., Sawhill, I., and Weaver, K., *Welfare Reform & Beyond: The future of the safety net* (pp. 79 ~ 88). Washington, DC: Brookings Institution.

O'Donnell, S. M. (2001). "The right to work is the right to live": The social work and political and civic activism of Irene McCoy Gaines. *Social Service Review*, September, 456 ~ 478.

Patriquin, L. (2001). The historical uniqueness of the Clinton welfare reforms: A new level of social misery? *Journal of Sociology and Social Welfare*, 28, 71 ~ 94.

Patterson, J. T. (2000). America's Struggle against Poverty in the Twentieth Century. MA: Harvard University Press.

Piven, F. F., & Cloward, R. A. (1997), *The breaking of the American social compact*. New York: New Press.

Reisch, M. (2000). Social workers and politics in the new century. *Social Work*, 45, 293 297.

Scott, E., Edin, K., London, A., & Kissane, R. (2001). Unstable work, unstable income: Implications for family well-being in the era of time-limited welfare [Working Paper No. 5]. New York: Manpower Demonstrarion and Research Project.

Schiller, B. R. (2004). *The economics of poverty and discrimination. New Jersey*: Pearson Prantice Hall.

Shobe, M., & Page-Adams, D. (2001). Assets, future orientation, and well-being: Exploring and extending sherraden's framework. *Journal of Sociology and Social Welfare*, 28, 109 - 127.

Stoesz, D. (2000). *A poverty of imagination: Bootstrap Capitalism, sequel to Welfare reform.* Madison, WI: University of Wisconsin Press.

Taylor, M. H. (2000). The potential impact of gender role socialization on welfare policy formation. *Journal of Sociology and Social Welfare*, 27, 135 - 152.

Trattner, W. I. (1999). *From Poor Law to Welfare State* (6th ed.): *A History of social welfare in America.* New York: The Free Press.

U. S. Department of Health & Human Services. *Comparison of Prior Law and the Personal Responsibility and Work Opportunity Reconciliation Act of 1996.* Revised September 17, 2003.

http://apse.Os.dhhs.gov/hsp/isp/reform.htm.

Waldfogel, J., Villeneuve, P., & Garfinkel, I. (2000). The Impact of Welfare reform for families with Children: Evidence from New York: A report of the New York city social indicators center, Columbia University School of Social Work. *Journal of Social Service Research*, 26, 1 ~ 27.

Washington, O. G. M., & Moxley, D. P. (2003). Group intervention with low-income African American women recovering from chemical dependency. *Health & Social Work*, 28, 146 ~156.

# 제 17장 한국의 빈곤정책**

- 국민기초생활보장제도를 중심으로 -

김 진 이*

## 1. 서 론

우리나라 빈곤정책은 지난 40여 년간 실시되었던 생활보호사업과 2000년 10월 변경 실시된 국민기초생활보장사업이 그 핵심이다. 또한 정부 및 지방자치단체는 그간 수재 등으로 영세민 대책비(특별예산)가 사회복지예산(일반경상비)를 초과할 정도로 구빈정책을 실시하였다.

1999년 9월 제정된 국민기초생활보장법의 입법취지는 어려운 자에게 필요한 급여를 행하여 이들의 최저생활을 보장하고 자활을 조성하는 것을 목적으로 한다(제 1조)고 하였지만, 아직도 그 내실을 기하지 못하고 있다. 이후 어려운 사람의 생활보장을 필요로 하는 법령(기초노령연금 등)이 제정되었지만, 그것도 보편적 성격을 지니지 못하고 빈곤노인의 부실한 구빈정책의 성격을 지니고 있다.

빈곤정책은 국민기초생활보장법의 목적에서 볼 수 있는 바와 같이 빈민의 ① 최저생활보장과 ② 자활조성을 통하여 그들의 생존과 탈빈곤이 주요한 목적이다. 따라서 정부가 주장하는 공식적 빈곤이 정말 전체 인구의 3.2%(159만명)에 불과한 것이지, 그리고 그들의 약 절반이 근로능력이 있기 때문에 자활사업을 통하여 탈빈곤이 가능한 것인지 의문이 간다. 특히 정부

---

* 백석대학교 사회복지학부 교수, 미국 Pittsburg대 사회복지대학원 Ph. D.

** 이 논문은「사회정책연구」, 제 41집에 게재된 것임.

는 기초생활수급자의 약 10%가 탈수급자, 즉 탈빈민이 되었다고 하는데 궁금하다. 이러한 의문(문제)이 풀리지 않으면 우리나라의 빈곤정책은 실패한 것이기 때문에 근본적인 대책(개혁)이 강구되어야 할 것이다.

그리하여 필자는 우리나라의 전형적인 빈곤정책인 국민기초생활보장사업을 중심으로 그 문제점과 개선방향이 무엇인가를 찾아 보려고 한다.

본 연구에 사용하는 자료는 주로 보건복지부가 발행한「2009년 국민기초생활수급권자 현황」을 주로 재분석하고[1], 또한 보건복지부와 국민연금공단에서 발행하는 최근「통계연보」를 재 분석하여 접근한다. 그 밖에도 정부가 발행하는 「자활사업안내」 등을 참고하여 고찰하려고 한다.

## 2. 빈곤정책의 이론적 배경

사회과학의 이론적, 이념적 관점에 따라 빈곤의 원인과 그 대책이 달라질 수 있다. 그리하여 우리나라의 빈곤정책, 특히 국민기초생활보장이 어떠한 이론적 이념적 배경(관점)을 지니고 있는지 먼저 기존의 견해를 약술하고, 그에 따라 기초생활보장정책의 성격을 밝혀보려 한다.

### 1) 이론적 관점

이론적 관점에서는 가장 효과적인 빈곤정책이 무엇인가를 본다.[2] 이론적 관점은 사회학에서 말하는 이론, 즉 기능론, 갈등론, 낙인론을 살펴 보도록 한다.

기능이론적 관점에서 빈곤을 일탈행위로 보기 때문에 빈곤은 빈민의 성격 결함이나 잘못된 행동에서 비롯된 것으로 본다. 그리하여 빈민이 사회에 적응하거나 사회를 위하여 기능하도록 일하려는 동기를 부여하는 것이 가장

---

1) 본 자료는 보건복지부가 '지방행정 정보망'에 설치된 전국적 정책자료를 취합한 것이다. 이것을 기초로 하여 기초생활보장 행정이 이루어지기 때문에 어느 표본조사 결과 보다는 기초생활수급자를 이해하는데 신뢰성이 가장 높다.

2) Thomas J. Sullivan, et. al., *Social Problems: Divergent Perspectives*, John Wiley, N. Y., 1980, pp.372~392

중요한 빈곤정책이라 볼 수 있다.

갈등론적 관점에서는 빈곤이 사회경제제도의 결함에서 발생되는 것으로 본다. 다시 말하면 자본주의제도하에서 노동가치가 착취되거나 노동소외 또는 권력과 자원 및 기회가 박탈되었을 때 가난해 진다는 것이다. 그리하여 기존의 불평등한 사회제도를 개혁하거나 소외되지 않도록 집단적으로 노력하는 것이 최선의 빈곤정책이라는 것이다.

상호작용론적 관점에서 낙인이론이라고 하는데, 이것은 다른 사람과의 상호작용에 의하여 빈곤이 부적절하다고 낙인을 찍거나 그것을 빈민이 수용하면 빈곤은 지속된다는 것이다. 그리하여 빈곤의 원인이 주로 개인적 성격의 결함이고 따라서 빈곤의 개인적 책임을 강조한다.

### 2) 이념적 관점

이념적 관점에서 빈곤정책은 주로 자유주의(우파), 개입주의(중도파) 또는 마르크스주의(좌파)에 따라 그 견해가 다르다.3)

자유주의는 개인의 자유가 보장되고 자유시장이 존재하면 국가개입의 사회정책(빈곤정책)이 필요하지 않다고 본다. 국가개입은 사람들이 자활하려 하지 않고 시장이 적절히 기능하지 않을 때만 필요하다는 것이다. 그리하여 자유주의자는 개혁주의자와 마르크스주의자들이 말하는 욕구(needs)와 평등(equality)이라는 개념을 인정하지 않고, 다만 결핍(wants)과 형평(equilibrium)이라는 개념의 말을 사용한다.

자유주의자는 빈곤이 시장의 결과가 아니고 개인의 책임이기 때문에 국가가 그것에 대한 책임, 즉 빈곤정책이 필요 없다는 것이다. 그러나, 수정자유주의와 사회민주주의자, 즉 개혁주의자들은 사회문제와 사회적 욕구를 해결하기 위하여 국가개입이 필요하다고 주장한다. 다시 말하면 자본주의제도에 의하여 소득, 보건, 복지, 교육 및 주택의 욕구가 결핍되어 있다면 이에 대한 최저 수준의 욕구를 충족시켜 주어야 한다는 것이다. 개혁주의자들은

3) Tom Burden, *Social Policy and Welfare*, Pluto Press, London, 1998, pp.60~63

이러한 욕구 해결을 시민권, 즉 보편적 복지권으로 본다.

마르크스주의자들은 사회정책을 일반적으로 자본의 논리(유효수요의 창출 필요성) 또는 노동의 논리(계급투쟁의 산물)로 보기 때문에 전자는 빈곤정책을 자본주의의 유지에 필요한 건강한 노동력의 재생산과 유효수요의 창출을 위한 것이고, 후자는 노동자의 계급 투쟁의 산물로 본다. 그리하여 자원의 재분배나 소득재분배 및 조세정책(조세 및 사회보장 등)이 발달한다는 것은 또한 빈곤정책을 빈민들의 사회통제 수단으로 보는 경우도 있다.

이와 같은 빈곤정책은 이념적, 이론적 및 이론적 배경과 상관성이 매우 높다는 것을 알 수 있다. 즉, 자유주의적 빈곤정책은 기능론과 상호작용론에 기초하여 있고, 개입주의적 빈곤정책은 갈등이론과 신마르크스이론에 기초해 있음을 알 수 있다.

### 3) 이론적 관점과 공적 부조

오늘날 각 국의 빈곤정책은 상술한 이념적 이론적 배경하에 발달하여 왔다. 특히 미국과 일본의 빈곤정책은 자유주의적 성격이 강하고 영국과 스웨덴 등 유럽의 빈곤정책은 개입주의적 성격이 강한 편이다. 그러나, 이들 국가의 역사적 배경에 따라 빈곤정책이 상이하게 나타나고 있다.

이들 빈곤정책의 기본 방향은 미국형의 경우 1994년 '빈곤전쟁'과 1997년 복지개혁에서 알 수 있듯이 교육, 훈련을 통하여 빈민의 자질 향상과 기회를 부여하려는 자조(self-help)와 노동연계복지(workfare)를 강조하고, 영국형의 경우 시민권의 발달에 의하여 빈민에게 사회보장제도를 통하여 생존에 필요한 최저소득을 보장하고 이들에 대한 고용정책은 소홀히 하였으며, 북구형의 경우 노·사·정의 협의, 즉 조합주의의 원리에 의하여 완전고용과 임금조정에 의한 실업과 빈곤을 예방하려고 한다.[4)]

우리나라의 빈곤정책은 미국과 일본의 영향을 많이 받아 자유주의적 개입주의의 성격을 지니고 있다. 자유개입주의의 빈곤정책은 주로 사회보장과

4) 김영모, 「사회정책」, 한복연 출판부, 2008, p.244

조세정책 및 고용정책에 의존되어 있다. 우리나라의 대표적인 공적 부조사업은 10년전 생활보호사업의 명칭을 변경한 국민기초생활보장사업이다.

공적 부조는 전형적인 자유주의 빈곤정책이다. 공적 부조는 그 주체가 국가와 지방자치단체이고 그 재원은 국고와 지방비이며, 그 대상자는 자산조사에 의하여 선정된 빈민들이다.

지금까지 발달해 온 공적 부조 프로그램은 다음의 4가지 형태가 있다.[5)]

① 실업보상과 사회보장과 같은 사회보험 프로그램이다. 이것은 자조자를 돕게 설계되어 있다. 본인이 능력이 있을 때 기여금을 내고 필요할 때 급여를 받는다.

② 빈민들로 하여금 자립·자활하도록 하는 직업기술 교육프로그램이다. 이들은 사회복지 욕구를 지니고 있지 않다.

③ 저소득자에 화폐, 음식, 주거 및 의료보호를 제공하는 복지프로그램이다. 이것은 욕구가 있는 사람은 책임을 묻지 않고 인간주의적 개념에 의하여 도움을 당연히 받는다.

④ 노동연계복지(workfare) 프로그램이다. 이것은 복지가 인간의 노동의욕을 감소시킨다는 비판에서 주장되었다.

이러한 공적 부조 프로그램은 ①은 주로 북구와 같은 유럽에서 찾아볼 수 있고, ②와 ③ 및 ④는 미국과 일본 및 한국 등에서 찾아 볼 수 있다.

우리나라 빈곤정책의 핵심은 국민기초생활보장사업이다. 이 이외도 기초노령연금과 노인장기요양사업 및 10여개 사회복지사업(노인, 장애인, 아동, 여성, 보육사업 등)이 있지만 기초생활보장의 수급권자는 동시에 사회복지서비스의 주요 대상이 되어 있다.

보건복지부의 빈곤정책은 무의무탁하고 폐질자에 대한 구빈정책의 성격을 지니고 있었지만 최근 기초노령연금, 노인장기요양보험 등이 실시되어 마치 방빈정책의 성격을 띄우고 있는것 같으나 내용은 실제로 구빈정책의 성격을 지니고 있다. 공적연금이나 보험이라 한다면 반드시 기여제도와 보

---

5) James M. Henslin, *Social Problems*, fifth edition, Prentice Hall, 2000, p.242

편주의적 성격을 지닌 것이 원칙이고, 또 급여도 현실성이 있어야 하는데, 그렇지 못하고 선별적 성격이 매우 강하다.

보건복지부의 주요한 빈곤정책의 내용을 간추려 보면 표 1과 같다.

우리나라의 기초생활보장사업은 1960년 이후 생활보호사업의 연장선상에서 이해할 수 있다. 생활보호사업의 핵심이었던 생계보호와 자활사업(취로사업)이 국민기초생활보장의 핵심사업이 되어 있다.6)

국민기초생활보장사업의 핵심 목적이 최저생활의 보장과 자활 조성이라고 하였지만 이미 10여년 전이 지난 오늘날에 있어서도 그 주요문제는 그대로 남아 있다. 다시 말하면 과거 생활보호사업에 비하여 질적으로 약간 개선되었지만 그 기본적인 문제인 선정기준과 급여내용은 국민기초생활보장에서도 그대로 남아 있다.

<표 1> 보건복지부의 빈곤정책

| | 운영주체 | 대상 | 방법(급여 · 부담) | 예산<br>(원) | 근거법령 | 비고 |
|---|---|---|---|---|---|---|
| 기초생활보장<br>-생계급여<br>-의료급여<br>-자활사업 | 지방자치단체<br>시 · 군 · 구<br>건강보험공단<br>지역자활센터 | 전국민의 3.2%(157만명)<br>전국민의 3.2%(157만명)<br>전국민의 3.56%(167만명)<br>기초수급자의 51.05(5만명) | 7종 급여<br>21,227원(1인)<br><br>184,558원(1인)35,002 | 7조 2972원<br>32조 715원<br>3조 5천억<br>4천 637억 | 국민기초생활보장법<br><br>의료급여법<br>국민기초생활보장법 | 1961년/1999년 개정<br><br>1969년/2010년 개정<br>2006년 신설 |
| 취약계층지원 | 지방자치단체 | 기초수급자와 차상위계층<br>(최저생계비의 120% 소득자)<br>19~30천원(1인) | 19~30천원(1인) | 13조 054억 | 국민기초생활보장법 | 보호아동 및<br>장애인 |
| 기초노령연금 | 지방자치단체 | 65세 이상 노인의 70%<br>(356만명) | 노인단독 월 7만원<br>부부노인 월 12만원 | 2조 7238억 | 노인복지법 | 2007년 제정 |
| 노인장기요양보험 | 건강보험공단 | 고령노인과 65세 미만<br>노인성질환자(치매,중풍 등)<br>(38만명) | 재가급여(15% 부담)<br>시설급여(20% 부담)<br>생보자(전액면제)<br>금전, 현물 | 4,475억 | 노인장기요양보험법 | 2007년 제정<br>국고부담(20%) |
| 긴급복지 | 지방자치단체 | | | 579억 | 긴급복지지원법 | 2005년 제정 |

(비고) 1) 기초생활보장의 자료는 2009년도치이고, 기초노령연금과 장기노인요양보험의 경우 2010년도치임.
(자료) 1) 보건복지부, 「2009년 국민기초생활보장수급자 현황」, 2010. 7. 30
2) 보건복지부, 홈페이지, 2010. 9
3) 예산은 기획재정부, 「2010 나라살림 예산개요 참고자료」, 2010. 8. 30

오늘날 우리나라 국민소득이 약 2만 달러가 된다고 하지만 절대 빈곤선

6) *Ibid,* p.248

이하의 요보호자가 지난 10년간 약 135만명~158만명(3.2%)이 되고, 이들에 대한 기본적인 생계급여는 과거 7할 미만이었지만 최저 생계비의 91.1%에 미달하고 있다.7) 이것은 생활보호사업 시대에 비하여 그 수준이 약간 개선되었음을 말한다.

전문가들이 그것에 대하여 비교적 긍정적인 평가를 하고 있지만8), 효율적인 사업인가에 대해서는 검토할 필요성이 있다고 생각한다. 그러면, 기초생활보징의 적용대상과 급여내용을 중심으로 고찰하여 본다.

## 3. 기초생활보장의 적용대상

정부는 최근 수급자의 선정기준으로 소득인정액과 부양의무자의 기준을 제시하였다.9) 수급자 선정기준은 수급권자 가구의 소득인정액이 가구별 최저생세비 이하인 경우이다. 한때 최저생계비를 초과한 소득인정액의 특례수급자 등이 있었다.10)

이러한 선정기준에 의하 수급자는 2009년 말 전 가구의 3.2%(약 170만명,

7) 김문실, 국민기초생활보장제도에 대한 인식, 태도변화와 시사점,「보건복지부 포럼」, 2010년 9월

8) 박능후,「국민기초생활보장제도 10년의 성과 평가」, 보건복지포럼, 통권 164호, 2010. 9

9) 보건복지부,「2009년 국민기초생활보장수급자 현황」, 2010. 7. 30, pp.1~6

10) 특례수급자는 2만 2천 222명이 있는데 이 중에서 가장 많은 재산기준 특례자는 재산환산이 어려운 경우이고, 자활특례는 자활사업에 참여한 소득이 초과한 경우이며, 타법률수급자는 북한이탈주민(3~5년), 일본군 위안부, 에이즈 감염자, 영주 귀국 사할린 한인, 한센병 정착민 등이다.

<표 2 > 수급자의 특례 현황

| 년도 | 의료 특례 | 수급권자 재산기준 특례 | 자활 특례 | 교육 특례 | 타법률 수급자 | 부양의무자 재산기준 특례 | 의료,교육 자활 중복특례 | 기타 |
|---|---|---|---|---|---|---|---|---|
| 2001 | 26.2 | 30.6 | 12.3 | 6.7 | 1.9 | 4.9 | 2.8 | 14.5 |
| 2002 | 33.6 | 23.9 | 13.4 | 6.6 | 4.8 | 3.6 | 3.6 | 10.5 |
| 2003 | 43.7 | 0.5 | 17.2 | 7.0 | 9.3 | 2.8 | 10.5 | 9.0 |
| 2004 | 41.4 | 0.2 | 18.9 | 6.0 | 15.0 | 1.8 | 10.1 | 6.6 |
| 2005 | 35.1 | 6.2 | 16.4 | 8.4 | 17.0 | 1.3 | 10.2 | 5.3 |
| 2006 | 26.6 | 12.7 | 15.1 | 9.8 | 21.2 | 1.0 | 10.0 | 3.6 |
| 2007 | 1.2 | 31.9 | 30.4 | 0.3 | 33.9 | 1.7 | 0.2 | 0.3 |
| 2008 | 1.1 | 34.1 | 24.9 | 0.3 | 37.7 | 15. | 0.1 | 0.3 |
| 2009 | 1.0 | 38.3 | 23.2 | 0.2 | 35.3 | 1.6 | 0.1 | 0.3 |

(자료) 보건복지부,「국민기초생활보장 수급자 현황」, 각 연도

약 88만 가구이고 이에 대한 국고예산은 3천억 원이다)라고 한다. 최저생계비 이하의 기초생활수급자는 3.2%가 넘지만 부양가족이 있어서 많이 축소되었다. 그런데 정부가 책정한 3.2%의 수급자는 통계청과 전문가들이 주장하는 절대빈곤율(약 6%)의 절반이고, 상대적 빈곤율의 약 1/5에 불과하다. 그리고 통계청이 밝힌 소득 하위 20%인 빈곤층의 소비지출을 보면, 기초생활수급자에 비하여 엥겔계수가 약 2배가 된다. 그리하여 필자는 한국의 공식적 빈곤자(생보자)는 궁민들(paupers)이라고 하였다.[11] 따라서 기초생활수급자는 더욱 확대되어야 한다.

### 1) 수급기간

정부의 공식적 빈곤율이 적은 것은 과거 생활보호사업시대에 있어서 예산 부족이라는 핑계로 지방자치단체별로 수급자를 할당하였다[12]. 그런데 전통이 오래 지속되다 보니 오늘날에도 수급자의 지역별 형평성이 약화되어 있다.

표 3에서 볼 수 있는 바와 같이 기초생활보장 수급자의 비율이 잘 사는 서울과 인천 및 경기 등 수도권에 많고, 가난한 농촌지대인 전남북과 경남북 지역에 적다는 것을 지역별 인구수와 특성에 맞지 않는다. 일반적으로 도시주민은 농촌주민에 비하여 더 잘 살고, 또한 농촌에 노인들이 더 많다는 것이 사회적 통념인데 이것에 반한 기초생활수급자, 즉 빈곤율의 분포현상이다. 이러한 것을 보면, 기초생활수급자의 선정이 정부의 예산한계로 일차적으로 지방자치단체별로 지역할당제를 실시하였고, 이차적으로 지방자치단체별로 수급자의 선정기준에 의하여 확정된 듯 하여 행정적 편의에 의하여 수급자의 탈락율과 진입율이 결정된 것이다.

---

11) 김진이, 한국 빈곤선의 이론적 실증적 고찰,「사회정책연구」제 40집, 2010, p.40
12) 1985년 생활보호대상자는 당시 절대빈곤자의 1/2에 불과하고 그 선정에도 부적격자가 약 10% 이상이 되었다. 이것은 주로 통장 전체 생보자의 56.6%를 선정하였기 때문이다.(김영모, 「한국사회복지의 제문제」, 한복연 출판부, 1986, p.201)

<표 3 > 연도별 지역별 기초생활보장 수급자

| | 총수급자 | | 일반수급자 | | 시설수급자 |
|---|---|---|---|---|---|
| | 가구 | 인원 | 가구 | 인원 | |
| 2001 | 698,075 | 1,419,995 | 698,075 | 1,345,526 | 74,469 |
| 2002 | 691,018 | 1,351,185 | 691,018 | 1,275,625 | 75,560 |
| 2003 | 717,861 | 1,374,405 | 717,861 | 1,292,690 | 81,715 |
| 2004 | 753,681 | 1,424,088 | 753,681 | 1,337,714 | 86,374 |
| 2005 | 809,745 | 1,513,352 | 809,745 | 1,425,684 | 87,668 |
| 2006 | 831,692 | 1,534,950 | 831,692 | 1,449,832 | 85,118 |
| 2007 | 852,420 | 1,549,848 | 852,420 | 1,463,140 | 86,708 |
| 2008 | 854,205 | 1,529,939 | 854,205 | 1,444,010 | 85,929 |
| 서울 | 13.5 | 13.5 | 13.5 | 13.4 | 15.0 |
| 부산 | 9.2 | 9.1 | 9.2 | 9.2 | 8.3 |
| 대구 | 6.0 | 6.5 | 6.0 | 6.5 | 6.9 |
| 인천 | 4.5 | 4.6 | 4.5 | 4.6 | 3.8 |
| 광주 | 3.5 | 4.0 | 3.5 | 4.0 | 3.6 |
| 대전 | 2.8 | 3.0 | 2.8 | 3.0 | 3.5 |
| 울산 | 1.3 | 1.2 | 1.3 | 1.2 | 1.2 |
| 경기 | 14.1 | 13.6 | 14.1 | 13.7 | 12.5 |
| 강원 | 4.4 | 4.2 | 4.4 | 4.3 | 3.5 |
| 충북 | 3.7 | 3.8 | 3.7 | 3.6 | 5.9 |
| 충남 | 4.9 | 4.8 | 4.9 | 4.8 | 5.7 |
| 전북 | 7.2 | 7.5 | 7.2 | 7.6 | 6.4 |
| 전남 | 7.7 | 7.5 | 7.7 | 7.6 | 6.8 |
| 경북 | 8.5 | 8.1 | 8.5 | 8.2 | 7.7 |
| 경남 | 7.3 | 7.0 | 7.3 | 7.0 | 7.0 |
| 제주 | 1.4 | 1.5 | 1.4 | 1.5 | 4.2 |
| 합계 | 100.0 | 100.0 | 100.0 | 100.0 | 100.0 |

(자료) 「2009년 보건복지가족 통계연보」

표 4를 보면, 1년 미만의 신규 수급자(빈민)는 2009년 말 10.7%이고, 이것은 지난 8년간 약간 변화율의 차이는 있으나 약 10%의 수급자가 새로 참여하였음을 의미한다.

그간 기초생활수급율이 약 3%로 지속되었기 때문에 약 10%의 탈수급율이 있었다고 볼 수 있다. 이 10%의 탈수급자는 탈빈곤이 되었거나 사망 또는 교체되었으리라 생각한다. 그런데 탈빈곤이 된 경우 자활사업의 효과(실제로 참여자의 약 6%)나 자녀의 성장과 취업 등을 생각할 수 있지만 이것은 매우 어려운 것이다.

정부는 매년 약 10%의 신규 수급자의 발생원인이 주로 질병(28.9%)과 보호시설변경(23.2%) 및 노쇠 · 연소(21.7%) 때문이고, 나머지는 부양중단(9.2%), 실직 · 사업실패(6.0%), 진입(2.6%) 등이라고 한다.[13] 이것을 보면 빈곤의 발생원인이 소득 상실과 가족부양중단에서 초래된 것 보다도 대부분 질병, 노쇠 그리고 시설 전원 조치의 결과라고 볼 수 있다.

한편, 탈수급자의 발생 원인은 자활자립에 의하여 탈빈민이 된 수급자가 전체의 41.4%이고 나머지는 사망 등 가구원 변동(10.5%)과 보호변경(11.0%) 및 기타(2.2%)라고 한다.[14] 자립한 수급자가 40% 넘는데 당시 수급자는 대부분 노동능력과 노동의욕이 없는 무의무탁한 폐질자가 많기 때문에 예산부족으로 수급자가 교체된 것이지 탈빈곤이 되었는지 매우 의심스럽다. 사망 등으로 탈수급자가 된 경우 약 20%를 초과한다.

<표 4> 기초생활 수급자의 보장기간

| 연도 | 1년 미만 | 1~2년 | 2~3년 | 3~4년 | 4~5년 | 5~6년 | 6~8년 | 8~10년 | 10년 이상 | 합계 |
|---|---|---|---|---|---|---|---|---|---|---|
| 2002 | 10.0 | 11.2 | 75.5 | 2.1 | 1.1 | 0.2 | 0.1 | 0.1 | 0.2 | 100.0 |
| 2003 | 12.8 | 9.1 | 9.7 | 65.7 | 2.6 | 0.5 | 0.2 | 0.1 | 0.2 | 100.0 |
| 2004 | 12.8 | 11.1 | 8.1 | 8.5 | 59.5 | 1.4 | 0.5 | 0.1 | 0.2 | 100.0 |
| 2005 | 14.1 | 11.1 | 9.6 | 7.0 | 58.2 | 48.9 | 1.7 | 0.2 | 0.04 | 100.0 |
| 2006 | 19.1 | 20.8 | 15.2 | 8.0 | 36.9 | 5.2 | 25.8 | 0.1 | 0.1 | 100.0 |
| 2007 | 10.9 | 11.2 | 11.3 | 9.3 | 57.3 | 5.4 | 43.1 | 0.8 | 1.6 | 100.0 |
| 2008 | 8.8 | 10.4 | 10.0 | 10.1 | 60.8 | 7.0 | 9.8 | 34.2 | 1.5 | 100.0 |
| 2009 | 10.7 | 8.5 | 9.1 | 8.9 | 9.0 | 7.4 | 10.6 | 34.3 | 1.5 | 100.0 |

(자료) 보건복지부,「국민기초생활보장 수급자 현황」, 각 년도

기초생활수급자의 자활, 즉 탈빈곤이 어렵다는 것은 표 3에서 볼 수 있는 바와 같이. 수급자의 대부분이 최근에 올수록 장기간 지속성을 지니고 있음을 알 수 있다. 2009년의 경우 8년 이상 장기수급자가 전체 35.8%가 되어 있는 것을 보면, 탈빈곤정책의 실효성이 없음을 알 수 있다.

---

13) 보건복지부,「'94 생활보호대상자 현황분석」, 1994, p.115

14) 전게서, p.113

탈빈곤 정책의 실효성이 없는 수급자는 특히 노인세대와 장애인세대에서 찾아 볼 수 있다. 그리고 소년소녀가정과 모자세대 및 부자세대도 장기간 수급자가 되어 있는 것은 이들에 대한 자활사업, 즉 탈빈곤정책의 실효성이 없는 것이다.

<표 5> 일반수급가구 보장기간별 현황

| | 1년 미만 | 1~2년 미만 | 2~3년 미만 | 3~4년 미만 | 4~5년 미만 | 5~6년 미만 | 6~8년 미만 | 8~10년 미만 | 10년 이상 |
|---|---|---|---|---|---|---|---|---|---|
| 노인세대 | 8.0 | 6.3 | 7.5 | 6.7 | 6.8 | 5.9 | 10.2 | 47.5 | 1.1 |
| 소년소녀가장세대 | 7.5 | 8.2 | 10.7 | 10.8 | 11.4 | 10.6 | 14.8 | 22.3 | 3.7 |
| 모자세대 | 12.0 | 10.0 | 10.9 | 11.2 | 11.6 | 9.8 | 12.7 | 20.7 | 1.1 |
| 부자세대 | 14.5 | 11.0 | 10.7 | 11.0 | 11.5 | 8.6 | 9.6 | 21.5 | 1.6 |
| 장애인 세대 | 7.6 | 6.5 | 7.4 | 7.6 | 8.4 | 7.4 | 11.6 | 41.9 | 1.6 |
| 일반세대 | 13.6 | 10.8 | 10.7 | 10.3 | 10.1 | 7.8 | 9.8 | 25.5 | 1.5 |
| 기타 | 13.5 | 9.3 | 10.1 | 10.1 | 9.3 | 7.3 | 10.1 | 27.5 | 2.7 |

(사료) 보건복지부, 「2009년 기초생활보장 수급자 현황」

### 2) 수급권자의 특성

수급권자의 사회경제적 특성은 기초생활수급자의 선정기준(조건)에 의하여 크게 좌우되겠지만 그들의 가족 및 경제적 특성을 분석하여 보고, 이러한 특성에서 수급자가 자활사업 등에 참여하여 탈빈곤이 가능한지를 검토하여 본다.

2009년 말 수급권자는 157만명이 되는데 이들 중에 일반 수급자는 전체의 94.5%이고 시설보호수급자는 5.5%이며 특례수급자는 2.5%이다. 이 중에서 거의 대부분을 차지한 일반수급자의 특성과 욕구를 고찰하여 본다.

첫째, 일반수급자의 연령은 10대가 가장 많아 전체의 21.25%를 차지하고, 그 다음은 40대(16.6%)이며, 나머지는 60~70대가 많다.(각각 약 12%) 이것을 생애주기별로 보면, 청소년기가 전체의 21.3%이고 청년기는 12.1%이며 중년기는 34.1%이다. 노년기는 전체의 26.2%인데 여성의 비율이 높다.

이것을 보면, 경제활동을 할 수 있는 연령층이 전체의 67.5%가 된다. 따라서 다수의 수급자가 성장하여 취업하거나 자활사업 등을 통하여 탈빈민이 될 수 있다.

둘째, 일반수급자의 가족형태는 단독가구가 전체의 52.9%를 차지하고 그 다음은 자녀와 동거가족이 30.9%이며 나머지는 부부가족(6.3%)과 그 외 가족과의 동거(8.5%)이다. 이것도 해가 갈수록 단독가구가 많다.

<표 6> 일반수급자의 가족형태

| 연도 | 단독가구 | 혈연가구 | | | 비열연가구 | 기타 | 합계(실수) |
|---|---|---|---|---|---|---|---|
| | | 부부가구 | 자녀동거가구 | 그외가족동거가구 | | | |
| 2001 | 48.1 | 8.2 | 35.0 | 7.9 | 0.8 | 0.02 | 100.0(698,075) |
| 2002 | 49.5 | 8.0 | 33.6 | 8.0 | 0.9 | 0.01 | 100.0(691,018) |
| 2003 | 50.3 | 7.7 | 32.9 | 8.1 | 1.0 | 0.02 | 100.0(717,861) |
| 2004 | 50.7 | 7.4 | 32.6 | 8.1 | 1.0 | 0.1 | 100.0(753,681) |
| 2005 | 50.7 | 7.2 | 32.8 | 8.2 | 1.1 | 0.1 | 100.0(809,745) |
| 2006 | 51.2 | 6.8 | 32.5 | 8.4 | 1.1 | 0.0002 | 100.0(831,692) |
| 2007 | 51.8 | 6.7 | 31.7 | 8.5 | 1.1 | 0.1 | 100.0(852,420) |
| 2008 | 52.7 | 6.4 | 30.8 | 8.5 | 1.2 | 0.3 | 100.0(854,205) |
| 2009 | 52.9 | 6.3 | 30.9 | 8.5 | 1.1 | 0.3 | 100.0(882,925) |

(자료) 보건복지부,「2009년 기초생활보장 수급자 현황」

한편, 일반수급자의 가족 특성을 보면, 일반세대가 34.2%로 가장 많으나 그 다음으로 노인세대(27.7%)와 장애인세대(19.2%)이며 나머지는 모·부자세대(12.2%)이다. 이것을 보면, 자녀동거가족과 일반세대 및 모·부자 세대가 3할 이상이 되어 이들을 위한 자활사업 등이 탈빈곤을 가능케 할 것이다.

셋째, 일반수급자의 부양의무자는 전체의 74.8%가 생존해 있으나 거의 대부분 부양능력이 없다.(전체의 85.0%) 과거에 비하여 부양의무자의 생존율이 높지만 조기 퇴직 등 실업으로 부양 무능력자는 더욱 많다. 이것을 보면, 부양의무자가 있어도 부양능력이 없는 경우 자활사업 등을 통한 탈빈곤이 거의 불가능하다.

부양자가 있으면서 부양능력이 없는 경우 전체 부양자의 47.5%가 행방불명이고, 그 다음은 해외이주(13.2%), 사실상 이혼(10.0%), 복역(3.6%), 군복무(3.0%), 시설수급자(1.9%), 호적미정리(0.4%), 기타(20.5%) 등이다.

<표 7> 일반수급자의 가족특성

| | 노인세대 | 소년소녀 가장세대 | 모자세대 | 부자세대 | 장애인세대 | 일반세대 | 기타 | 합계 |
|---|---|---|---|---|---|---|---|---|
| 2001 | 34.0 | 2.0 | 10.0 | 2.7 | 14.4 | 31.2 | 5.7 | 100.0 |
| 2002 | 34.1 | 2.0 | 9.4 | 2.5 | 15.1 | 31.4 | 5.6 | 100.0 |
| 2003 | 33.3 | 1.9 | 9.3 | 2.4 | 15.7 | 32.2 | 5.2 | 100.0 |
| 2004 | 31.8 | 1.9 | 9.4 | 2.4 | 16.4 | 33.1 | 5.0 | 100.0 |
| 2005 | 30.2 | 1.8 | 9.6 | 2.4 | 16.9 | 34.1 | 4.9 | 100.0 |
| 2006 | 29.2 | 1.8 | 9.8 | 2.3 | 17.4 | 34.7 | 4.8 | 100.0 |
| 2007 | 28.9 | 1.7 | 9.7 | 2.3 | 18.1 | 34.5 | 4.7 | 100.0 |
| 2008 | 28.5 | 1.7 | 9.7 | 2.3 | 19.0 | 34.1 | 4.7 | 100.0 |
| 2009 | 27.7 | 1.5 | 9.8 | 2.4 | 19.4 | 34.2 | 4.9 | 100.0 |

(자료) 보건복지부, 상동

이것을 보면, 오늘날 가족해체가 심하여 전통적인 효심을 찾아 보기 어렵게 되었다.

또한, 수급자의 부양자 중에서 부양을 거부하거나 기피하는 경우 대부분 행방불명 또는 해외이주로 가족관계가 단절되어 있었으며(82.6%), 그 다음은 양자, 양부, 서모, 의부 등 비정상적 가족 형성이라 볼 수 있다.(17.4%) 따라서 남편, 자식 등의 도움으로 자활하기는 거의 불가능하다.

<표 8> 부양 의무자 현황

| | 수급자 가구수 | 부양의무자 유무 | | 부양능력 판정 | | | |
|---|---|---|---|---|---|---|---|
| | | 부양의무자 있음 | 부양의무자 없음 | 부양의무자 가구수 | 부양능력 있음 | 부양능력 미약 | 부양능력 없음 |
| 2001 | 698,075 | 53.4 | 46.6 | 832,515 | 1.8 | 17.9 | 80.3 |
| 2002 | 691,018 | 58.6 | 41.4 | 917,281 | 1.6 | 19.4 | 79.0 |
| 2003 | 717,861 | 63.6 | 36.4 | 1,036,749 | 1.4 | 20.4 | 78.2 |
| 2004 | 753,681 | 67.6 | 32.4 | 1,158,174 | 1.3 | 20.0 | 78.7 |
| 2005 | 809,745 | 70.5 | 29.5 | 1,147,622 | 1.0 | 17.7 | 81.3 |
| 2006 | 831,692 | 72.5 | 27.5 | 1,288,961 | 0.7 | 15.7 | 83.6 |
| 2007 | 852,420 | 74.0 | 26.0 | 1,415,003 | 0.6 | 15.3 | 84.1 |
| 2008 | 854,205 | 74.0 | 26.0 | 1,385,932 | 0.8 | 13.9 | 85.2 |
| 2009 | 882,925 | 74.8 | 25.2 | 1,435,372 | 0.7 | 14.3 | 85.0 |

(자료) 보건복지부, 상동

넷째, 일반수급자 중에서 경제활동을 하지 않는 자는 전체의 77.6%이고 나머지는 취업하고 있다. 취업처는 주로 일고(8.4%), 임시고(2.2%), 자영업(1.7%) 등 매우 불안정한 직업이다. 수급자의 불안정한 취업활동도 최근에 올수록 더욱 열악해지고 있다.

<표 9> 부양불능, 부양거부, 기피 현황

| | 부양 불능 | | | | | | | | | 부양 거부 · 기피 | | |
|---|---|---|---|---|---|---|---|---|---|---|---|---|
| | 행방 불명 | 사실상 이혼 | 해외 이주 | 복역 | 군 복무 | 시설 수급자 | 사망후 호적미정리 | 기타 부양불능 | 수급 가구 | 양자,양부 서모,의부 | 기타가족 관계단절 | 수급자 가구 |
| 2001 | 25.9 | 9.8 | 5.6 | 2.5 | 2.8 | 0.6 | 0.6 | 51.9 | 60,007 | 34.4 | 65.6 | 33,907 |
| 2002 | 28.9 | 10.3 | 6.4 | 2.9 | 2.5 | 1.0 | 0.8 | 47.3 | 70,851 | 33.8 | 66.2 | 46,874 |
| 2003 | 31.9 | 10.5 | 6.8 | 2.8 | 2.6 | 10 | 0.8 | 43.7 | 89,013 | 30.8 | 69.2 | 64,739 |
| 2004 | 34.9 | 10.6 | 7.2 | 2.8 | 2.8 | 1.1 | 0.8 | 39.2 | 99,810 | 28.8 | 71.2 | 82,547 |
| 2005 | 39.0 | 10.5 | 7.8 | 2.8 | 3.0 | 1.2 | 0.7 | 35.0 | 100,993 | 26.8 | 73.2 | 88,835 |
| 2006 | 41.5 | 10.8 | 8.6 | 3.0 | 3.0 | 1.3 | 0.6 | 31.2 | 112,762 | 24.2 | 75.8 | 115,554 |
| 2007 | 43.2 | 10.6 | 9.6 | 3.1 | 3.1 | 1.5 | 0.6 | 28.3 | 120,909 | 22.9 | 77.1 | 129,917 |
| 2008 | 45.1 | 9.9 | 11.1 | 3.3 | 2.9 | 1.7 | 0.4 | 25.7 | 111,533 | 19.6 | 80.4 | 137,455 |
| 2009 | 47.5 | 10.0 | 13.2 | 3.6 | 3.0 | 1.9 | 0.4 | 20.5 | 102,340 | 17.4 | 82.6 | 148,300 |

(자료) 보건복지부, 상동

이것을 보면, 현재 탈빈곤을 위한 자활사업에 대한 재검토가 필요하고, 보다 적극적인 노동정책과 사회보험정책(연금 및 실업보험)이 강구되어야 할 것이다.

<표 10> 일반 수급자의 취업 현황

(단위 : %)

| 연도 | 15세 이상 경제 활동 인구 | | | | | | 비경제 활동인구 | 합계 |
|---|---|---|---|---|---|---|---|---|
| | 상시 고용 | 임시 고용 | 일일고용 | 자영업 | 농수 축산업 | 실직 및 미취업 | | |
| 2001 | 1.9 | 3.1 | 13.2 | 4.7 | 0.4 | 7.1 | 69.6 | 100.0 |
| 2002 | 1.7 | 2.8 | 12.4 | 4.4 | 0.7 | 6.5 | 71.5 | 100.0 |
| 2003 | 0.5 | 2.8 | 12.0 | 3.9 | 1.0 | 6.8 | 72.1 | 100.0 |
| 2004 | 1.1 | 2.2 | 9.5 | 2.8 | 0.9 | 6.0 | 77.4 | 100.0 |
| 2005 | 1.0 | 2.2 | 9.2 | 2.5 | 0.9 | 6.6 | 77.7 | 100.0 |
| 2006 | 0.9 | 2.2 | 8.9 | 2.2 | 0.9 | 6.9 | 77.8 | 100.0 |
| 2007 | 0.9 | 2.2 | 8.7 | 2.0 | 0.9 | 7.4 | 77.9 | 100.0 |
| 2008 | 0.8 | 2.2 | 8.6 | 1.8 | 0.8 | 7.8 | 77.9 | 100.0 |
| 2009 | 0.9 | 2.2 | 8.4 | 1.7 | 0.7 | 8.5 | 77.6 | 100.0 |

(자료) 보건복지부, 상동

다섯째, 수급자 중에서 소득이 없는 경우 전체의 13.8%를 차지한다. 소득이 없는 가구는 가구원이 적을수록 많고, 가구원이 많을수록 소득이 많다. 예컨대 1인 가구는 무소득자가 16.0%이지만 7인 이상 가구의 77.6%는 60만원의 소득이 있다. 그러나 대부분의 수급자는 용돈 정도의 소득이다.

이것은 국민연금 등 이전소득이나 자활사업의 참여소득도 있겠지만, 대부분 친지들의 기부금일 것이다. 어쨌든 현재의 소득으로 자활하기는 어렵다.

<표 11> 수급자의 가구별 소득

(단위 :%)

| 구분 | 1인 | 2인 | 3인 | 4인 | 5인 | 6인 | 7인 이상 | 합계 |
|---|---|---|---|---|---|---|---|---|
| 소득없음 | 16.0 | 11.2 | 10.7 | 8.6 | 5.9 | 4.8 | 3.4 | 13.8 |
| 0~10만원 | 37.2 | 16.1 | 6.5 | 4.0 | 2.6 | 1.9 | 1.9 | 27.1 |
| 10만원~30만원 | 38.2 | 31.3 | 16.7 | 10.8 | 6.9 | 5.0 | 3.3 | 32.2 |
| 30만원~60만원 | 7.8 | 31.6 | 35.2 | 29.6 | 22.3 | 16.1 | 13.8 | 16.9 |
| 60만원 이상 | 0.8 | 9.8 | 30.9 | 47.0 | 62.3 | 72.2 | 77.6 | 10.0 |
| 계<br>(가구수) | 100.0<br>(547,931) | 100.0<br>(164856) | 100.0<br>(101,774) | 100.0<br>(48,047) | 100.0<br>(14,798) | 100.0<br>(3,923) | 100.0<br>(1,596) | 100.0<br>(882,925) |

(자료) 보건복지부, 상동

여섯째, 일반수급자들의 30.25%가 재산이 없으며 1인 가구의 경우 37.7%이다. 그러나 재산이 있는 경우는 대개 5백만원 이하이다.(28.0%)

5백만원 이상의 재산 소유자는 가구원이 많을 수록 재산이 많은 편이다. 그런데 이 재산은 가용하기 어려운 부동산(임야 등)이 아닌가 싶다. 따라서 수급자의 재산으로 자활하기는 어려울 것이다.

일곱째, 수급자의 주거조건은 월세가 전체의 21.5%이고 그 다음은 영구임대주택(8.1%), 자가(6.7%) 및 전세(6.1%)이며, 나머지는 기타(53.9%)에 가장 많이 거주한다. 수급자의 자가는 6.7%에 불과한 것을 보면, 우리나라의 주거사정상 자립하기는 어려운 처지라 할 수 있다.

이것을 보면, 수급자의 주거조건은 탈빈곤할 수 있는 여건이 못된다.

<표 12> 수급자의 가구별 재산

(단위 : %)

| | 1인 | 2인 | 3인 | 4인 | 5인 | 6인 | 7인 이상 | 합계 |
|---|---|---|---|---|---|---|---|---|
| 재산없음 | 37.7 | 21.0 | 16.4 | 12.5 | 11.5 | 11.9 | 13.7 | 30.2 |
| 500만원 이하 | 28.4 | 27.5 | 28.0 | 26.4 | 28.1 | 28.4 | 30.1 | 28.0 |
| 500만원 이상 | 33.9 | 51.5 | 55.6 | 61.1 | 60.4 | 59.7 | 56.2 | 41.8 |
| 합계 | 100.0<br>(547,931) | 100.0(16<br>4,856) | 100.0<br>(101,774) | 100.0<br>(48,047) | 100.0<br>(14,798) | 100.0<br>(3,923) | 100.0<br>(1,596) | 100.0<br>(882,925) |

(자료) 보건복지부, 상동

<표 13> 주거유형별 현황

| 세대구분 | 자가 | 전세 | 월세 | 보증부 월세 | 영구임 대주택 | 가정 위탁 | 보장기 관제공 거주자 | 그룹홈 거주자 | 기타 | 합계(실수) |
|---|---|---|---|---|---|---|---|---|---|---|
| 노인세대 | 21.9 | 12.5 | 15.3 | 9.8 | 9.8 | 0.02 | 0.6 | 0.1 | 29.9 | 100.0(244,529) |
| 소년소녀가정세대 | 3.5 | 4.6 | 4.5 | 3.0 | 2.9 | 3.8 | 0.3 | 1.6 | 75.6 | 100.0(13,533) |
| 모자세대 | 5.6 | 15.5 | 21.0 | 25.2 | 12.2 | 0.01 | 0.1 | 0.03 | 20.3 | 100.0(86,961) |
| 부자세대 | 8.0 | 9.0 | 21.9 | 19.9 | 13.1 | 0.03 | 0.1 | 0.02 | 27.9 | 100.0(21,115) |
| 장애인세대 | 13.9 | 8.3 | 13.7 | 10.0 | 15.3 | 0.1 | 1.0 | 0.4 | 37.3 | 100.0(171,330) |
| 일반세대 | 11.9 | 9.7 | 20.7 | 15.0 | 10.8 | 0.1 | 0.6 | 0.1 | 31.1 | 100.0(302,202) |
| 기타 | 6.7 | 6.1 | 12.9 | 8.6 | 8.1 | 1.0 | 1.4 | 1.4 | 53.9 | 100.0(43,255) |
| 합 계<br>(실수) | 14.0<br>(123,182) | 10.5<br>(92,584) | 17.3<br>(152,311) | 13.2<br>(116,850) | 11.4<br>(100,219) | 0.2<br>(1,484) | 0.6<br>(5,726) | 0.2<br>(2,156) | 32.7<br>(288,413) | 100.0<br>(882,925) |

(자료) 보건복지부, 상동

## 4. 기초생활수급자의 급여내용

기초생활수급자에 대한 급여의 종류는 ① 생계급여, ② 주거급여, ③ 교육급여, ④ 해산급여, ⑤ 장제급여, ⑥ 자활급여, ⑦ 의료급여 등이 있다.[15] 이 중에서 수급자의 생존과 탈빈곤을 위하여 가장 중요한 급여는 생계급여이다. 표 14의 급여실적에서 볼 수 있는 바와 같이, 생계급여가 7할 이상을 차지하고 나머지는 주거급여와 교육급여이다. 표 14에서 볼 수 없지만 자활사업과 의료급여 및 기초노령연금도 매우 큰 비중을 차지하기 때문에 이러

15) 「국민기초생활 보장법」, 제 2장 및 「국민기초생활보장 수급자 현황 분석」, 2010, pp.6~11 참조

한 급여 내용을 중심으로 수급자가 건강하고 문화적인 최저생활을 유지할 수 있는지('국민기초생활보장법' 제 74조) 검토하려고 한다.

<표 14> 기초생활보장 수급자의 급여실적

| | 총수급자 | | | 생계급여 | 주거급여 | 교육급여 | 해산장제 급여 | 저소득층 난방비 | 저소득층 에너지보조금 |
|---|---|---|---|---|---|---|---|---|---|
| | 합계 (백만원) | 국비 | 지방비 | | | | | | |
| 2006 | 3,715,670 | 75.8 | 24.2 | 85.0 | 10.5 | 4.0 | 0.6 | | |
| 2007 | 3,437,763 | 75.6 | 24.4 | 85.7 | 9.9 | 3.9 | 0.6 | | |
| 2008 | 3,676,117 | 78.4 | 21.6 | 73.8 | 18.2 | 3.6 | 0.5 | 1.1 | 2.8 |

(자료) 「보건복지 통계연보」, 각 연도

### 1) 생계급여

생계급여는 수급자에게 의복, 음식물 및 연료비와 기타 일상생활에 기본적으로 필요한 금품을 지급하여 그 생계를 유지하게 한다. 기초생활수급자(3.5%인 167만명)의 생계급여를 위한 2009년 국고예산이 약 3조 2천 7백만원이 책정되어 있다. 이것은 전체 기초생활보장비의 약 45%를 차지한다.

이러한 예산으로 기초생활수급자에게 지급되는 생계급여비는 수급자의 자산조사에 의하여 수급자의 가구별 최저생계비에서 타지원액과 주거급여액을 제외한 그 차액을 소득인정액이라 하여 급여하는 보충급여제이다.16)

수급권자가 받는 보충급여액은 최저생계비의 약 65%가 된다. 생계급여액이 최저생계비 보다 적은 것은 다른 지원액과 주거급여비를 공제하였기 때문이다.

그런데 타 지원액은 자활사업 등 취업이나 가족 및 친인척이 제공하는 용돈의 성격이 강하기 때문에 이것을 공제하는 것은 무리한 것 같다. 현재 수급권자는 정부가 주는 생계급여액이라도 최저생계비에 미치지 못하더라도 고맙게 생각한다. 그러나 이들은 자활사업 등에 참여하여 획득한 추가 소득

16) 보충급여제는 수급자의 소득인정액과 가구별 최저생계비의 차액을 각종 급여로 지원하는 제도이다.(동법, 제 3조, 급여의 원칙 참조)

수입을 인정하지 않는 경우, 기존 생계급여액에 의존하여 탈빈곤이 어렵게 된다.

<표 15> 2009년도 최저생계비 및 현금급여 기준

| | 1인 가구 | 2인 가구 | 3인 가구 | 4인 가구 | 5인 가구 | 6인 가구 | 7인 가구 |
|---|---|---|---|---|---|---|---|
| 가구수 | 547,931 | 164,856 | 101,774 | 48,047 | 14,798 | 3,923 | 1,596 |
| 최저생계비 | 490,845 | 835,763 | 1,081,186 | 1,326,609 | 1,572,031 | 1,817,454 | 2,062,877 |
| 타 지원액 | 84,964 | 141,156 | 181,138 | 221,121 | 261,103 | 301,085 | |
| 현금급여기준 | 405,881 | 694,607 | 900,048 | 1,105,488 | 1,310,928 | 1,561,369 | 1,721,810 |
| 주거급여액 | 84,654 | 144,140 | 186,467 | 2,287,914 | 271,120 | 313,447 | |
| 생계급여액 | 321,227 | 550,467 | 713,581 | 876,694 | 1,039,808 | 1,202,922 | |

(자료) 보건복지부,「2009년 국민기초생활보장 수급자 현황」, 2010. 7.

### 2) 주거급여

주거급여는 수급자에게 주거 안정에 필요한 임차료, 유지수선비 등을 지원한다. 그런데 주거급여비는 1인 가구는 월 84,654원을 받고 부부가구의 경우 144,140원을 받는다. 수급자가 받을 수 있는 주거급여 한도액은 최저생계비의 17.2%에 불과하다. 그런데 생보자 중 주거급여의 제외자는 생계급여와 마찬가지로 의료·교육·자활급여의 특례 수급자와 보호시설수급자들이다.

국토해양부는 주거급여라는 대신에 주거복지라는 개념을 사용한다. 무주택 세대주와 영세민(기초생활수급자와 상대적 빈곤자, 장애인 등)을 위한 기존 주택의 매입 임대와 전세 임대사업이 있다. 주택매입임대사업은 2004년~2009년 까지 총 3만 2,616가구를 이미 매입하여 2인 이상 가구의 무주택 세대주와 영세민을 위하여 시세의 30% 수준의 원 임대료(보증금은 사업비의 5%)로 2~8년간 임대하며 전세임대 사업은 2005년~2009년 까지 2만 7,727가구를 전세금의 연이자 2% 이자에 해당하는 월 임대료로 2년~8년간 입주 가능하다. 특히 기초생활수급자 중 노인들을 위한 도시재개발 지역에 영구임대주택사업을 보건복지부의 협조하에 실시하고 있다.[17]

17) 국토해양부, 「주택종합계획(2003~2012)」,홈페이지, 2010. 9

### 3) 교육급여

교육급여는 기초생활수급자 중에 중학 또는 고등학교에 입학 또는 재학하는 자가 학교와 평생교육시설에의 학습에 참가하는 경우 기초자치단체장에게 교육급여비를 신청하면 입학금, 수업료, 교과서대, 학용품 등을 지원한다.

그러나, 교육과학기술부는 교육급여라는 말 대신에 교육복지라는 개념을 사용한다. 교육복지는 ① 중학교 무상교육, ② 저소득층 대학생 장학지원, ③ 저소득층, 농어촌 학생 급식지원, ④ 유치원에 종일반 설치 등이 핵심과제라고 하면서 많은 예산을 편성하였다.18)

### 4) 자활사업

자활사업은 기초생활수급자의 자조능력을 육성하기 위하여 자활급여를 확대시킨 것이다. 그래서 자활급여나 자활사업은 근로연계복지(workfare)의 개념을 도입하여 기초생활수급자와 저소득층(차상위계층)을 탈빈곤 · 탈수급을 촉진시키기 위한 것이다. 그리하여 정부는 이것을 생산적 복지라는 이름으로 자활사업을 강화시켰다. 우리나라 자활사업은 가족지원 프로그램(TANF)의 기본원리(의존성에서 자족성)와 노동연계복지(workfare)에 기초한 신자유주의적 정책19)을 모방하였다. 미국 가족지원 프로그램은 그 노동능력과 대상이 넓은 모자녀가정(주로 흑인) 이지만 우리나라의 경우 부양의무자가 거의 없는 저소득가구가 대부분이다. 따라서 수급자에 대한 자활그로그램(주로 고용)을 실시할지라도 그에 참여할 수 있는 능력의 소유자가 많지 않다. 또한 이에 대한 참여의 강제성(교육훈련 프로그램)이 없다. 그리고 소득이 발생되면

---

18) 교육과학기술부, 「2008~2012 이명박 정부 교육복지대책」, 2008. 12, pp.6~18
이명박 정부는 교육복지대책으로 ① 저소득층, 소외계층의 교육기회를 획기적으로 확대하고, ② 실질적 교육격차(학력격차) 해소에 중점을 둔다고 한다.

19) 미국의 Temporary Assistance for Need Families는 ① 모자가정은 5년 이내 교육, 훈련을 받아 취업을 해야 하고, ② 그 아버지는 그간 모자가정에 대한 정부 지원액을 갚아야 한다는 것이다.

생계급여액의 감액처분을 받기 때문에 기피하기 마련이다.

#### (1) 자활급여의 적용대상

기초생활수급자 중에 자활사업에 참여할 수 있는, 18~64세의 근로능력이 있는 자는 약 32만명(22.2%)이 되고, 피부양자는 약 42만명(28.2%)이 된다. 나머지 약 71만명(49.0%)는 근로능력이 없다. 그래서 자활사업에는 희망하는 차상위계층도 참여할 수 있다.

근로능력이 있는 수급자는 대부분 실직 미취업(20.7%)과 비경제활동인구(34.0%)이고, 현재 피고용자는 일고(28.2%)와 임시고(8.0%), 상용고(3.2%) 및 자영업(5.9%)과 같이 불안정한 고용상태라 할 수 있다.[20]

#### (2) 자활급여의 프로그램과 평가

자활사업은 주로 기초생활수급자와 차상위계층의 탈의존 및 빈곤을 도와주기 위한 지원사업이다. 수급자의 자활을 조성하기 위한 자활급여의 방법은 다음과 같다.[21]

① 자활에 필요한 금품의 지급 또는 대여
② 자활에 필요한 근로능력의 향상 및 기능습득의 지원
③ 취업알선 등 정보의 제공
④ 자활을 위한 근로기회의 제공
⑤ 자활에 필요한 시설 및 장비의 대여
⑥ 창업교육, 기능훈련 및 기술, 경영지도 등 창업지원
⑦ 자활에 필요한 자산형성 지원
⑧ 기타 대통령령이 정하는 자활조성을 위한 각종 지원

기초자치단체가 지원하는 자활지원센타가 주선하는 사업별 규모와 지침은 표 16과 같다.

---

20) 보건복지부 '복지행정전산망', 2007년 12월
21) 「국민기초생활보장법」, 제 15조

<표 16> 자활사업 별 운영지침

| 사업 | 사업비 지출한도 | 사업별 참여인원 | 차상위층 참여비율 | 취업단(1일 8시) | 시행방법 |
|---|---|---|---|---|---|
| 근로유지형 | 5% 이하 | 35% 미만 | 제한 없음 | 1만 9천원 | 지자체 직접시행 |
| 사회서비스일자리형 | 20% 이하 | 65% 이상 | 60% 이하 | 2만 7천원 | 민간위탁,직접시행 |
| 인턴형 | - | | 제한 없음 | 2만 9천원 | 직접시행 |
| 시장진입형 | 30% 이하<br>(35% 이하) | | 80% 이하 | 3만원 | 민간위탁<br>(직접시행 가능) |

(자료) 보건복지부, 「2010년도 자활사업 안내」

표 16에서 볼 수 있는 바와 같이 사업단별로 사업비 지출 한도가 30%이면 나머지 예산의 70%를 인건비로 사용할 수 있다는 것이다. 그리고 사업별 참여인원의 비율도 지정되어 있는데 이것은 지역별 특수성이 무시되고 있는 것 같다. 사실 자활 참여자와 예산의 7할 이상이 공공근로 등 취로사업에 투입되고 있다. 또한, 이러한 자활사업의 참여노임단가(1일 8시간, 주 5일 근무)는 너무 비현실적이고 임금단가는 매우 낮다. 그리하여 자활사업에 참여하는 수급자는 해마다 감소하여 2008년 말 현재 약 5만명인데 그 추정성공율은 6.7%이다.

정부는 2004년 자활사업 참여 대상자는 52,619명이고, 이 중에서 기초생활수급자이며 자활사업 참여자 중에 성공한 자는 2001년 9.5%이고 2004년 5.5%이며 2008년 6.7%로 추정한다.22) 또한 지난 3년간(2004년~2006년) 자활사업의 성공률은 5.6%이다. 이 기간에 자활지원사업에 참여한 사람은 18만 1,906명이고, 국고지원은 6천 632억 4천여만원이다. 따라서 이 사업에 투입된 국고는 1인당 364만원이다. 국고지원이 서울의 경우 50%, 지방의 경우 70%를 차지하기 때문에 적어도 1인당 4백만원 이상이 투입된 것이다.23) 이것을 보면, 자활사업은 실패하였다고 볼 수 있다.

정부는 자활사업을 활성화 하기 위하여 표 18와 같이 구체적인 프로그램과 많은 예산을 투입하고 있지만, 전술한 바와 같이 일부 참여한 자활사

22) 보건복지부, 「2005년도 자활사업 안내」, pp.8~10
보건복지부, 「2006 보건복지백서」, 2007, p.148
23) 「동아일보」, 2007년 9월 21일

업의 성공률이 6% 정도라면 이의 투자효과를 재고하여야 할 것 같다.

<표 17> 2010년도 자활사업 예산 현황

(단위 : 백만원)

| 구분 | 2009년 | 2010년 | 주요내역 |
|---|---|---|---|
| 자활지원 | 394,470 | 436,756 | |
| ① 자활사업 | 335,933 | 364,619 | ○자활근로 : 65천명<br>자활근로사업 :360,155백만원<br>성과중심 자활사업:4,464백만원 |
| - 자활근로 | 306,482 | 364,619 | ○사회적응프로그램<br>지원규모 : 40개소, 18백만원/개소<br>참여자실비:1,250명, 6천원/인일 |
| -디딤돌 사업 | 936 | 964 | ○지역자활센터 운영; 242개소, 32,793백만원<br>지원액: 168백만원/개소→194백만원/개소 |
| -지역자활센터 등 운영 | 28,515 | 32,793 | ○청소년자활지원프로그램운영<br>28개소: 1,055백만원<br>지원액:55.1백만원/개소→57백만원/개소 |
| ② 자활지원센터 운영지원 | 3,334 | 3,629 | ○중앙자활센터 1개소 1,815백만원<br>○광역자활지원센터: 6개소 1,814백만원<br>(732백만원/개소, 지방비 포함) |
| ③ 자활사업관리 | 121 | 151 | ○ 사업추진 경상비 |
| ④ 저소득층창업자금 지원 | 33,000 | - | ○금융위원회 "미소금융사업"으로 전부처 마이크로크레딧 사업 통합 |
| ⑤ 생업자금 이차 및 손실보전금 | 1,472 | 1,472 | ○ 이차보전료893→898백만원<br>03~04년 이차보전율 1%<br>05~10년 이차보전율 2%<br>○ 손실보전금: 576백만원: 공자기금 72억원의 8% |
| ⑥ 자활장려금 | 20,610 | 20,988 | ○ 자활소득공제 : 18천명<br>근로유지형 참여자 소득공제 적용제외 |
| ⑦ 근로능력있는 수급자의 적극 적탈수급지원 (희망키움 통장) | - | 24,887 | ○ 일반노동시장 근로수급자 18천가구에 월평균 147천원 근로장려금 지급 |
| ⑧ 가사간병방문서비스 | - | 14,251 | ○ 가사간병서비스 제공 : 13,624백만원<br>시간당 : 9,200원<br>○ 교육프로그램 운영 : 627백만원<br>복권기금이 일반회계로 전환 |
| 생업자금융자 (공공자금관리기금) | 7,200 | 7,200 | ○ 생업자금융자대상: 600가구 |

(비고) 노동부소관 자활사업 예산은 2009년의 12,395백만원에서 19,712백만원으로 증액되었다.

(자료) 보건복지부, 「2010년도 자활사업 안내」, 2010. 5

자활사업이 처음부터 근로연계복지의 개념을 도입하여, 기초생활수급자의 자립, 자활능력을 제고하여 탈빈곤정책을 강구하겠다는 발상이 잘못된 것 같다.

최근 정부는 자활사업을 활성화 하기 위하여 별도의 입법예고를 하였다[24]. 앞으로는 현재의 기초생활수급자 보다도 장차 빈민(수급자)으로 전락될 가능성이 있는 소위 차상위계층을 포괄한 자활사업이 되어야 할 것이다. 자활사업을 치료 및 예방 차원에서 접근하여야 효과적일 것이다.

### 5) 의료급여

의료급여는 생활이 어려운 자에게 의료급여(질병치료와 재활 등)를 실시하여 국민보건과 사회복지를 증진시키려는 제도이다. 이 제도는 과거 생활보호법의 의료급여 조항이 1969년 11월에 의료보호법, 2010년 1월 의료급여법으로 변경된 것으로 그 내용은 큰 차이가 없다.

과거 생활보호법의 의료보호 수급권자가 약 5.4%가 되고, 의료보호 수급권자는 준영세민(차상위계층)까지 합하면 약 8.4%가 되었다.[25] 그런데 최근 의료급여자가 총인구의 약 3.5%인 것을 보면 큰 차이가 없다.

정부는 의료급여 수급권자에 대한 2010년 국고 예산을 3조 5천억원 책정 하였다. 2009년 의료급여 진료실적을 보면, 총진료비는 약 4조 7,548억원이고, 급여비는 4조 6,452억원이 되어 책정 예산을 초과하였다. 이러한 데에는 노인인구의 증가와 진료비 인상이 원인이다.

#### (1) 의료급여의 대상

의료급여 수급권자는 기초생활보장 수급권자와 특별법 수급권자(이상은 1종) 그리고 차상위계층(2종)이다. 기초생활수급권자는 2009년 말 의료급여수급권자의 87.9%를 차지한다. 그 밖에 사회복지시설 수급권자(5.1%)와 국가유

---

24) 보건복지부 공고 제 2007-296, '자활급여법 제정법률안', 2007. 9. 7

25) 우리나라 의료보호대상자는 1977년~1980년 까지 매년 전 인구의 5.7%(210만명)이었으나 1981년 이후 준영세민 까지 추가시켜 1984년에는 전 인구의 8.03%(325만 8천)가 되었다.(김영모, 「한국사회복지의 제문제」, 한복연 출판부, 1986, pp.151~152)

공자(5.2%), 그리고 북한이탈주민(0.6%) 및 광주민주화운동 관련자(0.6%) 등이 있다.

<표 18 > 의료급여 대상자 현황

(단위 : %)

| 연도 | 1종 수급권자 | | | | | | | | | | | 2종 수급권자 | 총계 |
|---|---|---|---|---|---|---|---|---|---|---|---|---|---|
| | 기초생활보장수급자 | 시설보호자 | 국가유공자 | 북한이탈주민 | 인간문화재 | 광주민주화운동관련자 | 이재민 | 의사상자및유족 | 국내입양아동 | 차상위(희귀난치성) | 소계 | | |
| 2002 | 46.5 | 5.6 | 5.3 | 0.2 | 0.03 | 0.03 | 0.6 | 0.02 | | | 828,922 | 41.6 | 1,420,539 |
| 2003 | 47.5 | 5.6 | 5.5 | 0.2 | 0.03 | 0.6 | 0.1 | 0.02 | | | 867,305 | 40.3 | 1,453,786 |
| 2004 | 47.7 | 5.7 | 5.5 | 0.3 | 0.03 | 0.6 | 0.001 | 0.03 | | 0.3 | 919,181 | 39.9 | 1,528,843 |
| 2005 | 45.1 | 5.0 | 4.8 | 0.3 | 0.02 | 0.5 | 0.03 | 0.03 | 0.04 | 0.8 | 996,449 | 43.4 | 1,761,565 |
| 2006 | 45.0 | 4.7 | 4.7 | 0.4 | 0.02 | 0.5 | 0.003 | 0.04 | 0.1 | 1.0 | 1,028,536 | 43.8 | 1,828,627 |
| 2007 | 46.0 | 4.7 | 4.6 | 0.4 | 0.02 | 0.5 | 0.0007 | 0.04 | 0.1 | 1.0 | 1,062,263 | 42.7 | 1,852,714 |
| 2008 | 45.1 | 4.7 | 4.6 | 0.5 | 0.01 | 0.6 | | 0.04 | 0.2 | | 1,024,848 | 44.3 | 1,841,339 |
| 2009 | 49.7 | 5.1 | 5.2 | 0.6 | 0.01 | 0.6 | | 0.05 | 0.3 | | 1,036,291 | 38.2 | 1,677,237 |

(자료) 보건복지가족부, 「보건복지가족통계연보」와 국민건강보험공단,「의료통계연보」

우리나라의 의료급여 수급권자는 소득수준과 특별법에 따라 1종(전체의 61.8%)과 2종(38.2%)으로 구별되었다. 1종은 최저생계비 이하의 자로서 부양능력이 없는 기초생활 수급권자와 특별법에 의한 국가유공자 등이 있다. 1종 의료급여 수급권자는 2009년말 전체 수급권자의 61.8%인 약 1백만명이 되고, 그 중에서 기초생활보장 수급자가 49.7%가 된다. 이들은 진료비의 거의 전액을 국가가 부담한다. 그러나 2종 의료보호수급자는 최저생계비의 120%에 해당하는 차상위계층과 군입대자 등이다. 이들은 진료비의 본인부담금을 2007년 부터 85%를 지원 받았다.

### (2) 의료급여의 내용

의료급여의 내용(비용)은 외래와 입원환자, 그리고 수급권의 종류에 따라 다르고, 또 의료기관(1, 2, 3차)별 진료 및 처방에 따라 다르다. 일반적으로 1종 수급권자와 장애인은 무상의 진료 서비스가 많지만 2종 일반 환자의 경우 총진료비의 10%(입원) 또는 15%(외래)를 본인이 부담한다.

<표 19> 의료급여 수급자의 법정 본인부담금

| 의료급여 기관 및 내용 | | | 본인 부담금 | | |
|---|---|---|---|---|---|
| | | | 1종 수급권자 | 2종 수급권자 | |
| | | | | 일반 | 장애인 |
| 외래환자 | 보건기관 | 급여내용 | 무료 | 무료 | 무료 |
| | 제 1차 의료급여 기관(의원급) | 원내직접제조 | 1,500원 | 1,500원 | 750월 |
| | | 그밖의 외래진료 | 1,000원 | 1,000원 | 250원 |
| | | CT, MRI, PET등 장관고시진료 | 총진료비의 5% | 총진료비의 15% | 총진료비의 15% |
| | 제2차 의료급여기관 (병원, 종합병원급) | 그밖의 외래진료 | 1,500원 | 총진료비의 15% | 무료 |
| | | 원내직접제조 | 2,000원 | | 무료 |
| | | CT, MRI, PET등 장관고시진료 | 총진료비의 5% | 총진료비의 15% | 무료 |
| | | 만성질환자 처방전발행 | 무료 | 1,000원 | |
| | | 만성질환자 처방전미발행 | 무료 | 1,500원 | |
| | | 만성질환자 CT, MRI, PET등 장관고시진료 | 무료 | 총진료비의 15% | 무료 |
| | 제3차의료급여기관 (대학병원급25개) | 그밖의 외래진료 | 2,000원 | 총진료비의 15% | 무료 |
| | | 원내직접제조 | 2,500원 | | |
| | | CT, MRI, PET등 장관고시진료 | 총진료비의 5% | 총진료비의 15% | 무료 |
| | 약국 및 한국희귀의 약품센터 | 처방제조 | 1매당 500원 | 1매당 500원 | 1매당 500원 |
| | | 직접제조 | 1회 방문당 900원 | 1회 방문당 900원 | 1회 방문당 900원 |
| | | 보건기관 처방제조 | 무료 | 무료 | 무료 |
| 입원환자 | 급여비용 (1,2,3차 의료기관) | 자연분만,조산아, 6세 미만 아동 | 무료 | 무료 | 무료 |
| | | 중증환자 | 무료 | 총진료비의 10% (등록암환자는 5%) | 무료 |
| | | 그 밖에 환자 | 무료 | 총진료비의 10% | 무료 |
| | | CT, MRI, PET등 장관고시진료 | 무료 | 총진료비의 10% | 무료 |
| | 식 대 | 자연분만, 조산아, 6세미만아동, 행려환자, 정신과 정액수가자 | 무료 | 무료 | 무료 |
| | | 중증환자 | 소정금액의 10% | 소정금액의 10% (등록암환자는 5%) | 소정금액의 10% |
| | | 그 밖의 환자 | 소증금액의 20% | 소정금액의 20% | 소정금액의 20% |

(자료) 보건복지부, 「의료수가의 기준 및 일반 기준」, 2010

비록 과거 진료비의 50%를 부담하는 것에 비하면 많이 개선되었지만 아직도 15%의 본인 부담은 무리한 것이다. 따라서 현행 의료급여를 통하여 탈빈곤하려는 것은 거의 불가능하다.

과거 의료급여 수급권자는 차별 의료서비스를 받은 적이 있지만 전국민 건강보험이 실시된 이후 그러한 이용기관의 차별성은 없어졌고, 다만 이용절차의 차별성이 존재하고 있다. 그 밖에 급여일수의 제한(연간 365일)과 본인부담제 상한제의 실시는 일반 국민의 건강보험 이용과 마찬가지로 보편적 서비스가 제공되어야 한다.

<표 20> 1종 의료급여 수급자와 사업실적

| 연도 | 수급자 | 외래 | | 입원 | |
|---|---|---|---|---|---|
| | | 실인원 | 진료 일수 | 실인원 | 진료 일수 |
| 2001 | 831,854 | 815,269 | 53,956,237 | 190,934 | 16,229,167 |
| 2002 | 828,922 | 836,423 | 57,443,750 | 204,169 | 17,261,230 |
| 2003 | 867,305 | 851,145 | 59,137,809 | 224,776 | 18,893,954 |
| 2004 | 919,181 | 896,156 | 66,158,466 | 247,407 | 22,016,535 |
| 2005 | 996,449 | 975,540 | 73,990,010 | 280,868 | 25,425,798 |
| 2006 | 1,028,536 | 1,048,031 | 83,728,243 | 303,477 | 28,541,248 |
| 2007 | 1,062,263 | 1,093,503 | 85,071,827 | 320,685 | 30,286,020 |
| 2008 | 1,024,848 | 1,111,618 | 87,806,881 | 333,263 | 33,163,917 |

(자료) 국민건강보험공단, 「의료급여 통계연보」

그간 의료급여(1종)의 2008년 사업실적을 표 20에서 보면, 수급자는 약 1백만명이다. 이들 중에서 병의원에 입원한 환자는 전체 32.5%이고, 이들이 이용한 일수가 연간 99.5일이 된다. 그리고 외래 환자는 실인원이 100%를 초과한 것은 거의 대부분의 노인이 1회 이상 의료기관을 이용하였다는 것을 의미한다. 사실 의료급여 대상자는 악성 피보험자들이라서 자주 이용한다. 그럼에도 불구하고 의료급여수급자가 낸 지난 7개월간 부담금이 4천 270억원이 되었고, 그들의 지급액은 3천 532억원이 되었다. 그리고 부담금 잔액이 약 2천억원이 된 것을 보면, 의료급여 수급자의 부담금은 약 절반으로 줄여도 될 것 같다.

<표 21> 의료급여 수급권자 부담금 급여비

(단위 : 억원)

| | 부담금 | | | | 급여비 | | 부담금 잔액 |
|---|---|---|---|---|---|---|---|
| | 전년이월금 | 수입이자 등 | 부담금 | 계 | 지급액 | 환수금 정산 등 | |
| 서울 | 93 | 6 | 443 | 542 | 435 | 1 | 107 |
| 부산 | 71 | 3 | 235 | 309 | 241 | 0 | 68 |
| 대구 | 64 | 2 | 196 | 262 | 150 | 0 | 112 |
| 인천 | 12 | 2 | 202 | 216 | 190 | 1 | 26 |
| 광주 | 29 | 1 | 143 | 173 | 109 | 1 | 64 |
| 대전 | 24 | 1 | 152 | 177 | 100 | 0 | 77 |
| 울산 | 24 | 1 | 63 | 88 | 48 | 0 | 40 |
| 경기 | 96 | 8 | 676 | 780 | 599 | 2 | 181 |
| 강원 | 46 | 3 | 289 | 338 | 208 | 1 | 130 |
| 충북 | 89 | 3 | 167 | 259 | 137 | 1 | 122 |
| 충남 | 56 | 2 | 525 | 310 | 178 | 0 | 132 |
| 전북 | 130 | 4 | 344 | 478 | 255 | 1 | 223 |
| 전남 | 78 | 4 | 319 | 401 | 248 | 0 | 153 |
| 경북 | 204 | 5 | 337 | 546 | 278 | 0 | 268 |
| 경남 | 118 | 4 | 361 | 483 | 255 | 1 | 228 |
| 제주 | 31 | 2 | 91 | 124 | 101 | 0 | 23 |
| 합계 | 1,165 | 51 | 4,270 | 5,486 | 3,532 | 9 | 1,954 |

(비고) 2010년 7월 31일 현재 기준
(자료) 국민연금관리공단

## 5. 기초노령연금의 자격과 실적

기초노령연금은 2007년 4월 노인복지법의 개정에서 제정되었지만, 이미 1991년에서 1997년까지 노령수당이 70세 이상 생활보호대상자(1997년 24만 8천명)에게 월 1만원씩 지급되었고, 또 1998년에서 2006년 까지 경로연금이라 하여 65세 이상 생활보호노인과 저소득노인(2002년 61만 6천명)에게 월 3만 5천원~5만원씩 지급되었다. 이러한 노령수당이나 경로연금은 빈곤노인들을 위하여 소득을 보전하여 준 것이다.

이렇듯 생활보호대상자 뿐만 아니라 가난과 질병에 시달리는 노인들에게 소득 보전을 위한 수당이 필요한 것이다.[26] 그런데 정부는 국민연금에 가입하지 못한 저소득 노인들을 한시적으로 운영하기 위하여 경로연금 등을 실시하였다.[27] 그런데 정부는 이러한 것과 노인교통수당을 폐지하여 해당 노인들이 시장, 군수, 구청장에게 신청하여 자산조사(소수인에게 정액)에 의하여 수급할 수 있는 기초노령연금제도로 흡수, 통합하였다.

### 1) 수급자의 자격

2008년 기초노령연금 수급자는 모두 289만 7천 649명이다. 이들은 표 23에서 볼수 있는 바와 같이 전체 노인의 57.2%가 된다. 기초노령연금의 수급율은 서울시가 가장 적어 42.0%이지만 전남(72.5%), 경북(67.1%), 전북(66.4%), 경남(66.0%) 등 농촌지역이 더 많다.

이들에게 지급한 연금액은 후술할 소득인정액에 따라 다르지만 2008년에 2천 193억원이 지급되었다. 이 중에서 국비는 전체의 72.2%를 차지하고 나머지는 지방비이다. 서울시의 경우 지방비가 전체의 60%를 차지하고 부산시는 29.3%, 전남은 17.2%, 경남은 21.8%, 충남은 20.4% 등 지방간 차이가 있다.

정부는 2007년 9월 2008년 부터 65세 이상 노인 501만여명의 60% 정도인 301만여명에게 기초노령연금을 지급한다고 하였다. 70세 이상 노인 19만여명은 2008년 1월 부터 노령연금을 받고 65세 이상 노인은 2008년 7월부터 받게 된다고 하였다.[28] 노령연금액은 독신노인의 경우 소득인정액이 월 40만원이하 노인은 월 2만원에서 13만 4천원, 그리고 소득인정액이 64만원 이하인 부부노인은 월 4만원에서 13만 4천원을 받게된다고 하였다. 그리고 재

---

26) 우리나라 노인은 빈곤노인은 2010년 전체 가구의 35.1%가 되고, 기초노령연금을 소득에서 제외하면 39.5%가 된다고 한다.(석상훈, 기초노령연금의 노인빈곤화 효과, 「연금포럼」, 여름호, 2010) 또한 보건사회연구원의 김태완은 2008년 노인의 절대빈곤율 35.9%이고 상대적 빈곤율은 50.1%라고 한다. 노인빈곤은 주로 ① 조기퇴직(남자는 평균 56세, 여성은 35세)과 ② 여성의 저학력 및 미취업, 미발달(연금수급권자는 3할 미만)로 나타났다.

27) 경로연금이나 기초노령연금은 기여제도가 아니기 때문에 연금제도(공적연금)가 아니다. 이것은 정부의 공적 부조 또는 사회서비스이다.

28) 소득인정액 평가에는 노인 본인과 배우자의 소득과 재산만 포함된다. 자녀가 주는 생활비와 용돈과 같은 사적 이전소득은 제외하고 공적연금과 같은 공적 소득이전 그리고 전세보증금과 은행예금(3백만원 이상) 및 자동차 등은 포함된다.

산기준으로 독신노인은 9,600만원이하이고 부부노인은 1억 5,360만원 이하라야 한다.

<표 22> 기초노령연금 수급자 및 지급 실적

| | 수급자 수 | | | 지급 실적(백만원) | | |
|---|---|---|---|---|---|---|
| | 전체 노인수 | 수급자(명) | 수급률(%) | 합계 | 국비 | 지방비 |
| 서울 | 890,052 | 373,766 | 42.0 | 28,599 | 17,150 | 11,449 |
| 부산 | 363,639 | 221,749 | 61.0 | 16,897 | 11,939 | 4,958 |
| 대구 | 232,499 | 133,080 | 57.2 | 10,105 | 7,122 | 2,983 |
| 인천 | 215,861 | 127,765 | 59.2 | 9,717 | 6,926 | 2,791 |
| 광주 | 118,453 | 68,330 | 57.7 | 5,201 | 3,641 | 1,560 |
| 대전 | 119,222 | 65,479 | 54.9 | 4,978 | 3,485 | 1,494 |
| 울산 | 69,995 | 40,646 | 58.1 | 3,116 | 2,181 | 935 |
| 경기 | 919,632 | 466,800 | 50.8 | 35,459 | 22,354 | 13,105 |
| 강원 | 209,922 | 133,254 | 63.5 | 10,076 | 7,584 | 2,492 |
| 충북 | 192,542 | 121,902 | 53.3 | 9,147 | 7,119 | 2,028 |
| 충남 | 293,688 | 171,838 | 58.5 | 12,836 | 10,218 | 2,619 |
| 전북 | 272,231 | 180,746 | 66.4 | 13,599 | 10,752 | 2,847 |
| 전남 | 338,407 | 245,295 | 72.5 | 18,375 | 15,209 | 3,166 |
| 경북 | 402,469 | 270,174 | 67.1 | 20,251 | 16,504 | 3,747 |
| 경남 | 366,471 | 241,985 | 66.0 | 18,338 | 14,332 | 4,006 |
| 제주 | 64,191 | 34,840 | 54.3 | 2,658 | 1,861 | 797 |
| 합계 | 5,069,273 | 2,897,649 | 57.2 | 219,353 | 158,376 | 60,977 |

(자료) 「2009년 보건복지가족부 통계연보」

보건복지부는 기초생활수급권이 있는 노인의 94%가 최대 기초노령연금을 받을 것이라고 한다. 그러나 이들의 수령액은 기초생활수급자의 현금급여 기준에 포함되기 때문에 기초생활수급자의 탈빈곤에는 아무런 의미가 없다.

### 2) 연금급여의 책정기준과 실적

2009년 말 현재 기초노령 수급자는 약 289만명으로 전체 노인(5백만명)의 57.2%가 된다. 이들 노인은 단독노인의 선정기준에서 월소득이 70만원 이 되고 부부노인은 112만원이 된다. 그리고 이들의 수령 연금은 단독노인의 경우 2만원~9만원이 되고 부부노인의 경우 4만원~14만 4천원이다. 이것은

국민연금 수급전 3년간 평균 소득의 5%(2007년 기준 8만 3천원)이라고 한다.[29]

2008년 기초노령연금의 국고예산이 약 2천 193억원이다. 그 중에서 국비는 전체의 74.2%이고 지방비는 27.8%가 된다. 이러한 예산은 표 23의 소득인정액에 따라 지급된다.

기초노령연금은 이론상으로 가입자의 기여제도라야 하는데 이것은 노인들의 기여가 없기 때문에 노인교통수당과 마찬가지로 정부의 공적 부조(사회서비스)이지 노인연금(사회보험)이 아니다. 또한, 연금액이 퇴직전 소득의 5%로서 약 10만원이기 때문에 노인들의 소득상실의 위험에 대비한 급여가 되지 못한다. 따라서 기초노령연금은 연금이라는 말부터 고쳐야 하고, 또한 이것은 기초생활보장 수급자의 생계급여비를 확충하거나 아니면 이들을 기존의 연금제도에 가입시키는 것이 바람직하다.

<표 23> 소득인정액에 따른 기초노령연금 지급액

| | 소득인정액 | 연금지급액 |
|---|---|---|
| 독신 노인 | 38만원 이상~40만원 이하 | 2만원 |
| | 36만원 이상~38만원 미만 | 4만원 |
| | 34만원 이상~36만원 미만 | 6만원 |
| | 32만원 이상~34만원 미만 | 8만원 |
| | 32만원 미만 | 8만 4천원 |
| 노인 부부 | 60만원 이상~64만원 이하 | 4만원 |
| | 56만원 이상~60만원 미만 | 8만원 |
| | 52만원 이상~56만원 미만 | 12만원 |
| | 52만원 미만 | 13만 4천원 |

(자료) 보건복지부

## 6. 결 론

빈곤정책은 빈민의 생존과 탈빈곤을 주요한 목적으로 한다. 그런데 우리나라 빈곤정책의 대상은 빈민이라기 보다 궁민이라 할 수 있고, 그 빈곤정책은 빈민들에게 국민기초생활보장법에 명시된 최저생활과 자활(탈빈곤)을

29) 보건복지부, 「2010년도 기초노령연금 사업안내」, pp.25~35

보장하여 주시 못하고 있다. 따라서 빈곤정책의 대상을 적어도 2배 이상 확대하여야 하고 그들의 생존조건은 최저급여를 보장하여야 할 것이다.

정부는 기초생활보장 수급권자(빈곤자) 중에 근로 능력이 있는 자를 약 절반으로 보고 이들의 탈빈곤을 위한 자활사업을 실시하고 있으나, 그 성공률이 약 6% 밖에 되지 못하여, 막대한 비효율성(낭비)을 초래하고 있다. 더욱이 자활사업 참여자의 보상비와 한시적인 기초노령연금 급여액도 기초생활보장생계 급여비에서 공제하기 때문에 자활사업에 참여하려고 하지 않는다. 그리하여 현 자활사업은 오히려 탈노동, 탈의존이 아니라 복지의존성을 조장시키고 있다. 따라서 관련된 복지제도를 개선, 개혁하여야 한다. 우선 잘못된 복지개념(기초노령연금, 노인요양보험 등)부터 고쳐야 한다. 그리고 빈민들을 현대사회에 있어서 소위 '공적 부조'라는 제도로 사회로부터 고립, 차별화 시키지 말고, 이들을 사회에 통합시키도록 노력해야 한다. 다시 말하면 하나의 국민으로, 시민권을 행사할 수 있도록 예방적인 사회보장(보험)제도를 통하여 사회적 통합을 모색하여야 한다.[30]

국민기초생활보장 수급권자의 사회적 경제적 특성을 보면, 가족부양의 개념이 점차 개인주의(탈가족)에 기초해 있기 때문에 가족부양의 범위를 개인 단위로 변경시키고, 또한 소득보장을 자유주의적 복지개념에 기초하여 공적부조와 같은 치료적인 수단에 의존하지 말고 예방적인 사회보험제도(연금 등)를 발전시켜야 할 것이다. 따라서 최저 생활수준이 보장되는 사회보험제도에 전국민이 참여할 수 있도록 예방적인 장기계획을 수립해야 한다.

<참고 문헌>

「국민기초생활보장법」, 동 시행령, 2010

국토해양부, 「주택종합계획, 2003~2012」, 2003

기획재정부,「2010 나라살림 예산개요 참고자료」, 2010. 8

30) 오늘날 우리나라와 같이 공적 부조를 실시하는 나라는 미국과 일본 등에서 볼 수 있고, 북구와 영국 등 서구에서는 사회보험과 사회서비스에 통합시키고 있다.

김영모,「사회정책」, 한국복지정책연구소 출판부, 2008

김영모,「빈곤, 가족해체, 시설보호」, 중앙대학교 출판부, 2000

김영모 · 김헌진,「한국사회보험개혁론」, 한국복지정책연구소 출판부, 2006

김태성,「빈곤과 사회복지정책」, 청목출판사, 2002

교육과학기술부, 「이명박정부 교육복지대책, 2008~2012」, 2008, 홈페이지

국민연금공단,「국민연금통계연보」, 2009

국민건강보험공단,「의료급여통계연보」, 2009

노대명 외 4명,「근로능력 수급자의 탈빈곤요인 실태조사」, 한국보건사회연구원, 2009

보건복지부, 홈페이지('저소득층 복지정책', '2010년 업무보고 자료') 2010. 9

보건복지가족부, 「보건복지백서」, 「2010년도 기초노령연금사업 안내」, 2010. 7

__________,「국민기초생활보장사업안내」, 2010. 1

__________,「2009년 국민기초생활보장 수급자 현황」, 2010

__________,「2010년도 자활사업안내」, 2010

__________,「2010년도 노인보건복지사업안내」, 2010. 3

여유진 외, 「근로능력 수급자의 탈수급에 관한 연구」, 한국보건사회연구원, 2008

이두호 외, 「빈곤론」, 나남, 1991

허선, 「한국소득부조 프로그램의 대상 선정과 급여수준에 관한 평가」, 중앙대 대학원 박사학위논문, 1997

# < 찾아 보기 >

(ㄱ)
가계기준 접근방법 153,160,163
가계기준방법 148,153
가난의 책임 9
가족에 대한 지원 345
가족활동의 박탈 62
갈등론적 관점 370
갈등주의적 관점 4,7
갈등이론 7,10,213,371
개념의 차이에 따른 빈곤율 275
개혁주의자 370
객관적 박탈 46,47,57,212,225
경제기회법 208
공식적 빈곤 6,213,215,221,226
공식적 빈곤율 4,210,229,253,275,375
공식적 정의 263,264
공적부조 프로그램 297,301
교육급여 338,383,386
교육복지 386
구성 111,128
국가의 최저 빈곤선 266
국민기초생활보장법 368,373,384
국민기초생활보장법의 목적 368
국민최저의 개념 212
궁민 14,229,234,375
규범적 박탈 212
급여의 종류 383
급진경제이론가 249
기능의 부적응 7
기능이론 7,213
기능주의적 관점 4,7
기초노령연금 6,368,372,383,394
기초노령연금 수급자 395
기초생활보장사업 359,360
기초생활수급권자 215,227,390
기초생활수급자 375,377,383,386
기초생활수급자의 발생원인 8

(ㄴ)
낙인이론 7,213,370
낙인주의적 관점 7
노동박탈 61
노동시장이론 249
노동연계 복지정책 342,353
노동자계급의 빈곤화 법 115

(ㄷ)
도시가계조사 4,136,216
도시빈곤율의 추이 216
동기의 결여 7

(ㄹ)
라운트리 2,34
라운트리의 빈곤선 254
라운트리의 접근방법 178
라이덴방식 173,218
레닌 113,121

(ㅁ)
마르크스의 빈곤론 123
마르크스이론의 비판 111
마르크스주의자 17,123,370
마르크스주의적 관점 7
물질적 박탈 26,44,59
미국의 빈곤율 5,314
머톤의 주장 79
밀리반드 30

(ㅂ)
박탈 2,22,26,41
박탈의 유형 45,56
박탈지표 27,51,171,180,225
박탈지표 접근방법 78,182
반빈곤정책의 발달 240
베른슈타인 111
베버주의적 관점 7
보건복지부의 빈곤정책 372
보충급여율 18,255
보충급여 13,17,175,255
부양불능,부양거부,기피현황 381
불평등의 개념 3,127,220
빈곤가정 일시부조 343
빈곤개념 2,24,128,213
빈곤문화 4,68
빈곤문화의 연구방법 69
빈곤문화의 특징 70
빈곤선 90,127,165
빈곤선에 대한 접근방법 147
빈곤선의 측정방법 215
빈곤에 대한 상대적 접근방법 186
빈곤에 대한 책임의식 9
빈곤원인 8
빈곤율 210
빈곤의 기능 81
빈곤의 불가피성 30
빈곤의 생계 개념 130,143
빈곤의 원인 6,39,213,248
빈곤의 하위문화 247
빈곤이 계속되는 이유 313
빈곤해소 프로그램 128
빈민의 15가지 기능 83
빈민의 역기능 90

(ㅅ)
사회보장청의 방법 136
사회적 박탈 177,226
사회적 합의 접근방법 148
사회조사에 의한 박탈구조 225
상대적 과잉인구 105,118
상대적 박탈 3,25,26,178,211
상대적 빈곤 2,105
상대적 빈곤의 4가지의 관점 211
상호작용론적 관점 370
생계 384
생계급여 234,363
생산적 복지 228,363,343
생산적복지의 이념 361
생활보호대상의 발생원인 214
생활보호대상자 223,227
생활보호법 5,227,390
세가지 빈곤선 259
소득대용법 173,176
소득유지 프로그램 208,296
소득이전 프로그램 297
소득이전의 탈빈곤 효과 299
소득이전정책의 반빈곤 효과 300
소외된 노동 103
수급권자의 선정기준 228
수급자의 주거조건 382
수급자의 취업 현황 381
수급자의 특성 378

(ㅇ)
엥겔계수 131
엥겔방법 217
영국빈곤선의 접근방법 253
영국의 빈곤이론 178
영세민 227,232,385
영세민 대책비 232,368
영양에 기초한 빈곤정의 133
영양자원의 개념 22
오락박탈 63
오샨스키의 빈곤 측정 199

오스카 루미스 247
우리나라 빈곤정책의 핵심 372
음식박탈 59
의료급여 234,269,383
의료급여 대상자 393,391
의료급여 수급자의 본인부담금 392
의복 박탈 60
이차적 빈곤 131
이차적 빈곤의 원인 40
일반수급자의 가족형태 379
일반수급자의 부양의무자 379
일반적 법칙 102
일차적 빈곤 16,34
잉여가치 98
5대악 239

(ㅈ)

자본주의적 생산양식의 특징 98
자원의 불평등 7
자유개입주의의 빈곤정책 371
자유주의자 89,262,343,370
자활급여의 방법 387
자활사업 343,358
자활사업별 운영지침 388
자활사업 예산 389
자활사업 참여 대상자 388
전물량 방법 217
절대적 빈곤 2,105
절대적 빈곤의 극복 113
절대적 개념 4
종래 빈곤 개념 2
주거급여 383,385
주거복지 385
주거시설의 박탈 60
주관적 박탈 47,57
주택박탈 43
지역의 박탈 61
직업의 박탈 61

(ㅊ)

차상위계층 227,232
최저생계비의 비목별 구성 220
최저생계비의 연구 현황 218
최저생계비의 측정 결과 217
취업권리의 상실 62

(ㅌ)

타운센드 224
TANF 343
TANF의 세가지 문제 357
탈수급자의 발생원인 377
티트머스의 영향 129
타운센드의 공헌 27
타운센트의 접근방법 172
티트머스의 빈곤개념 128
합의적 접근방법 172,182
행위접근방법 148
환경 박탈 61

< 저자 소개 >

서울대학교 사회학과 졸업(학사, 석사, 박사)
하버드 대학교 사회학과 수학(옌칭 객원교수)
서울대, 고려대, 연세대, 이화여대 및 동대학원 강사
중앙대학교 문과대학장, 사회개발대학원장, 부총장
한국사회학회장, 한국사회복지학회장, 한국사회복지정책학회장
중앙대학교 명예교수

< 주요 저서 >

한국사회학(법문사, 1972)
사회정책(한복연 출판부, 1982/2008)
현대사회계층론(한복연 출판부, 1982, 1999)
한국사회계층연구(일조각, 1982)
한국빈곤연구(한복연 출판부, 1991)
한국사회보장개혁론(중앙대 출판부, 1995)
빈곤, 가족해체, 시설보호(중앙대 출판부, 2000)
한국사회보험개혁론(공저, 한복연 출판부, 2006)
한국중산층연구(중앙대 출판부, 1998)
일제하 한인지배층 연구(고헌, 2009)
한국권력지배층연구(고헌, 2009)

빈곤이론 빈곤정책 정가 25,000원

2010년 10월 12일 발행
2010년 10월 15일 1쇄

저 자 : **金 泳 謨**
발 행 처 : 高獻 출판부
서울특별시 동작구 흑석동 186-64
등록 2000년 1월 27일 제 17-316호
연락처 : TEL 824-3127·3132 FAX 824-3128
ISBN 978-89-90435-24-8-93330